本书获中国社会科学院出版基金资助

日本社会文化研究丛书

# 艺道与日本国民性
## ——以茶道和将棋为例

YIDAO YU RIBEN GUOMINXING
YI CHADAO HE JIANGQI WEILI

张建立 ◎ 著

中国社会科学出版社

# 图书在版编目（CIP）数据

艺道与日本国民性：以茶道和将棋为例/张建立著.—北京：中国社会科学出版社，2013.11
ISBN 978 - 7 - 5161 - 3278 - 4

Ⅰ.①艺… Ⅱ.①张… Ⅲ.①传统文化—关系—民族性—研究—日本 Ⅳ.①C955.313

中国版本图书馆 CIP 数据核字（2013）第 224105 号

| 出 版 人 | 赵剑英 |
|---|---|
| 责任编辑 | 张　林 |
| 特约编辑 | 金　沛 |
| 责任校对 | 石春梅 |
| 责任印制 | 戴　宽 |

| 出　　版 | 中国社会科学出版社 |
|---|---|
| 社　　址 | 北京鼓楼西大街甲 158 号（邮编 100720） |
| 网　　址 | http://www.csspw.cn |
|  | 中文域名:中国社科网　010 - 64070619 |
| 发 行 部 | 010 - 84083685 |
| 门 市 部 | 010 - 84029450 |
| 经　　销 | 新华书店及其他书店 |

| 印刷装订 | 三河市君旺印装厂 |
|---|---|
| 版　　次 | 2013 年 11 月第 1 版 |
| 印　　次 | 2013 年 11 月第 1 次印刷 |

| 开　　本 | 710×1000　1/16 |
|---|---|
| 印　　张 | 25.5 |
| 插　　页 | 2 |
| 字　　数 | 431 千字 |
| 定　　价 | 66.00 元 |

凡购买中国社会科学出版社图书，如有质量问题请与本社联系调换
电话：010 - 64009791
版权所有　侵权必究

# 编委会名单

**主　编** 李　薇
**编委会** 李　薇　王　伟　崔世广
　　　　　胡　澎　张建立

# 总　序

摆在读者面前的这套丛书，是中国社会科学院"重点学科建设计划"日本社会文化学科的系列成果。

"重点学科建设计划"是在中国社会科学院以往实施的"重点学科建设工程"的基础上制订的，主要目的在于"保持基本政策的连续性与稳定性，着力进行结构调整"；"促进研究所根据学科发展特点，合理配置资源；加强科研队伍建设，鼓励学者潜心研究，注重学术积累；创造优良环境和条件，促进青年学者成长"。2009年，日本研究所日本社会文化学科经过严格的筛选和审查，被确定为中国社会科学院重点学科建设计划的重点学科。这体现了中国社会科学院和日本研究所等各级机构对日本社会文化研究的重视，对日本社会文化学科的未来发展具有重要的意义。今后，日本社会文化学科将以重点学科建设为契机，努力致力于构筑中国特色的日本社会文化研究创新体系。

众所周知，经过改革开放以来三十多年的发展，中国的日本社会文化研究队伍不断壮大，水平不断提高，成果不断增多，取得了长足的进步，这些都值得肯定。但是，我们也应该看到，中国的日本社会文化研究仍存在着研究人员素质参差不齐，有深度的精品研究成果不多，整体研究水平不高，在国内和国际上的影响不够大等问题，还远远不能适应我国社会发展和学科发展的需要。

例如，随着中日两国交往的加深，我国广大民众对日本问题的关心、对日本文化的兴趣持续升温，各种关于日本的信息充斥媒体，其中当然也夹杂着不少误解与偏见。但是，我们的日本社会文化研究未必很好地回应了人民群众这种了解日本的需要，半个世纪以前的《菊与刀》、《日本论》等著作近年来仍在不断出版刊行就是一个明证。另外，随着漫画、动画、游戏等为代表的日本大众文化的流行，日本大众文化受到全世界特别是年轻人的喜爱和追捧。但是，日本大众文化蓬勃发展的原动力在哪里，其与日本的传统文化有什么关系？我们的日本社会文化研究也并没有给出及时而合理的解释。再者，尽管日本经济以及日本国家的整体影响力在下降，但日本毕竟是一个成熟社会，其社会发展的经验教训都值得我们借鉴，其文化战略对日本的未来发展也具有深远意义，但我们的日本社会文化研究也未必对之进行了深入的研究并给出了满意的回答。为了改变这种状况，十分有必要建立中国特色的日本社会文化学科创新体系。

构筑中国特色的日本社会文化学科创新体系，首先需要了解本学科发展的历史、现状和问题。因此，我们第一步要做的就是对改革开放以来的日本社会文化研究进行梳理，以搞清我们过去做了什么，有着怎样的问题意识，主要使用了什么研究方法，形成了什么研究优势，存在着什么样的问题等。即通过引入"学问的学问"、"研究的研究"的方法，促成今天的学问与过去的学问之间的对话，搞清不同时代的研究视点的差异，在理解这种差异的背景和意义的同时，努力发掘出在今天仍行之有效的研究方法，以资建立科学的日本社会文化学科创新体系。

要构筑日本社会文化研究创新体系，还必须打破以往研究的封闭性，追求开放性的研究。应该承认，从整体上来讲，中国的日本社会文化研究存在着很明显的封闭性倾向。不仅与其他学科之间、与国外学术界之间的交流意识不强、渠道不够多，就是日本社会文化研究界内部的交流机制也不够健全和通畅。对内、对外交流的不足，限制了我们的视野，带来了研究的狭隘性，阻碍了日本社会文化学科的创新和发展。我们将把重点学科建设作为一个学术交流的平台，提倡学科内外、国内外的交流与对话，通过举办讲座、讲演、小型座谈会、国际学术研讨会以及开展共同研究等，建立对内、对外开放的"学问间的对话"机制。目的是通过与国内外学术界开展双向及多向的交流，借鉴来自不同学科、不同文化背景的研究视点和研究方法，构筑对内对外开放的、通用于世界学术界的日本社会文化研究创新体系。

构筑中国特色的日本社会文化研究创新体系，关键是要进行理论方法的创新、研究体系的创新和研究成果的创新。首先，我们将秉承以往的风格和传统，立足于中国的国情和现实需要，把日本社会文化放在世界的视野、亚洲的视野中进行考察，注重长期性、战略性、前瞻性问题的研究，在总结和借鉴前人、他人研究的基础上，致力于提出和创建中国人的日本社会文化研究理论和方法。第二，开展系统的、体系性的日本社会文化研究。日本社会文化是一个体系、一个系统，有着统一的内在原理；其又由若干侧面和层面所构成，有着具体性、重层性。我们将依据研究对象的特点，按照学科布局和规划，重新集结和调整研究力量，注重和加强对日本社会文化的体系性研究。即从日本社会文化的整体着眼，重视各个部分的内在联系，通过对各个部分的深入研究，形成对日本社会文化的全面而客观的认识。第三，努力推出精品研究成果。理论方法的创新和研究体系的创新，最终要体现在研究成果的创新上。我们要通过研究室和研究人员的学科定位，进一步明确研究方向，并积极创造各种有利条件，促进优秀研究成果的问世，以创新性研究成果回应国家的需要、人民的需要、学术发展的需要。

为了实现构筑日本社会文化创新体系的目标，我们还在研究体制上作出了调整。即在日本社会文化学科的框架下面，成立了日本社会研究室和日本文化研究室。日本社会和日本文化，是有着紧密联系但又有区别的两个领域。为了进一步明确研究方向，深化我们的研究，我们作出了上面的决定。日本社会研究室的主要研究方向是：（1）日本社会体系的研究，即对日本社会整体运行机制等进行研究；（2）日本社会问题的研究，即对日本发展过程中曾经发生和正在发生的社会问题和社会现象及其原因进行研究。主要研究领域有：日本的社会结构、大众媒体、社会行为、社会分层、社会组织、社会团体与社会运动、社会政策、社会思潮、社会问题等。今后，日本社会研究将按照偏重于应用性研究，兼顾基础性研究和对策性研究的方针进行研究。日本文化研究室的主要研究方向是：（1）日本文化特性的研究，即对日本文化的形成及特征等进行研究；（2）日本文化诸侧面的研究，即研究日本人的生活方式、行为模式、人格形成、心理特征等。主要研究领域有：日本文化的特性、哲学思想、道德伦理、宗教信仰、风俗习惯、国民性格、政治文化、企业文化、大众文化、对外文化交流等。今后，日本文化研究将按照偏重于基础性、理论性研究，兼顾应用性、对策性研究的方针展开研究。我们相信，这样的学术分工和定位，有利于推进我们的研究，实现构筑日本社会文化创新体系的目标。

　　出版"日本社会文化研究丛书"，是日本社会文化重点学科建设的一个重要组成部分。这套丛书由两部分组成，一部分是研究系列，主要反映日本社会文化学科成员的研究成果；一部分是论文集系列，主要反映学科综述、国内外学术交流的成果。这套丛书的每一部，都经过编委会的严格审查。我们希望通过这套丛书的出版，能对中国日本社会文化研究的发展尽到我们的一份责任和力量。

　　中国的日本社会文化研究任重而道远。作为中国社会科学院的重点学科，日本社会文化学科担负着更重的责任。我们将与学界同仁携手努力，共同推动日本社会文化学科的发展。我们坚信，在我们的共同努力下，中国的日本社会文化研究将获得更大的繁荣和进步。

丛书编委会

2010 年 8 月 22 日

# 目 录

## 导 论

**第一章 选题的背景、目的和理由** …………………………… (3)
 第一节 本书选题的背景 ………………………………… (3)
 第二节 本书的写作目的 ………………………………… (6)
 第三节 本书选题的理由 ………………………………… (9)

**第二章 中国的日本国民性研究现状与课题** ………………… (15)
 第一节 中国的日本国民性研究现状 …………………… (16)
 第二节 中国的日本国民性研究成果的内容特色 ……… (21)
 第三节 中国的日本国民性研究成果的方法特色 ……… (24)
 第四节 中国的日本国民性研究成果的学术贡献 ……… (30)
 第五节 今后的研究课题 ………………………………… (36)

**第三章 日本茶道和将棋研究的现状** ………………………… (48)
 第一节 日本茶道和将棋研究内容的特点 ……………… (48)
 第二节 日本茶道和将棋的研究文献综述 ……………… (50)
 第三节 日本茶道和将棋研究的问题点 ………………… (54)

**第四章 本书的方法论原则与基本框架** ……………………… (56)
 第一节 本书的方法论原则 ……………………………… (56)
 第二节 本书的基本框架 ………………………………… (61)

## 上篇　基础研究

**第五章　"茶道"考** ·········································· (65)
 第一节　茶文化用语的现状 ································ (65)
 第二节　"茶道"的本义 ·································· (68)
 第三节　"茶道"与"茶礼" ······························ (75)
 第四节　"茶道"与"茶之汤" ···························· (80)

**第六章　从日本茶道的内容特色看日本人的文化理想** ············ (96)
 第一节　日本茶道所推崇的文化理想 ······················ (96)
 第二节　"茶事"概说 ··································· (100)
 第三节　"会席"与"怀石" ····························· (113)
 第四节　吃茶法 ········································ (117)

**第七章　从日本茶道的成因看日本文化的重层性特点** ··········· (139)
 第一节　寺社传茶奠定了日本茶道的物质基础 ············· (140)
 第二节　宗教礼仪丰富了茶事礼仪的内容 ················· (150)
 第三节　宗教思想充实了日本茶道的精神内涵 ············· (170)
 第四节　从日本茶道特色成因看日本文化的重层性特点 ····· (189)

**第八章　从日本茶道的精神看日本人的情感模式** ··············· (196)
 第一节　日本茶道的精神——侘 ·························· (196)
 第二节　"侘"的本义 ··································· (198)
 第三节　"侘茶乐境"与"孔颜乐处" ····················· (201)
 第四节　追求"侘茶乐境"的社会影响 ····················· (210)

**第九章　从日本将棋规则看日本社会的流动模式** ··············· (221)
 第一节　日本将棋与象棋的规则概说 ······················ (222)
 第二节　从日本将棋持驹规则看日本社会的流动模式 ········ (224)
 第三节　从日本将棋成金规则看日本社会的流动模式 ········ (226)

## 下篇　实践应用

**第十章　试析近代以来日本外交战略的历史演变及未来走向** …… (235)
 第一节　日本外交战略的历史演变 …………………………… (236)
 第二节　日本外交战略演变的国民性解读 …………………… (247)
 第三节　日本外交战略的未来展望 …………………………… (253)

**第十一章　试析"自立与共生"的东亚共同体构想实现的可能性** … (258)
 第一节　东亚共同体构想的历史演变 ………………………… (258)
 第二节　鸠山内阁东亚共同体构想的创新点 ………………… (259)
 第三节　鸠山内阁构想"自立与共生"的东亚共同体的
    社会动力 ………………………………………………… (263)
 第四节　鸠山内阁东亚共同体构想实现的可能性 …………… (265)
 第五节　构筑东亚共同体是化解领土争端危机的上善选择 …… (266)

**第十二章　试析3·11东日本大地震时日本人为何亲美疏华** …… (271)
 第一节　天灾人祸中的日本人亲美疏华的行为表现 ………… (271)
 第二节　天灾人祸中的日本人亲美疏华的原因 ……………… (276)
 第三节　改变日本人亲美疏华之现状的建言 ………………… (279)

**第十三章　试析"3·11"东日本大地震时日本人为何
    既淡定又恐慌** ……………………………………… (284)
 第一节　天灾人祸中既淡定又恐慌的日本人 ………………… (284)
 第二节　天灾人祸中的日本人为何既淡定又恐慌 …………… (288)
 第三节　日本国民性对灾后复兴工作的影响 ………………… (295)

**第十四章　试析日本加入TPP的可能性** ……………………………… (298)
 第一节　刻板印象遍全球 ………………………………………… (298)
 第二节　缘人行止仍依旧 ………………………………………… (300)
 第三节　亲美疏华善筹谋 ………………………………………… (302)

## 第十五章　试析日本人的历史认识问题的心理文化根源 …………（306）
- 第一节　日本人的历史认识问题的外因 ……………………（306）
- 第二节　日本人的历史认识问题的内因 ……………………（308）
- 第三节　日本人的历史认识问题的心理原因 ………………（310）
- 第四节　审慎对待历史认识问题是化解领土争端
　　　　　危机的政治基础 ……………………………………（316）

## 第十六章　日本天皇千年一系世袭至今的心理文化根源 ……（319）
- 第一节　古代天皇一系世袭的原因 …………………………（321）
- 第二节　近代君主立宪集权天皇一系世袭的原因 …………（325）
- 第三节　战后君主立宪象征天皇一系世袭的原因 …………（329）
- 第四节　日本独特的社会心理和谐模式乃天皇一系
　　　　　世袭千余年的根本原因 ……………………………（333）

## 结　语 …………………………………………………………（339）
- 第一节　本书的主要观点 ……………………………………（339）
- 第二节　本书的主要创新点 …………………………………（344）
- 第三节　今后的研究设想 ……………………………………（348）

## 附录一　日文参考文献 ………………………………………（351）

## 附录二　中文参考文献 ………………………………………（356）

# 导　论

# 第一章

# 选题的背景、目的和理由

## 第一节 本书选题的背景

　　日本国民性研究，一直是世界各国的国民性研究者非常关注的课题。如今，学界发表的日本国民性研究论著，多达数千种。但是，一般人们心目中的日本国民形象，要么是来自日本人的自画像，要么是来自美国人笔下的他画像。虽然各国的日本国民性研究书籍繁多，但缺乏中国学界的日本国民性研究成果佳作。

　　迄今为止的日本国民性研究，主要集中在"是什么"和"为什么"这两大问题上。关于前者，先行研究多侧重于与欧美国家的比较，而忽略了与日本文化渊源很深的亚洲国家的比较，其研究成果对某些人宣扬"日本文化特殊论"起到了推波助澜的作用；对于后者，大多数的先行研究都非常重视从"风土论"即地理环境的角度来探究日本国民性的成因，而从社会心理、历史文化的角度进行的分析则略显不足。

　　日本，东洋弹丸之地，不过亿余生民，却让诸多学人至今难以对其述说清楚。从文字到艺道，从器物到典章，日本人几乎一成不变地从中国学去了诸多文化精髓，可以说，历史上没有哪一个国家像中国这样，给日本人以如此巨大的积极影响。然而，历史上也从没有哪一个国家像日本这样，给中国人如此巨大的伤害。自甲午战争始，哪一次针对中国的战争，都少不了日本；哪一个帝国主义国家，都没有像日本那样在南京屠城。中国和日本，比邻而居，彼此间既有深厚的历史文化渊源，亦有着广泛的共同利益，诸多说不清的关系，说不清的恩怨，皆用这四个字带过：一衣带水。"只一衣带水，便隔十重雾"①；因只一衣带水，联系方便，影响也方便；因只一衣带水，日本对华掠夺方便，侵略也方便。② 本是一个二战的战败国日本，至今仍在处心积虑地欲将中国固有领土钓鱼岛据为己有，由于日本的不断挑衅，中日间难免一战的呼声也越来越高，有日本近代史研究学者忧心地指出："近代以来，日本近乎中国发展的克星，曾经有两次重要的发展机遇，都因日本而中断。现在是中国第三次重启现代化，经过改革开放34年的发展，中国又进入到一个关键点位，我们会第三次栽在日本手上，被迫中止现代化进程吗？"③

中日关系，自1972年邦交正常化后，特别是自1978年中日缔结和平友好条约以来，双方在政治、经济等方面的交流发展很快，两国间的人员和经贸往来逐年增加，中日关系随着国际形势的发展进入了一个新的阶段，一些带有根本性的变化开始出现。中国由于改革开放带来经济迅猛发展，综合国力与国际地位不断提高，成为国际社会与对外交往中独立自主的一极。中日之间日趋明显的两强相对局面，从根本上改变了两千年来以一强一弱为基本格局的两国关系史。如今，中国已经取代美国成为日本的第一大市场，日本对华出口额在二战以后也首次超过了美国。两国间的人员往来和经济合作虽然日益密切，但中日两强相对的局面却带来了因势均力敌而产生的不安、猜忌与摩擦，对中日关系形成消极影响，媒体以及各研究机构的舆论调查结果均显示，两国人民之间的互信度并不是很理想。特别是近些年来，中日关系更是给人一种所谓"居相近，心相远"之感。

据早些年日本总理府广报室的舆论调查，1980年日本人中对中国抱好感者曾占78.6%，1997年则下降到45.9%。④ 中国民众对日本的好感度在20世纪90年代中期的"政冷期"开始严重滑坡，中国社会科学院日本研究所在2002年、2004年和2006年进行了三次规模较大的中日舆论调查，调查结果显示，中国民众对日本的好感度在2001—2006年的"政冷期"降至10%以下，日本民众对中国的好感度也由20世纪80年代

---

① ［清］黄遵宪著，钱仲联注：《人境庐诗草》，中国青年出版社2000年版，第218页。
② 金一南：《苦难辉煌》，华艺出版社2010年版，第55页。
③ 马勇：《日本会第三次打断中国现代化吗》，《环球时报》（国际论坛）2013年1月22日第14版。
④ ［日］总理府广报室编：《舆论调查》1998年5月号。

的约80%降到了近年来的30%—40%。① 2008年10月至12月中旬，中国社会科学院日本研究所又进行了第四次中日舆论调查。该项舆论调查一直把中国民众对日本的亲近感作为最关注的问题之一，其调查结果显示，中国民众对日本的亲近感依然处于低位，感到"非常亲近"和"亲近"者仅占被调查者总数的6%。同时，日本内阁府2008年10月进行的"关于外交的舆论调查"表明，日本民众对中国抱有亲近感的人为31.8%，成为开始此项调查以来的最低比率。②

2012年6月20日，日本智库"言论NPO"与《中国日报》社公布了其关于中日两国年度双边舆论进行联合调查的最新数据。该项舆论调查始自中日关系跌至谷底的2005年，此后每年例行联合调查一次。

此次日方调查对象除1000名普通民众外，亦包括600名企业家、学者、媒体人及公务人员。中方调查主要针对北京、上海、成都、沈阳、西安五座城市，有效样本1627个，作为知识阶层的补充，后期另有1003名北大、清华、人大、国际关系学院及外交学院的师生填写了调查问卷。

该项舆论调查结果显示，84.3%的日本民众对中国印象不佳，高于2011年的78.3%。截至2008年，日本人对华好感度持续下降，2008—2010年好感度曾小幅改善，2011年再度恶化，对中国持负面看法的日本民众首次超过八成，为历年来比例最高。与之相对，在本次调查中，对日本有负面印象的中国民众达64.5%。日本受访者之所以对中国印象欠佳，排名第一位的原因是"中国在获取资源、能源方面表现得过于自私"。紧随其后的，是"钓鱼岛争端"和"中国军力的增强及不透明程度"。中国人对日持有负面印象的原因，主要集中于历史问题，比例最高的原因为"发动过侵略战争"（78.6%），其次是"日本政府对于钓鱼岛争端的强硬态度"（34.8%）。仅有8.5%的中国受访者知道2012年是中日建交40周年。当日本民众被问及"谈到中国时首先想到的事物"，比例最高的答复为"中华料理"，其次为"钓鱼岛"，"万里长城"排名第三。相比之下，中国人对日本的了解则更贫乏。"提到日本时首先想到的事物"，大多中国受访者选择了"日本电器"（51.3%）和"南京大屠杀"（40.3%）。

---

① 参见中国社会科学院日本研究所进行的三次"中日舆论调查"结果，《日本学刊》2002年第6期、2004年第6期、2006年第6期。

② http://www8.cao.go.jp/survey/h20/h20-gaiko/images/z10.gif。

日本受访者"曾来过中国"的比例为16.5%,"身边有中国好友或可以对话的中国友人"的比例为19.7%,与往年大体持平。而中国受访者的同类比例仅分别为1.6%和3.0%。

中日国民感情出现这种情况的原因是多方面的,而缺乏相互理解则是重要原因之一。所以,恰如日媒对此数据的评价那样,两国民众的直接往来并不频繁,彼此的国民性印象有着浓重的媒体色彩。① 正是因为缺乏相互理解,所以也就更容易受到部分别有用心的媒体的误导。

中华日本学会原会长刘德有先生曾指出:"我认为,今天和今后的中日友好关系不应该停留在制造气氛上。我们的交往,应该是推心置腹的,要做到心灵上的交流。"中日两国在文化上有许多共同点,但是,也要如实地承认存在着"差异"。从某种意义来说,中日文化是"异文化"。"我们应当承认中日两国毕竟社会制度不同,文化背景各异,两国人民的思维方式、心理心态和价值观都有差异。正因为如此,我们比任何时候都要更加重视发展沟通彼此心灵的文化交流和学术交流,以增进相互理解,真正做到知己知彼。要做到这一点,我认为认真了解对方国家的历史、政治、经济、国际关系以及它的走向等固然很重要,但我们更要下大力气了解对方国家的文化(广义的),要了解对方国家人民的思想以及赖以行动的思想模式和产生这一模式的文化根源。只有这样,才能达到相互理解和相互信赖的目的。"②

因此,为了增进彼此的了解,促动彼此的理性交往和互信,进一步加深对日本人的价值观、行为方式和文化心理等国民性方面的研究,是我们这些日本文化研究人员义不容辞的责任。

## 第二节 本书的写作目的

本书的写作目的,就是以受众广泛的日本传统艺道——茶道和将棋为例,以一个近似于"边际人"的身份,主要运用历史学、心理文化学和

---

① 《第8次日中共同舆论调查》,http://www.genron-npo.net/world/genre/cat119/2012-a.html.

② 刘德有:《思考21世纪的中日关系》,《日本学刊》2000年第6期。

社会心理学的方法，来探讨日本国民性的特色，并进而依据通过分析日本传统艺道所得出的关于日本国民性特点的总体认识，尝试着去解析当代日本政治、外交、经济、社会、文化问题。如从日本人的集团缔结原则特点来探讨"自立与共生"的东亚共同体构想实现的可能性问题，从日本人的社会心理均衡模式（PSH）特点来解析日本外交战略的历史演变及未来走向问题，从日本人的情感模式特点来解析3·11东日本大地震时日本人为何亲美疏华为何淡定又恐慌的问题，从日本人的交换模式特点来解析日本加入环太平洋战略经济伙伴协定（TPP）的可能性问题，从日本人的行为模式和思维模式特点来解析日本人的历史认识问题，从日本社会的隐性结构特点来探讨日本天皇世袭至今的心理文化根源问题等。

这里所谓的"边际人"，是对英语"marginal man"的译语，一般用来指同时参与两个或两个以上文化模式的群体，其行为被不同群体所同化为具有中间性和边际性的行为。心理文化学创始人许烺光称他自己就是一个"marginal man"，"随时接触到不同文化，亲身体验不同文化面在内心相互摩擦的边界"。①

纵观整个20世纪的学术发展历史，可以说是非西方社会向西方社会学习的历史，大多数非西方学者的终极目标就是迎合西方学术圈的口味，以获得他们的认同，鲜有以自身独创性理论跻身于社会科学界者。但是，许烺光则不然，他在自己的回忆录中说："我的大半生可以说是完全致力于分析、讲授及促进全世界不同文化间的了解中渡过。我是用比较分析法来达成大型有文字社会如中国、印度、美国（扩及欧洲及西方国家）以及日本之间相互了解的目标。"② 正如许氏在自传中所述说的那样，他毕生所做的重要工作就是以边际人的身份，通过比较研究，参考非西方经验来检视主要基于西方经验的理论，从而建立起自己的一套理论体系，来谋求达成大型有文字社会之间的相互了解。

无独有偶，以研究日本国民性、反思批判日本人论著称的杉本良夫和罗斯·摩尔，虽然表述不尽相同，但在其著作中也不约而同地提到他们是"以无国籍人士的立场上来分析社会"，所以才使得其对日本国民性的研究

---

① ［美］许烺光口述，徐隆德记：《边缘人　许烺光回忆录》，台北：南天书局1997年版，第1页。
② 同上。

更具理性。这种想法，与许烺光的"边际人"的理念，基本上是一致的。

　　罗斯·摩尔，1944年出生于美国纽约。从俄勒冈州的路易斯·克拉克大学毕业后，在庆应大学和日本劳动协会学习。在美国塔夫兹大学福雷查学院取得博士学位。1976年，在澳大利亚布里斯班市的格里菲斯大学现代亚洲研究系执教后，又转到墨尔本市的莫纳什大学日本研究专业，任该大学的亚洲语言研究系教授。

　　杉本良夫，1939年出生于日本兵库县西宫市，京都大学毕业。先在《每日新闻》担任记者，后于1967年赴美。在匹兹堡大学取得社会学博士学位。从1973年开始，在澳大利亚墨尔本市的拉筹伯大学担任社会学系主任，讲授社会学方法论、比较社会学。

　　罗斯·摩尔、杉本良夫说："我们现在已经离开了生养自己的故乡，生活在异乡。因为拥有成年后在日、美、澳三国的生活经历，所以我们能自然地站在理性的无国籍人士的立场上来分析社会。有意也好，无意也罢，已有的'日本人论'均是在明确意识到'自己是哪国人'的思维框架中展开论述的。国籍意识或国民意识因为把关注点放在国境这条粗黑线上，所以妨碍了自由思考的顺利进行。我希望在思考日本与世界的问题时能挣脱国籍、国民意识的束缚。三个社会，每一个既是故乡，又是异乡。如果从这个视角聚焦日本社会，是否有可能构建出'另一种日本人论'呢？"[①]

　　上述三位学者的学术探索经历及其丰厚的学术业绩充分说明，欲探求最具解释力的研究方法，注重"边际人"的身份和视角，尽量客观地剖析自己的研究对象非常有必要，这也可谓是边际人视角的最大优点。

　　当然，欲做到完全客观，也的确不是件容易的事情，恰如亨廷顿在撰写《谁是美国人？——美国国民特性面临的挑战》时所言："我是以一名爱国者和一名学者这样两种身份写作本书。作为一名爱国者，我深盼我的国家能够保持团结和力量，继续是一个在自由、平等、法治和个人权利的基础之上建立起来的社会。作为一名学者，我发现美国国家特性/国民身份的历史演变及其现状存在着一些引人入迷的、重要的问题，需要深入研究和分析。可是，爱国之心和治学之心有时是会有冲突的。我意识到这一

---

① ［美］罗斯·摩尔、［日］杉本良夫编著：《日本人论之方程式》，袁晓凌等译，华东师范大学出版社2007年版，第10页。

点，所以我尽量努力争取做到超脱地、透彻地分析各种现象。但仍需提醒读者，我对于这些现象的选择和说明很可能还是受到我的爱国心的影响，因为我希望发现它们在美国的过去及其可能的未来所具有的意义。"[1]

因此，笔者希望自己作为一个中国的日本研究人员，能够依据自己多年的日本留学经验和近二十年的日本艺道修习经历，力争以一个近似于"边际人"的身份，使自己同考察的对象保持一定的距离，通过对中日国民性等适当的比较剖析，努力为读者提供一个观察日本的新视角，提供一个新认知，为促动中日间的理性交往提供一些有意义的参考。

## 第三节 本书选题的理由

一般而言，国民性研究应该包括两个主要内容：首先，是要确定某国的国民性特点；其次，是研究这些国民性特点与社会体系不同方面的内在关系。目前，包括日本国民性研究在内，学者们在推导某一国民性特点时，恰如英格尔斯所指出的那样，最常见的情况是"从分析婴儿和儿童养育模式推导出来，或者从分析个体履行其社会角色的制度行为，或一个群体的集体文献推导出来"。[2] 英格尔斯这里所说的"集体文献"，即"集体文档"，"指以口头或书面形式遍达社会主要部分的声明或陈述，包括传说、宗教作品、流行杂志、电影等"。[3]

学界对通过上述三个渠道来推导国民性特点的利弊已经有很多分析，笔者无意赘述。尽管国民性研究的理论方法还有待进一步完善，尤其是在探讨国民性与社会体系不同方面的内在关系上还有很多我们当前力所不能及之处。不过，笔者认为，我们还是可以作些有限的努力。笔者在仔细梳理诸先学的日本国民性研究成果的过程中发现，至今鲜见有人从游戏的视角来探讨日本国民性。游戏是所有文化的萌芽，"在整个文化进程中都活跃着某种游戏因素，这种游戏因素产生了社会生活的很多重要形式"，

---

[1] ［美］塞缪尔·亨廷顿：《谁是美国人？——美国国民特性面临的挑战》"前言"，程克维译，新华出版社2010年版，第2页。

[2] ［美］艾力克斯·英格尔斯：《国民性——心理—社会的视角》，王今一译，社会科学文献出版社2012年版，第86页。

[3] 同上书，第49页。

"仪式产生于神圣的游戏；诗歌诞生于游戏并繁荣于游戏；音乐和舞蹈则是纯粹的游戏。智慧和哲学在源于宗教性竞赛的语词和形式中找到自己的表达。战争的规则、高尚生活的习俗，都是在各类游戏中建立起来的"。①因此，一个国家民族所创立、传承至今的游戏的规则，对于该国家民族的价值观、行为方式和文化心理等国民性特点的型塑起着不容忽视的作用。为了拓展国民性研究的视野，笔者想尝试从游戏的视角来研究日本国民性格。

既然决定选取从游戏的视角来研究日本国民性，毋庸赘言，就必须选择受众广泛具有日本文化特色的游戏来作为研究素材，而要选择这样的研究素材，则恐怕非日本传统艺道莫属了。

日本传统艺道，可以说是最为集中地体现了日本人的文化理想、交换模式、情感模式、思维方式等国民性特点。日本传统艺道的种类很多，既有固本之食道，亦有长智之书道、增美之花道和清神之香道，还有积勇之武道。其中，综合了上述诸道核心文化要素的茶道与将棋，可谓最具代表性的日本传统艺道。虽然茶道与将棋皆非日本独创，但也可谓是最具日本特色的、受众最为广泛的传统艺道。日本茶道和将棋乃日本人繁简群体范式之典范，前者是合作性游戏的代表，后者则是竞争性游戏的代表；前者是颇具伸缩性的复数个体群际互动的典型，后者是仅有两个人的最小群际互动的典型个案。

日本茶道，最初也是从一种竞争性游戏——斗茶发展而来的。回顾日本茶道的发展史，简直就像是在整理社会心理学家的实验过程一般。茶道的最高境界，与社会心理学化解刻板印象、构建和谐群际关系的超级目标的设定，不谋而合。

日本茶道，本是东亚各民族长期友好交流的产物。它近似于宗教但不能说它就是宗教，近似于艺能但也不能说它就是艺能。今天，在日本特有的家元制度统率下，日本茶道更可谓是日本社会文化的一个缩影。它融和佛教、儒教、阴阳道、神道思想之要义为一体，吸纳固本之食道、长智之书道、积勇之武道、增美之花道和清神之香道等诸多文化内容之精华，形成了颇具日本特色的综合性生活文化。

---

① ［荷兰］胡伊青加：《人：游戏者——对文化中游戏因素的研究》，成穷译，贵州人民出版社1998年版，第222页。

研究日本茶道的现实意义，首先，在于它有益于更全面地探讨日本社会文化的特点及日本人的思维模式、行为模式、人格形成等，做到知己知彼；其次，扩大以茶文化为核心的中日文化交流，亦能进一步沟通两国人民的心灵，对拉近中日两大民族的距离亦具有无可替代的潜移默化的作用。

具体而言，选取日本茶道为例，大体有如下四点理由：

第一，日本茶道是颇具日本特色的生活文化，它集食道等诸"道"为一体，成为很多日本文化内容的源泉。不仅日本式的庭园得益于被称为"露地"的茶庭建构、现代的日本料理也多取意于茶道的怀石料理，而且，现如今独立称"道"的花道、香道，也都与茶道有着很深的渊源关系。此外，还有诸多的礼仪规范等也是如此。总之，茶道可以说是日本社会文化的缩影，研究茶道有助于获得对日本国民性更为直观、贴切的认识。

第二，茶道的修习和研究方法独具特色，它不忽视理论文献的学习，但更重视身体力行的实践修行和学以致用。修习茶道所要隐忍的肌肤之痛和精神的磨砺，非是一般的文化人类学者浅尝辄止的田野调查所堪受，这恐怕也是学界至今鲜见从茶道视角来分析日本国民性论著问世的主要原因之一。

日本茶道被视为礼仪、教养的代名词，它在提高日本国民素质方面发挥了巨大的作用，它给日本人的生活带来的积极影响之大也是无法估量的。自古以来，日本茶道人口分属的社会阶层就很广泛，既有皇室贵族政客大贾，更不乏地位低微的普通民众。由于日本茶道既是宗教化的世俗生活，同时亦是世俗生活化的宗教，所以，广大的日本茶道修习者们，或将茶道视为其不为无益事且度有生闲暇的娱乐手段，或将茶道视为创造交友之缘的工具，或将茶道视为修行得道的指月之指等，可以说，日本茶道一直在方方面面影响着日本人的生活，每位茶人都可按照适合自己的形式，从日本茶道中获得一份闲情雅趣，获得些许心灵的慰藉。日本茶道作为一个综合性的生活文化体系，可以说从方方面面满足了日本人的诸多身心要求。因此，研究日本茶道，不仅有助于我们获得对日本文化更为直观、贴切的认识，而且还有助于我们获得对日本人的思维模式、行为模式等国民性格的更具普遍性和代表性的认识。

目前，中国的日本国民性研究成果，有很多只是一种完全依赖文献的推理型的研究。若完全依照由这种方法得出的推理性结论与日本人交往的话,"知己知彼,百战不殆"将永远是难以实现的理想。日本茶道不忽视理论,但更强调实践。例如,能乐、歌舞伎等只能用于观赏,但日本茶道讲求的则是眼、耳、鼻、舌、身、意(即精神修养)全方面的锻炼,因而本身就具有很强的实践性。研究这一类型的日本文化,更有助于较为确切地获得对日本人的思维模式、行为模式、人格形成等的认识。

日本茶道在平安时代就已是日本公家贵族和寺院权门极为推崇的文化;到了镰仓时代,它又赢得新兴贵族阶层将军武士们的喜爱;到了室町后半期,它又成了富裕町人们的风流游戏;到了江户时代,由千利休集大成的日本茶道达到隆盛期,茶道人口上至天皇将军大名武士,下到散所非人,非常广泛。提起幕府大老井伊直弼,几乎人人都知道他是一个著名的政治家,殊不知他还是个非常了不起的茶人,他编著的很多茶道书至今仍被茶人们视为宝典。非常有名的"一期一会"这个词,也是他创的。如果研究井伊直弼的学者能略懂茶道,必将有助于其获得对井伊直弼这个历史人物的较为确切的认识。

到了明治维新时期,以日本茶道为首的传统文化虽几临衰亡之境,但在益田孝等政界、财界都可谓手眼通天的一些大人物的保护下,得以大难不死。在明治时代之前,搞茶道一直是男人的专利。但是,自明治维新后,日本茶道不但逐渐摆脱以往由男人独占的局面,到了昭和的时候女性茶道人口骤增,日本茶道反倒成了女孩子出嫁之前的必修内容。而今,日本茶道不仅是日本中小学教育的重要内容,而且几乎每所大学都有茶道部之类的组织。此外,日本政府机关、团体、企业等多把茶道当作职员修养的重要内容。例如,日本外务省的新职员到里千家进行茶道研修,已经成为一项固定例行的进修项目;再如警察、自卫队的驻地也都常设专用的习茶场所。以茶道为首的日本传统艺道,不仅在日本国内家喻户晓受众广泛,而且还是日本向世界展现其美好国际形象的软实力主打工具。因此,无论研究日本的政治文化,还是研究现代日本的企业文化,或者是从茶道人口的阴盛阳衰现象来研究探讨日本女性问题,或者是研究日本文化软实力战略等,日本茶道都可成为一个很好的切入点。

第三,日本茶道起源于中国,通过中日茶道文化的比较研究,可以分析得出日本茶道乃至日本文化的一些本质特点,有助于加深对日本人的文化理想的理解。

例如，中日两国茶道精神都很重"和"。陆羽在《茶经》中指出，凡茶有九难，既"造、别、器、火、水、炙、末、煮、饮"，因而茶事活动是综合、协调"茶、水、器、火、境"各项要素的复杂过程。陆羽在《茶经》"四之器"中对于用来煮茶的风炉作了详细记述，不仅利用易学象数严格规定了风炉的尺寸和整体结构，还主要运用了易经中的三个卦象即"坎"、"巽"、"离"来说明煮茶的过程就是金木水火土五行相生相克并达到和谐平衡的过程。

日本茶道也讲求"和"。日本茶道的精神被概括为四个字，即"和、敬、清、寂"，"和"乃其第一要义。从目前所发现的茶道文献来看，日本茶道所追求的"和"的境界，并没有超出中国茶道之处。而且，无论是在中国还是在日本，都见不到茶人喝茶打架，哪怕品饮终日也不会抡起茶碗翻脸。但是，在此还是想特别强调指出的一点是，在日本，如此重视"和"的茶道，当年若没有穷兵黩武梦想吞并朝鲜占领中国的、逼死千利休的丰臣秀吉的大力支持，恐怕也难有今日之隆盛。一个嗜杀成性的武士，竟会极度热衷倡导和平的茶道，这的确是相当矛盾的。究明这个矛盾形成的原因，或许会有利于我们进一步加深对日本文化的本质的认识。

第四，茶本身就是一个色、香、味、形四美俱全之物，在茗饮中清谈、赏花、玩月、抚琴、吟诗、联句，这种清逸脱俗、高尚幽雅的品茗意境正可与人们追求真善美、追求超越的精神相契合；日本茶道的"和、敬、清、寂"精神，恰与社会的可持续发展及人的全面发展要求相适应。《论语·子张第十九》中说："门人小子，当洒扫应对进退"，日本茶道正可谓是最好的"洒扫应对进退"之学，其中有许多可以借鉴的生活智慧，而且修习茶道老少皆宜，可独乐，亦可与众乐，若能将其有益之处"拿来"为我所用，创造弘扬超越国界的茶道文化，在现代社会也具有非常积极、深远的意义。

另外，在众多游戏中，棋盘游戏最接近社会的人文环境。很多人感慨，"人生如棋"，进退攻守的时机把握，胜负的结果，往往都只在一着之算，一念之差。小棋盘，大世界，简单的规则，却蕴含着丰富的人生哲理，在一定程度上也反映了游戏者的思维定式和行为价值取向等。通过对中国象棋和日本将棋的现行规则的比较，也可以解析中日两国国民性的一些显著特点。

鉴于笔者多年修习茶道的经历，以及对日本将棋粗浅的了解，在有限的精力、能力下，尽可能地选取受众广泛、影响深远、内容独特的日本茶道和将棋作为分析素材，可谓是较为理想的选择。而且笔者的研究实践也证明，如此选择，可以避免泛泛而谈，漫无边际，有广度而无深度。

总之，笔者希望通过自己的研究，尝试为今后的日本国民性研究提供一个新的视角——游戏，提供一份新的素材——日本艺道，推介一种新的研究方法——心理文化学。

# 第二章

# 中国的日本国民性研究现状与课题

如前所述，日本国民性研究，一直是世界各国的国民性研究者非常关注的课题。如今，学界发表的日本国民性研究论著，多达数千种。但是，一般人们心目中的日本国民形象，要么是来自日本人的自画像，要么是来自美国人笔下的他画像。虽然各国的日本国民性研究书籍繁多，但缺乏中国的日本国民性研究成果佳作。在现有的对日本国民性研究成果进行综述的五部专著和两篇学术论文中[1]，中国的日本国民性研究成果也没有得到多大关注。美国的日本国民性研究著作影响深远，与日本一衣带水的中国

---

[1] 五部专著分别是：［日］青木保：《日本文化论的变迁》（日本：中央公论社1990年版；文库版1999年；中文译本，杨伟、蒋葳译，中国青年出版社2009年版）；［日］南博：《日本人论——从明治维新到现代》（日本：岩波书店1994年版；中文译本，邱琡雯译，广西师范大学出版社2007年版）；［美］罗斯·摩尔、［日］杉本良夫编著：《日本人论之方程式》（日本：筑摩学艺文库1995年版；中文译本，袁晓凌等译，华东师范大学出版社2007年版）；［日］船曳建夫：《新日本人论十二讲》（日本：日本放送出版协会2003年版；讲谈社学术文库版2010年；中文译本，蔡敦达译，华东师范大学出版社2011年版）；杨劲松：《日本文化认同的建构历程——近现代日本人论研究》，中国建筑工业出版社2011年版。两篇论文分别是：杨劲松：《日本人论的演变轨迹——从文明开化到经济大国》，《日本学刊》2005年第1期；张建立：《日本国民性研究的现状与课题》，《日本学刊》2006年第6期，中国人民大学书报资料中心《复印报刊资料·世界史》2007年第3期。在南博的著作中，只有戴季陶撰写的《日本论》，获得了几句评语（《日本人论：从明治到现在》，文库版，第151—152页）；在罗斯·摩尔、杉本良夫的著作中，虽对韩国学者的研究有所引述（例如，［韩］李御宁：《日本人的缩小意识》，日本：学生社1982年初版，2005年第27次印刷；中文译本，张乃丽译，山东人民出版社2007年版），但对中国学者的日本国民性研究成果却只字未提；在青木保的著作及杨劲松的论文中也主要是梳理日美的日本国民性研究成果，对中国的日本国民性研究未予关注；在张建立的论文中，对近年来中国的日本国民性研究成果虽有所提及，但也是极为简略；在杨劲松新近出版的著作中，专设一节介绍先行研究状况，但在"二、我国学者的研究"中，也仅是提到了有限的几部研究著作，未给予详细评说，也未谈及相关研究论文的情况（参见杨劲松《日本文化认同的建构历程——近现代日本人论研究》，中国建筑工业出版社2011年版，第24—25页）。

更有理由在日本国民性研究上有所作为。因此，为探寻日本国民性研究的中国语境，创新日本国民性研究的学科范式，规划未来的研究方向，在此，首先对近三十余年来中国的日本国民性研究的现状与课题进行扼要的梳理是十分必要的。

## 第一节 中国的日本国民性研究现状

### 一 中国的日本国民性研究论文概况

笔者对 CNKI 中国学术总库①里收录的日本国民性研究文章②进行了分类统计。在分类统计这些文章时，对于同一作者投在不同杂志上的同一稿件，均取其最早刊发的杂志进行统计，对于题目中同时含有两个关键词的文章，也均作为一篇文章来统计，尽可能避免进行重复统计。最终统计结果，从 20 世纪 80 年代到 2012 年的三十余年间，中国学界发表的有关日本国民性研究文章的总数大体在 711 篇左右。③

---

① http：//www.cnki.net

② 所谓国民性，英文写成"national character"，翻译成中文，因人而异，有人又将其译作"民族性"。因此，在部分论著中，国民性和民族性，往往被作为同义词来使用，但严格来讲，民族性，并不等同于国民性。从世界的视野来看，民族性的内涵和外延要大于国民性，但是，若仅限于一个国家内而言，国民性的内涵和外延则要大于民族性。相对于较稳定持久的民族性而言，国民性则更易受到政治变化的影响。关于"国民性"概念的详细界定，可参见［美］艾力克斯·英格尔斯著《国民性——心理—社会的视角》（王今一译，社会科学文献出版社 2012 年版）的"第一章 国民性：众数人格与社会文化体系的研究"与"第六章 国民性与现代政治体系"以及周晓红著《现代社会心理学——多维视野中的社会行为研究》（上海人民出版社 1997 年版）中相关章节的论述。例如，艾力克斯·英格尔斯将国民性定义归类为有"作为制度模式的国民性"、"作为文化主题的国民性"、"作为行为的国民性"、"作为混合物的国民性"、"作为种族心理的国民性"，还提出"作为众数人格的国民性"，指出"聚焦成人众数人格特征，把它作为国民性研究的中心问题具有很大的内在优势"（参见《国民性——心理—社会的视角》，第 9、196—198 页）。笔者认为，国民性，简言之，可以理解为一个国家的多数人，在社会化过程中，即在家庭等各类集团中，按照约定俗成的社会规范及社会强制性规范，于有意无意中培养出来的行为方式的倾向性选择。这种特性，体现在人们的交换模式、情感模式、思维方式等方面，具有相对持久性。在研究日本社会、文化和日本人的文章中，判断某一文章是否属于日本国民性研究、探索的范围，主要看该文所研究的内容是否符合国民性定义指涉的内容，这里统计的文章题名中含有的关键词，也是国际学界日本国民性研究论著题目中常见的关键词。

③ 在本书"附录二 中文参考文献"的"二、日本国民性研究论文"，笔者将其中的 648 篇主要文章按照文章题目中含有的关键词进行了分类，并对每一类文章分别按其发表时间进行了整理。

关于这 711 篇日本国民性研究文章，从文章的选题来看，题目中含有"日本"、"国民性"的文章总计有 44 篇；题目中含有"日本"、"国民性格"的文章总计有 9 篇；题目中含有"日本"、"国民特性"的文章总计有 1 篇；题目中含有"日本"、"民族性"的文章总计有 37 篇；题目中含有"日本"、"民族性格"的文章总计有 25 篇；题目中含有"日本"、"民族特性"的文章总计有 11 篇；题目中含有"日本"、"国民心理"的文章总计有二篇；题目中含有"日本"、"民族心理"的文章总计有 13 篇；题目中含有"日本型"的文章总计有 49 篇；题目中含有"日本式"的文章总计有 202 篇；题目中含有"日本模式"的文章总计有 87 篇；题目中含有"日本"、"行为模式"的文章总计有 7 篇；题目中含有"日本"、"思维模式"的文章总计有 2 篇；题目中含有"日本"、"感情模式"的文章总计有 2 篇；题目中含有"日本"、"集团主义"的文章总计有 17 篇；题目中含有"日本"、"意识"的文章总计有 203 篇。

如上所述，虽然笔者按照文章题名中含有的关键词进行了很细致的分类统计，其实，从文章的内容来看，基本上可以划分为如下三大类：

首先，从上文的统计数据来看，在 711 篇文章中，无论是在学术期刊发表的论文，还是研究生的毕业论文，或者是报刊上发表的相关评论文章，均以论述日本的特殊模式的文章居多，将文章题名中含有"日本型"、"日本式"、"日本模式"的文章加在一起总数为 338 篇。这些论述日本的特殊模式的文章，大多是通过探讨日本企业经营模式的特殊性及其文化成因，进而来或隐或现地主张日本人或者是日本文化特殊论的。因为在这些文章中也几乎千篇一律地要论及日本人的"集团主义"、"集团意识"、"行为模式"等问题，所以，若将专门论述这一内容的 52 篇（"集团主义" 17 篇、"集团意识" 28 篇、"行为模式" 7 篇）文章也都算在一起的话，那么，这一类文章总数就多达 390 篇，占了中国的日本国民性研究三十余年来发表文章总数的二分之一还多。在这类文章中，除了少数的论述日本社会独特的政治文化现象的文章外，[1] 大多是为了探讨日本近代化的成功经验，特意从论说日本企业的独特经营管理模式的角度来探讨日本国民性的文章。

---

[1] 曹天禄：《日本共产党的"日本式社会主义"理论模式论》，《科学社会主义》2003 年第 6 期；顾雯：《谈谈日本式中国茶文化与中国茶学》，《农业考古》2003 年第 4 期。

其次，是直接以"日本"的"国民性"、"国民性格"、"国民特性"、"民族性"、"民族性格"、"民族特性"、"国民心理"、"民族心理"等字眼入题的论文有142篇。这类文章，大多要么是对日本国民性的几个特点进行概述分析，[1] 要么就是针对日本国民性的一两个特点，从社会问题、语言、风俗习惯等方面，就其特色、成因等进行剖析。[2]

最后，是以"日本人"的某种"意识"为题目的文章，如本书"附录二"所示，除了专门论述日本人的"集团意识"的28篇文章外，相关文章有175篇，文章内容涉及面很宽泛，不仅有探究日本人的"家族意识"的优秀论文，还有探讨日本人的政治意识、社会秩序意识、共同的法律意识、宗教意识、美意识、危机意识、恩义意识、生态意识、岛国意识、道德意识等方面的优秀论文；有限的四篇论述日本人的"思维模式"、"感情模式"的论文基本上也可以归为此类文章中。

另外，在20世纪80年代至2012年这段时间内，从中国学界有关日本国民性研究每十年发表的论文数量情况来看，如"附录二"所示，1980年至1990年为35篇，这段时间可以说是新中国成立以来从事日本国民性研究的起步阶段；1991年至2000年在学术期刊发表的论文则比上个十年增加了三倍，但研究生论文和报刊文章仅各有一篇，这段时间可谓是中国的日本国民性研究发展期；2001年至2012年比上个十年的学术期刊论文数又几乎翻了一番，而且研究生论文数及报纸文章也相对有了大幅度的增加。

再从文章的内容来看，1980年至1990年的35篇文章中，有25篇文章题名是冠以"日本式"的文章，3篇是论述日本人的集团意识的，其他7篇为论述日本的民族性特点或者成因的；1991年至2000年的百余篇文章中，题名冠以"日本式"的文章依旧占大多数，而且这种特点一直持续到2005年。近几年，虽依然可见题名中冠以"日本式"的文章，[3] 但从大部分文章的题目及内容来看，学界的关注点已经明显转向具体地分析

---

[1] 鲍刚：《日本传统国民性的基本特征》，《日本学刊》1996年第5期。
[2] 何星亮：《保守性与进取性——日本民族性探索之一》，《世界民族》1999年第1期；李锋传：《从日语谚语看日本人的国民性格》，《日语学习与研究》2006年第2期。
[3] 文婧：《日本式集团主义与日本企业在中国的本土化》，《日本学刊》2007年第3期；陈秀武：《论日本型华夷秩序的"虚像"》，《东北师范大学学报》（哲学社会科学版）2008年第1期；刘绮霞：《论金融危机下传统日本式经营的回归》，《社会科学辑刊》2009年第4期。

日本国民性的某个特点及成因，以及对日本人的行为模式、感情模式、思维模式、价值意识特点等方面的探讨上。① 2001 年至 2012 年这段时期，应该仍属于中国的日本国民性研究持续发展阶段，但从欲了解日本国民性的日益增长的社会需求来看，预计此后无论在研究成果的数量上，还是质量上，将会迎来中国的日本国民性研究的高潮期。

## 二　中国的日本国民性研究著作概况

从上述日本国民性研究文章成倍递增的发展态势，亦可推知欲了解日本国民性的社会需求是多么强烈。近年来，《菊与刀》中译本的再度翻印和畅销，② 也进一步反映了这种社会需求强烈的程度。

在中国，谢晋青著《日本民族性底研究》（1923 年）、戴季陶著《日本论》（1928 年）、陈德征著《日本民族性》（1928 年）、潘光旦著《日本德意志民族性之比较研究》（1930 年）、王文萱著《日本国民性》（1933 年）、陈丹崖著《日本国民的信仰生活》（1934 年）、郑独步著《日本国民性之检讨》（1935 年）、郁达夫著《日本的文化生活》（1936 年）、张居俊著《日本之病态心理》（1938 年）、叶树芳著《论日本人》（1941 年）、蒋百里著《日本人——一个外国人的研究》（1945 年），曾构成了 20 世纪上半叶中国学术界的"日本社会文化学观念"。自此之后，时间过去了整整半个世纪，中国学术界在日本国民性研究领域，突然间停歇了它的操作，显得异常的静寂。③ 1998 年，尚会鹏先生著《中国人与日本人》的出版，才终于打破了长期以来的学术沉寂状态。随后的 1999 年，又有了日本国民性论文集《一笔难画日本人》④ 的问世，人们关注日本国民性的视角也变得愈来愈丰富了。

近些年来，正是欲了解日本国民性的日益强烈的社会需求，不仅促动

---

① 刘利华：《日本历史认知的民族心理探析》，《云南社会科学》2008 年第 2 期；隽雪艳：《日本人的美意识与无常思想》，《日本学刊》2008 年第 4 期；廉德瑰：《"伙伴"意识与日本式民主主义》，《日本问题研究》2009 年第 3 期；贾华：《浅谈对蒙古族学生日语教学的难点——兼论日本民族特性与日语含蓄表达方式》，《民族教育研究》2010 年第 3 期，等等。

② [美] 本尼迪克特：《菊与刀》，唐晓鹏、王南译，华文出版社 2005 年；[美] 露丝·本尼狄克特：《菊与刀——日本文化面面观》，北塔译，上海三联书店 2007 年版。

③ 严绍璗：《〈中国人与日本人〉序言》，载尚会鹏《中国人与日本人》，北京大学出版社 1998 年版，第 3 页。

④ 高增杰主编：《一笔难画日本人》，时事出版社 1999 年版。

了本尼迪克特的《菊与刀》、戴季陶的《日本人》、周作人的《周作人论日本》之旧作的翻新再版,[①] 而且还催生了一批日本人论方面的新作。[②] 这些新作,内容丰富多彩,有的还配以彩色插图,可谓是图文并茂。如果是一个对日本一无所知的人,这些新作倒是可以拿来作为较好的日本普及读物,通过它了解一些日本最新的世相。但是,在这些新作中,既没有见到在研究方法上有何突破,也未见在结论上有更多的创新之处,那些秉承始自《菊与刀》的"用'悖论式'理论来研究日本的学术传统"[③],所得出的关于日本社会和日本人的所谓两面性、暧昧等特点,也并无多大的新意可言。平心而论,那些特点至少在我们中国人的身上其实也是一样显著的,这样的例子俯拾皆是,就无须再一一列举述说了。

据管见,近年来,属于日本国民性研究领域的真正逻辑严谨、自成体系的专著的确不多,无论从方法论上,还是从研究深度看,尚会鹏先生的《中国人与日本人》及其姊妹篇《中日文化冲突与理解的事例研究》[④],当属目前最出色的研究专著。《中国人与日本人》运用心理文化学的基本理论和研究方法,对中日两大民族的深层文化特征进行了剖析。该书从一般的社会学的泛泛之说中脱出,以心理文化学的理念作为观察中日文化的视角,在广泛的文化现象中,从"家"、"族"、"家元组织"、"宗教组织"和"性意识"等文化层面上,寻找其表现文化特征的根本之点,阐明了两国国民性的一些倾向性特征。继而,在《中日文化冲突与理解的事例研究》中,著者又以美国作为第三参照物,运用心理文化学的基本理念与方法,结合大量有代表性的社会问题案例,就日本人的思维方式、

---

① 戴季陶:《日本论》,上海民智书局1928年初版,九州出版社2005年再版。周作人:《周作人论日本》,陕西师范大学出版社2005年版。

② 这方面的著作有:夏遇南:《日本人》,三秦出版社2003年版。李兆忠:《暧昧的日本人》,广东人民出版社1998年初版,金城出版社2005年再版;香港三联书店2006年繁体字版,九州出版社2010年修订版。周兴旺:《日本人凭什么》,世界知识出版社2006年版。马骅等:《丑陋的日本人》,山东画报出版社2006年版。祝大鸣:《独特的日本人(岛国文化之解读)》,中国画报出版社2009年版;祝大鸣:《双面日本人》,世界知识出版社2009年版。萨苏:《与鬼为邻》,文汇出版社2009年版。王锦思:《日本行中国更行》,青岛出版社2010年版。

③ [美]罗斯·摩尔、[日]杉本良夫编著:《日本人论之方程式》,第23页。

④ 尚会鹏:《中国人与日本人》,北京大学出版社1998年初版,2000年第2次印刷;台北:南天书局2010年再版;尚会鹏、徐晨阳:《中日文化冲突与理解的事例研究》,中国国际广播出版社2004年版。

行为模式、情感模式等进行了有理有据的分析，可以说这是一次运用心理文化学的理论和方法，来解释现实问题的有益尝试。

虽然中国的日本国民性研究领域专著匮乏，但是，在日本思想文化著作中单独立章设节论及到日本国民性特点的并不少，只是其题目、内容和结论与上述列举的论文几乎都是大同小异。在这类著述中，王家骅先生的著作较具代表性，如其专著《儒家思想与日本的现代化》中的"第六章 积淀——日本人的民族性与儒学"就是专门论述日本国民性的。王家骅先生认为，民族性"主要是指人的思维方式、行为方式、情感方式和生活方式等"，[①] 所以在该章中分三节从以上诸方面探讨了日本人的民族性与儒学的关系。"第一节 日本的社会结构与儒学"，"第二节 日本人的思维模式、行为方式与儒学"，"第三节 日本人的情感方式、生活方式与儒学"。并且，在"终章 日本现代化的二重性与儒学的二重性"中，王家骅先生还对日本人的实用主义思想根源进行了细致全面的分析。

以上，是对中国的日本国民性研究现状的概览。下面主要从研究成果的内容、研究方法及学术贡献三方面，来进一步分析中国的日本国民性研究的特点。

## 第二节　中国的日本国民性研究成果的内容特色

### 一　褒多贬少，述而少作

这是笔者对截至 20 世纪末这段时间所发表的研究成果内容之主要特色进行的概括。

所谓"褒多贬少"，即这一时期的研究成果，大多都是争相对"日本人"或者作为日本人"身份"的对象而存在的"日本文化"的特殊性，进行礼赞或者说是肯定性评价的文章。在公开发表的 711 篇日本国民性研究文章中，仅题名中含有"日本型"、"日本式"的论文就占了绝大部分，这就是最好的例证。当然，也并不是说所有题名中含有"日本型"、"日本式"的论文都是一味地对日本人或日本文化进行礼赞，其中有的论文虽也会兼带提到一些"日本型"、"日本式"的负面之处，但还是肯定多

---

[①]　王家骅：《儒家思想与日本的现代化》，浙江人民出版社 1995 年版，第 240 页。

于否定,这一点是毋庸置疑的。

另外,这一时期中国的日本国民性研究成果,大多是对日本、美国学者的日本国民性研究成果的复述,或者是从他人的著述中阐发微言大义,或将其改头换面,形成所谓的"创见";特别是由于受《菊与刀》的研究范式的影响,研究者们大多喜好尝试用几个关键的概念,将日本人或日本文化总括性地作为一个同质的整体来加以把握,并在与外国和异文化的比较中进行讨论。如"罪文化"与"耻文化"、"集团主义"与"个人主义"就曾一度成为这类文章的关键词,但从学术创意上超过《菊与刀》的文章并不多见。在这一时期的研究成果中,崔世广的研究成果还是颇具独创性的。崔世广首先在其论文《日本传统文化的基本特征——与西欧、中国的比较》中提出"西方文化是知的文化,中国文化是意的文化,日本文化是情的文化"的观点,[①] 继而又撰文《意的文化与情的文化——中日文化的一个比较》对上述观点进行了论证。[②] 2004 年,"意的文化与情的文化"还被直接用作国际研讨会论文集的名称,在日本出版。[③] 当然,也有学者从心理文化学的视角对此提出了商榷意见,指出"将文化这样归类未必妥当,但如果'情'是指与人的自然情绪相联系的'感情','意'指与道德、信仰、修养等相联系的'意志',那么这种差异至少在主流意识形态层面是存在的。从我们的视角看,这种差异反映了中日两种文化对自然感情的不同评价取向和遵循着不同的控制机制"。[④] 类似这样颇具建设性的学术研究成果实在是凤毛麟角。所以说,这一时期的研究成果内容的主要特色,虽然不能说是"述而不作",但概括为"述而少作"当无大碍。

## 二 毁誉掺半,省旧探新

这是笔者对进入 21 世纪以来中国的日本国民性研究成果内容之主要

---

[①] 崔世广:《日本传统文化的基本特征——与西欧、中国的比较》,《日本学刊》1995 年第 5 期。

[②] 崔世广:《意的文化与情的文化——中日文化的一个比较》,《日本研究》1996 年第 3 期。

[③] 王敏编著:《"意"の文化と"情"の文化——中国における日本研究》,中央公論新社 2004 年版。

[④] 尚会鹏:《论日本人感情模式的文化特征》,《日本学刊》2008 年第 1 期。

特色的概括。

所谓"毁誉掺半",即在这一时期的日本国民性研究成果中,虽然依旧可见对日本国民性进行礼赞性的文章[①],但从大多数文章的内容来看,进入 21 世纪以来,研究者对待所谓的日本国民性特点的学术态度已经开始发生变化。当论述到某一具体的日本国民性内容时,开始逐渐摆脱往日因对日本国民性优点的盲目探求而一味给予溢美之词的做法,已经基本能够做到对日本国民性予以一分为二地剖析,甚至有的还从一个极端走向了另一个极端,出现了一些缺乏严谨的学术论证,对日本国民性的批判过于意识形态化的文章。此外,也有的文章虽然还是在重复梳理既往的研究中提到过的日本国民性的一些特点,但已几无礼赞之词,而更多的是学理分析。[②] 当然,这些学者依旧将"实用主义"、"集团主义"、"等级秩序"视为日本国民性,这种看法是否妥当则有待商榷。其实,对诸如此类的日本国民性论,早在 1995 年,杉本良夫与罗斯·摩尔就已经进行过严厉的批判,并且他们一再强调指出,"日本社会与其他产业社会之间并不存在根本差异,即欧美社会也有集团主义倾向,日本社会也存在不少个人主义因素",那些曾被认为是日本人自然形成的共同价值观,其实"是社会结构和制度规范的产物"。[③]

所谓"省旧探新",即自进入 21 世纪以来,中国学界也开始步入了对日本国民性研究的反思期。目前,中国的日本国民性研究的独创成果虽然尚不是很多,但在这段时期发表的研究成果中,论文题名冠以"日本式"、"日本型"之类的论著已经明显有所减少。尝试运用新方法,运用具有深厚学理支撑的新的分析工具,来对日本国民性进行更为客观的分析和研究的成果渐有增加。例如,尚会鹏先生通过对许烺光心理文化学的研究方法的完善,而展开的对日本人的情感模式、交换模式、自我认知、个

---

① 例如,蔡荷《日本国民性选论》(《湖南医科大学学报》(社会科学版)2010 年 5 月第 12 卷第 3 期)中,仿照日本国文学者芳贺矢一的《国民性十论》,又为日本人归纳出了 14 种优秀的国民性。

② 例如,李卓《日本国民性的几点特征》(《日语学习与研究》2007 年第 5 期总第 132 期)中,将"实用主义"、"集团主义"、"等级秩序"依旧视为日本国民性中较具代表性的特点,并对其积极和消极影响进行了分析。

③ 参见[美]罗斯·摩尔、[日]杉本良夫编著《日本人论之方程式》,第 13 页以及该书第 11 章。

人化等问题的研究,① 以及有些学者运用心理文化学的方法,通过对日本具有代表性的艺术文化、游戏规则的剖析来探讨日本国民性的做法,都是比较新的尝试,并获得了学界的一定评价。②

此外,有些学者为了推介国际上先进的研究方法和全面介绍国外的研究情况,积极译介出版了一些高质量的翻译成果,如上文已经提到的青木保、南博、杉本良夫和罗斯·摩尔的著作中译本的出版。另外,在"附录二"里列举的711篇文章中也包含着多篇中国学者翻译的日本学者的论文,这也可谓是该时期中国的日本国民性研究成果内容的特色之一。

## 第三节 中国的日本国民性研究成果的方法特色

### 一 文化人类学的方法为主

这不仅是日本国民性研究方法的特色,恐怕也可谓是全世界国民性研究的一大方法特色。这是由国民性研究与生俱来的特点造就的。"国民性",本是西方文化人类学从事规模小且单一社会形态研究时所创出的术语。在西方,国民性研究的产生,最早应追溯到心理学家冯特的民族心理学研究。后来,一批人类学家继承了冯特的研究方法,把心理学引入人类学,开创了文化人类学,国民性研究成为其中的文化与人格学派的重要研究领域。他们不再使用"民族心理"这一概念,而是用"国民性"这一术语取而代之。③ 人类学家始终坚持以研究落后民族为职志,随着"原始

---

① 尚会鹏:《"缘人":日本人的基本人际状态》(《日本学刊》2006年第3期)、《论日本人自我认知的文化特点》(《日本学刊》2007年第2期)、《论日本人感情模式的文化特征》(《日本学刊》2008年第1期)、《论日本人的交换模式》(《日本学刊》2009年第4期)、《日本社会的"个人化":心理文化视角的考察》(《日本学刊》2010年第2期)。其中,《论日本人自我认知的文化特点》,被评为由中国社会科学院日本研究所主办、《日本学刊》编辑部承办的2007—2008年度《日本学刊》优秀论文隈谷奖。

② 例如,张建立《日本人与中国人的感情模式特征简论——以"侘茶乐境"与"孔颜乐处"为中心》(《日本学刊》2009年第6期)、《从游戏规则看中日两国国民性差异——以日本将棋与中国象棋为例》(《日本学刊》2009年第1期,中国社科期刊网"理论与学术前沿"专栏予以全文转载)。

③ 罗教讲:《国民性研究方法之探讨》,载李庆善主编《中国人社会心理研究论集》,香港时代文化出版公司1992年版,第88页。

社会"逐渐现代化以及地区研究兴起的影响,如今已把重心转移到国内的少数民族,现在几乎成为治理国内少数民族的代名词。"国民性"一词本身虽然无褒贬之意,但由于其内容本是指称所谓未开化民族特性的词,所以也就暗含了一些贬义的成分在内,从这个意义上考虑,"国民性"一词被一些学者称为是殖民话语或也不为过。[①]

"文化人类学家研究国民性使用的主要方法是分析审视一个民族的文学、艺术、语言文字、宗教信仰、风土人情等资料,通过它们投射出国民性格的底蕴;再加上文化人类学的传统方法即实地调查、参与观察、访谈等。我们不能完全否认这种研究方法的科学性,但实践证明,仅用这种方法,要对国民性这样复杂的问题作出高度概括性的结论,还是远远不够的。运用这种研究方法所得出的结论是难以让人信服的。特别是在研究条件受到限制,资料不够充分的条件下得出的研究结论就更是如此。不少被称为著名的研究正是在这样的条件下完成的。"[②] 既不懂日语,也没去过日本的本尼迪克特,仅凭日本的报纸杂志及影视资料和对在美的日本人的访谈便撰写的《菊与刀》,虽然是首次将西方的国民性理论应用于现实问题研究的经典著作,但是也仍在一定程度上存在这方面的缺陷,并受到大家的批判。

文化人类学中的"文化与人格"学派,专事国民性研究,《菊与刀》的著者本尼迪克特正是这一学派的代表人物。该学派理论的特色在于:它是文化人类学、心理学、精神分析学等诸学科的交接点,旨在重视研究个人与文化的关系,即揭示文化与社会相互作用过程中文化对于人格形成的影响。为了探讨一个民族大多数人具有的性格,该学派的学者开发出不少研究工具,例如"社会人格"(social personality)、"众趋人格"(modal personality)、"基本人格"(basic personality)或"地位人格"(status personality)等,[③] 但这些工具都无法同时处理在某一特定社会被大多数人有

---

[①] 参见刘禾《跨语际实践:文学,民族文化与被译介的现代性(中国:1900~1937)》,生活·读书·新知三联书店 2008 年版,第 2 章。

[②] 罗教讲:《国民性研究方法之探讨》,载李庆善主编《中国人社会心理研究论集》,第 90—91 页。

[③] 关于"文化与人格"学派及这些概念的含义、缺陷等问题,曾多次得到游国龙博士的赐教和馈赠相关学习资料,谨记于此,以致谢意。更为详尽的分析,请参见游国龙《许烺光的"大规模文明"比较理论研究:内容、方法及其对国际政治研究的启示》第 2 章,北京大学博士学位论文,2011 年。

意识或无意识共享的信念，以及作为一个群体的大多数人有意识或无意识的行为模式，以至于作出的研究缺乏说服力，遭致严厉的批评。如有的学者就批评说："如果说哲学家是一群在黑屋中寻找根本不存在的黑猫的盲人的话，国民性研究者也大体如此，只不过他们寻找的是文化人类学家所坚信存在的黑猫。但是，近年来他们对此已不那么坚信无疑了。"① 因为苦于没有更好的分析工具，导致国民性研究徘徊不前。中国的日本国民性研究，直至20世纪末，在研究方法上基本上都是在遵循以往的文化人类学的研究方法，所以也存在着基本同样的问题。

## 二 统计学和历史学方法为辅

运用统计学的手法进行日本国民性研究，兴起于20世纪50年代的日本。运用这种手法进行国民性研究所依据的资料，主要是通过问卷调查或个案访谈等获得的第一手材料进行研究。在运用统计学的手法进行日本国民性研究方面，日本统计数理研究所国民性调查委员会和日本NHK所取得的成绩是比较大的。统计数理研究所国民性调查委员会从1953年开始至1988年间每隔五年就进行一次关于日本国民性的调查，并根据调查的结果编辑出版了五版《日本人的国民性》；日本NHK放送世论调查所从1973年开始也每隔五年进行一次关于日本人的意识的调查，并且也将调查结果编辑成书。近些年来，日本的其他一些新闻媒体，如《读卖新闻》等也开始注重通过舆论调查等来分析日本国民性的一些特点。②

在一个社会中，虽然个体的人格有着非常大的差异，但通过各类设问，采纳统计方法对各类回答加以集中排比时就会发现，很多不同的人在性格等方面也往往具有很多共性的东西。运用统计方法获得一种文化中最具有普遍性和代表性的人格类型，使国民性研究在方法上更加趋于实证化，确有其值得评价之处。但是，依靠这种办法进行研究所获得的结论，虽不能否认其具有一定的客观性和所谓的科学性，但还是不免令人担心其缺乏代表性。因为纵使研究者不是依据主观好恶或围绕一定观点在收集数

---

① ［美］巴尔诺：《人格：文化的积淀》，周晓虹等译，辽宁人民出版社1989年版，第230页。

② 读卖新闻社舆论调查部编：《日本的舆论》，弘文堂，2002年。

据，对其所采纳的极为有限的调查个案数据而言或许客观性很强，但以通过极少的个案调查得出的结果，去作为某一国家民族群体人格的代表，这还是需要慎重下结论的。由于中国的日本国民性研究严重滞后于国际上的研究水平，致使在方法论上也基本上是处于追随日美的境地，至今很多关于日本人的研究，依然在沿用这一方法。①

另外，历史学的研究方法，虽是各个研究领域比较通用的一种方法，但中国的日本国民性研究领域，单纯应用这种方法进行研究的成果不多，较具代表性的著作有汪向荣的《古代中国人的日本观》等。② 在论文方面，李文的《日本国民心理嬗变的原理与趋向》是新近发表的力作，正如作者开篇自述其文章的贡献在于："将散见于已有著述中的相关内容加以系统概括；揭示日本民族性的这一特征与其哲学、美学传统之间的关联性；从已厘清的脉络出发，预见未来一个时期日本国民心理的嬗变趋势"。③ 作者遍览相关文献，对既往关于日本国民心理特征的观点进行了扼要精当的整理，这确是该文最大的贡献。但是，作者所持关于日本国民心理特征的看法却不无商榷之处。例如，作者认为："日本人看法和态度的变化并非无章可循，实力对比的变化通常是理解日本国民心理变化奥妙的关键。实力对比的结果通常就是权力格局和阶层结构的形成，而日本民族的一大特征就是普遍存在强烈的'权力至上'倾向。"④ 其实，且不说其他国家国民如何，扪心自问，观古今中国之诸般世相，中国人心理存在的"权力至上"倾向又何尝不强烈呢？而且，究竟该如何判断这种心理在哪国民众身上表现得更强烈一些，对其内政外交的影响更大一些，似乎目前还没有一个更为科学的方法。

## 三　心理文化学和知识社会学方法崭露头角

"心理文化学"与"知识社会学"的研究方法，在国外的日本国民性研究领域早已不是什么新方法，但被引进到中国的日本国民性研究领域，还是近些年的事。

---

① 这方面较具代表性的文章有：喻国明《中国人眼中的日本和日本人——中国公众对日印象的调查分析报告》，《国际新闻界》1997 年第 6 期。
② 汪向荣：《古代中国人的日本观》，上海古籍出版社 2006 年版。
③ 李文：《日本国民心理嬗变的原理与趋向》，《日本学刊》2010 年第 3 期。
④ 同上。

首先，所谓"心理文化学"，即以心理与文化相结合的视角和方法，从事大规模文明社会比较研究的学问。该方法的创始人是美籍华裔学者许烺光（1909—1999年）。心理文化学的起源，最早可追溯到文化人类学的"文化与人格"学派的国民性研究。由于"文化与人格"学派在"人格"概念使用上的缺陷，后被许烺光以心理人类学所取代。而今，对于大规模文明社会比较研究这一部分，又从心理人类学中分离出来，成为行为科学系统下的一个分支学科。2010年，尚会鹏先生与游国龙博士对许烺光的研究方法进行了严谨的学科定位，正式将许烺光的学说命名为"心理文化学"。由于心理文化学的发展背景使然，这门学科带有心理学色彩，但与普通心理学不同，它研究的不是人类心理活动的通则，而是关注影响个人的社会和文化心理特点，以及人格特征在维持、发展及社会变迁中的作用。心理文化学的基本理论包括：角色与情感理论，心理社会均衡理论，优势亲属关系假说以及次级团体理论和社会动力学等。[①]

20世纪末，许烺光的著作就已在中国大陆和台湾学界陆续被翻译成中文出版，[②] 但是，在亚洲，最早运用心理文化学的理论开展研究的是"日本文明学派"代表人物之一的滨口惠俊。滨口在许烺光的影响下，提出了著名的"间人"概念。他由"间人"概念出发，把与"间人"相关的价值观体系称为"间人主义"。[③] 滨口倡导"间人主义"，旨在提出一种新的研究范式，从根本上改变日本社会文化研究中西方中心论的倾向。他的这种努力虽然值得高度评价，但"间人主义"以及"间人社会"诸特征，"似乎并非日本所特有，其他非西方社会（如中国、印度以及东南亚）社会似乎也具有这样的特点"。[④] 尚会鹏先生通过对许烺光的"心理—社会均衡"（Psycho-social Homeostasis）理论的完善以及对滨口惠俊的

---

① 关于心理文化学的发展历程及学科定位，详细请参见尚会鹏、游国龙《心理文化学——许烺光学说的研究与应用》，台北：南天书局2010年版，第2章。

② 大陆出版了《宗姓·家元·俱乐部》（华夏出版社1990年版）与《美国人与中国人》（华夏出版社1989年版）的译作，后由于译书的删节、错译问题，许烺光未再授权大陆出版其他著作。台北南天书局出版了《许烺光著作集》10卷（1997年）。

③ 该理论的详细阐述，参见［日］滨口惠俊《日本研究原论：作为"关系体"的日本人与日本社会》，有斐阁1998年版；［日］滨口惠俊《何谓日本型模式？》，新耀社1993年版。

④ 尚会鹏：《"缘人"：日本人的基本人际状态》，《日本学刊》2006年第3期。

"间人主义"理论的剖析,进一步提出了"缘人""伦人"的概念。他建议作为"间人"的下位概念,用"缘人"指称日本人的基本人际状态,用"伦人"指称中国人的基本人际状态,这将更有助于明确日本国民性格的特征。①

其次,"知识社会学是科学地考查知识是如何在社会、文化环境的约束下得到建构的一种研究方法"。② 知识社会学方法的创始人为马克斯·舍勒,完善者为曼海姆。知识社会学的基本主题是,只要思维方式的社会起源是模糊不清的,那就一定存在不可能被充分理解的思维方式。"知识社会学所探求的是理解具体的社会——历史情况背景下的思想"③,知识社会学在对某一时期或某一特定的社会阶层的思想进行分析时,所关注的不仅是盛行一时的思想和思维方式,还有这种思想产生的整个社会背景。此外,知识社会学想要清楚地说明某个社会集团如何在某种理论、学说和知识运动中找到对自身利益和目的的表达,与各种类型的知识相一致的认识以及用来发展各种知识的相应的社会资源,对于理解任何社会都至关重要,对于分析社会关系发生的变化也同样重要。

"从知识社会学的角度来看,日本人论同宗教、数学、物理学一样,也是一种知识。既然是一种知识,探讨其内容受制于何种社会性束缚就成为一种必然。"④ 杉本良夫、罗斯·摩尔早在20世纪80年代就已经运用知识社会学的研究方法,对日本人论得以建构的背景进行了深入细致的剖析,⑤ 并进而建构了其新的研究范式——多元化阶层模型。⑥ 杉本良夫、罗斯·摩尔著《日本人论之方程式》,1982年由东洋经济新报社出版发行,1995年由筑摩学艺文库出版增补版,2007年该书才被华东师范大学外语学院日语系的师生翻译成中文,介绍给中国的读者。目前,在中国学界,尚未见有具体应用基于知识社会学理论建构起来的"多元化阶层模型"分析日本国民性的研究。

---

① 尚会鹏:《论日本人自我认知的文化特点》,《日本学刊》2007年第2期。
② [美]罗斯·摩尔、[日]杉本良夫编著:《日本人论之方程式》"导读",第5页。
③ [德]曼海姆:《意识形态与乌托邦》,黎明译,商务印书馆2000年版,第3页。
④ [美]罗斯·摩尔、[日]杉本良夫编著:《日本人论之方程式》,第64页。
⑤ 同上书,第7章。
⑥ 同上书,第12章。

## 第四节　中国的日本国民性研究成果的学术贡献

评价中国的日本国民性研究成果的学术贡献，应当根据中国学者研究日本国民性的目的，并参照世界上关于日本国民性研究的进展情况和研究水准，从大的视野来予以历史地、客观地评价。概言之，中国的日本国民性研究成果的学术贡献，主要可以总结为如下两点。

### 一　译介普及了国外关于日本国民性的研究成果

日本国民性研究之所以能够兴盛，首先是因为它自兴起之初，就是一种应运而生的集基础性研究和应用性研究为一体的综合性研究，并且更倾向于应用性研究。在日本国民性研究论著中，首次冠以"国民性"之名的著作，当属1907年12月由富山房出版的芳贺矢一的《国民性十论》。这是一本迎合美化日本的时代要求的著作，在该书中，芳贺矢一把日本国民性分为十项，即忠君爱国、尊崇祖先重视家名、讲求现世务实、热爱草木喜欢自然、乐观洒脱、淡泊潇洒、精巧纤细、清净廉洁、重视礼仪、温和大度这样十个项目来加以描述，但对于其得出的这十个特点都是仅凭借个人生活经验等进行的直观、零散的描述，并未经严密的资料考证，也谈不上什么理论支撑。而真正具有理论支撑的日本国民性研究，当首推本尼迪克特的《菊与刀》。

本尼迪克特是文化人类学中文化模式论学派的创始人，也是文化与人格理论的重要人物。《菊与刀》是本尼迪克特运用其在研究部族社会过程中形成的文化模式和文化与人格理论，分析近代日本这一大型文明社会的重要研究成果。它的诞生，是第二次世界大战期间作者受美国战时情报局的委托而提交的一份关于日本国民性的研究报告。它不仅是本尼迪克特把研究国民性理论应用于实践的成果，也是西方的国民性理论首次直接应用于现实问题研究的杰出范例。

日本国民性研究不仅自兴起之初，就是一种追求对策应用性的研究，而且至今这一目的依然没有改变，只是研究者所追求的应用性的内容有所不同而已。直至20世纪80年代以前，美国文化人类学家特别是其中的文化与人格学派的研究者们，研究日本国民性的目的，除了追求能够用来分析和解释日本社会的理论模式，分析和预测日本人的行为模式而外，还有一个更重要的目的，就是要从意识形态等方面对抗马克思主义的理论。

"在冷战正酣的20世纪50年代，美国的统治阶层都把马克思主义唯物史观定义为砸碎一切的理论。因此，在日本发展史中，美国的学术界不失时机地把原因侧重点放在了传统文化的延续和循序渐进的变革上。在此时代背景下，如何回应马克思主义者所主张的决定社会变革方向的最关键因素是阶级对立的观点，就成了美国的日本研究学者们的当务之急。把文化与传统作为日本社会变革的决定性因素，打造新课题，就产生于这一历史背景之下。重温这种理论背景，可以明白60年代后期到70年代前期日本文化论和国民性论在日本和世界同时走俏的意义。"①

美国的部分日本国民性研究者的目的，与日本国内的日本人论者的目的，在很多方面都不谋而合。正如有的学者所指出的那样，日本国内学者积极炮制的日本人论著，"看似非政治的、文化的、中立的言论，实际上与各时代的权力关系及论者所处的社会环境有很深的关联。这些言论间接地、无意识地、隐含地反映了日本社会各集团的利害关系。认为日本特殊独特论大都维护了日本统治阶级、权力阶层、精英群体的利益，并且从这个意义上认为日本人论就是一种意识形态的观点并不是无稽之谈"。②

另外，日本学者自己探讨日本人的国民性，还有一个目的就是为了破解自我身份认同的危机。日本作为最早实现近代化的亚洲国家，随着其国际地位的变化，"日本本身，在国际社会中已陷入深刻的'民族认同危机'之中"。③"日本人在痛苦地思索，他们的地理位置、历史和文化是否使他们成为亚洲人，而他们的财富、民主制度和现代化生活是否使他们成为西方人。"④日本社会的形形色色的日本人论，很多正是被这种自我身份认同的危机意识催生而出的。

但是，我们中国学界同人研究日本国民性，显然既不是为了帮助日本人化解其身份认同的危机，更不是如日本和美国那样欲寻求什么意识形态

---

① ［美］罗斯·摩尔、［日］杉本良夫编著：《解读日本人论》，第6页。
② ［美］罗斯·摩尔、［日］杉本良夫编著：《日本人论之方程式》，第71页。
③ ［日］尹健次：《作为课题的"民族"——围绕近代日本的认同》，日本《世界》1994年第1期。武尚清译：《近代日本的民族认同》，《民族译丛》1994年第6期。
④ ［美］塞缪尔·亨廷顿：《谁是美国人？——美国国民特性面临的挑战》，程克维译，新华出版社2010年版，第10页。

上的对抗。中国的日本国民性研究的目的，概言之是为了满足国家内政外交的需要，起到对中国读者和民间以有效的告知和引导，如果以时间为界来作一粗略划分的话，基本上可以20世纪末为界，划分为两个大的时期。

第一个时期，即截至20世纪末这一段时间，中国的日本国民性研究的目的，大多是想探讨促使日本近代化成功的、日本人独有的国民性，并希冀能对其进行借鉴。因此，在这一时期的日本国民性研究成果中，题名冠以"日本型"、"日本式"、"集团意识"、"集团主义"的论文较多，而且大多是在集中探讨日本企业的经营方式等问题。这段时期，中国学者出于对日本近代化成功的憧憬，对日本国民性的研究结论也多盲从国外日本国民性研究成果的结论，对所谓的日本独特论充满了溢美之词。所以，这一时期也可以概括为对日本国民性的礼赞期。

从世界国民性研究的发展情况来看，由20世纪30年代的草创期、经20世纪40年代中期至20世纪50年代中期的全盛期后，国民性研究由于自身的弊病而逐渐失去吸引力，开始呈现相对萧条的景象，国民性研究转入调整反省时期。[1] 具体从世界的日本国民性研究进展情况来看，据青木保、杉本良夫、罗斯·摩尔的研究可知，20世纪80年代是日本国民性研究的转折期，即这是一个从对日本国民特殊性的礼赞期向批判期转换的时期。[2] 也就是说，截至20世纪末，中国的日本国民性研究是严重滞后于世界同领域研究的步伐的。参照前述的综述性论著可知，这一时期的中国的日本国民性研究成果，无论从研究方法上，还是从观点上，都缺乏创意，诸多文章基本上就是在重复以《菊与刀》为首的国外研究成果而已。《菊与刀》问世60多年来，其在中国的销量和影响远远超过中国任何一部日本研究著作。进入21世纪后，《菊与刀》在中国再度成为畅销书，这与中国的日本国民性研究的学术无作为是有着密切关系的。因此，这一时期的中国的日本国民性研究，在推动世界的日本国民性研究方面，是谈不上有多大贡献的，所以得不到关注也是理所当然的事情了。

那么，从中国学者研究日本国民性的目的来看，其贡献度又如何呢？

---

[1] 周晓虹：《理解〈国民性——心理—社会的视角〉（代译序）》，收录于[美]艾力克斯·英格尔斯《国民性——心理—社会的视角》，王今一译，社会科学文献出版社2012年版，第7—8页。

[2] 详细论述参见[美]罗斯·摩尔、[日]杉本良夫编著《日本人论之方程式》；[日]青木保《日本文化论的变迁》，第6章。

一般而言,"理论命题必须包含一定的预测性,同时,该命题也必须能随时接受事实的检验。检验理论有效性的一个标准就是看该理论所预测的事情是否会发生,既包括未来是否将会发生也包括过去是否发生过。后者有必要将理论与历史事件进行整合对照。"① 总览这一时期中国的日本国民性研究成果,基本上是不符合这种理论命题要求的,可以说既未能充分满足国家内政外交的需要,也未能提供一个很好地把握日本人的方法,做到对中国读者和民间以有效的告知和引导。本来,追求独具特色的"日本式""日本型"本身并没有错,其实,所有日本国民性研究者的共同愿望,正是希望能够科学地把握真正的"日本式"或"日本型"的东西,只不过,目前很多所谓的"日本型""日本式"的结论往往因缺乏明确的比较标准,实在是令人难以凭信而已。

正如有的学者所指出的那样:"'日本式'这一概念的内涵到底是什么?既然可以称之为日本式,那么就必须是其他任何社会都不具备的属性,至少这种属性需要在日本表现得最为明显,否则就不能冠之以'日本式'的名号。但事实上,时下流行的日本人论,虽然对日本情况如数家珍,但对于作为比较对象的其他社会,不管是信息还是认识,都了解甚少。号称日本特有的属性,如果在海外也大量存在的话,恐怕就不能称之为'日本式'了吧。我们不能仅仅因为某种现象在日本存在,就称其为日本式。说得极端一点,全世界都有空气,日本当然也不例外,但是,恐怕不能因为日本国土上有空气,就称其为'日本式空气'吧"。② "所以,最好别在日本人的行动、思维方式上随意粘贴'日本式'的标签。事实上,现在所谓的很多'日本式'的现象既可能是'西式'的,也可能是'全球式'的,我们必须要直面这个问题。"③

总之,这一时期的中国的日本国民性研究,虽然既未能切合中国学者们的夙愿,亦未能为推动世界的日本国民性研究作出更多的学术贡献。但是,历史地看,这段"述而少作"的工作,在向中国学界和国人推介国际上同领域的研究成果方面,还是作出了很大贡献的,也为我们认识日本人提供了一些值得参考的建议。因此,笔者认为对这段时期的研究成果不

---

① [美]罗斯·摩尔、[日]杉本良夫编著:《日本人论之方程式》,第106页。
② 同上书,第80—81页。
③ 同上书,第107页。

可一概否定，也当给予应有的评价。

## 二　探讨了中国语境下的日本国民性研究新范式

随着日本泡沫经济的崩溃和中国经济的繁荣昌盛，特别是自进入 21 世纪以来，大概是中国经济锐不可当的发展势头也无形中增长了中国学者们的信心，无论是在经济领域，还是在社会学、心理学、哲学、国际政治学等领域，探讨所谓的"中国模式"的呼声越来越高，① 中国的日本国民性研究的目的也开始发生变化。这一时期的日本国民性研究，已经从单纯地借鉴经验，转变为客观地分析日本人的言行思维方式等，以利于从知己知彼，百战不殆的角度出发，有的放矢地制定出更加合理的对日战略。由于中国改革开放的深入、与国际交往的增加，以及互联网的普及，中国学者在接收国际学术信息的环境方面也有了非常大的改善，从现有研究成果的学术贡献上看，虽然还不是很理想，但是，尚会鹏先生与游国龙博士对许烺光心理文化学的理论与方法的介绍、完善和运用，可谓是对中国语境下的日本国民性研究新范式进行的非常有益的探讨。

许烺光是美籍华裔学者，心理人类学开创者之一。1909 年生于中国东北辽东半岛的庄和，1933 年毕业于沪江大学社会学系，1937 年赴英国伦敦随马林诺夫斯基攻读人类学，1941 年获得英国伦敦大学人类学博士学位，曾任教于国立云南大学（1941—1944 年）、美国哥伦比亚大学（1944—1945 年）、康奈尔大学（1945—1947 年），从 1947 年起任教于西北大学人类学系，曾任美国人类学会会长（1978—1979 年）。许烺光擅长心理人类学理论和大规模文明社会的比较研究，曾经在中国西南部、印度、日本从事田野工作，旅游讲学的足迹更遍及美国和远东。许烺光 1999 年 12 月 15 日在旧金山逝世，享年 90 岁。许氏一生游历甚广，著述丰富，目前中国台湾为其出版了《许烺光著作集》10 卷（其中第 10 卷为英文）。②

心理文化学的重要理论之一是"心理—社会均衡"理论，这是许烺

---

① 参见杨国枢《中国人的心理》，台北：桂冠图书股份有限公司 1988 年初版，1993 年第 4 次印刷；秦亚青《权力·制度·文化：国际关系理论与方法研究文集》序言"光荣与梦想"，北京大学出版社 2005 年版，第 3 页。

② ［美］许烺光：《文化人类学新论》，台北：南天书局 2000 年版，第 215 页。

光提出的理解人的心理、行为与文化关系的理论模型。该模型最主要的特点是将人理解为一种"社会文化场"而不是孤立的个体，从人与人、人与物、人与文化规范以及心理与社会动态均衡的角度把握人。尚会鹏先生通过对该理论的详尽分析指出："该理论在四个方面与许氏的中国文化背景相联系，即与儒家的'修、齐、治、平'模式有相似之处；与中国文化从人的'相互性'出发把握人的特点相一致；重视亲属集团以及中国文化中的中和、平衡思想"。[1] 许烺光在参考了中国经验基础上提出的PSH理论以及与之相关的"基本人际状态"（human constant）概念，使"中国经验"在心理文化学理论中得到了学理性的提升，为我们研究社会、文化和人提供了新的分析工具和理论框架，使我们以一种崭新的视角重新审视现有的社会科学理论成为可能，特别是为我们从心理文化角度重新审视目前主要基于西方经验建立起来的日本国民性研究提供了理论上的可能性，为构建中国语境下的日本国民性研究的新范式也提供了很大的探索空间。

以上，通过对近三十年来中国的日本国民性研究的现状与课题的梳理可知，截至20世纪末，虽然中国的日本国民性研究水平一直滞后于国际上同领域的研究水平，但进入21世纪以来，中国的日本国民性研究成果的质与量都有了飞跃的发展，特别是探讨如何在中国语境下开创国民性研究新范式方面，已经取得了一定的成绩。

另外，从骤然增长的日本国民性研究成果数量也可以获知，在中国，亟须了解日本国民性的社会需求也在日益增加，因此，在今天，应该进一步加强日本国民性研究的重要性和现实意义，也就毋庸赘言了。

曾以"文明冲突论"引起世人关注的美国资深政治学家亨廷顿，在其2004年出版的新作《谁是美国人？——美国国民特性面临的挑战》中指出："国家利益来自国民特性，要知道我们的利益是什么，就得首先知道我们是什么人"，对国民特性的定义不同，就会衍生出"不同的国家利益和政策目标"。[2] "美国的特性问题是独特的，但是存在特性问题的绝不

---

[1] 尚会鹏：《许烺光的"心理—社会均衡"理论及其中国文化背景》，《国际政治研究》2006年第4期。

[2] ［美］塞缪尔·亨廷顿：《谁是美国人？——美国国民特性面临的挑战》，程克维译，新华出版社2010年版，第8—9页。

只是美国。国民特性问题上的辩论是我们时代的一个常有的特点。几乎每个地方的人们都在询问、重新考虑和界定他们自己有何共性以及他们与别人的区别何在：我们是什么人？我们属于什么？"① 恰如亨廷顿所言，虽然说寻找和探索国民性研究方法的步伐依旧很缓慢，但是，随着现代化、经济发展、城市化和全球化的突飞猛进，世界对国民性研究的社会需求却是越来越强烈。为了不再将中国的国际关系研究成果写成"有一定深度的新闻报道"，② 为了不再将日本国民性研究成果写成"只是在对某些新颖奇特的表面现象进行漫无边际的杂谈"，③ 展望中国的日本国民性研究的未来，对于专事此业的同人而言，可谓是任重而道远！

## 第五节　今后的研究课题

鉴于中国的日本国民性研究现状，笔者认为，今后的日本国民性研究应该努力拓宽研究视野，挖掘新的研究素材，不断完善分析工具和方法，这也正是本书所要尝试的课题。

另外，至少还应重视如下几方面的研究课题。

### 一　梳理世界上各种"日本人论"

"日本人论"，是日本国民性研究的重要内容之一。

日本人论的种类很多，既有日本人自身的日本人论，亦有世界视野中的日本人论。世界视野中的日本人论，又分为西方的日本人论和东方的日本人论。西方国家的日本人论，又可细分为美国人的和欧洲人的日本人论；东方国家的日本人论，又可以细分为对日本人在文化上具有直接深远影响的中国、朝鲜半岛的日本人论，以及与日本文化渊源不深或基本无涉的一些地区学者的日本人论。如今，由日本人及外国人所著的五花八门的日本人论，通过媒体传播至日本全国乃至全世界，并已演变成一种社会力

---

① ［美］塞缪尔·亨廷顿：《谁是美国人？——美国国民特性面临的挑战》，第10页。
② 秦亚青：《权力·制度·文化：国际关系理论与方法研究文集》序言"光荣与梦想"，第3页。
③ ［美］罗斯·摩尔、［日］杉本良夫编著：《日本人论之方程式》，第92页。

量，不仅影响着日本人的世界观，重新在创造着日本人的自画像，而且也成为世界各国对日印象形成的条件。这些日本人论是如何在社会、文化环境的约束下得到建构的，其中影响较为广泛的日本人论的生旺衰亡情况如何，其内容是否来源于正确的分析，这些内容无论对于那些想要借鉴日本模式的外国人，抑或那些反对效仿日本模式的外国人来说，都具有同等重要的意义。而且，持此观点的外国人如果身居国家要职或大企业的决策层，日本人论的正确性将直接关系到数亿民众的生活。

在讨论日本人的"国民性"时，必须首先明确"国民"所指涉的具体对象是谁，即"谁是日本人？"但是，在目前的日本人论中，无论是"日本"的范围，还是"日本人"的范畴都不是很明确。一些夸大了日本和其他社会差异的日本人论，不但扭曲了日本人的世界观，而且已经演变成了一种重塑日本人自画像的社会力量。这种被不断重塑的自画像，不但在事实上成了日本对外交流的巨大障碍，也极易对那些想要借鉴日本模式的外国人造成决策误导。运用知识社会学的理论和方法，在厘清"国民性"与"人性"、"众趋人格（典范人格）"、"人格"、"民族性"等概念含义区分的基础上，重新审视各个时期的各类日本人论因何而产生、其发展状况如何，这对日本人自我认识以及外国人获得对日本人较为正确的认识，都尤为必要。

## 二 加强日本国民性成因的研究

中国的日本国民性研究成果中，对于日本国民性"是什么"的研究居多，对于"为什么是这样"的研究较少，即对日本国民性成因的研究较少。

日本国民性的成因可以概括为两大方面，一个是物理层面的强制性原因，一个是心理层面的原因。物理层面的强制性原因，包括地理环境、社会结构、社会制度等方面的内容。心理层面的原因，主要是文化艺术、风俗习惯、社会政策、文化战略等对人的心理层面的影响。目前，从这两方面来探讨日本国民性成因的文章都可见到一些，但大多数的论著都还是侧重于从"风土论"即地理环境的角度来探究日本国民性的成因。而且，同样是从地理环境的角度探讨国民性的论著，其关注点和结论也都不尽相同，这一点在中日两国研究日本国民性的学者间尤为明显。

日本学者关注的多是日本地理环境温和秀丽的一面，他们不仅充分肯定日本的地理环境的独特性和优越性,甚至还有的学者把日本独特的地理环境视为日本人优秀论的根据。[1] 与日本的学者相反,在很多从地理环境的角度来探讨日本国民性成因的中国学者的论著中,大家关注的则多是频发的自然灾害对日本国民性的影响。如日本因为是一个国土面积狭小、资源贫乏、多自然灾害的岛国,所以才会常抱有一种危机意识,这种危机意识的积极面是使日本人精打细算奋发图强成长为一个经济大国,其消极面则是导致右翼势力为了获取更大的"生存空间"而对外侵略扩张,造成于人于己都非常惨重的危害,类似这样的论说散见于许多日本历史文化的论著中,也可以说是很多人都耳熟能详的观点,这里就不再一一举例赘述了。

针对这种研究倾向的缺陷,刘德有先生曾在很多场合高声呼吁:"我们在研究日本的国民性的时候,要告诫自己不要先入为主。因为戴着有色眼镜来观察事物,必然看不准,而且容易主观片面。例如有的学者在分析日本战后之所以能够实现经济腾飞,原因之一是存在着民族危机感,而这种危机感,来自于日本的多自然灾害。这种论断,我认为也是不那么科学的。中国各地的自然灾害频仍,是任人皆知的。不能说中国自然灾害多,而中国人缺乏危机感。"[2]

从刘德有先生的呼吁中我们再一次感到,研究日本国民性时,与包括中国在内的亚洲国家进行比较研究是非常必要的,否则只是就日本论日本,缺乏对与日本文化渊源很深的亚洲国家的比较,有时难免会陷入"不识庐山真面目,只缘身在此山中"的困境。近些年发表的一些欲从日本多自然灾害的独特地理环境来解释日本的宗教观、审美观、发展观等的文章,[3] 其研究视野不再囿于传统的政治地理学,而是尝试着从地缘政治学的角度重新阐释地理环境对国民性的影响,这一点虽有一定的新意值得评价,但还是有些过于看重地理环境因素之嫌。反过来,也有的学者几乎完全抛开地理环境论,认为:"地理环境在文化发生发展的初期具有重要的影响作用,并左右着民族心理、性格结构的形成,但随着人类改造征服

---

[1] 张建立:《日本国民性研究的现状与课题》,《日本学刊》2006年第6期。
[2] 刘德有:《日本文化研究之我见》,载孙新、王伟编《世界中的日本文化——摩擦与融合》,国际文化出版公司2006年版,第13页。
[3] 例如,梁晓君《日本国民性之政治地理学解读》,《国际论坛》2005年第6期。

自然能力的增强即生产力的发展,这种影响力就会逐渐减弱,并且越向近代、现代及未来推移,这种影响力就越接近于零",[1] 这类观点又给人一种从一个极端走向另一个极端的感觉了。

因此,今后,我们应摆脱传统的地理政治学的片面影响,加强对社会历史因素的分析,特别是要加强对心理层面的原因的探讨。因为国民性研究的对象是会想、会思考、会感受的人,不同于石头、木头和其他自然物,其心理层面的原因往往影响会更大。例如,任何社会,只要有利益之争,就免不了因利益分配不均而产生怨恨,发生冲突,出现在集团及个人之间的紧张、对决、争端是以何种形式表现出来的,随着时代、地域、产业的变化将会发生何种变化?结构变化的方式和冲突的内容究竟是一种什么样的相关模式?加强对日本人感情模式之一的怨恨意识的研究,对回答上述问题会提供很大的帮助。分析现代性问题、现实问题,解读日本的国家战略,不仅能从外在的历史的社会结构变迁来规定和把握,而且也能通过内在的感情模式的视角来加以审视,后者的研究则涵盖着对日本人动机结构的考察。如能够将外在的历史的社会结构视角与内在的感情模式视角结合起来考察,则更能把握日本人的国民性格中微妙而难以察觉的一面。只有较准确地把握和分析人的行为背后的动机,方有利于进行与人的行为相关的因果分析,研究化解冲突的机制等。在这方面,日本国民性研究应该大有用武之地。

## 三 进行中日韩国民性比较研究

日本国民性研究之所以能够兴盛,首先是因为它自兴起之初,就是一种应运而生的集基础性研究和对策应用性研究为一体的综合性研究,并且更倾向于对策应用性研究。中国语境下的新的国民性研究范式,应该不仅能适用于日本国民性的研究,亦应该能适用于进行中日韩国民性比较研究,这既是国民性研究的学科使命之要求,亦是构建"自立与共生"的东亚共同体的区域认同意识之需求。

构建东亚共同体,是东亚各国之夙愿。东亚共同体可谓是一个跨国界、超越民族、血缘的大的次级集团,它是东亚人为了最大限度地满足各自的需求的必然产物。但是,在东亚地区,尽管以中日韩国家个体为单位

---

[1] 吕超:《从原始文化看日本民族性格的形成》,《日本研究》1994年第2期。

的发展成绩在过去的半个世纪耀人眼目，但是区域合作与区域国际政策协调一直窒碍不前。加文·麦考马克在其著作《虚幻的乐园——战后日本综合研究》中说："日本后来在'共荣圈'上失败了，其原因是日本没有提供一个能给邻国的国民带有归属感，或者乐于参加的共同体的图像。"[①]其实，当年并非日本不想给邻国的国民一种归属感，原因是诸如"大东亚共荣圈"那种殖民体系下的共同体愿景，是不可能获得日本以外的东亚各国认同的。日本自民党的西方价值观外交也不可能得到呼应，尤其是得不到越来越强大的中国的支持和呼应，也难行得通。2009年，新上台的日本民主党政府提出了"自立与共生"原则下的东亚共同体构想，以矫正片面追求西方价值观的东亚共同体构想。该原则，基本上融汇了中国人缔结集团的"亲属原则"、日本人缔结集团的"缘约原则"、欧美人缔结集团的"契约原则"的一些原则，所以一经日本新政府作为其执政方策予以提出，即得到了中国与韩国的呼应与支持。

　　东亚地区融合和一体化的进程乃是历史大势所趋，从理论上讲，实现遵循"自立与共生"原则的东亚共同体的可能性很大，而且，这种模式将有可能成为比较理想的新的东亚国际秩序。日本民主党新政府，不仅对东亚共同体的制度架构之类的形式问题避而不谈，也没有像自民党那样叫嚣必须由日本来主导东亚。其实，新的东亚国际秩序终将由谁来主导，空费唇舌地讨论也是没有多大意义的，它不可能是某一国某一个精英政治家一厢情愿就能决定得了的事情。但是，无论将来哪国会起实质性的主导作用，大概类似朝贡体系下的那种国际关系，是不可能再次出现的，共同体内的国家也将可能在极大程度上实现和谐相处。自朝贡体系崩溃以来，虽然日本一直想主导东亚，但从历史上看，可以说，无论在任何时候，日本都没有能够成为东亚秩序的核心，直至今天，它依然是心有余而力不足。因此，如果能够进一步加强中日韩三国国民性比较研究，切实地探讨增进三国国民间相互理解、相互信任的途径，这对于更有效地推动遵循"自立与共生"原则的东亚共同体的实现，必将是有百利而无一害的事情。

---

① ［澳］加文·麦考马克：《虚幻的乐园战后日本综合研究》，郭南燕译，上海人民出版社1999年版，第183页。

## 四 探求最具解释力的研究方法

"工欲善其事，必先利其器。"欲获得可资凭信的科研成果，就必须依凭科学的研究方法。目前，"寻找和探索国民性研究的科学方法乃是全世界国民性研究者所共同面临的一个难题"①。研究日本国民性，再单纯地按照以往文化人类学的研究范式，或者是偏重于统计学、心理学的研究方法，显然已经不能获得满意的研究成果。许烺光的"心理文化学"、罗斯·摩尔和杉本良夫在知识社会学方法支撑下摸索出的研究范式——"多元化阶层模型"，②可谓较新的研究范式，但其功能尚未得到全面的发挥。比较而言，"心理文化学"的理论方法，更为关注影响国民性形成的心理层面的原因；"多元化阶层模型"，则更关注影响国民性形成的物理层面的强制性问题。今后除继续挖掘这两种研究范式的潜力外，还有必要进一步探讨可以综合二者之长处的研究范式，开创最具解释力的研究方法。从这个意义上讲，"心理文化学"的理论方法与"多元化阶层模型"，还只是"鱼"，而非"渔"。因此，为了探求最具解释力的研究方法，循迹求"渔"，我们还可以从许烺光、罗斯·摩尔和杉本良夫的学术背景及其学术探索历程中，得到如下两点宝贵的启发。

1. 探求最具解释力的研究方法，要注重跨学科整合研究方法

合久必分，分久必合，天下大势如此，人文科学的研究方法似乎也难逃此命运。一个人的智力终究是有限的，一个学科的研究方法所能解释的问题终究也是有限的，但倘若不同的学者、学科间的智力交流更频繁些，那么将会产生更为丰富的关于方法和关于对事实解释的珍贵建议；组建跨学科的研究团队来进行研究，也定将会有更多的更具解释力的文化成果问世。

---

① 罗教讲：《国民性研究方法之探讨》，载李庆善主编《中国人社会心理研究论集》，第87页。

② "多元化阶层模型"，是以"日本社会的多样性、自我利益的最大化原理、权利结构对意识和行为的约束性这三大前提"为原点，以"社会资源和成层维度这两大侧面"为图示中心，构建起来的一种比较、分析日本社会和日本人的工具。该模型的目的，是用各个社会通用的共同分析概念来寻求不同社会之间的共同点和差异性，具体到日本而言，即把国际比较的视野纳入日本社会的分析过程，通过多个社会的相互比较，找出日本社会和日本人的特性。详细内容参见罗斯·摩尔、杉本良夫编著《日本人论之方程式》第12章与第13章。

倡议注重跨学科整合研究方法，并非我等后学之创见，诸多学术大师很早就已经开始倡议并努力在付诸实践。正如著名的文化人类学家李亦园所指出的那样，20世纪50年代科学界最值得称道的事，既不是原子物理的成就，也不是人造卫星的发射，而是科学整体化（Integration of Sciences）的运动。倡导科学整体化运动的都是一些具有远见卓识的科学家，他们在研究过程中意识到，目前各种科学高度的专门化是一种很不合理的现象，如此长久发展下去，将导致极危险的结果；他们认为所有科学的最终对象和目的都是同一的，各种科学间表面的各异，只是同一形体的各面表现而已，而彼此间的关系都是息息相关互相依赖的。因此，这些科学家们认为统一的科学才是健康的科学，科学家们应该共同建设一套共同的见解，一套互相关联的基本定律，然后科学才能走上有益于全人类的道路。科学界整合运动最重要的一环是社会科学（社会学、心理学和人类学）的整合，而社会科学整合最具体的表现是哈佛大学社会关系学系（Department of Social Relations）的成立，这个混合三种科学——社会学、心理学和人类学于一学系，在美国大学制度上是一个创举，其主要策划人即伟大的人类学家克罗孔教授（Prof. Clyde Kay Maben Kluckhon）以及他的几个知心朋友：社会学家帕森思（Talcott Parsons）、心理学家奥坡特（Gordon Allport）和心理分析学家莫锐（Henry Murray）。[①]

另外，法国年鉴学派第二代著名的史学家布罗代尔（1902—1985年）也曾撰文呼吁应该跨学科整合研究方法。虽然所有的人文学科都对同一景观感兴趣，即对人在过去、现在和将来的活动这种景观感兴趣。但是，对于这同一景观，"每一门社会科学都很霸道，无论它们会如何否认这一点。它们都倾向于把自己的结论表达为人类的总体图像"。尽管如此，"如果我们遗弃各个人文科学的观察点，这就等于说抛弃了非常丰富的经验，而强迫自己来重做这一切。但是有谁能在黑暗中踽踽而行呢？今天有谁能够单打独斗地重新系统地阐述全部已知的知识，超越它们，赋予它们以活力，使它们具有单一的语言，科学的语言？阻碍这项事业的并不是获取如此多的知识，而是如何使用它们。他需要拥有我们所有人已掌握的全部适当的技艺和能力。但这些技艺和能力只是在我们各自的专业里获得的，而且常常要经过很长的学徒期。生命是短促的，不允许我们之中任何

---

[①] 李亦园：《文化与行为》，台北：台湾商务印书馆1992年版，第148页。

人掌握如此多样的领域。经济学家只能作为经济学家，社会学家只能作为社会学家，地理学家只能作为地理学家，如此等等。"① 因此，"我的迫切愿望，即把不同的人文科学统一起来，从而使它们少争吵而多处理共同的疑难。这样就会使它们摆脱一堆虚假的问题和无用的知识。而且，经过必要的剔除和调整，就可能出现既丰富又有创造性的新分歧。我们需要有新的动力来激励人文科学"。②

其实，从文化人类学、心理人类学脱颖而出的"心理文化学"自不必提，"多元化阶层模型"也正是综合了多学科的研究方法才得以建构起来的。欲把握构成"多元化阶层模型"之原点的三大前提——"日本社会的多样性、自我利益的最大化原理、权利结构对意识和行为的约束性"，及"多元化阶层模型"作为其图示中心的两大侧面——"社会资源和成层维度"，至少能够综合运用社会学、历史学、统计学、心理学的研究方法，否则，这个模型几乎就是无法使用的。因此，我们要探寻的日本国民性研究的新范式，首先必须是能集各学科所长的综合性研究方法。

2. 探求最具解释力的研究方法，要着力研究如何提升中国经验的地位

尚会鹏先生在探讨许烺光的"心理—社会均衡"理论及其中国文化背景时曾指出，许烺光的中国文化背景，使他能够对中国文化"追求人与人之间的彻底和谐"的思想给以学理上的提升，成为把握问题的一种方法论。但许氏并非一味赞扬中国文化，他也指出了中国模式的缺点。从他的理论可以得出这样的结论：每一种"基本人际状态"都只是具备了某种条件的人存在的"场"，必定是强调了某些条件而弱化或忽视了另外一些条件，建立在此基础上的文化也因此而各有利弊。人与人关系上和心理（精神）方面的弊端或短处可称为"文化病理"之表现。这种观点与中医学中的"不平衡则病"的思想颇有相通之处。③

尚会鹏先生研究许氏理论的目的，主要是为了给国际关系的研究提供一种新的视角，总结非西方社会经验并将其用于建立某种"后现代国际

---

① ［法］布罗代尔：《论历史》，刘北成，周立红译，北京大学出版社2008年版，第61—62页。
② 同上书，第77页。
③ 尚会鹏：《许烺光的"心理—社会均衡"理论及其中国文化背景》，《国际政治研究》2006年第4期。

秩序"提供理论上的可能性，① 因此，虽然尚会鹏先生在其论文中也提到了中医学的思想，但并没有展开讨论。笔者认为，从探寻日本国民性研究的中国语境，创新日本国民性研究的学科范式的角度出发，借鉴许烺光的探索经验，中医理论其实更应作为一个需着力挖掘中国经验的宝库。这是因为，无论是国民性研究，还是中医理论，从本质上说都是对"人"的把握。

一切宇宙现象皆建立在相对关系、相互调节以及均衡之上，人亦无例外。人不仅是一个生理意义上的平衡体，还是一个社会和心理意义上的平衡体，后一种意义上的平衡体就是心理文化学家许烺光提出的"心理—社会均衡"（Psycho-social Homeostasis，简称PSH）理论。PSH理论模型以及"基本人际状态"（human constant）的概念把人视为一个"社会—文化场"，这个"场"由内而外分为若干层（用七个不规则的同心圆表示）②，"场"中摆放着家庭、父母、神明、心爱之人和心爱之物、理想、信仰等，我们与它们维持着动态平衡。这个理论模型主要关注了心理方面和社会方面，但对自然环境的层面关注不够。相对而言，中医学追求的则是这三方面的动态均衡。

中医将医术高明的医生称之为"上工"，将医术拙劣者称之为"下工"，在《素问》卷八中有这样一段话："虚邪者，八正之虚邪气也。正邪者，身形若用力汗出，腠理开，逢虚风，其中人也微，故莫知其情，莫见其形。上工救其萌芽，必先见三部九候之气，尽调不败而救之，故曰上工。下工救其已成，救其已败。救其已成者，言不知三部九候之相失，因病而败之也。知其所在者，知诊三部九候之病脉处而治之，故曰守其门户焉，莫知其情而见邪形也"，③ 此即所谓"上工治未病，下工治已病"之说的由来。

---

① 尚会鹏：《"个人"、"个国"与现代国际秩序——心理文化的视角》，《世界经济与政治》2007年第5期。
② 由内而外依次为：第七层"无意识"；第六层"前意识"；第五层"不可表意识"；第四层"可表意识"；第三层"亲密的社会与文化"；第二层"运作的社会与文化"；第一层"较大的社会与文化"；第0层"外部世界"。对这个原理详细表述见许烺光《许烺光著作集》（第九卷），台北：南天书局2002年版，第240—260页。对该理论的评论和分析见尚会鹏《许烺光的"心理—社会均衡"理论及其中国文化背景》。
③ 王洪图主编：《黄帝内经素问白话解》，人民卫生出版社2004年版，第190页。

而且，中医所关注的不仅仅是"风寒暑湿热燥"等自然环境对人体生理的影响，还格外关注人的"情志"，即社会人文环境对人心理生理的影响。在《素问》"卷二十三著至教论篇第七十五"中有这样一段话："黄帝坐明堂，召雷公而问之曰：子知医之道乎？雷公对曰：诵而未能解，解而未能别，别而未能明，明而未能彰，足以治群僚，不足治侯王。愿得受树天之度，四时阴阳合之，别星辰与日月光，以彰经术，后世益明，上通神农，著至教疑于二皇。帝曰：善。无失之，此皆阴阳表里上下雌雄相输应也，而道上知天文，下知地理，中知人事，可以长久，以教众庶，亦不疑殆，医道论篇，可传后世，可以为宝。"①

也就是说，一个优秀的中医，应该是上知天文，下知地理，中知人事才行。中医的所谓开"方"，其实就是在开"时空"，"中医治病的真实境界其实就是利用药物的不同属性来模拟不同的方，不同的时间、空间。时间可以利用药物来模拟，空间也可以用药物来模拟，治疗疾病就是方的转换，就是时空的转换，将人从不健康的疾病时空状态转换到健康的时空状态"。② 所谓"中知人事"，也就是说对社会人文方面也必须得有很深的造诣，方才能够成为一名医术高超的医生。PSH 理论模型所关注的心理方面和社会方面，即中医所讲的"人事"。

哈佛人类学家克罗孔（Clyde Kluckhohn）和心理学家莫锐（Henry Murray）在他们所编的名著 Personality in Nature, Society and Culture （1949 年，1953 年）一书的导言中曾有一句名言："每一个人（的性格）都有若干方面像所有的人，若干方面像一部分人，若干方面则什么人都不像。"像所有的人就是基本的人性，凡属人皆有之；像一部分的人就是在同一文化下的典范人格，不像任何人就是个人独特的性格。③

人之性格，千姿百态。但俗话讲一方水土养一方人，长期生活在同一人文地理环境下的人，总还是有其各种大大小小的共性存在。国民性从产生、发展到形成，是一个极其复杂的过程，"国民性"研究实质上就是对众数人格的研究，但这并不意味着"国民性"研究只以众数人格为对象，它还与以个人为对象的人格研究和以人的类本质为对象的人格研究互相渗

---

① 王洪图主编：《黄帝内经素问白话解》，第 611 页。
② 刘力红：《思考中医》，广西师范大学出版社 2001 年版，第 155 页。
③ 李亦园：《文化与行为》，第 3 页。

透、相互联系，如若谈及其中的任何一个，都无法回避其他几个概念，因为作为个体必然生活在一定的空间与时间当中，他的身份既属于某个民族也属于国民，同时又带有人类的一般本性。

研究国民性，其实与中医治病也极其相似。中医诊病，唯正确辨证，才能处方施药；唯方妙药效，才有望祛病延年。人之病状，千变万化，但万变不离其宗。张仲景可谓是对人的研究业绩卓著的中医，其撰写的"《伤寒论》是中医学史上第一部理法方药完备、理论联系实际的临床医学著作，其不仅为外感热病立法，同时也兼论内伤杂病及其他疾病，并在此基础上，创立了六经辨证论治体系。一千七百多年来，一直对中医临床各学科起着重要的指导作用，故被后世医家视为'众法之宗，群方之族'，奉为圭臬，尊为医经，是学习中医者必读之书"。① 专业人士可以借此成就神医之技，救死扶伤；门外汉如我者，虽无力普度众生，却也可以持此经书依症寻方施药，自解伤痛，且屡试不爽。在笔者看来，从可操作性及其效果来看，目前中医理论对人的把握要远远胜出已有的国民性研究理论模型。

例如，在《伤寒论》中描述少阴病症说："少阴病，欲吐不吐，心烦，但欲寐，五六日自利而渴者，属少阴也，虚故引水自救。若小便色白者，少阴病形悉具。小便白者，以下焦虚有寒，不能制水，故令色白也。"② 所以，如果"少阴病，身体痛，手足寒，骨节疼，脉沉者，附子汤主之"③。中医诊病至此，便可处方施药称"附子汤主之"。所谓"附子汤方"，即"附子二枚（炮，去皮，破八片）茯苓三两人参二两白术四两芍药三两。上五味，以水八升，煮取三升，去滓，温服一升，日三服"④。

目前的国民性研究，具体到个人的性格该如何把握，还没有更好的方法。而在中医，处方施药至此，还会就个体情况作进一步的辨证施治，即虽同为"附子汤方"，但根据个人的体质不同也会略有增减，最直白的例子就是虽为同样的症状，成人与儿童的"附子汤"药量是绝对不可能一

---

① 梅国强主编：《伤寒论讲义》，人民卫生出版社2003年版，第1页。
② 同上书，第311页。
③ 同上书，第323页。
④ 同上。

样的。其实，打个比方说，"病"即相当于国民性，"症"即相当于国民性的体现，"六经辨证论治体系"即相当于研究国民性的方法和理论。具体以这个少阴病为例譬喻之，"像所有的人即基本的人性"即相当于生病，无论是谁，人吃五谷杂粮生病在所难免；"像一部分的人即在同一文化下的众数人格"即相当于少阴病，部分人在特定时空下的行为体征；"不像任何人即个人独特的性格"即相当于"身体痛，手足寒，骨节疼，脉沉者"。中医查人至此，即可判以"附子汤主之"，如果国民性研究理论模型也能够达到如此精致、如此具有可操作性的程度，能够给出具体的、针对变化万千之个体的"方药"，那对我们更加科学地认识日本国民性，把握其"多峰式众数人格"，[1] 有的放矢地针对不同领域、不同团体、不同人作出得体的应对，无疑是非常有帮助的。

目前，很多的日本人论的内容，都尚停留在述说各种"病症"的程度，日本人论的著者们，虽然也想努力辨证明病、处方施药，但苦于没有具可操作性的科学方法和理论，还只能做个"下工"，或者是只能做一个连尚能治已病的"下工"都不如的庸医而已。如果能够将中医理论中研究人的一系列理论方法，提升到日本国民性研究理论中来，相信定会有很多新的发现。

---

[1] ［美］艾力克斯·英格尔斯：《国民性——心理—社会的视角》，王今一译，社会科学文献出版社 2012 年版，第 13 页。

# 第三章

# 日本茶道和将棋研究的现状

## 第一节　日本茶道和将棋研究内容的特点

　　中日学界关于将棋的研究虽然比较少，但对茶道的研究积累还是比较多的。自20世纪30年代后期开始，日本的茶文化研究开始逐渐兴盛起来，继《茶道全集》、《茶道古典全集》等文献资料集出版之后，与茶相关的论著也开始陆续大量出版，至20世纪60年代时，就已经有人形容相关论著的数目"已达汗牛充栋之多"①。虽然与茶相关出版物的数目的确很多，但其中绝大部分都是日本茶道各流派的点茶法方面的书籍，一少部分茶文化研究论著也大多集中于对"茶之汤"的研究，而且研究的内容也多偏向于茶人之评传。研究者们动辄通过考察村田珠光、武野绍鸥、千利休、千宗旦、小崛远州、片桐石州、松平不昧、井伊直弼等著名茶人的事迹，来阐述日本茶之汤史；或者是根据时代的不同，将"茶之汤"分为公家、武家、町人这样三种类型来予以把握。

　　给日本的茶文化研究带来划时代变化的，是1978年和1979年国立民族学博物馆进行的"关于茶的综合研究"。该研究课题以守屋毅为研究代表，汇集了文化人类学、比较文化、日本文化、日本史、东洋史、文献学、育种学等多方面的专家，对茶的栽培、调制、使用方法、茶习俗等几乎凡是与茶有关的内容都进行了初步地探讨。通过这次共同研究的实施，打破了以往"提到茶即意味着是在讲茶之汤的偏见"②。遗憾的是，这种综合性研究未能持续深入地做下去，从事日本茶文化研究者，大多关注的

---

① ［日］村井康彦：《茶道史研究の回顧と課題》，《藝能史研究》1963年第3期。
② ［日］守屋毅编：《茶の文化その総合的研究》第一部，淡交社1981年版，第5页。

还是茶之汤。研究内容除了依旧偏向于茶人传记之外①，还增加了对"茶会记"②、"茶书"③、"茶道具"④ 的研究，也取得了很多重要的成果。

关于茶之汤的研究，自20世纪30年代以来，一直是以上述这种个别研究的形式来进行的，缺乏综合性的研究。1999年10月，以出版日本传统文化书籍著称的淡交社作为建社50周年纪念事业的一环，企划出版了

---

① 关于日本茶人的研究，主要还是集中于千利休、武野绍鸥、村田珠光等重要人物身上，例如，米原正义：《千利休——天下一名人》，淡交社1993年版；户田胜久：《千利休の美学——黒は古きこころ》，平凡社1994年版；矢部良明：《千利休の創意冷・凍・寂・枯からの飛躍》，角川书店1995年版；渡边诚一：《山上宗二记の世界》，河原书店1996年版；户田胜久：《武野绍鸥研究》，中央公论美术出版2001年版；仓泽行洋《珠光》，淡交社2002年版。此外，也出现了对大名、战国武将茶人的研究，如米原正义：《戦国武将と茶の湯》，淡交社1986年版；矢部诚一郎：《細川三斎茶の湯の世界》，淡交社2003年版。

② 从介绍资料的角度来说，茶会记作为茶之汤的基础资料非常重要。除了《茶道古典全集》等大型资料丛书中收集的茶会记之外，还翻刻出版了一些比较重要的近世大名的茶会记，如小堀宗庆编《小崛远州茶会记集成》（主妇の友社1996年版），收录了赞歧高松藩五代藩主松平赖恭・六代赖真自明和三年至安永八年的63次茶会的《穆公御茶事记》（饭尾佳津枝《赖户内海历史民俗资料馆纪要》1997年第10号）；萨摩藩的《岛津吉贵茶会记》和大和郡山藩主的《柳泽尧山茶会记》（横田八重美・山田哲也《茶道聚锦》第5卷）等。另外，谷晃《茶会记の研究》（淡交社2001年版）不但首次对"茶会记"的含义进行了严格的界定，而且运用茶会记资料，对日本茶道史上出现的著名茶人、道具、吃茶法以及茶道精神进行了精致的研究，为继续深入地研究茶会记，起到了一个典范的作用。

③ 关于茶书研究，被誉为日本茶道圣典的《南方录》、《山上宗二记》一直是茶文化研究者们关注的重要典籍，继桑田忠亲编写的《山上宗二记の研究》（河原书店1958年版）之后，又分别出版了渡边诚一的《山上宗二记の世界》（河原书店1996年版），武田大的《宗二传说》（中央公论事业出版1997年版）等。除了这些专就某一部茶书的研究成果外，筒井紘一著《茶书の研究》（淡交社2003年版）基本上按照时间顺序，对现存的日本茶书进行了整理分析。

④ 真正的茶道具研究，大体上从江户时代后期就已经开始了，松平不昧著述《古今名物类聚》和《赖户陶器滥觞》是代表之作。到了近代，大正五年内海破云刊行《大名物茶碗类聚》，大正八年日本陶瓷协会出版云州松平家的名物集《名物图鉴》，大正十年高桥义雄出版《大正名器鉴》。到了昭和年间，高桥义雄的《近世道具移动史》（1929年）、高桥龙雄的《茶道名物考》（1931年）、小野贤一郎的《陶器全集》（30卷）、《三册名物集》（1934年）等陆续问世。除了这些著述外，对茶道具收藏账目，如《柳营御道具帐》、《远州藏帐》、《土屋藏帐》、《云州藏帐》等大名家的茶道具帐，以及对各家元所持道具《千家名物记》、收集了豪商道具的《鸿池藏帐》和其延长线上的草间直方的《茶器名物图会》等进行的翻刻、研究也逐渐有所增加。小田荣作著《茶道古美术藏帐集成》（1977年），收集了22种藏帐，其中包括庸轩流矢仓家的"矢仓藏帐"以及姬路酒井家的"酒井藏帐"、艺州浅野家的"广岛侯家藏画幅目录"、加贺前田家的"表御纳户御道具目录帐"等一些大名家的藏帐。这些成果无疑会对今后的藏帐研究起到很大的推动作用。

两套多卷本研究丛书，一套是《茶道具的世界》，一套是《茶道学大系》。这两套多卷本的论集，首次对茶之汤进行了一次较为全面深入地研究和剖析。

《茶道具的世界》共计 15 卷。第 1、2、3、4 卷的内容介绍的是茶碗；第 5、6 卷的内容介绍的是盛茶的道具；第 7 卷是茶构；第 8 卷是烧水用的茶釜及添炭道具；第 9 卷是插花道具；第 10 卷是香合；第 11 卷是茶席上盛凉水的道具"水指"与盛涮洗茶碗水的道具"建水"；第 12、13 卷是在茶室壁龛中悬挂的字画；第 14 卷"诸道具"，收集的是用来装茶器的布袋、茶壶、茶箱、烟草盆等道具；第 15 卷是怀石道具，包括茶点心盘等道具。也就是说，凡是现代日本茶道所使用的道具都包含进来了。每卷书都是图文并茂，非常精美，而且对各个茶道具的历史也进行了简明扼要的解说。

《茶道学大系》共计 11 卷，第 1 卷茶道文化论、第 2 卷茶道的历史、第 3 卷茶事·茶会、第 4 卷怀石与茶点心、第 5 卷茶美术、第 6 卷茶室·露地、第 7 卷东洋的茶、第 8 卷茶之汤与科学、第 9 卷茶与文艺、第 10 卷茶之古典、别卷海外之茶道。这套 11 卷本的论集，是汇集茶之汤各领域的一流专家进行的关于茶之汤的首次、全面、综合性研究。这套丛书虽名为"茶道学大系"，但学者们并未能对"茶道学"给出一个明确的概念。何谓"茶道学"，学者们至今仍在探索之中。仓泽行洋先生新近的论文《以'茶道学'的树立为目标》[①]，再次提到了树立和普及"茶道学"的重要性，但对于茶道学的学术定义依然不是很清楚。

## 第二节　日本茶道和将棋的研究文献综述

日本茶道的文献大体可以分为两大类：一类是专门的日本茶道文献资料集，一类是散见于寺社古文书与公家日记等古籍中的茶道原始文献资料。

关于将棋的游戏规则、方法等方面的书籍，在日本，从入门到高级阶

---

① ［日］仓泽行洋：《"茶道学"の樹立をめざして》，载今日庵文库编集《鹏云斋汎叟宗室》，淡交社 2009 年版。

段的书籍有很多，还有少量介绍日本将棋历史的论著，① 但是，尚未见有从将棋规则的视角来研究日本国民性的论著。在中国，相关文献只见一篇简短的介绍文章《日本将棋源于中国》②。因此，下面着重介绍一下日本茶道方面的研究文献。

一 专门的日本茶道文献资料集

这种文献又可分为两类：第一类是单纯的基础资料文献；第二类是基础资料与专题研究混同在一起的文献。

1. 单纯的基础资料文献

1933年刊行的桥本博编《茶道大鉴》，是茶道相关资料集的首次公开刊行。《茶道大鉴》中收录了36种基础资料，书中没有任何解释文字，所以编者编纂此书出于何种目的无从得知，从收录的资料来看，除了《吃茶养生记》和《吃茶往来》以及有关武野绍鸥、千利休的几份资料外，剩下的全是江户时代的茶书、茶人系谱、花押集之类的内容。

1971年、1972年，平凡社东洋文库出版了林屋辰三郎等编注《日本的茶书》（1、2），收录了《梅山种茶普略》和《清风琐言》等许多与煎茶相关的书，还收录了近代数奇者、高桥帚庵的茶论"我的茶之汤"等。1976年，平凡社东洋文库又出版了布目潮沨、中村乔编译的《中国的茶书》，其中收录了曾在《茶道古典全集》里收录过的唐、宋时代的茶书，又新收录了《制茶新谱》、《茶疏》等。该资料集的特征是不刊载原文，采用现代日语翻译加注的形式予以收录，比较适合日本一般读者和非专业的研究者用。

另外，作为理解日本茶道的参考文献，《中国茶书全集》与《中国茶文化经典》也应予以重视。布目潮沨编集的《中国茶书全集》，1987年由日本汲古书院出版，该文献集对日本现存的清代之前的中国茶书以影印本

---

① ［日］如增川宏一：《ものと人間の文化史将棋》（法政大学出版局，1977年）；［日］山本亨介：《将棋文化史》（筑摩書房，1980年）；［日］清水康二：《将棋伝来についての一試論》（《遊戯史研究》6号，1994年）；［日］大内延介：《将棋の来た道》（小学館文庫版，1998年）；［日］升田幸三：《名人に香車を引いた男》（朝日新聞社，1980年）；［日］木村義徳：《将棋の日本到着時期をめぐって：増川宏一説に対する批判》（《桃山学院大学総合研究所紀要》30—2，2004年12月）；［日］尾本惠市编著：《日本文化としての将棋》，三元社，2002年。

② 辛艺：《日本将棋源于中国》，《文史杂志》1999年第5期。

的形式进行了汇编；陈彬藩主编的《中国茶文化经典》，1999年由中国光明日报社出版，该文献集按时代先后分为六卷，依次收录了先秦、两汉、魏晋南北朝、隋唐五代、宋元、明、清等历史时期中有价值的茶书和有关茶的文章、诗词等，并酌收个别生活于清末民初的作者文字，以见历史转折期的茶文化风貌。

2. 基础资料与专题研究混杂在一起的文献

为了迎接利休诞辰350周年，从1935年开始，创元社汇集专家学者、各派家元、数奇者、建筑史家、工艺家等执笔编撰出版《茶道全集》，这是一系列将基础资料与专题研究并录的文献集。全书由"茶说茶史"编、"茶会作法"编、"茶室"编、"茶庭"编、"茶人"编、"器物"编、"怀石"编、"利休"编、"用语"编、"文献"编、"特殊研究"编等15卷构成，是一个欲囊括茶之汤文化全部内容的文献集。

第1卷"茶说茶史"编收录的内容是学界所述甚少的陆羽《茶经》及朝鲜半岛的茶等；第2卷"茶会作法"编中收集的主要是"利休远州台子装饰传书"等有关点茶法的传书类资料；第3卷"茶室"编收集的是"茶室目录"、"茶室相关文献类集"；第5、11卷"茶人"编收录的是村田珠光以后的茶人传和"山上宗二记"、"庸轩相关资料"、"普公茶话"等；第6、8、14、15卷的"器物"编收集的是各种藏帐、"茶器辩玉集"、"濑户陶器滥觞"等；第9卷"利休"编收录的是"利休相关资料及遗迹"等；第12卷"文献"编，采取了广泛收录的方针，收录了"大观茶论""分类草人木""茶道便蒙钞"等从中国到日本近世的45份资料。

1951年，春秋社又模仿《茶道全集》的体例刊行了《新修茶道全集》。全书由"作法篇"、"器物篇"（上、下）、"怀石篇"、"茶人篇"、"茶陶篇"、"茶室茶庭篇"、"文献篇"（上、下）构成。"文献篇"中收录了"珠光茶道秘传书"、"绍鸥袋棚记"、"绍鸥侘文"等初期茶文献。此外还收集了"利休台子装饰样子之记"以及武家茶道资料"远州晚间茶会的修习法"、"石州侘文"、"茶汤一会集"等36份资料。

1956年，淡交社出版了12卷本的《茶道古典全集》，共计收集了43种资料，这是一套侧重于收录近世以前的资料的大型文献集，虽然该文献集的大部分内容是已经出版过的资料，但都是再次经过历史学家们严密考证甄选之后才收录的，所以大大提高了文献资料的可信度。《茶道古典全集》的另一个最大特点是，作为基础资料之一，采取了将茶会记全卷收录的方法。《茶道古典全集》第 1 卷是关于中国方面特别是以唐代至宋代的茶资料为中心收录的，作为与中国相关的吃茶资料集，在此收录了《茶经》、《茶录》和《敕修百丈清规》，还收录了"茶经参考文献"等，大大地推动了其后学界对中国吃茶史的研究。第 2 卷是从《吃茶养生记》到《御饰书》，收录的是从镰仓到室町中期的资料。第 3 卷的前半部分及第 6、7、8 卷和到 10 卷的《今井宗久茶汤日记摘抄》是室町后期的茶会记等资料，第 3 卷的《草人木》、《长暗堂记》、《源流茶话》，第 4、5 卷及第 10 卷的《江岑夏书》以后，直至第 12 卷收录的都是江户时代的日本茶道原始文献。《茶道古典全集》不仅收录了几经认真校勘的原文，而且在原文后还附录了"解题"文字，对研究人员了解该文献的史料价值及其使用方法都非常有帮助。

## 二 散见于寺社古文书与公家日记等古籍中的日本茶道原始文献

除了上述这类经过专家们认真校勘的专门的日本茶道文献资料集之外，还有一类日本茶道原始文献散见于寺社古文书与公家日记等古籍中。

如金泽文库编集的《金泽文库古文书》、竹内理三编《平安遗文》（东京堂出版 1981 年版）共计 15 卷，收录了平安时代约 400 年间的古文书等。《镰仓遗文》共计 42 卷，外加古文书补遗编 4 卷，收录了镰仓时代的古文书。另外，东京大学史料编纂所编《大日本古文书》中收录了正仓院编年文书、高野山文书、浅野家文书、伊达家文书、石清水文书、相良家文书、观心寺文书、金刚寺文书、毛利家文书、吉川家文书、东寺文书、小早川家文书、上杉家文书、熊谷·三浦·平贺家文书、岛津家文书、大德寺文书、醍醐寺文书、东福寺文书、蜷川家文书等许多重要的武家、寺社文书。在这些古文书中，含有大量的日本茶道原始文献，这些文献对了解茶道文化在日本的传播情况非常有帮助。

此外，东京大学史料编纂所编《大日本史料》将自 887 年至明治维新期间的史料全部分成 16 编予以整理；《大日本古记录》则将自古代至近世的主要的日记，如"建内"、"御堂关白日记"、"小右记"等添加上傍注、标注后进行了原文翻刻；由增补史料大成刊行会编的《增补史料大成》，对自平安末期至室町时代的公卿日记、记录，如"花园天皇宸记"、"权记"、"兵范记"、"亲长记"等，进行了收录；竹内理三编《增补续史料大成》对自平安、镰仓、室町、安土桃山以来的公家和武家及寺社家古记录，如"后法兴院记"、"洞院公定公记"、"蔭凉轩日录"、"大乘院寺社杂事记"等进行收录；玉村竹二编《五山文学新集》中记录了大量的禅林饮茶史料。寺社古文书、大量的禅僧诗文以及内容丰富多彩的公家日记里面均含有很多关于日本茶道的原始文献，可谓是了解日本茶道的文献宝藏。不过，这类文献使用起来显然不如已经专家们认真校勘过的日本茶道文献那么方便，但对于全面了解日本茶道却是必不可少的内容。这些文献资料，绝大部分是用日式汉文撰写的，文法是古日语的文法。没有汉文素养的日本学者使用这类文献会很困难，不懂日文的中国学者也同样难以驾驭这类文献。为了更好地发挥这类文献的作用，除了需要有较强的语言理解能力之外，亦需对相应时期的日本历史烂熟于胸，这样才能更加自如地活用这些零散但又极为宝贵的日本茶道原始文献资料。

## 第三节　日本茶道和将棋研究的问题点

### 一　日本茶道研究的问题点

日本茶道研究虽然取得了很多成绩，但也依然存在着很多问题。

首先一个重要问题就是茶文化术语的使用混乱问题。日本学界对"茶道"、"团茶法"、"抹茶法"等主要茶文化术语的使用尚缺乏严格的界定，众多学者虽然都异口同声地称"茶道"是日本独特的传统文化，但殊不知"茶道"一词作为意味着吃茶之技法和精神理念的用语，是从17世纪中后期才开始出现在日本的文献中，而更广泛的使用则是19世纪以后的事了。而且，即使是在今天，虽然很多茶文化的出版物均冠以"茶道"之名，新闻媒体也是习惯使用"茶道"的称呼，但就在"茶道"一词被泛用的同时，"茶之汤"也几乎同样地被广泛使用着。如上文所列举的《茶道学大系》第8卷的书名就是"茶之汤与科学"，并没有统一使用"茶道"一词。而且，在《茶道学大系》各卷中，虽然有的书名为了统一体例使用了"茶道"一词，但其中所收录的论文标题却依旧是使用"茶之汤"；如第2卷"茶道的历史"里收录的12篇论文中，就有6篇论文的标题使用的是"茶之汤"，而非"茶道"。"名不正，则言不顺"，"茶道"与"茶礼"、"茶之汤"、"茶艺"这些用语之间究竟有着怎样的异同？为了今后更加深入地研究茶道文化，对以"茶道"为首的一些茶文化术语予以严格的界定已经势在必行。

其次，"夜郎自大"思想和"大中华主义"的思想，在中日两国研究者中都不同程度地存在。这一问题主要表现在，很多日本学者主张，吃茶文化虽然是从中国传入日本的，但唯有日本茶人才将日常茶饭事的饮茶提升到了"道"的高度。对这种观点，部分中国学者，特别是一些研究日本文化的专家多随声附和，但也有很多中国学者，特别是对日本文化了解不多的学者则主张，因为日本茶道中有很多中国茶文化要素，它不过是中国茶文化的分流，甚至有人更为具体地说日本茶道实际就是"径山茶道"的翻版。

造成上述这些问题的原因，除了少数学者的民族虚荣心在作怪之外，更主要的原因恐怕还是在于缺乏真正的比较研究和深入全面的历史研究所致。

进行比较研究，首先要对比较对象的语言具备一定的理解能力，否则便难以更好地把握彼此的相关原始文献，而实际情况却是研究日本茶道的人往往不懂中国茶，而自以为通晓中国茶道者，由于语言的障碍等，缺乏对日本茶道原始文献的全面把握以及对日本茶道的修行体验，所以彼此只能得出对各自茶文化的一些盲人摸象式的断语。如果这些盲人摸象式的断语出自著名学者或者茶道宗匠之口，其负面影响之大就可想而知了。另外，由于目前的研究都集中在茶之汤的吃茶内容等方面的研究上，而对制茶以及社会风土对茶之汤的影响研究力度不够，所以才会出现茶文化术语的混乱等问题。因此，为了深入了解日本茶道的特色，进行全面的历史研究也非常有必要。

另外，除了利用文献进行比较研究和全面的历史研究以外，欲获得关于日本茶道更深入的理解和认识，潜心修习体验日本茶道也很重要，没有对日本茶道的修习体验，恐怕对很多的日本茶道原始文献是难以读懂的。

## 二　日本将棋研究的问题点

关于日本将棋的研究，只是日本国内出版了数量很少的有关日本将棋历史的著作，大多数将棋书都是教材式的书籍，侧重于讲授将棋的游戏招法。在中国，虽然也有一批日本将棋的爱好者，但是，目前尚未有从日本将棋的规则来探讨日本国民性的研究。

# 第四章

# 本书的方法论原则与基本框架

## 第一节　本书的方法论原则

　　回顾自近代以来的日本国民性研究，会发现它有一个很突出的特点：至今为止，研究日本国民性的论著大多偏重通过与西方人的比较，来凸显日本人的国民性。诸如近年来，中国多家出版社争相再版发行的《菊与刀》，可谓是这方面研究成果的代表作。这类研究成果，不仅对某些人宣扬"日本文化特殊论"起到了推波助澜的作用，而且也曾令中国学人们自愧不已，因为作为日本最近的邻人，我们对日本人的国民性格，竟然反倒不如欧美人看得那么透彻。但是，当把日本放到对其文化影响深远的东亚来考察时，则又会发现，所谓的日本文化特殊性，在东亚文化中都不同程度地存在，因而又会令人油然而生出一种"泯然众人矣"的感觉，那些曾经让人眼前一亮的理论如"日本耻感文化论"、"娇宠理论"、"间人理论"等也就变得不再那么光鲜了。

　　按照欧美文化人类学家关于日本国民性的定论，或者按照日本学者借鉴欧美文化人类学家的研究方法得出的日本国民性结论来看日本时，我们总觉得还是有些雾里看花般的遗憾。究其缘故，主要就是因为这些研究成果在分析日本国民性时，都过多地侧重了与欧美国家的比较，而忽略了同与日本文化渊源很深的亚洲国家的比较。那么，作为日本近邻的中国学人，本可以在东亚这个大的文化背景下对日本国民性剖析得更清晰一些，为何却也少见日本人论的精品问世呢？

　　夏衍先生1990年在中华日本学会成立时讲话说："我们对日本的研究有许多还不够深入。100年来，很少有人用科学的方法去研究日本的国民性、民族性。现在日本是超级经济大国，怎样系统地研究日本的走向，也存在一些问题。当然，近些年来我国的日本研究有了很大进步。我认为，中日之间还缺乏真正的了解。日本研究中国的人和书很多，但真正了解中国的似乎也并不多。20年代我在日本时，日本人说中国是个'谜'。我们也很难理解日本人。日本人一方面很性急，分秒必争，另一方面却慢吞吞地下围棋，搞茶道。一方面很谦恭，生活中有许多敬语；另一方面却骄傲自大。它明明是一个不大的国家，却偏要称为'大日本'；第二次世界大战日本无条件投降，但日本却从来不承认是投降，而说是'终战'；把对中国的侵略，说成'进出'。日本人这样一种国民心理很值得研究。这些问题都需要采取科学的态度进一步进行研究。"[1] 恰如夏衍先生所指出的那样，之所以连很多我们尊敬的老前辈、老日本通都对日本的国民性困惑不已，一个重要的原因恐怕就是我们对日本国民性的研究"还不够深入"，大多还仅停留在对文化表象的描述上，对日本的文化现象，特别是对与东亚各国文化有着很大相似性的日本文化现象，我们还缺乏真正鞭辟入里的剖析，因此也就会觉得日本人的国民心理充满了矛盾，令人难以揣摩。而欲对日本国民性进行深入地研究，就必须"采取科学的态度进一步进行研究"，也就是说必须有个很好的视角和得当的方法。

研究日本国民性的方法，一般而言可以分为三个层次：第一个层次，就是哲学方法论，从这个层次上讲，研究国民性主要有经济学方法论、社会学方法论、心理文化学方法论之分。第二个层次，是实施研究的方式方法，这个意义上的方法与学科紧密地联系在一起，如历史学方法、伦理学方法、心理学方法、比较方法等。第三个层次，是微观意义上的方法，这种方法更为具体，类似统计、调查问卷等使用的方法。

首先，关于第一层次的哲学方法论，一般人们经常使用的是经济学方法论。经济学方法论，又被称为理性选择的研究方法，它假定人的思考和行为都是理性的，唯一试图获得的就是从事经济行为的利益最大化。许多学科的理论都是建立在经济人假设的基础之上，如目前国际关系学界的现实主义、新现实主义、管理学的科学管理理论，实质都是奉行经济学方法

---

[1] 刘德有：《重视日本文化研究》，《日本学刊》2004年第5期。

论。从事国民性研究的研究方法中也有与之较接近的研究方法，如罗斯·摩尔和杉本良夫在知识社会学方法支撑下摸索出的研究范式——"多元化阶层模型"，弗罗姆折中马克思主义与弗洛伊德主义对"社会人格"的探讨，① 大体可归于这一类。本书的方法论原则是，在坚持马克思主义历史唯物主义基本原理的基础上，② 积极采纳心理文化学的研究方法进行研究。

关于心理文化学的研究方法的详细阐述，可参阅研读 2013 年 1 月北京大学出版社出版的《心理文化学要义：大规模文明社会比较研究的理论与方法》，这是尚会鹏先生在为北京大学全校本科生开设的通选课"心理行为与文化"讲义的基础上历时 22 年修订而成的专著。尚会鹏先生称："22 年占了我学术生涯的大部。这期间，我一边授课，一边在研究中使用着授课中阐述的大规模文明社会比较研究的理论与方法，所以我也把这部《心理文化学要义》看作是我二十多年学术人生的简要总结。"③ 毋庸赘言，凡有志于运用心理文化学的理论与方法来进行大规模文明社会比较研究者，《心理文化要义：大规模文明社会比较研究的理论与方法》是必读书，对于日本国民性研究者而言，该书也是首选的重要理论参考书之一。此外，欲进一步深入研究者，亦可研读许烺光的著作集以及尚会鹏先

---

① 参见［德］埃里希·弗罗姆《逃避自由》"附录：性格和社会过程"，陈学明译，工人出版社 1987 年版。

② 例如，在马克思与恩格斯于 1845—1846 年间合著的《德意志意识形态》(《马克思恩格斯全集》第 3 卷，人民出版社 1960 年版，第 68 页。) 中有这样一段话："大工业通过普遍的竞争迫使所有人的全部精力极度紧张起来。只要可能，它就消灭意识形态、宗教、道德等，而当它不能做到这一点时，它就把它们变成赤裸裸的谎言。它首次开创了世界历史，因为它使每个文明国家以及这些国家中的每一个人的需要的满足都依赖于整个世界，因为它消灭了以往自然形成的各国的孤立状态。它使自然科学从属于资本，并使分工丧失了自然性质的最后一点痕迹。……大工业到处造成了社会各阶级间大致相同的关系，从而消灭了各民族的特殊性。最后，当每一民族的资产阶级还保持着它的特殊的民族利益的时候，大工业却创造了这样一个阶级，这个阶级在所有的民族中都具有同样的利益，在它那里民族独特性已经消灭，这是一个真正同整个旧世界脱离并与之对立的阶级。"上述的这段经典文字，对我们今后从事关于日本国民性的前瞻性研究，颇具启发意义。

③ 尚会鹏：《心理文化学要义——大规模文明社会比较研究的理论与方法》"序"，北京大学出版社 2013 年版，第 1 页。

生和游国龙博士的其他主要研究成果。①

从事日本研究的学者，无论其从事的专业领域是政治、经济、外交，还是社会、文化，随着其研究的深入，一般都会不约而同地认识到，为了深化其所从事的研究，较为理性地把握日本国民性非常必要。研究日本国民性，作为一个外国研究人员，我们的首要目的就是要找到一个可以准确分析和解释日本社会的理论模式，以便能准确地把握日本文化的核心价值、大多数日本人所共有的人格特质、行为模式和思维方式等，分析预测日本人的行为取向和能力。心理文化学的研究方法不单重视比较研究、整体性研究，还格外重视参与观察，通常会花费很多时间与其所要研究的对象民族生活在一起。笔者为了以日本传统艺道为例，从游戏的视角来分析日本国民性，亦曾置身于日本茶道世家里千家潜心修习，修习日本茶道至今已近二十年，无意中恰好践行了心理文化学的研究方法。这种参与观察，对笔者较为准确地把握日本茶道的本质特征及由此分析探讨日本国民性提供了很大的帮助。

关于第二个层次的研究方法，本书中将侧重历史的方法、心理学的方法和比较的方法。历史研究的方法，也是研究日本文化、日本国民性所必

---

① ［美］许烺光：《许烺光著作集1 边缘人》（英文书名：*My Life as a Marginal Man*），徐隆德译，台北：南天书局1997年版；《许烺光著作集2 祖荫下：中国乡村的亲属·人格与社会流动》（*Under the Ancestors' Shadow*），王芃、徐隆德译，台北：南天书局2001年版；《许烺光著作集3 驱逐捣蛋者：魔法、科学与文化》，（*Exorcising the Trouble Makers: Magic, Science, and Culture*），王芃、徐隆德、余伯泉译，台北：南天书局1997年版；《许烺光著作集4 中国人与美国人》（*Americans and Chinese: Passage to Differences*），徐隆德译，台北：南天书局2002年版；《许烺光著作集5 宗族·种姓与社团》（*Clan, Caste, and Club*），黄光国译，台北：南天书局2002年版；《许烺光著作集6 文化人类学新论》（*The Study of Literate Civilizations*），张瑞德译，台北：南天书局2000年版；《许烺光著作集7 美国梦的挑战》（*The Challenge of the American Dream: The Chinese in the United States*），单德兴译，台北：南天书局1997年版；《许烺光著作集8 家元：日本的真髓》（*Iemoto: The Heart of Japan*），于嘉云译，台北：南天书局2000年版；《许烺光著作集9 彻底个人主义的省思》（*Rugged Individualism Reconsidered: Essays in Psychological Anthropology*），许木柱译，台北：南天书局2002年版。在中国大陆，也曾出版了《种姓·家元·俱乐部》（薛刚译，华夏出版社1990年版）与《美国人与中国人》（彭凯平、刘文静译，华夏出版社1989年版）的译作，但因删节、错译等问题，至今许氏未再授权大陆出版其著作。关于心理文化学的发展历程及学科定位，详细请参见尚会鹏、游国龙《心理文化学——许烺光学说的研究与应用》，台北：南天书局2010年版；游国龙《许烺光的"大规模文明"比较理论研究：内容、方法及其对国际政治研究的启示》，博士学位论文，北京大学，2011年。

须的最基本的研究方法。采纳历史研究的方法,尽可能全面地搜集相关文献,并进行考订、分析,这对于纵向梳理茶道文化的发展脉络亦非常重要。通过历史研究,我们会发现,在形而下的层面,"茶道"、"茶之汤"与"茶礼"有着很多相似之处。那么,它们在形而上的追求上是否也相似呢?"茶道"、"茶之汤"、"茶礼"在各自的文化环境中又发挥着怎样的作用呢?欲对这些问题作出回答,欲对日本茶道进行深度研究,进而由此来剖析日本国民性,毋庸赘言,仅凭历史研究还是不够的,尚需更多地倚重心理文化学的研究方法,从人的社会需求的角度来进行深入分析。

目前,人的需求理论趋于将人的基本需要分为两大类,即生物性需要和社会性需要。生物性需要为人和动物所共有,社会需要才为人类所独有,故人的需要本质上是社会需要。正是因为人有社会需要,人的生理需要也超出生理本身而成为社会需要的手段。心理文化学认为只有三种社会需要是每个文化的人都必不可少的,即安全(security)、社会交往(sociability)和地位(status)。①

安全(security),是指个人希望确保他与伙伴间的联系。它是由个人所属的那个或那些圈子里的人提供的。换言之,作为社会性要求的安全,主要不是那种与人生理性要求相关的躲避死亡的安全,而是指,个人可以自信地、无所畏惧地宣称他周围的伙伴是他的同类,他们之间有相同的价值观和行为方式,他是他们中的一员,当受到威胁时,同伴可以给他精神和物质上的帮助,正像他们能依赖他的支持一样。安全感有时表现为一种归属感和依赖感。

社会交往(sociability),即人与人之间的联系、交流和互动,它含有两个方面:积极方面的社会交往和消极方面的社会交往。倘若一个人的全部社会交往丧失或被剥夺,一般会给人的精神带来很大打击。

地位(status),即人在社会关系中所处的位置。地位使人在所有或大多数与其相关的场合感到在共同体中受重视,是参照集团(包含着个人)标准对他的一种评价。任何个人都有使自己的尊严得到他人承认的欲望,特别是希望自己在同伴中倍受重视,希望自己在集团中的位置能得到他人的承认并获得相应的对待、获得相应的权利。地位通常通过"身份"表现出来。身份实质上是一个人在社会中担当的职务。地位和身份在通常情

---

① [美]许烺光:《宗族·种姓·俱乐部》,薛刚译,华夏出版社1990年版,第151页。

况下是一致的，但在特定条件下，身份和地位又是有矛盾的，如有些人虽然社会地位很高，但并不受人尊敬。剥夺或降低人的社会地位是对人的一种惩罚手段。地位的要求有时还表现为威望和优越感。

安全、社交、地位三种社会要求相互关联和相互影响。一般来说，一个地位较高者，可能占有更多的获得安全和社交的机会，与地位较低者相比较，也更容易受到同伴们的追求。同样，在其他条件相同的情况下，社会交往能力强的人，更容易达到能够为他带来更多安全、更高地位的较高的社会位置。与这方面能力较弱者相比，他能更多地发展与重要人物的交往关系。事实上，在现实生活中，人们极少有为了单一种类的需求而行动的，往往是一种需求伴随着其他需求。而且，"人们对于安全和地位的需要，比对社交的需要更为重要，因为安全和地位对社交的影响远大于社交对安全和地位的影响"[1]。尚会鹏先生又根据许烺光的论述对心理文化学的社会需求理论进行了细致的总结，即人的最基本的三类社会需求——安全、社交、地位，又可进一步分为生物性、社会性、情感性这样三个层次。[2] 人的基本社会需求，实质也是人的一种文化理想的反映，运用心理文化学的社会需求理论来剖析日本传统艺道，有益于深入了解日本国民基本社会需求的特点，了解日本国民的文化理想。

关于第三个层次的研究方法，本书也会相应地采纳一些权威机构发布的与日本国民性相关的统计数据，以及调查问卷的情况，力求尽可能相对客观、全面地解读日本国民性的特色。

## 第二节 本书的基本框架

本书的写作目的，就是以日本传统艺道——茶道和将棋为例，以一个近似于"边际人"的身份，主要运用历史学、心理文化学和社会心理学的方法，来探讨日本国民性的特色，并进而运用分析日本艺道所得出的日本国民性特点，去解析当代日本政治、外交、经济、社会、文化问题。

---

[1] ［美］许烺光：《宗族·种姓·俱乐部》，薛刚译，华夏出版社1990年版，第152页。
[2] 尚会鹏：《心理文化学要义——大规模文明社会比较研究的理论与方法》，北京大学出版社2013年版，第42页。

因此，笔者把全书分为"导论"、"上篇基础研究"、"下篇实践应用"和"附录"这样四部分构成。

首先，"导论"部分总计由四章构成，主要陈述本书选题的背景、目的和理由，侧重梳理中国学界近三十年来日本国民性研究的现状以及日本茶道和将棋研究的现状，介绍本书的方法论原则与基本框架。

其次，"上篇基础研究"部分总计由五章构成，主要是通过对日本茶道、将棋的研究，来剖析日本人的文化理想、日本文化的重层性、日本人的情感模式、日本社会的流动模式等问题。

最后，"下篇实践应用"部分总计由七章构成，从国民性的视角解析当代日本政治、外交、经济、社会、文化领域较有代表性的问题。如从日本人的社会心理均衡模式（PSH）的特点来解析日本外交战略的历史演变及未来走向问题，从日本人的集团缔结原则的特点来探讨"自立与共生"的东亚共同体构想实现的可能性问题，从日本人的情感模式的特点来解析"3·11"东日本大地震时日本人为何亲美疏华、为何淡定又恐慌的问题，从日本人的交换模式的特点来探讨日本加入TPP的可能性问题，从日本人的基本人际状态的特点来探讨日本人历史认识问题及日本天皇世袭至今的心理文化根源问题等。

总之，笔者希望拙著既能简明扼要地梳理日本国民性是什么，亦能深入细致地解析其为什么，并能研以致用，合理有据地解析日本的现实问题，前瞻其未来走势，做到基础研究与实践应用的统一。

在本书中，笔者结合自身近二十年来修习日本茶道的体验，以史为鉴，在东亚文化这个大背景下，通过对以日本茶道和将棋为例的日本艺道的考察，分析了日本人的文化理想、感情模式、行为模式等，并从国民性的视角针对当代日本政治、外交、经济和社会文化的典型案例进行了剖析。无论是本书的研究视角，还是研究方法，都可谓是一种新的尝试。虽然笔者主要是基于心理文化学的方法进行了研究，但是，实际上研究日本茶道不仅要涉及植物学、历史学、文化人类学、心理文化学，还要涉及社会学、伦理学等多学科的理论，因此进行较深度的研究更需要深厚的学问功底。笔者尽管一直不懈努力，但因修道年限尚浅，学力不及，每当心中略有所得，欲诉诸笔端时，总是常感心有余而力不足，因而行文措辞难免晦涩支离，对书中疏漏与谬误之处，还望师长、同门、同行与读者诸贤不吝赐教。

# 上 篇

## 基础研究

# 第五章

# "茶道"考

## 第一节 茶文化用语的现状

中国既是茶树的原产地,亦是最早发现和利用"茶"这种植物,并把它发展成为中国自古以来唯一名之为"道"文化的国度。但就是在茶文化的故乡——中国,一提到"茶道",人们大多还以为是在讲日本的茶之汤。包括很多中国学者在内的众多日本文化研究专家们,也都一致认为"茶道"是日本独特的传统文化,它创始于村田珠光,经武野绍鸥,集大成于千利休。

这种"茶道"发展史共识的根据,来源于日本茶道圣典《南方录》,在该书开篇部分有如下这样一段话:

> 宗易(千利休)说:珠光有两个弟子,叫宗陈和宗悟,绍鸥就是师从这二人修行茶之汤的。宗易的师傅也不仅是绍鸥一个人。能阿弥的随从中有个叫右京的人,壮年时,跟随能阿弥习茶,但后来退隐到堺居住,名号空海。在同一个地方有个叫道陈的隐者,二人情投意合经常在一起交流,空海就把茶道详细地传授给了道陈,而道陈和绍鸥又是非常要好的朋友,经常一起就茶进行研修切磋。宗易当时名叫与四郎,从17岁时就格外喜好茶,起初跟随道陈习茶,后经道陈引荐成为绍鸥的弟子。台子、书院茶等大多都是跟随道陈学的;关于小间茶室的茶法,都是宗易本人的创意,经与绍鸥商议后定下来的。这个集云庵的开基岐翁,最初跟随一休和尚参禅,中间有段时间两人关系恶化被赶出门,后在众人的劝慰说和下二人关系得到修复,截至中期一直号称集云庵,后来一休命其改名,才更名为南坊,其后此庵既

称集云庵，又称南坊，亦称岐翁。庵主与绍鸥关系好，他们经常一起畅谈茶话，愚僧（南方宗启）乃第二代庵主，称南方之坊，专门习茶之隐者也，大笑大笑。①

这段话记述了日本茶道的两条发展脉络：一个是以侍奉幕府将军的能阿弥为首的贵族茶，其传承系谱是能阿弥→右京（空海）→道陈→千利休；一个是以珠光为首的草庵茶，其传承系谱是珠光→宗陈和宗悟→绍鸥→千利休。这两条发展脉络都在千利休这里汇合，因此，才有了千利休乃日本茶道集大成者之说，而恰是被奉为集大成者的千利休将村田珠光奉为侘茶创始人，所以后世习茶者们也便因袭此说，不求甚解的学人们也跟着以讹传讹，于是才形成了这种所谓的"茶道"发展史共识。

但是，这种所谓的"茶道"发展史共识并不可信。首先，被视为日本茶道圣典的《南方录》是17世纪后期才问世的书，其中很多内容明显非千利休时代的记述，而无法判断真伪的许多内容中究竟有多少是千利休所为，没有谁能说得清楚；其次，关于所谓的"茶道"开山鼻祖村田珠光，其身世也一直是个谜，至今仍然无法用史料来确证这个人物的存在。② 而且，就连"茶道"一词开始见诸日本的相关文献，也是17世纪中后期的事，此前及其后乃至今天，人们在称谓独具日本特色的茶文化时，更习惯使用的是"茶之汤"或"侘茶"这种称呼，而非"茶道"。

虽然很多学者都人云亦云地称"茶道"是日本独特的文化，但是，其独特之处何在，却又语焉不详。韩国茶道研究家金明培，不仅坚决反对把茶道视为日本独特的文化，而且还同时指出"也不能因茶叶、茶种、饮茶的风俗皆源自中国，就断定茶道的成立也是中国为先"。③

那么，这位金先生认为茶道初创于何时何地呢？他认为，因为新罗时代的花郎曾制作了吃茶用的樱花筒，加之韩国有"全罗南道罗州郡茶道面"这一地名，所以可以断言是新罗时代的韩国率先创立了茶道。④ 金先生欲维护韩国民族文化的心情可嘉可解，但其如此论断还是难免有些牵强

---

① ［日］千宗室主编：《茶道古典全集》，淡交社1977年版，第4—5页。
② ［日］永岛福太郎：《利休の茶湯大成》，淡交社1993年版，第22页。
③ ［韩］金明培：《韓国の茶道文化》，ぺりかん社1983年版，第50页。
④ 同上。

了。且不说一个小小的饮茶器皿的真伪，所谓的"茶道面"，其实也不过是1914年进行行政区域重组时，将原来的"茶庄面"与"道川面"合并时诞生的新行政区划名称而已，它与我们要讨论的"茶道"根本就风马牛不相及。金先生的做法，极易使人联想起近年来韩国一部分人抢注中国文化的行径。从2005年的端午节申遗，到2008年的针灸标准之争，在过去几年间，韩国在很多方面对中国展开了文化争夺，如自诩为印刷术起源国、人参宗主国、豆浆发明国等，甚至连孔子都被宣称是韩国国籍了。

与敢于放言的部分韩国人相比，中国学人们在维护民族文化的心情上虽然毫不逊色，但在表达上还是谨慎多了。在茶文化的故乡——中国，虽然古代茶文化遗产非常丰富，但大多是吉光片羽散见于浩瀚的典籍之中。20世纪90年代之前，中国学界对茶文化资料的挖掘、整理及研究都还很薄弱，以至于在《新华辞典》、《辞海》、《辞源》等工具书中均无"茶道"这一词条。一些茶业界的有识之士，虽然也都异口同声地主张，中国既是茶树的原产地，亦是茶文化的发祥地，所以茶道的创立也必是中国为先，但却不敢断定"茶道"本为何国语言。1977年，台湾一些爱好茶文化的人，担心对中国茶文化使用"茶道"一词会被人说成是追随日本，便独创了一个新词——茶艺，来称谓中国的茶文化，并主张"茶艺"无论在内容上，还是在精神境界方面均不亚于"茶道"。20世纪90年代初，由于受港台茶文化的影响，大陆也掀起了茶文化热。于是，"茶艺"一词也便很快传遍了中国的大江南北，产茶盛地自不必提，很多非产茶地的大小城市中亦均可见形形色色的"茶艺馆"。但是，随着对茶文化资料整理、研究的进展，学人们发现，"茶道"一词早在唐代就已经散见于各类文献了，于是才终于可以理直气壮地使用"茶道"这个词撰文著书，论述中国茶文化。

茶道如月，人心如江，月印千江水，千江月不同。茶道初创何时，内涵何意，曾见仁见智，众说纷纭，莫衷一是。界定"茶道"确非易事，但"名不正，则言不顺"。"茶道"与"茶礼"、"茶之汤"、"茶艺"这些用语之间究竟有着怎样的异同？为了今后在谈及茶道文化时，对这些问题不再如庸医把脉，虽心中了了却指下难明，所以本书开篇有必要先清心静意，以史为鉴，对"茶道"一词的出典及其意义变迁、传播情况等进行简要的考察。

## 第二节 "茶道"的本义

就目前的文献资料来看，"茶道"一词初见于中国唐代僧侣皎然（760年前后在世）的诗《饮茶歌诮崔石使君》与封演的《封氏闻见记》。在《全唐诗》中，收录了皎然的两首茶诗，一首是《饮茶歌诮崔石使君》，另外一首是《饮茶歌送郑容》。①

饮茶歌诮崔石使君
皎然

越人遗我剡溪茗，采得金牙爨金鼎。
素瓷雪色缥沫香，何似诸仙琼蕊浆。
一饮涤昏寐，情来朗爽满天地。
再饮清我神，忽如飞雨洒轻尘。
三饮便得道，何须苦心破烦恼。
此物清高世莫知，世人饮酒多自欺。
愁看毕卓瓮间夜，笑向陶潜篱下时。
崔侯啜之意不已，狂歌一曲惊人耳。
孰知<u>茶道</u>全尔真，唯有丹丘得如此。

饮茶歌送郑容
皎然

丹丘羽人轻玉食，采茶饮之生羽翼。
名藏仙府世空知，骨化云宫人不识。
云山童子调金铛，楚人茶经虚得名。
霜天半夜芳草折，烂漫缃花啜又生。
赏君此茶祛我疾，使人胸中荡忧栗。
日上香炉情未毕，醉踏虎溪云，高歌送君出。

---

① 《全唐诗》（第23册821卷），中华书局1960年版。

仅凭皎然的这两首汉诗，欲明确阐述唐代茶道的内容，的确有些困难。但是，封演在其《封氏闻见记》中的记述，则为我们提供了一个界定唐代茶道的好线索。

> 楚人陆鸿渐为茶论，说茶之功效并煎茶炙茶之法，造茶具二十四事，以都统笼贮之，远近倾慕，好事者家藏一副，有常伯熊者，又因鸿渐之论广润色之，于是茶道大行。①

《封氏闻见记》分门记述儒道、经籍、人物、地理、杂事，且辨俗说讹谬，盖著其所见闻如此，是研究唐代社会民俗等极为重要的资料。《封氏闻见记》的作者封演，与引文中提到的陆鸿渐即《茶经》的作者陆羽（732—804年），他们是同时代的人。

在《新唐书》卷一九六列传第一二一中，对陆羽的生平有如下的记载：

> 陆羽，字鸿渐，一名疾，字季疵，复州竟陵人。不知所生，或言有僧得诸水滨，畜之。既长，以《易》自筮，得《蹇》之《渐》，曰：鸿渐于陆，其羽可用为仪。乃以陆为氏，名而字之。幼时，其师教以旁行书，答曰："终鲜兄弟，而绝后嗣，得为孝乎？"师怒，使执粪除圬墁以苦之，又使牧牛三十，羽潜以竹画牛背为字。得张衡《南都赋》，不能读，危坐效群儿嗫嚅若成诵状，师拘之，令薙草莽。当其记文字，懔懔若有遗，过日不作，主者鞭苦，因叹曰：岁月往矣，奈何不知书！呜咽不自胜，因亡去，匿为优人，作诙谐数千言。天宝中，州人酺，吏署羽伶师，太守李齐物见，异之，授以书，遂庐火门山。貌侻陋，口吃而辩。闻人善，若在己，见有过者，规切至忤人。朋友燕处，意有所行辄去，人疑其多嗔。与人期，雨雪虎狼不避也。上元初，更隐苕溪，自称桑苎翁，阖门著书。或独行野中，诵诗击木，裴回不得意，或恸哭而归，故时谓今接舆也。久之，诏拜羽太子文学，徙太常寺太祝，不就职。贞元末，卒。
>
> 羽嗜茶，著经三篇，言茶之原、之法、之具尤备，天下益知饮茶

---

① ［日］千宗室主编：《茶道古典全集》第1卷，淡交社1977年版，第175页。

矣。时鬻茶者,至陶羽形置炀突间,祀为茶神。①

这篇《陆羽传》,扼要地记述了陆羽坎坷的出身和在茶文化上的贡献。既然封演称陆羽的茶为茶道,那么,我们就可以根据陆羽的旷世名著《茶经》,来具体地探讨当时的茶道内容了。

如所周知,《茶经》由十章构成,其内容主要可以分为如下四大部分:

第一部分内容是制茶。记述茶的栽培等内容的"一之源"与"八之出";记述茶园立地、茶产地以及茶的采摘、调制、储藏等内容的"三之造"与"二之具",都属于这一类内容。

第二部分内容是吃茶。详细描述茶道所需的 24 种器皿,包括规格、质地、结构、造型、纹饰、用途和使用方法的"四之器";讲烤茶要领,选用燃料,鉴别水质,怎样掌握火候和培育茶的精华技巧的"五之煮";详细规定饮茶应该注意的九个问题,还提出品名贵之茶每次不要超过三盏以及三人饮茶、五人饮茶和七人饮茶各应如何进行的"六之饮";以及记述在野外松间石上、清泉流水处和登山时在山洞里等不同场所吃茶时,应该如何因地制宜取舍组合茶道具的"九之略",都属于这一类内容。

第三部分是吃茶的功能。记述这部分内容的,是列举历史上饮茶典故与名人逸事的"七之事"。为茶道在日本的传播发挥了重要作用的《吃茶养生记》"三茶功能"中记述的内容,也几乎完全是抄录《茶经》"七之事"的内容。所谓吃茶之功能,概言之主要有两个:一个是单纯的生物性功能,也就是说茶本身所具有的能使人身康体健的功能;另一个就是吃茶的社会性功能,即通过吃茶这一行为,来实现修身养性的功能。再简言之,即一为养生健身功能,一为养心修身功能。

第四部分是修习制茶和吃茶的方法。为了更好地把握制茶和吃茶的方法,充分发挥茶之功能,陆羽还特意把《茶经》所写的茶事活动绘成图,挂在茶席一角,使参加者能一目了然,即"十之图"。

陆羽与皎然是极为亲密的朋友,陆羽曾在其自传中称,"与吴兴释皎

---

① [日] 千宗室主编:《茶道古典全集》第 1 卷,淡交社 1977 年版,第 172—173 页。

然为缁素忘年之交"①。如上所述，当我们确认了陆羽茶道的内容后，再回头来看皎然诗中所讲的茶道内容就会发现，虽然由于受文体所限，诗中未能详论，但皎然诗中所讲的可以"全尔真"的"茶道"，与陆羽所倡导的茶道内容应该没有大的区别。"采得金牙爨金鼎。素瓷雪色缥沫香""霜天半夜芳草折，烂漫缃花啜又生"等诗句歌咏的正是制茶、饮茶的内容。"一饮涤昏寐，情来朗爽满天地。再饮清我神，忽如飞雨洒轻尘。三饮便得道，何须苦心破烦恼"、"孰知茶道全尔真，唯有丹丘得如此"、"丹丘羽人轻玉食，采茶饮之生羽翼。名藏仙府世空知，骨化云宫人不识"、"赏君此茶祛我疾，使人胸中荡忧栗"等诗句，明显是在歌咏茶之功能。另外，再结合"楚人茶经虚得名"这句诗和《封氏闻见记》的记述，我们可以推知，陆羽《茶经》中所记述的四大主要内容，应该已经成为当时人们对"茶道"这一概念的共识。也就是说，从茶道史的角度来考虑，据目前所能查阅得到的史料而言，《茶经》中记述的四个内容不仅是陆羽茶道的内容，同时也应该是"茶道"一词的本义所在。因此，所谓"茶道"的本义，简言之，可界定为是以养生或养心为目的的制茶、吃茶的技法和精神理念。

总之，可以说是陆羽著《茶经》，才首次把饮茶从生活领域提升到了精神品饮和艺术创造的高度，确立了茶道的表现形式与富有哲理的茶道精神。是诗僧、茶人皎然和封演赋予了中国茶文化以"茶道"之名，方才有了"茶道"概念的传世。

在陆羽的《茶经》问世之后，相继出现了多种茶文化专著，如唐代专门评论茶汤优劣的《十六汤品》；专门评论煎茶用水优劣的唐代张又新的《煎茶水记》和宋代文学家欧阳修的《大明水记》、《浮槎山水记》等。但在中国唐代后期至元代的现存茶文献中，未发现"茶道"的用例。尽管如此，查阅曾对日本茶文化亦产生过极为重要影响的宋代蔡襄的《茶录》和宋徽宗赵佶的《大观茶论》等茶书就会发现，宋代茶道的内容与陆羽茶道还是一脉相承的，只是在吃茶方法上已经有所改变，宋代不再用釜煮茶，而是将碾磨好的茶叶粉末直接放在碗内，把煮沸适度的水先灌进汤瓶，然后冲入茶碗，再用一种状如小炊帚的竹制"茶筅"搅拌均匀，

---

① 《陆文学自传》（文苑英华卷793），载千宗室主编《茶道古典全集》第1卷，淡交社1977年版，第171页。

称为"点茶"。当时,这种"点茶法"已经非常流行,因此抹茶需求量也非常大,以至于汴河边上曾经用来磨面粉的水磨也都改去磨茶了。

"哲宗元祐元年闰二月辛亥,右司谏苏辙言:近岁京城外创置水磨,因此汴水浅涩,阻隔官私舟船。其东门外水磨,下流汗漫无归,浸损民田一二百里,几败汉高祖坟。赖陛下仁圣恻怛,亲发德音,令执政共议营救。寻诏畿县于黄河春夫外,更调夫四万,开自盟河,以疏泄水患,计一月毕工。然以水磨供给京城内外食茶等,其水止得五日闭断。"[1] 使用水磨来磨茶供给京城内外消费,仅仅五天时间竟然就会导致汴河水的断流,可见当时抹茶的消费量之大。另外,很多与《大观茶论》中类似的点茶法,不仅在日本的相关文献中可以查阅得到,而且还可以从日本现行的抹茶道上得到直观的体验。

"茶道"一词再度出现在中国的茶文献上,是明代的时候。例如,明代张源在其《茶录》中说:"造时精、藏时燥、泡时洁。精、燥、洁,茶道尽矣"[2]。从张源《茶录》中记述的茶道内容来看,除了在吃茶法上已经用"瀹(yuè)茶法"取代了"点茶法"而外,茶道内含的"制茶、吃茶、茶之功能"等内容都完好无损地得到了继承。

清代的茶文献里,不知何故,"茶道"一词又杳无踪影,直至 20 世纪末,随着茶文化研究的隆盛,指称中国茶文化的"茶道"一词才犹抱琵琶半遮面地再度出现在学者们的论著之中。但是,从 20 世纪 70 年代开始至今,谈到中国茶文化时,使用频率最高的,还是起初作为"茶道"的代名词而被创出的新词"茶艺"。

如在前文所述,"茶艺"一词本由台湾茶人发明,台湾茶人当初发明"茶艺",完全是作为"茶道"的同义词、代名词来用的。"1977 年,一批以'中国民俗学会'理事长娄子匡教授为主的茶饮爱好者,提出恢复品饮茗茶的民俗,有人提出'茶道'这个词,但是,有人指出'茶道'虽然建立于中国,已为日本专美于前,如果现在提出'茶道'怕引起误会,以为是把日本茶道搬到台湾来;另外一个顾虑,是怕提出'茶道'这个词过于严肃性,中国人对于'道'字特别庄重,认为'道'是很高

---

[1] 《宋史》卷九四志第四十七。

[2] (明) 张源:《茶录》,载布目潮渢《中国茶书全集》,日本汲古书店 1987 年版,第 253 页。

深的东西，要人民很快就普遍接受可能不太容易。于是提出'茶艺'这个词，经过一番讨论，大家同意而定案，'茶艺'一词就这么产生了。因此，'茶艺'是台湾创立的新名词。"①

"茶艺"一词诞生后，海峡两岸茶文化界对茶艺概念的界定作出了很多的努力。概言之主要有两种观点：一种观点认为，应该对"茶艺"作广义理解，主张茶艺应该包括制茶、吃茶的技法和精神理念。如有人主张："茶艺，就是人类种茶、制茶、用茶的方法与程式"②；有人主张茶艺的"艺"，"是指制茶、烹茶、品茶等艺茶之术"；③也有人主张："茶艺指制茶、烹茶、饮茶的技术，技术达到炉火纯青便成一门艺术"④；还有人主张："'茶艺'是有形的……包括了种茶、制茶、泡茶、敬茶、品茶等一系列茶事活动中的技巧和技艺。"⑤这种对"茶艺"的广义理解，虽然对茶之功能强调得不多，但与自陆羽一脉相承下来的"茶道"之本义还是很相近的，基本上可以视为本来意义上的"茶道"的代名词。

另一种观点则认为，应该对"茶艺"作狭义理解，主张茶艺应该只包括吃茶的技法和品茶的艺术。如有人主张："所谓茶艺，是指备器、选水、取火、侯汤、习茶的一套技艺。"⑥这种对"茶艺"的狭义理解，主张将茶艺限制在泡茶和饮茶的范围里，与日本的"茶之汤"极其相近，只是它缺少日本化了的"茶道"——"茶之汤"所具有的修行精神。

也有人主张应该摒弃对"茶艺"的概念做广义与狭义之分，"依我之见，茶艺就是泡茶的技艺和品茶的艺术，根本没有必要有广义、狭义之分"，"所谓'广义'的茶艺中的'研究茶叶的生产、制造、经营'等方面，早已形成相当成熟的'茶叶科学'和'茶叶贸易学'等学科，有着一套的完整的科学理论和严格的科学概念，远非'茶艺'所能概括，也无须用'茶艺'去涵盖。本来台湾茶文化界提出'茶艺'一词最初就是为了恢复弘扬品饮茗茶的民俗和回避日本茶道概念才创造出来的，不论是品饮茗茶的民俗也好，还是日本的茶道也好，都与种茶、制茶、卖茶无

---

① 范增平：《台湾的茶艺文化》，《农业考古》2003年第4期。
② 陈香白、陈再：《"茶艺"论释》，《农业考古》2003年第4期。
③ 王玲：《中国茶文化》，中国书店1992年版，第87页。
④ 丁文：《中国茶道》，陕西旅游出版社1998年版，第46页。
⑤ 林治：《中国茶道》，中华工商联合出版社2000年版，第220页。
⑥ 丁以寿：《中国茶道发展史纲要》，《农业考古》1999年第4期。

关，也就是说，台湾的茶文化界在创造'茶艺'一词时本来就是专指泡茶的技艺和品茶的艺术而言的，开始并无'广义'一说，因此后人也就没有必要提出毫无实际意义的'广义茶艺说'了。应该让茶艺的内涵明确、具体起来，不再去负荷种茶、制茶、售茶的重任，而是专心一意地将泡茶技艺发展为一门艺术。因此今后提茶艺者，都应抛弃'广义'说，直接按其原创含义去理解"。①

上述这种观点其实也可以归类为对茶艺进行狭义理解的观点中，而且其所谓"台湾的茶文化界在创造'茶艺'一词时本来就是专指泡茶的技艺和品茶的艺术而言的"的说法，也未必完全正确。因为台湾的茶文化界的代表人物之一，也是"茶艺"概念原创者之一的台湾中华茶文化学会理事长、中华茶艺协会秘书长范增平就曾明确主张，茶艺就是"研究茶叶的生产、制造、经营、饮用的方法和探讨茶业原理、原则，以达到物质和精神全面满足的学问"，"茶艺的范围包含很广，凡是有关茶叶的产、制、销、用等一系列的过程，都是茶艺的范围。举凡：茶山之旅、参观制茶过程、认识茶叶、如何选购茶叶、如何泡好一壶茶、茶与壶的关系、如何享用一杯茶、如何喝出茶的品位来、茶文化史、茶业经营、茶艺美学等，都是属于茶艺活动的范围"，"所谓茶艺学，简单的定义：就是研究茶的科学"，"茶艺内容的综合表现就是茶文化"。②

针对范增平所代表的观点，虽然有部分学者竭力反对，主张不应该将茶艺的内涵和外延如此无限地扩大，以至于等同茶文化，并进入到茶科技、茶经贸领域。"茶艺"不必去承担"茶道"的哲学重负，而是应在已有的茶学分支学科之外去另辟新境，开拓新领域，专心一意地将泡茶技艺发展为一门艺术。但事实上，从目前"茶艺"的发展状况来看，基本上还是顺着"茶艺"概念原创者之一范增平的定义发展而来的，而且茶艺表演在茶叶销售方面的用意尤为突出。诸如很多茶艺馆、茶店里的茶艺表演，其目的并不是意在为主客提供什么精神的满足，更多的仅仅是被作为一种茶叶的促销手段而已。这种"茶艺"，究竟在振兴中国茶业、促销茶叶方面发挥了多大的积极作用，笔者未作过调查不敢妄言，但因其已经大

---

① 陈文华：《论当前茶艺表演中的一些问题》，《农业考古》2001 年第 2 期；陈文华：《长江流域茶文化》，湖北教育出版社 2004 年版，第 8 页。

② 范增平：《中华茶艺学》，台海出版社 2000 年版，第 4—7 页。

大地背离了自陆羽以来一脉相承下来的"茶道"之本义,笔者只是殷切期望它不要在茶道文化精神建设层面起反作用。中国茶文化真正对东亚茶文化产生过深远影响的是"茶道",而非今朝那些五花八门的"茶艺"。

## 第三节 "茶道"与"茶礼"

从现有的史料来看,虽然朝鲜半岛是在19世纪初期的相关文献中才初见"茶道"用例,但是,这并不意味着"茶道"的内容也是相应时期才开始传入朝鲜半岛,相反倒有史料证明,"茶道"的内容早在唐代就已经传入这些地区,只是在很长时期内都是有实无名。虽然无法确认古代的朝鲜半岛地区是否已经使用"茶道"一词,但依然可见一些与"茶道"相近的词或表述。朝鲜王朝时代的"茶礼",可以说就是对朝鲜化了的"茶道"的一种称呼,或者称其为"茶道"的相应译词亦不为过。只不过这一称呼,仅是汲取了"茶道"本义的部分内容,而非全部。

目前,有关朝鲜半岛的茶文献资料的挖掘整理还很薄弱,现有的相关文献中初见"茶道"用例,是19世纪初期艸衣禅师撰写的《茶神传》。在该书"茶卫"项中,可见"造时精、藏时燥、泡时洁。精、燥、洁,茶道尽矣"这样的记述,艸衣禅师虽然没有注明此语出处,但我们一眼就可以看出,这显然是对明代张源《茶录》内容的照搬照抄。[1] 此外,该书"投茶"一节中记述的饮茶方法,"饮茶"项中记述的参加茶会的人数要求以及关于饮茶用水的要求等内容,也完全是对以陆羽《茶经》、张源《茶录》为首的中国茶书内容的摘抄。这些史料虽然可以例证"茶道"对朝鲜半岛茶文化影响之深,但从中却看不出朝鲜茶人的独创性何在。

中国与朝鲜半岛,山水相连,文化关系源远流长。早在中国商周时代,就有箕子"走之朝鲜"的传说。公元7世纪中期,也正是唐朝社会盛行饮茶的时期,虽然相关茶史料缺乏,但考虑到当时的新罗与唐朝政府在经济、文化、宗教等方面的密切关系,却也可以推知,"茶道"的内容通过来华广泛学习盛唐文化的新罗人传到朝鲜半岛,这应该是很容易、也很自然的事情。朝鲜古籍《三国史记·新罗本纪》(第十)兴德王三年

---

[1] [韩]金明培:《韓国の茶道文化》,ぺりかん社1983年版,第381页。

(828年）十二月条载："冬十二月，遣使入唐朝贡，文宗召对于麟德殿，宴赐有差。入唐回使大廉持茶种子来，王使命植于地理山。茶自善德王有之，至于此盛焉。"善德王在位时间为 632 年至 646 年，这条史料说明，在 7 世纪时，"茶道"已经行于朝鲜半岛了，只不过是有实无名而已。

《宣和奉使高丽图经》，是宋徽宗宣和六年（1124 年）国信使提辖人船礼物官徐兢（1091—1153 年）出使高丽回国后写的见闻录，一共三百余条，40 卷。该书的卷三二"器皿三茶俎"篇的记述，对我们了解宋朝与朝鲜茶文化交流的情况，是一份极为宝贵的史料。

> 土产茶味苦涩，不可入口。惟贵中国腊茶，并龙凤赐团自锡赉之外，商贾亦通贩，故迩来颇喜饮茶。益治茶具，金花乌盏、翡色小瓯、银炉汤鼎，皆窃效中国制度。凡宴则烹于廷中，覆以银荷，徐步而进，候赞者云茶遍，乃得饮，未尝不饮冷茶矣。馆中以红俎布列茶具于其中，而以红纱巾幂之。日尝三供茶，而继之以汤，丽人谓汤为药。每见使人饮尽必喜。或不能尽，以为慢己，必怏怏而去，故常勉强为之啜也。①

这段文字，虽然尚不足 200 字，但却为我们了解当时朝鲜半岛的制茶、吃茶情况，提供了弥足珍贵的线索。对于这段引文，我们可以分为三部分来理解：

首先，上述引文中"土产茶味苦涩，不可入口。惟贵中国腊茶，并龙凤赐团自锡赉之外，商贾亦通贩，故迩来颇喜饮茶"，这段文字说明在朝鲜半岛已经生产茶叶，而且高丽人也都非常喜欢饮茶，只是因为产地或制作方法的缘故，高丽本地茶的味道过于苦涩，几乎难以入口，所以人们更喜欢宋朝的腊茶、龙凤团茶等高级茶，因而宋朝的茶叶也成为商贾们购销的对象。也就是说，宋朝的茶叶在高丽王朝是很有市场、很受欢迎的。

其次，上述引文中"益治茶具，金花乌盏、翡色小瓯、银炉汤鼎，皆窃效中国制度。凡宴则烹于廷中，覆以银荷，徐步而进，候赞者云茶遍，乃得饮，未尝不饮冷茶矣。馆中以红俎布列茶具于其中，而以红纱巾

---

① （宋）徐兢：《宣和奉使高丽图经》四册，载王云五主编《丛书集成初编》，商务印书馆 1937 年版，第 109 页。

幂之"，这段话记述的应该是高丽王朝为接待宋朝使者而举行的茶礼内容。高丽人不仅喜饮宋朝茶，而且饮茶用的器具乃至饮茶方法也都是模仿宋朝的饮茶做法，并且每次茶礼大概也都非常隆重费时，以至于每次举行茶礼时，等经过很多烦琐的礼仪程序终于可以喝茶时，往往茶都凉了。

再次，如前引文中"日尝三供茶，而继之以汤，丽人谓汤为药。每见使人饮尽必喜。或不能尽，以为慢己，必怏怏而去，故常勉强为之啜也"，这段文字则说明不仅是宋朝宫廷礼仪饮茶的做法在高丽王朝得到了沿袭，而且宋朝的上至官府下至乡间的饮茶礼俗，在当时也已经大行于高丽王朝了。

宋代时期，人们把饮子称作"汤"，它和茶一样成为人们招待客人必备的饮料，成为宋人生活的一个重要组成部分。据宋人蔡絛《铁围山丛谈》卷一记载："国朝仪制：天子御前殿，则群臣皆立奏事，虽丞相亦然。后殿曰延和、曰迩英，二小殿乃有赐坐仪。既坐，则宣茶，又赐汤，此客礼也。延和之赐坐而茶汤者，遇拜相，正衙会百官，宣制才罢，则其人亲抱白麻见天子于延和，告免礼毕，召丞相升殿是也。迩英之赐坐而茶汤者，讲筵官春秋入侍，见天子坐而赐茶乃读，读而后讲，讲罢又赞赐汤是也。"由此可知，先茶后汤，其实也是宫廷饮茶礼俗之一。

也许是上行下效之功使然，在宋朝，客至献茶，客去奉汤，已经成为上至皇帝下至庶民的一种生活礼俗。那么，为什么要客至先献茶，客去再奉汤呢？据宋代佚名文献《南窗纪谈》记载："客至则设茶，欲去则设汤，不知起于何时。然上自官府，下至闾里，莫之或废。有武臣杨应诚独曰，客至则设汤，是饮人以药也，非是。故其家每客至，多以蜜渍橙木瓜之类为汤饮客，或者效之。予谓不然，盖客坐既久，恐语多伤气，故其欲去，则饮之以汤。前人之意，必出于此，不足为嫌也。"①《宣和奉使高丽图经》中的"丽人谓汤为药"的见解，与《南窗纪谈》的记述倒是很相近。

另外，北宋朱彧撰《萍州可谈》卷一记载："自京官以上则坐，选人立。白事见于私第，选人亦坐，盖客礼也。唯两制以上点茶汤，入脚床子，寒月有火炉，暑月有扇，谓之事事有。庶官只点茶，谓之事事无。茶

---

① （宋）佚名：《南窗纪谈》，载陈彬藩主编《中国茶文化经典》，光明日报出版社1999年版，第241页。

见于唐时，味苦而转甘，晚采者为茗。今世俗，客至则啜茶，去则啜汤。汤取药材甘香者屑之，或凉或温，未有不用甘草者，此俗遍天下。先公使辽，辽人相见，其俗先点汤，后点茶。至饮会，亦先水饮，然后品味玄进，但欲与中国相反，本无他义理。"[1] 由此可知，来客献茶亦奉汤的礼俗不仅影响到了高丽王朝，对宋朝周边其他少数民族政权地区的饮茶习俗也产生了很大的影响，只不过他们是采用了相反的形式，是"先点汤，后点茶"，对于这种做法，朱彧认为是其"但欲与中国相反，本无他义理"。相对而言，高丽王朝倒是老老实实地沿袭了宋朝的吃茶礼俗。

朝鲜王朝时代的"茶礼"，在沿袭了高丽王朝茶礼的基础之上，又遵照明朝的"迎接之仪"的礼法进行了调整。据金巴望的研究，朝鲜王朝的"茶礼"自1401年（太宗元年）1月起，一直连续进行到了1801年才中断，而且作为接待明朝使者时的茶礼，只有国王和王世子才有资格主持。虽然接待日本使节时也举办茶礼，但茶礼的主持人起初是由身份地位很低的地方官"县令"来充当的，后来才略有所提升，变成了"县令"的上司"府使"。[2]

无论是高丽王朝的"茶礼"，还是朝鲜王朝的"茶礼"，它都只是汲取了"茶道"中吃茶礼俗的内容，摈弃了"制茶"方面的内容，而且其所追求的吃茶之功能也与"茶道"不尽相同，特别是从各自追求的社会功能来看，"茶道"的目的是为了"养心修身"；而"茶礼"却是被当作一种外交必备礼仪来使用的，无论是点茶人，还是品茶人，似乎都根本无暇去顾及什么"养心修身"。

20世纪80年代，韩国的茶文化再度复兴。学界对现代的韩国茶文化称"韩国茶道"者有之，但更多的还是以"茶礼"称之。在此需要特别指出的是，现代韩国的"茶礼"已经走下政坛，不再具备外交礼仪的功用，而是变成了普通百姓交友待客之工具。目前，韩国也是各类"茶礼"林立，五花八门。其中，规模较大的茶礼叫做高丽五行茶礼，它是古代茶祭的一种仪式，与日本茶道在神社佛阁举行的献茶仪式的做法有点儿

---

[1] （宋）朱彧：《萍州可谈》，载陈彬藩主编《中国茶文化经典》，光明日报出版社1999年版，第212页。

[2] 金巴望：《高丽・李朝の喫茶文化と歴史》，载高桥忠彦编《东洋の茶》，淡交社2000年版。

类似。

再顺便提一句,在中国和日本也有"茶礼"一词,但其含义与韩国"茶礼"均有不同。

中国文献中的"茶礼",其含义主要是婚嫁时的聘礼之意,基本没有饮茶的含义。如明代兰陵笑笑生《金瓶梅》"第九十一回 孟玉楼爱嫁李衙内李衙内怒打玉簪儿"中有这样一段话:"门子报入衙内,便唤进陶、薛二媒人,旋磕了头。衙内便问:'那个妇人是那里的?'陶妈妈道:'是那边媒人。'因把亲事说成,告诉一遍,说:'娘子人才无比的好,只争年纪大些。小媳妇不敢擅便,随衙内老爹尊意,讨了个婚帖在此。'于是递上去,李衙内看了,上写着'三十四岁,十一月廿七日子时生',说道:'就大三两岁,也罢。'薛嫂儿插口道:'老爹见的多,自古道:妻大两,黄金长;妻大三,黄金山。这位娘子人才出众,性格温柔,诸子百家,当家理纪,自不必说。'衙内道:'我已见过,不必再相。只择吉日良时,行茶礼过去就是了。'两个媒人禀说:'小媳妇几时来伺候?'衙内道:'事不可稽迟,你两个明日来讨话,往他家说。'每人赏了一两银子,做脚步钱。两个媒人欢喜出门,不在话下。"

另外,清代孔尚任《桃花扇》第二十一出"媚座"中也见"茶礼"用例:"不须月老几番催,一霎红丝联喜,花花彩轿门前挤,不少欠分毫茶礼。莫管他鸨子肯不肯,竟将香君拉上轿子,今夜还关到田漕抚船上。惊的他迷离似痴,只当烟波上遇湘妃。"

上述这些用例,都是男方给女方的聘礼之意。中国古有茶树不可移栽,移栽则死之说。由于受儒家伦理观的影响,取从一而终、好女不嫁二夫之意,一般将给女方的聘礼称之为"茶礼",当然其中不会是仅送茶叶,也会送金银或其他财物,如《清代日记会钞》记载:"康熙朝选妃,差大学士明珠、索额图下江南物色,于是民间有女者惶惶,仓猝结亲。甚至不论贫富,不计礼仪,亦不择门当户对,不管男女年纪大小,大约茶两斤、礼银四两为最,更有不费分文者。"[①]

与之相对,日本文献中的"茶礼",则主要有三种含义:第一种含义,是指禅宗寺院内按照"清规"规定严格执行的一种饮茶仪礼。这种"茶礼"不仅包含禅院僧侣间依照清规所进行的那种饮茶仪式,在寺院里

---

① 陈彬藩主编:《中国茶文化经典》,光明日报出版社1999年版,第755页。

招待来访的公家贵族的饮茶仪式也被称为"茶礼"。如《看闻御记》应永二十八年（1421年）正月十三日条："崇光院烧香，次于地藏殿谒见长老有茶礼"；《蔗轩日录》文明十七年（1485年）十一月一日条"第二譬喻一品读诵，一众来贺，茶礼如常"；《看闻御记》应永三十一年（1424年）正月十三日条："前往大光明寺烧香……谒见长老有茶礼"。

第二种含义，是在寺院之外由俗人招待禅僧时的一种饮茶礼仪。如《建内记》永享十二年（1440年）一月十一日条："净莲花院长老来临，劝茶礼"；《教言卿记》应永14年（1407年）8月21条："满寿寺季璞长老为礼来临，即相看、茶礼"；《看闻御记》应永二十七年（1420年）四月二日条："退藏庵坊主参对面……于客殿有茶礼，坊主暂杂谈了归"；《看闻御记》应永二十八年（1421年）九月十一日条："寺长老参来对面，茶礼结束退出"。

第三种含义，是类似于高丽、朝鲜王朝迎接明朝使节时举行的"茶礼"。如《教言卿记》应永十四年（1407年）八月六日条所载："藤秋来，昨日之仪物语，有茶礼之仪，唐人三人乘舆，御所御舆即来自唐土"。另外，据《满济准后日记》永享六年（1434年）六月五日条记载，当时室町幕府将军迎接明朝使节时亦举行了茶礼，当明朝使节将天子诏书放置在高卓之上，幕府将军烧香二拜接旨致谢，接下来就是茶礼伺候。[①]日本的"茶之汤"的形成，与这种饮茶礼俗、特别是禅院清规的"茶礼"的影响密不可分，但"茶之汤"的内容与"茶礼"还是有着很大区别的。

## 第四节 "茶道"与"茶之汤"

相对于研究较为薄弱的朝鲜半岛的茶文化而言，日本的茶文化研究可谓是硕果累累。自20世纪30年代后期开始，日本的茶文化研究开始逐渐兴盛起来，继《茶道全集》、《茶道古典全集》等文献资料集出版之后，茶文化研究的相关论著也开始陆续大量出版，至20世纪60年代，有人形容相关论著的数目"已达汗牛充栋之多"[②]。不过，当时的茶文化研究还

---

① 《满济准后日记》（《继群书类丛》补遗一），第584页。
② ［日］村井康彦：《茶道史研究の回顧と課題》，《艺能史研究》1963年第3号。

大多集中于对"茶之汤"的研究,而且研究的内容也多偏向于茶人之评传。研究者们动辄通过考察村田珠光、武野绍鸥、千利休、千宗旦、小崛远州、片桐石州、松平不昧、井伊直弼等著名茶人的事迹,来阐述日本茶之汤史;或者是根据时代的不同,将"茶之汤"分为公家、武家、町人这样三种类型来予以把握。这是茶文化研究初兴期的一个重要特征。给日本的茶文化研究带来划时代变化的是 1978 年和 1979 年国立民族学博物馆进行的"关于茶的综合研究"。该研究课题以守屋毅为研究代表,汇集了文化人类学、比较文化、日本文化、日本史、东洋史、文献学、育种学等多方面的专家,对茶的栽培、调制、使用方法、茶习俗等几乎凡是与茶有关的内容都进行了初步探讨。虽然该研究的内容尚不够深入,但通过这次共同研究的实施,打破了以往"提到茶即意味着是在讲茶之汤的偏见"[①]。

  日本茶文化研究虽然取得了很多成绩,但遗憾的是,阅读这些论著你就会发现,日本学界对主要的茶文化术语的使用尚缺乏严格的界定,众多学者虽然都异口同声地称"茶道"是日本独特的传统文化,但殊不知"茶道"一词作为意味着吃茶之技法和精神理念的用语,是从 17 世纪中后期才开始出现在日本的文献中,而更广泛的使用则是 19 世纪以后的事了。而且,即使是在今天,虽然很多茶文化的出版物均冠以"茶道"之名,新闻媒体也是习惯使用"茶道"的称呼,但就在"茶道"一词被泛用的同时,"茶之汤"也仍然几乎同样地被广泛地使用着。通过第一节的考察可知,说什么"茶道"是日本独特的传统文化显然是不确切的。如果说日本化了的"茶道"亦即"茶之汤"是日本独特的传统文化,倒还是有一定的道理。"茶道"初传日本时,也经历了很长一段有实无名的发展时期,经过日本几代茶人对"茶道"的取舍、创新,才形成了独具日本特色的"茶之汤"。在日语中,表记为"茶汤"时有时也会音读为"ちゃとう(cyatou)",但是,作为日本茶文化术语使用时的"茶汤"与"茶の汤"虽表记不同但读音都读作"ちゃのゆ(cyanoyu)",而且含义也一样,所以作为汉语译词,笔者将其统一译成"茶之汤"。下面,我们就分别对日本茶文化术语"茶汤"、"茶道"的使用情况进行考察。

  首先,我们通过对日语文献中"茶汤"这一表记含义的梳理,来分

---

[①] [日]守屋毅编:《茶の文化その総合的研究》,淡交社 1981 年版,第 5 页。

析一下"茶之汤"作为表述日本独特茶文化术语的演变过程。

在日本,"茶汤"这种表记从9世纪就已经开始见诸文献,截至16世纪左右,它主要有如下三种含义:以茶为材料制作的汤;沏茶用的白开水;茶与由其他物品制作的汤。这段时期的日语"茶汤",人们大多会音读为"ちゃとう(cyatou)",而非"ちゃのゆ(cyanoyu)"。

作为第一种含义的用例,例如,《平安遗文》四三九六号文书"僧空海奉献表"中有这样一段记述:"空海人是瓦砾,每仰金仙之风,器谢巢许,久卧尧帝之云,窟观余暇,时学印度之文,茶汤坐来,乍阅震旦之书,每见苍史古篆,右军今隶,务光韭叶,杜氏草势,未尝不野心忘忧,山情含笑"[①];荣西的《吃茶养生记》"吃茶法"一节中记述道:"引饮之时、唯可吃茶饮桑汤,勿饮他汤,桑汤茶汤不饮、则生种种病";金泽文库第三代主人北条贞显的亲信长井贞秀与称名寺二世长老明忍房钏阿之间唱和的汉诗中称"斋前斋后劝茶汤"、"生涯欢乐吃茶汤"[②];《实隆公记》明应六年(1497年)十月四日条中有"二尊院长老西空寿观光临……仍云门、茶汤等劝之"等记述,这些场合的"茶汤",很明显都是以茶为材料而制作的汤之意。

作为第二种含义的用例,例如,《大乘院寺社杂事记》长禄二年(1458年)三月二十二日条中有如下一段记述:"一讲问一座予行之、一新供众讲问同音唯识论如例始行之……六卷之初开始引茶[③],备好天目茶碗、天目台,将茶三袋于前日交给御承仕,由御承仕负责引茶,茶汤可使

---

① [日]竹内理三编:《平安遗文》(古文书编第八卷),东京堂出版1981年版,第3285页。

② [日]熊原政男:《吃茶汤》,载《金泽文库研究》1957年6月号。

③ "引茶"是日本僧侣祈祷国家安泰的典礼——"季御读经"上进行的饮茶仪式。从现有的史料来看,9世纪后期就已经出现"引茶"仪式,到10世纪左右时,"引茶"已经成为显密寺院的例行仪式了。"季御读经"每次一般要进行3到4天,"引茶"一般是在第二天或第三天举行。《亲信卿记》天禄三年(九七二年)八月二十四日条"三个日每夕条,侍臣施煎茶于众僧,相加甘葛煎,又厚朴、生姜等,随用施之";同记天延二年(九七四年)八月十五日条:"季御读经杂事……茶七十枚、生姜九升";《西宫》季御读经:"召内藏寮生姜、托盘、土器九百口、召典药厚朴为引茶料"。从这些记述来看,截至平安时代中期,"引茶"时还是将甘葛煎、厚朴、生姜等物根据饮用者个人爱好混入茶中来服用的。但是,到了12世纪初,如大约成书于1115年至1118年间的《云图抄》背书中所述:"次藏人三人、最前人、居土器廿口于托盘持之,次人持茶,近代次人持甘葛煎,以上入土瓶"、"先甘葛,次茶,各饮之",由此可知,以茶为原料制作的汤与以甘葛、厚朴、生姜等为原料制作的汤已经明确分开来饮用了。

用御中屋之汤";《实隆公记》永正八年（1511年）正月廿七日条中"朝间小雨，昼晴，寒风甚，茶汤桶令涂之"。对这些场合的"茶汤"，理解为沏茶用的白开水比较妥当。

作为第三种含义的用例。例如，《实隆公记》长享二年（1488）五月三日条记载："勾当内侍局今夜举行葬礼……于龛前供茶汤烧香……长老烧香之后统惠房供茶汤"。通过供茶对死者进行追善供养，这种风习，不仅是中国，在日本也有很长的历史。因此，此处的"茶汤"也可以考虑是单纯用茶制作的汤，但是，鉴于自15世纪以后，在葬礼和追善法会上，对故人奉茶亦献汤的"奠茶"和"奠汤"早已经成为约定俗成的仪式，再结合《实隆公记》大永三年（1523年）十二月十六日条中"汤、茶、蜡烛遣公音卿，明日故实仲卿第十三次忌辰云云"的记述，这里所谓的"茶汤"，应该是分指"茶"与"汤"而言的。

由上述可知，16世纪以前，"茶汤"的含义还是很单一的，但自16世纪以后，"茶汤"一词所表达的内容则开始发生变化，各类文献中提到"茶汤"时，已经不再单纯指"以茶为材料制作的汤"、"沏茶用的白开水"或者"茶与白开水"这样的含义，而更多的则是作为一种专门指称茶文化的术语来使用了。特别是随着论述"茶汤"专著的陆续出版，日语"茶汤"或"茶の汤"终于作为一个最接近茶道本义的专用术语被固定下来，而且即使是日语表记为"茶汤"，也都不再读成"ちゃとう（cyatou）"，而是都读作"ちゃのゆ（cyanoyu）"，即使是在现代的一些日本茶文化论著中，人们在称呼日本茶道时，相对于日语"茶汤"而言，更喜欢有意地使用"茶の汤"这种表记方式。那么，作为日本茶文化术语的"茶之汤"最初主要包含哪些内容呢？对此，我们可以通过考察茶人的第一茶道具观的变迁来进行梳理。

成书于永禄七年（1564年）的《分类草人木》中，关于茶人的道具观有如下一段记述："一　道具有远近之分。近来茶入、天目为第一。水指、水翻、茶杓、柄杓立、盖置为第二。叶茶壶、香炉、画、花入为远物也。但仍有人坚持茶壶为第一茶道具。"[1]

上述这段引文，基本上是笔者对日文原文的直白对译，完全没有接触过日本茶道的人或许会很费解，所以，下面先就引文中出现的茶道具名

---

[1]　《分類草人木》，林屋辰三郎等编注《日本の茶書》，平凡社1972年版。

称，结合图片简略地进行一下补充说明。

"茶入"（见图 5—1），即可以单手抓握的、用来装粉末状茶叶的小型陶瓷器皿。

**图 5—1 茶入**

"天目"（见图 5—2），使用铁釉烧制的陶瓷碗。宋代时，在浙江地区这类陶瓷器的烧制较为盛行，当时在浙江天目山留学的日本禅僧将吃茶的风习与这种黑陶碗一起带回了日本，故此将这种施以铁釉烧制的黑陶碗称为"天目"。天目茶碗保持茶汤温度的性能好，所以深受茶人们的喜爱，是日本茶道点茶法中非常珍重的茶道具之一。根据陶碗釉色深浅纹样的不同，天目茶碗又分出不同的种类，如"耀变天目"、"油滴天目"、"灰被天目"、"禾天目"、"木叶天目"，其中纹样宛若星河图景的"耀变天目"最受茶人们的推崇，目前全世界仅有四个"耀变天目"，存于日本的美术馆等地，被视为日本的国宝。

图 5—2　天目茶碗

"水指"（见图 5—3），是需两手抱持的、用来盛载点茶用的凉水的容器，有铜铁制品，也有陶瓷制品，还有木制品。

图 5—3　水指

"水翻"（见图5—4），是可以单手持握的、盛涮茶碗水的容器，有铜铁制品，也有陶瓷制品，还有木制品。

图5—4 水翻

"柄杓立"（见图5—5），是用来放置长柄水杓的类似胆瓶的长颈陶瓶。

图5—5 柄杓立

"盖置"（见图5—6），是用来安放烧水用的釜的盖子的，有陶瓷器制品，也有铁制品，还有竹制品。

图5—6 盖置

"花入"（见图5—7、图5—8）即插花用的花瓶，有铜铁制品，有陶瓷制品，还有竹制品。

图5—7 花入

图 5—8　花入

"叶茶壶"（见图 5—9），是用来储藏叶状茶的陶器，体积小者也得一人双臂合抱之。

图 5—9　叶茶壶

在现代日本茶道中，除了将"水翻"改称"建水"而外，"茶入、天目、水指、柄杓立、盖置、花入"这些术语依旧在沿用着。笔者对这些茶器名称的日文表记原形照搬未加翻译，不仅仅是因为目前笔者尚未在中文里找到合适的对译词，更主要的是想特别强调一点，即日本茶道中这些茶器的名称，非常有可能是在当初受容中国茶道时对中国茶器的一种相应的译名。因为这些茶之汤道具的专用术语，除了"天目"外，其他名称都是对该器皿功用的直白的描述，如"茶入"，说白了就是盛茶的容器，仅从"茶入"这一名称来看，既无文学色彩，也体现不出什么美感，将其理解成是日本在受容中国茶道初期对相应茶器的一种直白的对译，可能更恰当一些。关于这些日本茶道使用的器皿，将其再翻译成中文时究竟应该译成什么样的名称合适，不是我们这里准备探讨的问题，在此我们所关注的是当时的茶人们对待藏茶道具——叶茶壶与吃茶道具的两种态度。从引文的内容来看，虽然当时已经出现了将"茶入、天目"这类吃茶道具作为第一茶道具对待的动向，但是，仍有人是坚持要把叶茶壶作为第一茶道具。叶茶壶受重视，其实也正说明了包含藏茶在内的制茶之内容，在"茶之汤"中也是非常受重视的。

元龟三年（1572年）成立的《乌鼠集》卷三中记载："茶之汤的名物茶器，口传有远近之分。距茶较近的道具中，小壶、茶入、天目茶碗等，为第一道具；水指、水滴等为第二道具，茶杓、柄杓立、盖置等为第三道具，火箸、炭斗等为第四道具。……但叶茶壶乃茶汤之本，宜居第一之位也。在距茶较远的道具中，花瓶为第一道具，字画位居第二，香炉、香合位居第三近，此外还有远近之分别"。

"小壶"与"茶入"的功能一样，都是用来装粉末状的茶叶的，如图5—10所示，不同的是"小壶"专指类似于文琳、茄子等形状的大陆舶来的陶制茶器。

从这段记述中可知，虽然吃茶道具的地位逐渐上升，但作为保障茶质的藏茶道具——叶茶壶依然被视为第一茶道具，被视为"茶汤之本"。叶茶壶是长期储藏茶叶的道具，小壶、茶入是点茶时临时用来储藏茶叶的道具，所以，将小壶、茶入视为第一茶道具，其实也可以看作是将叶茶壶作为第一茶道具对待的延伸。

图 5—10 小壶

另外，不但天正十六年（1588年）至十八年（1590年）间完成的《山上宗二记》中亦特意记述了重要的藏茶道具——叶茶壶①，而且宽永三年（1626年）的《草人木》"行用"项中甚至称，如果不持有叶茶壶的话，就没有资格邀请人举办茶会。"昔日使用茶道具，故人们是很严格的，一茶壶、二釜、三茶入、四文字也。之所以将叶茶壶列为第一，是因为壶乃茶汤者之仓库也，若壶恶茶也会变坏，茶质变坏则失去茶汤之本意……此乃往昔之名目也；中期之名目则变成了一茶入、二字画、三釜、四茶壶也，如此渐变至当代则变成了一茶入、二字画、三花生、四釜，叶茶壶已经变得没人理睬了"。②

这段记述进一步总结了叶茶壶在茶道具中的地位演变情况，由最初的第一茶道具，逐渐沦落为第四位，及至宽永年间，茶道具排序中已经没有了叶茶壶的踪影。这种变化，标志着茶之汤在其发展过程中逐渐将其最初非常重视的藏茶内容排除在外，截至宽永年间已经将藏茶的内容从茶之汤中完全剥离出去了。

---

① ［日］千宗室主编：《茶道古典全集》第6卷，淡交社1977年版，第54—60页。
② ［日］千宗室主编：《茶道古典全集》第3卷，淡交社1977年版，第228页。

到了 17 世纪后期，元禄三年（1690 年）才问世的《南方录》"觉书"中称："没有比字画更值得称为第一道具，此乃主客共同体悟茶之汤三昧的一心得道之物也，字画中以禅僧墨宝为第一"。① 从宽永三年到元禄三年这将近七十年间，本来一直居于最下位的字画，慢慢地有所提升，变为第二位，终于被提升到了最上位即第一茶道具的位置。至此，茶之汤已经演变成了如同现代日本茶道这样只重视吃茶之做法规范和精神理念的文化。

从以上茶人们的第一茶道具观的变迁可知，从 16 世纪至 17 世纪中期，"茶之汤"大体上是作为一个包含藏茶、吃茶的规范和精神理念的词语来使用的，其所表现的内容与茶道本义还是非常接近的。但是，到了17 世纪后期时，包含藏茶在内的茶道本义中含有的制茶内容，已经逐渐被完全排除在外，"茶之汤"更加追求点茶、吃茶的仪式化，更加强调习茶的求道性。对制茶内容关心度的削减，对点茶、吃茶仪式化的追求，说明了"茶之汤"对茶本身的生物性要求的降低以及对吃茶的社会性要求的提升。至此，"茶之汤"开始逐步作为代表日本独特茶文化的术语确定下来。

接下来，我们再来考察一下"茶道"一词在日本的使用情况。

据《日本后纪》记载，宝龟年间（770—781 年）入唐留学、805 年返回日本的僧侣永忠（743—816 年）早在 806 年就曾向嵯峨天皇献过茶。陆羽（732—804 年）撰述《茶经》是 758 年至 761 年间的事②，也就是说，永忠在唐留学的 30 年间，是"茶道"得以确立的时期，也是陆羽最活跃的时期。因此，茶道被以永忠为首的留学僧等人传到日本的可能性是非常高的。也就是说，茶道内容至迟在 9 世纪左右应该就已经传到了日本，但是，当时"茶道"这个词是否也同时传到了日本，仅凭现存的史料尚难以断言。

"茶道"的表记初见日语文献中，是 16 世纪末的事了。《信长公记》是织田信长天正三年（1575 年）十月二十八日在妙光寺招待京都和堺的茶人举办的茶会记录。在该书卷八"御茶之汤之事"中记录了茶室内的装饰、茶道具的组合情况后，有一条记录是"一　茶道者　宗易"。但

---

① ［日］千宗室主编：《茶道古典全集》第 4 卷，淡交社 1977 年版，第 10 页。
② ［日］布目潮沨：《茶经详解》，淡交社 2001 年版，第 354 页。

是，这里的"茶道"并非作为一种茶文化术语的"茶道"，而只不过是"茶头"的借用字而已，有时还会被写成"茶堂"。"茶头"即一应茶事活动的负责人的意思，"一　茶道者　宗易"，宗易即千利休，这条记录说明千利休是负责织田信长这次茶会的"茶头"。

在日本，到了17世纪中后期，作为内涵吃茶作法的规范和精神理念的词语的"茶道"初见文献。例如，宽永十七年（1640年）成书的《长闇堂记》中有这样的记述："万道之规矩，意在修心，非为创形，正形者，修其心之法也。虽言不晓茶汤之道，举止言动皆当由心斟酌而作。不晓此理者，便会认为数奇者之名无他，搞茶汤只需在点茶、添炭、插花技巧上下足功夫即可，因此朝朝暮暮专心于此。这种人只是在取此道之形，而舍去了此道之心，如此则不过是个茶汤小伙计罢了。茶汤者该当如何呢？可叹世间为茶事之人，十有八九都执拗于形，其同伴间也只知一味挑剔形似与否，或褒或贬。如有此道志笃者……吾愿与其语茶道也。"①

另外，元禄三年（1690年）出世的《南方录》"觉书"篇中"空海就把茶道详细地传授给了道陈"②、"灭后"篇中"茶道之执著"、"必为茶道之守护神"；③18世纪左右成书的《茶话抄》跋文中的"凡茶道之奥义一二句言尽矣"、"夫茶道在心不在术、在术不在心、心术双忘、一味常显、是茶道之妙道也"等用例，④也是史料上所见的"茶道"早期用例。此外还有如"茶汤道之关键也"（《乌鼠集》卷三）、"茶汤道繁昌也"⑤等表记，这种在"茶汤"的后面直接加上一个"道"字的用例，也有一些。但总的来看，还是"茶之汤"这一术语在被大量地使用。即使是上述的《长闇堂记》、《南方录》、《茶话抄》的文献中，"茶道"的用例也仅限上面列举的用例，使用更多的还是"茶之汤"这个词。

"茶道"一词在日本的普及，则要等到18世纪以后了。也许是因为"茶道"还是一个新概念的缘故吧，随着"茶道"一词的普及，很多茶道宗匠、茶道美学者、茶道哲学者、茶道史学者们都尝试着欲为茶道下个确切的定义。

---

① ［日］千宗室主编：《茶道古典全集》第3卷，淡交社1977年版，第377—378页。
② ［日］千宗室主编：《茶道古典全集》第4卷，淡交社1977年版，第4页。
③ 同上书，第267页。
④ ［日］千宗室主编：《茶道古典全集》第10卷，淡交社1977年版，第269页。
⑤ ［日］千宗室主编：《茶道古典全集》第6卷，淡交社1977年版，第52页。

薮内绍智（1678—1745年）称："茶道以正直清净礼和质朴为宗，以清净养心，以正直待世间，以礼让与人交往，以质朴修身"、"若以此道为心之师友，作为修身行道之助，乃真茶人、真正体悟茶之德也"。①

日本茶道里千家第十一代家元玄玄斋宗匠（1810—1877年）于1872年向政府提交的《茶道之源意》中称："茶道之源意在于勤奋践行忠孝五常，专守节俭朴素，安分守己不懈怠家务"，即茶道之实践乃儒家人伦思想之实践。

江户时代末期的政治家井伊直弼（1815—1860年）称："茶道本为修心之术而万法之上无漏，故于唐卢同茶歌有七碗吃茶之事，自五伦之道备而，己己之励勤本业之助"。②

茶道美学家冈仓天心（1862—1913年）称："茶道是基于崇拜存于日常生活俗事中美的事物的一种仪式，谆谆教诲人们纯粹与调和、相互爱的神秘、社会秩序的浪漫主义"。③

茶禅一味的倡导和实践者久松真一先生（1889—1980年）认为："所谓茶道文化，一言以概之，是以吃茶为契机，即以服用抹茶为契机而创造出来的综合性文化体系"，"是日本特有一种综合性文化体系"，而且，"茶道与禅的关系非常密切，茶道将禅从禅宗寺院中搬到了一般庶民的家庭中，从而形成了庶民的高水准的文化生活"。④

里千家十五世鹏云斋宗匠称："通过吃茶这一极其普通的日常茶饭之行为，而形成意在获得解脱的他界性世界所特有的文化即茶道"。⑤

茶道哲学研究家仓泽行洋先生认为，茶道是以点茶、吃茶为机缘，换言之，是以"茶之汤"为机缘的由茶至心、同时亦是由心至茶的循环往复的修行之道。⑥

茶道历史研究家熊仓功夫曾在其论文《茶道论的系谱》中，在对从艺能、茶禅一味、身份、兴趣的角度阐发的茶道论进行梳理后说："茶道，

---

① ［日］千宗室主编：《茶道古典全集》第3卷，淡交社1977年版，第451页。
② ［日］仓泽行洋、［日］井伊正弘校订解题：《一期一会（1）井伊直弼茶书》"入门记"，灯影舍1988年版，第15—16页。
③ ［日］冈仓觉三《茶の本》，岩波书店1961年版，第19页。
④ ［日］久松真一：《わびの茶道》，灯影舍1987年版，第4—7页。
⑤ ［日］千宗室：《〈茶经〉とわが国茶道の歴史的意義》，淡交社1983年版，第10页。
⑥ ［日］仓泽行洋：《增补艺道の哲学》，东方出版1993年版，第73页。

只能说是通过点茶的方法、茶道具、茶会、鉴赏力等各种各样的方法，使人变得像个人样之道。"[1] 通过茶道修行，使人变得像个人样，这其实也是吃茶的养心修身功能论的一种说法而已。

因此，以上这些"茶道"的定义，可以说都不是本着历史事实来定义何谓茶道，与其说他们是在界定"茶道是什么"，莫如说他们是在主张"茶道应该是什么"。这些茶道的定义不仅将茶道本义中关于制茶的内容彻底排除在外，而且对吃茶法及吃茶功能也进行了取舍，过多地强调了吃茶的养心修身功能。在这些颇具影响力的茶道宗匠、学界专家的努力下，加之各种传媒手段的发展，从 19 世纪开始，"茶道"一词在日本很快得以普及。但是，尽管如此，"茶道"并未能被确定为统一的日本茶文化用语，"茶之汤"这个词也并没有因此而退出历史的舞台。淡交社，是出版以茶文化为首的日本传统文化方面书籍的出版社，图 5—11 就是淡交社 2009 年 6 月新出版的茶道文化考级辅导书的封面，从这个封面亦可看出，虽然"茶道"一词成为书名的关键词，但是在封面的左上角注有一行字称"茶の湯を学ぶ本（学习茶之汤的书）"，这种表记混乱的现象也正说明了"茶之汤"一词的生命力之强。

那么为什么今天依然有很多人执拗地在使用"茶之汤"这一术语呢，我想大概正是因为"茶之汤"虽是最接近"茶道"本义之语，但它并不等同于"茶道"。中国的"茶道"，虽然也与茶之汤同样非常重视个人或几个好友相约饮茶的方法以及饮茶行为的精神意义，但是，与茶之汤所不同的是，无论是中国的"茶道"的饮茶方法，还是其所追求的精神内涵，都是非常自由自在的，都是可以自我做主的，而且更多的是一种个人可以独自享乐的行为，其传递的大多是中国古代文人墨客的一种闲情雅致。与之相对，茶之汤，也就是日本茶道，恰如接下来我们要详细述说的那样，它除了在工具性层面，也就是点茶、饮茶的具体技法方面对源自中国的茶道进行了许多取舍借鉴而外，其他方面其内容之丰富绝非中国茶道可比。日本茶道所宣扬的是一种日本人的典型的文化理想，它传承和守护着日本人独具特色的心理社会和谐模式。笔者作为一个对中日茶道略有所知的中国研究者，下如此结论绝非厚此薄彼，也绝无贬低中国茶道之意，读者读完后续章节的文字，自会理解笔者如此结论，所言何事，原因何在。

---

[1] ［日］千宗室监修：《茶道文化論》，淡交社 1999 年版，第 45 页。

图 5—11　2009 年 6 月淡交社出版的茶道文化考级辅导书

# 第六章

# 从日本茶道的内容特色看
# 日本人的文化理想

## 第一节 日本茶道所推崇的文化理想

　　文化的定义，因人而异，在权威学者那里已经衍化出多达数百种的定义。其实，文化或者可以简单地理解为处理人与自然、人与他人（社会）、人与其自身的关系的规范法则，每种文化都有其所推崇的规范法则，我们无妨将这种规范法则称作文化理想。

　　我们知道，日本茶道曾被视为礼仪、教养的代名词，它在提高日本国民素质方面发挥了巨大的作用，它给日本人的生活带来的积极影响之大也是无法估量的。自古以来，日本茶道人口分属的社会阶层就很广泛，既有皇室贵族政客大贾，更不乏地位低微的普通民众。由于日本茶道既是宗教化的世俗生活，同时亦是世俗生活化的宗教，所以，广大的日本茶道修习者们，或将茶道视为其不为无益事且度有生闲暇的娱乐手段，或将茶道视为创造交友之缘的工具，或将茶道视为修行得道的指月之指等，可以说，日本茶道一直在方方面面影响着日本人的生活，每位茶人都可按照适合自己的形式，从日本茶道中获得一份闲情雅趣，获得些许心灵的慰藉。日本茶道作为一个综合性的生活文化体系，从方方面面满足了日本人的诸多身心要求。因此，研究日本茶道，不仅有助于我们获得对日本文化更为直观、贴切的认识，而且还有助于我们获得对日本人的文化理想的更具普遍性和代表性的认识。

　　那么，日本茶道所推崇的文化理想是什么呢？

　　在日本茶道圣典——元禄时代（1688—1704年）的茶书《南方录》

第六章 从日本茶道的内容特色看日本人的文化理想 97

中,立花实山阐述千利休所追求的日本茶道的理想形式时说:"小草庵的茶之汤,首先要依佛法修行得道为根本。追求豪华房宅、美味食品,乃俗世之举。屋,能遮雨;食,能解饥,足矣,此乃佛之教诲,茶之汤之本意也。汲水、取柴、烧水、点茶,供佛,施人,亦自饮;立花,焚香,此等行为皆为践行佛祖之举止也。"①

这段话,一直是以家元为首的日本茶道教授者们,最喜欢用来教导弟子们的话。但一般的解释,多因"小草庵的茶之汤,首先要依佛法修行得道为根本"、"佛之教诲"、"皆为践行佛祖之举止也"等词句,而将这段话视为日本茶道深受佛教特别是其中的禅宗之影响的依据,将所谓的"屋,能遮雨;食,能解饥,足矣"这个"茶之汤之本意",视为要求茶人们安分知足的箴言,鲜有对这段话进行深入探讨者。

笔者认为,《南方录》开篇这段对日本茶道真谛的阐释文字所体现的知足安分的思想等,既非日本茶道所独有,也算不得其最大的特色。这段话所要传递给人们的含义是,日本茶道的最大特色在于它是基于对人的欲望、对作为人的最低需求进行深刻反省的基础上构建起来的文化,日本茶道不仅恰到好处地满足了修习者的生物性需求,还得体地满足了修习者的社会性需求,并且亦最大限度地满足了修习者的情感需求。其实,这段文字,向人们阐述的就是日本茶道所推崇的文化理想,即无论是对自然,还是对他人(社会),皆要奉行最低索取、最大施舍的原则;而对自身则要时刻予以最深刻地反省,自力更生,不奢求,不妄动。那么,最低索取,最大施舍,最深刻地反省,这些行为的依据又是什么呢?在引文中反复地提到"小草庵的茶之汤,首先要依佛法修行得道为根本"、"此乃佛之教诲"、"此等行为皆为践行佛祖之举止也",其意在强调茶道修行者所需奉行的最低索取、最大施舍、最深刻反省的行为,皆是对物心两面之权威——佛祖的皈依。也就是说,日本茶道所要求的一切言动视听和种种苦修,都是谨遵佛祖教诲而行的,究竟做到何种程度才算合乎要求,其标准也完全来自佛的教诲。质言之,日本茶道的文化理想,追求的就是一种对权威的人、事、物的认同和皈依,为了实现这种认同不惜进行任何痛苦的舍身忘我的修行,强调的是对权威者的忠贞不渝,对追求认同过程中种种苦楚的坚忍。

---

① [日]千宗室主编:《茶道古典全集》第4卷,淡交社1977年版,第3页。

虽说日本茶道修行是践行佛祖之举止，但其实，在日本茶道修习者眼里，所谓的"佛祖"不过是一个远在云端难以企及的权威之代名词而已，日本茶道修习者在现实生活中遵循的权威是家元，因为家元可谓是沟通佛与弟子们的中介，家元是修行弟子们现实修道生活的标准制定者。在日本，包括日本茶道在内，很多日本艺道的家元，在继承家元之前都要求剃度出家入僧籍，经过寺院修行饱参佛之教诲开悟后，方才能够具备做家元继承人的资格。至此，也许有些中国的读者会有两个担心或说疑问：家元当了和尚还能结婚吗？家元继承人怎样做才能开悟呢？其实，这种担心是大可不必的。因为日本的和尚只要是自己愿意，都可以娶妻生子，甚至是生子多多益善的，所以家元继承人出家当和尚只会增益其权威性而不会对其繁衍后代等个人生活造成任何负面的影响。其次，所谓的修行开悟，怎样做才算是开悟了，很多大德高僧作过各种各样的解释，但至今恐怕也没有谁能够说得清楚，所谓的恍然大悟的境界也多属于冷暖自知的境界，具体到家元的所谓修行开悟往往也仅是一种继承家元仪式所必需的程序而已，有的继承人可能会认真地住在寺院里从师刻苦修习数年，有的则是走读式地走一走所谓的修行过场而已，经过一定时间后只要获得了僧号，至于悟没悟，恐怕只有天知地知家元本人心知了。对此，我们无须深究，我们只要知道修习茶道，践行佛旨，中间要经过家元师傅这样一个权威中介就可以了。

正是因为家元的权威和神秘地位，所以，在实际的日本茶道修习过程中，茶道修习者对自然、他人、自身投注感情的方式，虽然表面上看是自主的，但其实是完全听从家元支配的，茶道徒众关于佛祖如何举止的信息，均来自家元的"如是我闻"之类的言传身教，家元的教诲，也总是以大彻大悟的佛之弟子所习得的为人者当然之理的形式灌输给弟子们的。因此，《南方录》开篇这段文字中所谓的佛祖之举止，其实质就变成了家元的举止，修习茶道者个人的好恶，也都以与家元师傅保持一致为最大的光荣。例如，在日本茶道中，一个最突出的现象就是家元喜好的茶道具的创造。茶人们自己修习茶道点茶方法时，可以随便用一些茶器来代替，但是，真正要举办茶会邀请人参加时，若没有使用上历代家元中某位家元喜好的茶或茶器，则是要被人嘲笑的。因为《南方录》中标榜壁龛的挂轴为第一茶道具，于是，茶道家元书写的挂轴便成为弟子们如饥似渴地追求之物。茶道欣赏挂轴，很少有人会从字体的形态去欣赏它，茶道修习者看中的不是挂轴内容的书法功力如何,而看重的是谁写的,写的内容是什么以及关于这个内容家元又是如何教导的。有学者把家元的"爱好"理解成为一种"无"的创造,这无非是变相强化了家元的权威和神秘性而已,为家元变身为可以于无一物中创造万物的神秘存在,进一步提供了学理的支撑。家元成了人与佛的中介,就如同日本天皇成为人与神的中介一样。因此,不同的家元,对"如是我闻"的佛之教诲也不尽相同,所以也就使得日本茶道流派纷立,虽然在点茶方法等内容方面截然不同。比如同是点一碗茶,某种茶道流派的茶碗、茶筅等茶道具是一种操作方法,而其他流派则可能会是完全不同的操作方法,小习点茶法的不同就是一个很好的例证,但是,每个日本茶道流派都主张各自的点茶法是传承着日本茶道真谛的正流正派。

当然,对日本茶道多少有些了解或者正在修习日本茶道的人马上就会注意到,实际上没有哪一个日本茶道家元不是活在俗世中,特别是现代日本茶道较大流派的家元出行时,大多是前呼后拥,住高级饭店、高级房间,尽享美味食品,点茶行为平常素日也很难看到。更多的时候,家元只是在进行着"如是我闻"的言传而已,即用演说来喻示教导徒众该怎样做,而非身教,即很少能看到家元躬身"践行佛祖之举止"。但是,这丝毫不影响日本茶道修习者们对其文化理想的追求。因为,大家也都清楚,每个社会对人们在特定情况下应该怎样行事都有一套理想的处理方式,但在现实生活中,我们并不总是按照这个理想行事。理想与现实之间总是存在着距离。从理论上说,只有人人都是圣人或英雄,文化理想才能实现,由于事实上人不可能都是圣人或英雄,所以文化理想也可能就从未真正地实现过。但文化理想依旧体现着一个族群的终极的需要和追求,并对整个族群个性结构的全部内容起着导向作用,许多人限于条件暂时做不到,但一旦条件允许,就会努力接近这个理想。文化理想或可喻为一盏遥远的航标灯,虽永远触及不到,却在暗中引领着人们的行为,它代表人们所乐意看到并视为正当的行为。

那么,具体而言,日本茶道又是如何引导修茶者去实现这种文化理想的呢?这种文化理想的实践,就集中体现在日本茶道的主要修行内容——"茶事"上面。鉴于国内亲身修习过日本茶道的人尚不是很多,为了便于读者理解,下面就主要通过与中国茶文化的比较,介绍一下日本茶道的茶事做法等内容特色。

## 第二节 "茶事"概说

### 一 "茶事"与"茶会"的含义

学习日本茶道,其基本程序是先学习行礼、寒暄的方法,接下来学习每一个茶道具的操作方法及其相关知识,然后是由浅入深地学习各种点炭、点茶的方法及其相关知识,这些分步修习的最终目的就是为了能够完成一次理想的"茶事"。那么,什么样的"茶事",才是茶人理想中的"茶事"呢?

在具体探讨这个问题之前,我们有必要先对"茶事"一词的含义,进行简单地整理和界定。由于日语的表记本身受中国汉字的影响很大,所以日语中使用的许多汉字与我们中国的现行汉字不但字形一样,而且在字意上也一样或者很相近。但是,我们切不可因此就望文生义,想当然地把日语中的汉字词等同于汉语来理解,如对待"茶事"和"茶会"这两个词就要格外注意这一点。

在中国古代文献中,"茶事"、"茶会"很早就出现了。

在《全唐诗》卷三一四、卷六一一、卷八二一中分别收录的袁高、皮日休、皎然等人的茶诗中所见的"茶事",大概是中国文献中使用"茶事"一词的较早的用例。

茶山诗<br>袁高

禹贡通远俗,所图在安人。后王失其本,职吏不敢陈。
亦有奸佞者,因兹欲求伸。动生千金费,日使万姓贫。
我来顾渚源,得与茶事亲。氓辍耕农耒,采采实苦辛。
一夫旦当役,尽室皆同臻。扪葛上敧壁,蓬头入荒榛。
终朝不盈掬,手足皆鳞皴。悲嗟遍空山,草木为不春。
阴岭芽未吐,使者牒已频。心争造化功,走挺麋鹿均。
选纳无昼夜,捣声昏继晨。众工何枯栌,俯视弥伤神。
皇帝尚巡狩,东郊路多堙。周回绕天涯,所献愈艰勤。
况减兵革困,重兹固疲民。未知供御馀;谁合分此珍。

顾省忝邦守，又惭复因循。茫茫沧海间，丹愤何由申。

茶中杂咏·茶灶
皮日休
南山茶事动，灶起岩根傍。水煮石发气，薪然杉脂香。
青琼蒸后凝，绿髓炊来光。如何重辛苦，一一输膏粱。

顾渚行寄裴方舟
皎然
我有云泉邻渚山，山中茶事颇相关。鶗鴂鸣时芳草死，山家渐欲收茶子。
伯劳飞日芳草滋，山僧又是采茶时。由来惯采无近远，阴岭长兮阳崖浅。
大寒山下叶未生，小寒山中叶初卷。吴婉携笼上翠微，蒙蒙香刺胃春衣。
迷山乍被落花乱，度水时惊啼鸟飞。家园不远乘露摘，归时露彩犹滴沥。
初看怕出欺玉英，更取煎来胜金液。昨夜西峰雨色过，朝寻新茗复如何。
女宫露涩青芽老，尧市人稀紫笋多。紫笋青芽谁得识，日暮采之长太息。
清泠真人待子元，贮此芳香思何极。

另外，《旧唐书》卷一六九列传第一一九"王涯传"中有如下一段记述："涯以榷茶事，百姓怨恨诟骂之，投瓦砾以击之。……涯博学好古，能为文，以辞艺登科。践扬清峻，而贪权固宠，不远邪佞之流，以至赤族。"

无论是唐诗中吟咏的"茶事"，还是王涯传中提及的"茶事"，这些用例中的"茶事"基本上可以理解成是与茶叶的采摘、制作等有关的事务，完全没有吃茶的含义。

宋代文献中"茶事"的用例比唐代要多一些，如《宋史》卷一八三、志第一三六中记述说："宝庆二年，监察御史梁成大言：'福建州县半系颍州产盐之地，利权专属漕臣，乃其职也。盐产于福州、兴化，而运于建、剑、汀、邵，四郡二十二县之民食焉。福建提举司主常平茶事而盐不预，漕司与认净镪以助用，近来越职营利，多取纲运，分委属县。县邑既为漕司措办课盐，今又增提举司之额，其势必尽敷于民，殆甚于青苗之害。望将运盐尽归漕司，提举司不得越职，庶几事权归一，民瘼少苏矣。'从之。……九年，刘佐入蜀经度茶事，尝岁运解盐十万席。"

另外，《宋史》卷一八四志第一三七中亦有如下记述："元祐元年，侍御史刘挚奏疏曰：'蜀茶之出，不过数十州，人赖以为生，茶司尽榷而市之。园户有茶一本，而官市之，额至数十斤。官所给钱，靡耗于公者，名色不一，给借保任，输入视验，皆牙侩主之，故费于牙侩者又不知几何。是官于园户名为平市，而实夺之。园户有逃而免者，有投死以免者，而其害犹及邻伍。欲伐茶则有禁，欲增植则加市，故其俗论谓地非生茶也，实生祸也。愿遣使者，考茶法之敝，以苏蜀民。'右司谏苏辙继言：'吕陶尝奏改茶法，止行长引，令民自贩，每缗长引钱百，诏从其请，民方有息肩之望。孙迥、李稷入蜀商度，尽力掊取，息钱、长引并行，民间始不易矣。且盗贼赃及二贯，止徒一年，出赏五千，今民有以钱八百私买茶四十斤者，辄徒一年，赏三十千，立法苟以自便，不顾轻重之宜。盖造立茶法，皆倾险小人，不识事体。'且备陈五害。吕陶亦条上利害，诏付黄廉体量；未至，挚又言陆师闵恣为不法，不宜仍任事。诏即罢之。先是，师闵提举榷茶，所行职务，他司皆不得预闻，事权震灼，为患深密。及黄廉就领茶事，乃请凡缘茶事有侵损庆法，或措置未当及有诉讼，依元丰令，听他司关送。十一月，蒲宗孟亦以附会李稷卖茶罢。……七年，诏成都等路茶事司，以三百万缗为额本。……绍圣元年，复以陆师闵都大提举成都等路茶事，而陕西复行禁榷。……俄定诸路措置茶事官置司……四年，京复议更革，遂罢官置场，商旅并即所在州县或京师给长短引，自买于园户。茶贮以笼箝，官为抽盘，循第叙输息讫，批引贩卖，茶事益加密矣。……五年，复罢民户磨茶，官用水磨仍依元丰法，应缘茶事并隶都提举汴河堤岸司。大观元年，改以提举茶事司为名，寻命茶场、茶事通为一司。"

《宋史》中的"茶事"用例还有很多，但其含义与唐代文献中的用例，几乎没有什么区别，主要还是表示茶叶的采摘、制作等茶务方面的内容，其中没有吃茶的含义。目前，笔者仅在《苏轼集》卷二六中查到一例可以理解为吃茶含义的"茶事"用例：

【南屏谦师妙于茶事自云得之于心应之于手非可以言传学到者十月二十七日闻轼游寿星寺远来设茶作此诗赠之】（一题送南屏谦师，而以现题为引）

道人晓出南屏山，来试点茶三昧手。忽惊午盏兔毫斑，打作春瓮鹅儿酒。

天台乳花世不见，玉川风腋今安有。东坡有意续茶经，会使老谦名不朽。

此处引文称南屏谦师妙于茶事，且亦达到得心应手的程度，再结合其后的诗文"来试点茶三昧手"、"天台乳花世不见"来看，这里的"茶事"应该是指饮茶而言的。

到了明清时期，相关文献中很少再见到"茶事"的用例，类似唐宋的"茶事"用例的那种情况时，文献中大多开始明确使用"茶务"一词代之。具有"饮茶"含义的用例，笔者仅查到两例。

一个是指点茶技法而言，如《陔馀丛考》（清代赵翼）介绍"博士"称呼的由来时，曾用过茶事一词，"黄省曾《吴风录》谓：张士诚走卒厮养皆授官爵，至今呼椎油作面佣夫皆为博士，剃工为待诏云。按《明祖实录》：洪武中，已命礼部申禁军民人等，不得用太孙、太祖、太保、待诏、大官、郎中等字为名称。其时去淮张未远，而民俗滥称已遍，至烦明禁，则由来已久，未必起于士诚也。又陆容《菽园杂记》：医人称郎中，镊工称待诏，磨工称博士，师巫称太保，茶酒称院使，此草率各分，国初有禁云。然亦不言起于淮张，则知非一日也。今江南俗。椎油、卖茶者尚称博士，镊工尚称待诏，医生尚称郎中，而北俗则称医生为大夫。按博士本师长之称，汉武帝立五经博士，为置弟子五十人，后四方来学者皆诣博士受业，故其时弟子称师皆曰博士。沿及六朝，此风不改。《宋书》：王微为儿时从博士读《小小章句》。《北史》：刘昼知宋世良家多书，乃求为其子博士，恣意披览。北齐张景仁教太原王绍德书，武成帝又令景仁侍后主书，后主呼为博士。登极后，与左右语，犹称张博士。武成又为琅琊王俨求博士，得张雕武与景仁，号二张博士。后周文帝置学东馆，教诸将子弟，以樊深为博士。可见博士犹先生云尔。《封氏闻见记》：御史大夫李季卿宣慰江南时，茶饮初盛行，陆鸿渐来见，衣野服，随茶具而入。既坐，乃手自烹茶，口通茶名，区分指点。李公心鄙之，茶罢，命奴子'取钱三十文，酬煎茶博士。'此茶博士之名之始也。盖其时茶事初起，精其技者尚少，故有茶博士之称，而李公因其称以嘲之，可见是时卖茶者无不称博士也。《旧唐书》：开元十一年，俞州县置医博士二人。则医亦称博士也。其椎油者之称博士，盖亦因专习其技而有是称，或因煎茶者称博士而效之耳。"这里的"茶事"，显然是指饮茶之事而言的。

另外一个则是对日本茶道所言"茶事"的直译。如清人黄遵宪在其著作《人境庐诗草》卷三介绍日本的"赤穗四十七义士"的故事时说："日本元禄十四年三月，天皇敕使聘於将军。将军命内匠头浅野长矩接伴。十四日，延使报谢诏命。仪未行，长矩卒拔刀击高家上野介吉良义英。义英走仆不死。目付官就讯争故，长矩对：自奉命接拌，上野介每以非礼见遇，是以及事。将军大怒，命囚长矩，责之曰：卿以愤争故，临国大礼，公然挥刃，以私怨灭公法。其赐死。其弟大学头长广，收尸葬之泉岳寺。报至赤穗，长矩老臣大石良雄，聚众言曰：上野介尚在，吾曹唯有枕城而死耳。共刺血盟誓，遣使告於长矩外亲户田氏定曰：内匠头有罪伏法，臣等谨服命矣。惟不共戴天之仇，俨然朝列，臣等无颜立於人世，敢含刃骈死，以殉孤城。讲以此意报之目付官。氏定答书曰：苟报之目付，达於公朝，恐将不利於大学头。众乃更议。及收城使至，复请曰：浅野氏自胜国以来，世世蒙国恩。今大学头现在，愿赦罪继其家。官使曰：诺。良雄复语众曰：城亡与亡，乌敢以大学故而图存。虽然，舍此岂遂无死所哉！各泣别去。明年三月，良雄等先后变姓名入江户，伴为贩夫，僦居义英第侧，以伺利便。义英畏仇，一夕三迁，莫测其踪迹。而尝以茶事为嬉，所喜茶人某，每曾必与。大高忠雄乃伴为富商，从学茶燕法。十二月十四夜，义英将集饮於家，良雄等得茶人语，遂聚众举事。按第图，定部分。众皆戴铁兜，衷锁甲，外为救火吏服，担弓枪长梯大椎从之。神崎则休乡导。夜四更至。至则抁门缘屋，乘高呼曰：内匠头家士为报仇来，敢出拒者斩。弱无力者，坐不动者，置之。欢呼入室，每室烧烛，遍搜不能得。乃捕劫一人，导至寝所。有义英席卧被尚暖，众知其逃匿不远，更四出旁搜。间光兴至房侧，间嗳嗳有耳语声，破户呼曰：得无在是耶？众发矢奋枪薄之。房乃藏茶具者，有人乱掷物以拒。武林隆重揭烛，见一人著白衬衣在隐所，方拔刀欲起，隆重挽进，斫而殪之。额及背有枪痕，喜曰：此非亡主所手击者哉！乃吹螺啸聚，以竿悬首，拥往泉岳寺长矩墓所。"黄遵宪此处"茶事"之语，实乃直接借用日语之表记的直译。

接下来，我们再看一下中国古代文献中"茶会"的用例。

在《全唐诗》卷一四九、卷二三七、卷三一六中分别收录的如下三首诗中的"茶会"一词，当属较早的用例了。

惠福寺与陈留诸官茶会

### 得西字

到此机事遣，自嫌尘网迷。因知万法幻，尽与浮云齐。
疏竹映高枕，空花随杖藜。香飘诸天外，日隐双林西。
傲吏方见狎，真僧幸相携。能令归客意，不复还东溪。

### 过长孙宅与朗上人茶会
#### 钱起

偶与息心侣，忘归才子家。玄谈兼藻思，绿茗代榴花。
岸帻看云卷，含毫任景斜。松乔若逢此，不复醉流霞。

### 资圣寺贲法师晚春茶会
#### 武元衡

虚室昼常掩，心源知悟空。禅庭一雨后，莲界万花中。
时节流芳暮，人天此会同。不知方便理，何路出樊笼。

另外，宋代李昉《太平广记》卷二七七中也有"茶会"的用例："奚侍郎陟，少年未从官，梦与朝客二十余人，就一厅中吃茶。时方甚热，陟东行首坐，茶起西，自南而去。二碗行，不可得至，奚公渴甚，不堪其忍。俄有一吏走入，肥大，抱簿书近千余纸，以案致笔砚，请押。陟方热又渴，兼恶其肥，忿之，乘高推其案曰：'且将去。'浓墨满砚，正中文书之上，并吏人之面手足衣服，无不沾污。及惊觉，夜索纸笔细录藏于巾笥。后十五年，为吏部侍郎。时人方渐以茶为上味，日事修洁。陟性素奢，先为茶品一副，余公卿家未之有也。风炉越瓯，碗托角匕，甚佳妙。时已热，餐罢，因请同舍外郎就厅茶会。陟为主人，东面首坐。坐者二十余人，两瓯缓行，盛又至少，揖客自西面始，杂以笑语，其茶益迟。陟先有痟疾，加之热乏，茶不可得，燥闷颇极。逡巡，有一吏肥黑，抱大文簿，兼笔砚，满面沥汗，遣押。陟恶忿不能堪，乃于阶上推曰：'且将去。'并案皆倒，正中令史面，及簿书尽污。坐客大笑，陟方悟昔年之梦，语于同省。明日，取所记事验之，更无毫分之差焉。"

在中国文献中，提到的"茶会"，无论是上述比较早的文献记录，还是沿用至今的现代汉语中的"茶会"，几乎无一例外地都是"吃茶"之意。也就是说，在中国，"茶事"一词很少用来表达"吃茶"的含义，它大多是用来表示茶的种植、采摘、制作、销售等茶业方面的事情；只有"茶会"这个词才是专门用来表达吃茶含义的词，但需特别注意的是，汉语的"茶会"只有吃茶的含义，并没有特意将吃茶礼仪与饮食礼仪合并而行之意。

与之相对，日语的"茶事"与"茶会"则不同，它们都有吃茶之意，在16世纪左右之前，"茶事"与"茶会"的含义区分不是很明确，基本都是指"斗茶"游戏之会而言的。

例如，在《看闻御记》中，到处可见"茶事"与"茶会"的记录，细考其含义，"茶事"与"茶会"的含义区分并不明确，基本上都是指"斗茶"游戏之会而言。从大量的"茶事"与"茶会"的记录来看，对于《看闻御记》的记录者——后崇光院贞成亲王而言，斗茶游戏可谓是他及其周边的王公贵族们最为喜欢的游戏方法之一。这些王公贵族及其属下们每次举行这样的斗茶游戏时，都要预先决定一个"御头"（即负责人）并且大家轮流坐庄。一般情况下，"御头"要负责准备赌品①，有时也会由参会者"赌品各持参"②，赌品的内容也是各色各样，"有茶会，赌品为三色绵、圆镜一面、扇子一把、厚纸一束"③，而且，"茶前一献"，即每次举行斗茶游戏前要先喝上一杯酒，然后才开始斗茶，胜者各取所赢之物，剩下的赌品则用掷色子的方式来进行分配，"茶了酒宴催兴"，斗茶结束后往往还会尽情地大吃大喝一顿④，大有一种小赌怡情的感觉。不过，有时这种斗茶游戏也会连日进行，甚至会"朝行藏庵顺茶事……晚又茶事"夜以继日地斗茶，这就有点儿难以用"小赌"名之，大概该称之为豪赌了吧。⑤

但是，大体上自16世纪中后期开始，随着"茶之汤"的形成和发展，文献中逐渐趋向于用"茶会"来称呼一般意义的饮茶，而将"茶事"限定为"茶之汤"的专用语。那么，二者的区别何在呢？"所谓茶事，即通过点一碗浓茶，总括主客交流的所有要素，综合所有的文化，创造出新的美，时而作为一种社交活动来进行，时而作为一种庄严的仪礼来举办，

---

① 《看闻御记》应永二十三年二月二十二日条等。
② 《看闻御记》嘉吉三年正月二十四日条等。
③ 《经觉私要钞》宽正三年正月四日条等。
④ 《看闻御记》应永二十三年二月二十六日条等。
⑤ 《看闻御记》永享七年七月十九日至二十三日条等。

其形式多样，内容丰富多彩。"① 简言之，"茶事"，就是食礼与茶礼的精美结合，即"茶事"不单包含饮茶，还伴有怀石料理的应酬，茶事的参加人数最多在五人左右，其更加重视和追求精神层面的内容；而"茶会"则多指单纯的饮茶，不伴有怀石料理的应酬，参加人数少可几十、数百，多可达几千，其重视的更多的是饮茶的社交性。在现代日本，有时举办茶会时，也会采取与"茶事"极为近似的形式，即分设"茶席"和"点心"席，在"茶席"专门喝茶，在"点心"席主人为客人提供一点儿简单的饭菜，简单得有时甚至就是一份盒饭或者一小碗荞面条，根本谈不上礼仪上的应酬。所以，我们在谈到"茶之汤"时，将其主要的修行内容"茶事"翻译成"茶会"是不够准确的，中文文献中对日本茶道的专业用语"茶事"的处理，直取其形意而不做翻译的做法，源自上文所述的清人黄遵宪，笔者亦赞同其做法。在明确了"茶事"的含义之后，接下来我们简介一下茶事的种类及其内容。

## 二 茶事的种类

茶事的种类，因为分类标准不一，会有很多种称呼。

举办茶事时，每次都会设定一个主题，所以根据主题来对茶事进行分类的话，则既有以赏雪、月、花为主题的季节性茶事，也有庆祝某人新婚或逝世几周年之类的茶事等。

若根据茶事具体举办的时间来分，则又可分为"拂晓茶事、早晨茶事、正午茶事、晚间茶事、临时茶事"五种。

拂晓茶事一般是在冬季举办的茶事。凌晨4点入席，前席用灯。

早晨茶事是清晨开始举办的茶事。过去举办早晨茶事是没有季节限制的，而今早晨茶事大多是在夏天举办。在《利休百会记》、《南方录》中，有很多早晨茶会的会记。

正午茶事即上午10点入席，下午2点结束，横跨正午时分举办的茶事，是所有茶事中最为正式、严肃的茶会，如庆祝新茶室投入使用的开庵茶事及其他以喜庆为主题的茶事、缅怀故人的追忆茶事、欢送、迎新茶事等都要举办正午茶事。

晚间茶事，是在夜晚举办的茶事。大概是因为当年灯油贵的缘故吧，

---

① ［日］千宗室：《正午の茶事》"序言"，淡交社1985年版，第5页。

晚间茶事举办的次数不太多，取而代之的是下午4点入席的黄昏茶事举办得相当频繁。

临时茶事亦称不时茶事，即为了接待突然来访的客人而举办的茶事。此外还有赏迹茶事，即指为招待王公贵族而举办的茶事或者是邀请茶道宗匠、名人而举办茶事结束之后的同一天内，由另一拨客人向主人申请以同样的茶道具来饮茶的茶事。饭后茶事，即指在早饭或午饭后举办的茶事。因为已经用过餐了，所以只需备些点心就可以了，因此，也将饭后茶事称作点心茶事。现在，把以正午茶事、早晨茶事、晚间茶事为主的茶事，与拂晓茶事、饭后茶事、赏迹茶事、临时茶事统称为茶事七式。

另外，若从点茶法的角度来分类，则又可分为使用风炉的茶事和使用地炉的茶事。使用风炉的时间是自每一年的五月始至十月止，使用地炉的时间是从每一年的十一月始至次年的四月底止。

### 三 茶事的做法

举办茶事时，主人在决定了茶事的主题、时间、地点以后，一般要充分考虑到客人回复的时间，大约在举办茶事的一到两个星期以前，正式向客人发出请帖，请帖里要注明茶事的时间、地点以及所邀请的客人。在现代社会，由于通信手段愈来愈发达，亲密朋友间往往也会通过传真、电话来发出邀请，但在一般情况下，如举办正午茶事，主人都会用毛笔亲自书写请帖，函寄相邀。客人收到请帖以后，如果决定参加茶事，就要在举办茶事的两三天前给主人答复，并且要在正式举办茶事的前一天，去向主人当面致谢，这被称为"前礼"，而且在茶事结束的第二天，客人还要再一次到主人家，向举办茶事的主人表示感谢，这被称为"后礼"。

茶事是"用餐仪礼"与"饮茶仪礼"的一种组合。一次正规的茶事一般是由"前席（初座）"、"席间休息（日语称之为'中立'）"、"后席（后座）"这样三部分构成的。客人按约定的时间由茶庭进入茶室，先是主客的礼仪性的寒暄，随后是点炭（初炭）、为客人献上怀石料理、茶点心。客人用完怀石料理、点心后退席至茶庭中小憩，此即所谓的"中立"。客人席间休息时，主人则要迅速重新整理和装饰茶室，一切准备停当后，按着约定好的击打方法敲铜锣以通知客人再次入席。这席间休息后的茶席即所谓的"后席"。"后席"的主要内容是点浓茶、点炭（后炭）、上茶点心、点薄茶、主客互致感谢离别之礼。其实，或者也可以将为了前后席转换而附设的"席间休息"略而不记，称一次正规的茶事是由"前席"和"后席"两部分构成的。"前席"的核心内容是"用餐仪礼"，"后席"的核心内容是"饮茶仪礼"。这两种仪礼的进行必须遵从一个大的准则，即必须要遵照利休之言，使"前席为阴，后席为阳，此乃大法也"。[①] 也就是说，"用餐仪礼"与"饮茶仪礼"虽然分别是"前席""后席"的核心内容，但席间规矩还是以"饮茶仪礼"为基准的。

那么，怎样做才能使"初座为阴，后座为阳"呢？方法有两个：一个是从风炉或炉中的火相和茶釜中的汤相来调整；一个是根据茶室中点茶前摆设的茶器的数量及其摆设方法来判定。

从火相和茶釜中的汤相来调整阴阳，纯粹是一种形而下的做法。无论是使用风炉，还是使用地炉，"前席"时，客人入席前，炉中只有用作底火的三根炭火，客人入席后，在进食怀石料理的前后要进行第一次添炭，等到客人再次入席即后席时，微弱阴冷的炉内已经燃起熊熊的炉火。另外，前席的茶釜里面放的水都是生冷的水，茶釜外侧也是濡湿着的，悄无声息；等到后席客人再次入席时，釜水已开，水沸之声被茶人们誉为松涛。前席、后席一弱一强的火相、一静一动的汤相，直观明了，孰为阴阳，一目了然。

根据茶室中点茶前摆设的茶器的数量及其摆放方法来定阴阳，则是一种形而下兼偏重形而上的做法了。在茶室中能摆放茶器的地方一般为壁龛、点茶席及专用于摆设茶器的棚。《南方录》的"墨引"卷中说："有人曾问茶器的数量，初座和后座应如何为是？"千利休回答说："为能区分开初座为阴，后座为阳，当以茶器的数量之调半（调即偶数，半即奇数）来仔细考究"。[②] 也就是说，于壁龛、点茶席及茶棚上摆设的茶器数，初座应为"二半一调"；后座应为"二调一半"。二半加一调仍为调为偶数，故视为阴；二调加一半仍为半为奇数，故视为阳。它的理论根据来自《易经》。《易经》的八卦中包含有纯阴、纯阳、二阳一阴、二阴一阳这样四个象：纯阴即坤卦，纯阳即乾卦，二阳一阴即巽、离、兑卦，二阴一阳即震、坎、艮卦。《易经》"系辞"中说："阳卦多阴，阴卦多阳，其故何也？阳卦奇，阴卦偶。"所以，二阳一阴的巽、离、兑卦又被称为阴卦，

---

① ［日］千宗室主编：《茶道古典全集》第4卷，淡交社1977年版，第212—214页。
② 同上。

二阴一阳的震、坎、艮卦又被称为阳卦。偶数的"调"为阴,奇数的"半"为阳,这种"二半一调"为阴,"二调一半"为阳的理论,即以上述的《易经》的理论为依据。

另外,在茶室中,对于茶器的摆设方法也有很严格的规定。每一个茶器的摆放位置均由"墨引"卷中的"曲尺分割法"来决定。"曲尺分割法",最初是源于书院、台子点茶法,后来才被广泛地应用于"草庵茶"中的茶器定位法。它也是根据《易经》的阴阳理论来创制的,内容丰富,这里只介绍其中最基本的"五阳六阴分割法"和"联线定位法"。

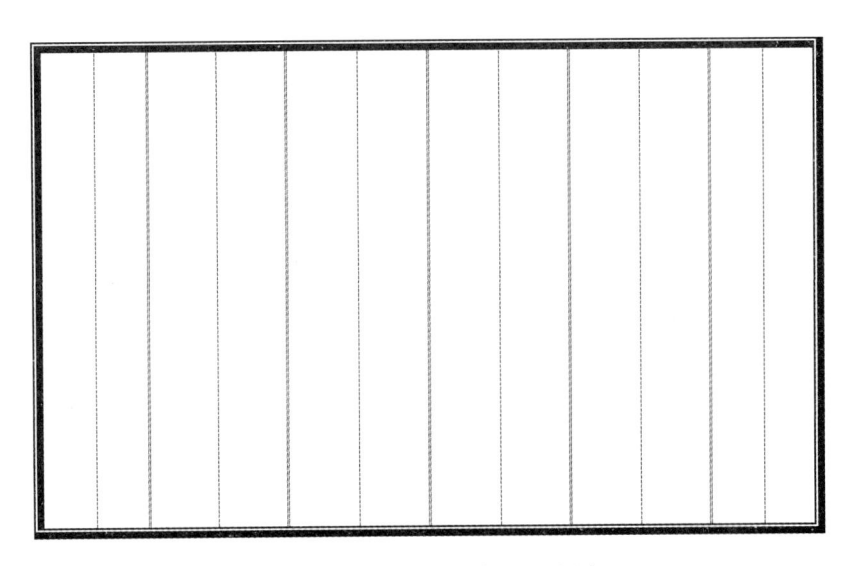

图 6—1  五阳六阴分割法示意图

茶室中的榻榻米,每一帖都各有其用途。如专供客人使用的榻榻米,专供主人使用的榻榻米,还有专门用来摆放茶道具的榻榻米。所谓"五阳六阴分割法",如图 6—1 所示,即将专为摆设茶器用的榻榻米先竖着画五条红线进行等分,这五条红色的线即为阳线;然后再在这阳线之间画上六条等分线,这后画的六条线即为阴线。当然,这里所讲的五阴六阳线并不是真的要画在榻榻米上,而是需在心目中画,用眼来测量的。茶器的位置就是根据这茶人心目中的五阳六阴的十一条线来确定的。

摆放茶器时,其原则之一是,除了佛事、法要等场合以外,茶器均应摆放在阳线上。但是，因茶器的形状大小不一，欲将茶器均摆放在阳线上实际上是很困难的。于是，千利休便根据《易经》的原理，在"五阳六阴分割法"的基础上创制了"联线定位法"。如图6—2所示，即一个茶器虽被摆放在了阴线上，但若其两边的阳线上也摆有茶器的话，三者相映之象为"阳"亦可。这种茶器定位法，常见于摆设"水指（盛清水的茶器）"、"茶碗"及"枣"（盛茶用的器皿）时。之所以说用"联线定位法"定位摆设的茶器之象可视为"阳"，是因为根据《易经》的卦象来看，用"联线定位法"摆设的茶器是二阳线夹一阴线，正好成"离"卦之象。《易经·系辞》中说："阴阳之义配日月"。《易经·说卦传》中说："离为火，为日"。火、日皆为"阳"之象，所以成"离"卦之象的"联线定位法"摆设的茶器（见图6—3），便被视为"阳"了。从这个意义上说，茶席的茶器摆放其实就是对易经的卦的一种具象化。[①] 诸如上述这种根据《易经》的思想而创制的茶器定位法理论，"墨引"卷中还有许多，不复引述。

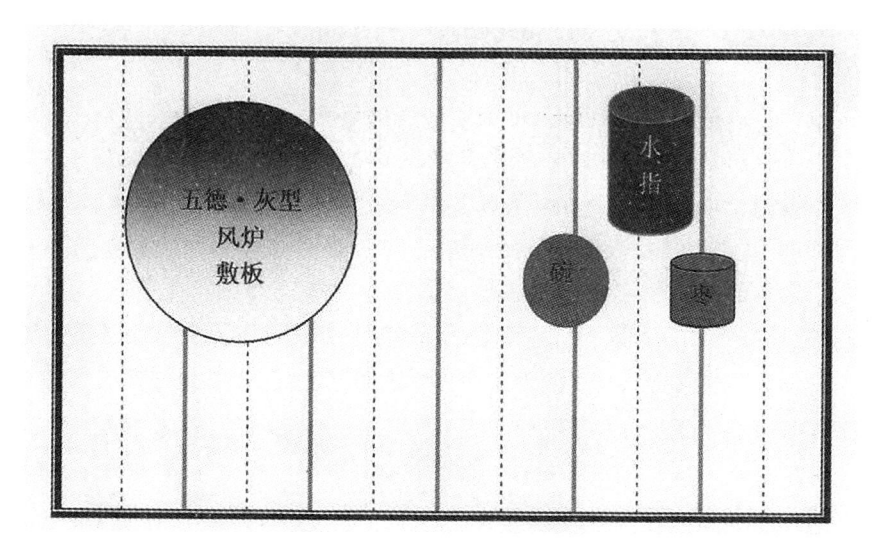

图6—2 联线定位法示意图

---

① ［日］关根秀治：《试论儒家思想对茶道文化的影响》，载赵德宇主编《日本研究论集总第七集》，天津人民出版社2002年版。

图6—3 用"联线定位法"摆设的茶器示例图

另外，做茶事还需遵循一个重要的规则，即一次茶事的时间不可超过四个小时。《南方录》中记述千利休的话说："侘茶汤一般一次茶事始终不可超过四个小时，否则早晨茶事会影响正午茶事，正午茶事就会影响到晚间茶事了"。[①] 但是，正确地使用好这四个小时并非易事，茶事要求的四个小时的分配时间应该是前席与后席按1∶2的比例分配，而且更为看中的是后席所占的时间，但在茶事进行的过程中，往往由于主人准备的料理根本不只是"一汁三菜"，常常会多添加出两三道大菜，这样一来在前席吃怀石料理时花费了大量的时间，有时甚至会远远地超出约定好的时间，变成食主茶次，使茶事完全变成了一种单纯的社交宴请活动。因此，欲完成一次理想的茶事，如何处理前席的"怀石"与后席的"点茶"是关键，下面我们就先来看一下"怀石"。

---

① ［日］千宗室主编：《茶道古典全集》第4卷，淡交社1977年版，第6页。

## 第三节 "会席"与"怀石"

人是一种社会性动物，正因为人是动物，所以人也自然有着与动物一样的维持个体延续之要求，即"生物性要求"或"生理要求"。"食、色，性也。"（《孟子·告子上》）"饮食"则是人的最基本的生物性需求。日本茶道的特色之一就在于"茶事"将饮茶礼仪与用餐礼仪合而为一，首先满足了人的最基本的生物性需求。

### 一 茶事成立初期的茶事料理用语

前席进餐→席间休息→后席吃茶这种茶事的形式，大约是在日本天文年间（1532—1555年）形成的。[①] 茶事成立初期，茶人在茶事料理用语的使用上还很暧昧，有时对茶事的料理称"会席"，有时则又可能用"会席"直接指称茶事，而将茶事料理称为"会膳"。

例如，"会席无论是何等珍奇客人也不可超过一汁三菜"（《绍鸥弟子遵守的诸法度》）；"会席之事，菜肴种类每次要变换一下"（《山上宗二记》）；"客人从茶道口进入茶室，主客寒暄之后奉上会席"（《江岑闻书》），这些"会席"的用例，无疑都是茶事料理的意思。

但是，茶人有时又可能用"会席"直接指称"茶事"，如"在使用了名物的会席，却专注于其他的小道具是没有修养的表现"，"整个会席全在于名物"（《乌鼠集四卷书》）；"会席中的会话内容应该是谈当天的天气寒热、阴晴、风花雪月等"（《分类草人木》），这里的"会席"都是茶事的意思。

茶之汤成立初期的茶事料理，是对本膳料理的一种简化，大概正是因为茶事料理与本膳料理的这种历史渊源所致，当茶人用"会席"指称"茶事"时，对茶事的料理一般多称作"会膳"。日本室町时代的正式料理——本膳料理也被称作是七五三料理，一般是在中央摆放一个食案（一之膳），在其两侧摆两个食案（二之膳·三之膳），再多的时候还会在对面摆出四之膳至七之膳，而且一般在每个膳里要摆放上七种、五种、三

---

[①] ［日］筒井紘一：《怀石の研究》，淡交社2002年版，第56—57页。

种点心。"绍鸥的时候,直到十年前,大家还会不吝金银准备二之膳、三之膳"(《山上宗二记》)。由此可见,茶事的料理虽然没有本膳料理那么正式,但在茶事成立初期也是相当讲究的。而且,由于过度追求满足客人的口福,如元龟 3 年(1572 年)的《乌鼠集四卷书》所述:"准备料理时的要点是,给山区的客人准备海河之物,给海滨之人准备山野之物。依此类推,给居住北方的人准备南国食物",结果导致茶人将能否给客人献上珍奇物品看得很重要,茶事料理中的猎奇想法蔓延,影响极为恶劣。

## 二 "怀石"的问世

但是,随着茶人对茶事的精神层面追求的加强,促动了茶人对作为茶之汤的料理的反省和深思,因而使带有二之膳、三之膳的茶事料理逐渐遭受到被排斥的命运,于是便有了"怀石"料理的问世。《南方录》"墨引"卷中的"应在适当时候添炭,然后奉上怀石",[1] 这大概是茶书中把茶事料理称作"怀石"的首次记录。

那么,为什么要使用"怀石"一词呢?"怀石在禅林亦称作药石,僧人将温暖的石头抱在怀中抵挡饥饿感,因此有了'怀石'的名称。禅林所谓的小食夜食等,与药石和点心意同,吃得都十分简单清淡。'怀石'是非常适合称呼草庵茶料理的文字,颇具有佗意并且非常有意趣"(《吃茶南方录坤》)。也就是说,茶人将茶之汤的茶事料理命名"怀石",是受了佛教禅宗的影响,是茶人为了追求"佗"的意境和体现"佗"的精神而特意选定的名称。"小草庵的茶之汤,首先要依佛法修行得道为根本。追求豪华房宅、美味食品,乃俗世之举。屋,能遮雨;食,能解饥,足矣,此乃佛之教诲,茶之汤之本意也。"(《南方录》)"怀石"之意,可以说恰好顺合了茶之汤之本意。

虽然《南方录》中倡议将茶事料理写为"怀石",但并未马上得到茶人们的响应。如"会席之物,对于不能吃的东西,一筷子也不应动,而要原封不动地放好"(《细川茶汤之书》1668 年)、"会席之物,当因客人而异"(《茶道织有传》1746 年),很多茶书依然将茶事料理记为"会席"。甚至在家元制度确立之后,"怀石"的表记都未能得到完全认可和统一。"关于将茶之汤的饭菜写作怀石一事,有人不解其意依旧写成会

---

[1] [日]千宗室主编:《茶道古典全集》第 4 卷,淡交社 1977 年版,第 261 页。

席，有人觉得这样写不好，便写成会膳饭菜料理等，这都是不对的，还是应该写成怀石，因为此文字本自禅出"（《茶话真向翁》1803 年）。茶人速水宗达（1727—1809 年）也说："茶之汤不以进餐之事为重，故不称料理，而是取东坡佛心问答之趣，将仅以解饥的饭食称之为怀石"（《吃茶指掌编》）。

据筒井紘一先生对姬路藩主酒井宗雅（1755—1790 年）的茶会记《逾好日记》的研究发现，《逾好日记》中凡是记述茶事料理的内容乃至所用道具时，都理所当然地使用了"怀石"一词。也就是说，"怀石"这一重视茶之汤精神意义的表记，是在天明七年（1787 年）以后才得到了统一，并固定下来。①

### 三　"会席"与"怀石"的区别

那么，秉承禅意的"怀石"与"会膳"或者"会席"，在料理的内容方面究竟有哪些不同呢？

"会膳"或者"会席"可以说是介于日本室町时代的正式料理——本膳料理与"怀石"之间的一种料理，其内容虽然远不及"本膳料理"那么奢华，但却要远比"怀石"奢华得多。"会膳"或者"会席"的目的，多是在追求如何在饭菜上满足客人的口福，因而才会出现很多猎奇式的作法，加上茶之汤有个不成文的规定，凡是主人准备的料理，无论客人喜欢与否都得吃光，所以当时做客人也是很辛苦的。因此，才会如上所述，有人主张"会席之物，对于不能吃的东西，一筷子也不应动，而要原封不动地放好"（《细川茶汤之书》1668 年）；"会席之物，当因客人而异"（《茶道织有传》1746 年）；也有人主张："出席茶会时，认为每个人都必须将属于自己的食物吃光的想法不好。本来上的菜无论用完与否都不是坏事"；② 有人干脆批判这种做法说："一味追求珍奇，给东国的客人吃西国的食物，给北国的人吃南国的食物这是大大的错误的。应对持这种偏颇想法的茶人说'别致的料理是客人的麻烦'。"③

与之相对，"怀石"的目的，则并非是为了挖空心思来满足客人的口

---

① ［日］筒井紘一：《怀石の研究》，淡交社 2002 年版，第 92—95 页。
② ［日］千宗室主编：《茶道古典全集》第 3 卷，淡交社 1977 年版，第 167 页。
③ ［日］千宗室主编：《茶道古典全集》第 10 卷，淡交社 1977 年版，第 356 页。

福，而是在确保人的最低需求的情况下，极力摒弃人的无限的欲望，于是才有了不猎奇，不奢华，既合人情亦契禅理又合乎"食，能解饥，足矣"这一茶之汤之本意的"一汁三菜"怀石料理的诞生。

所谓一汁三菜，就是一种酱汤和一小碟生鱼丝、炖煮菜蔬、烧烤菜蔬。"草庵的料理，汁一，菜二或三，酒也要少些。过分费心思预备丰盛的料理是不适合侘茶室的。"① 以《南方录》为首的茶书，都一致认为是千利休改革了以往的茶会料理，并吸收了禅院精进料理做法，才创立了一汁三菜的怀石。

"利休在举办茶会时，料理超过三菜的极为稀少。"（《给宗甫公古织的疑问书》）；"从前招待贵人是二汁三菜，但自利休改正后，即使是贵人也是仅用一汁三菜或一汁两菜，侘者一汁一菜。"② 据筒井紘一先生的研究，在侘茶形成的过程中，也唯有千利休是彻底遵照其师武野绍鸥"无论是何等珍奇客人也不可超过一汁三菜"③ 的要求来做的。筒井对《松屋会记》中千利休自22岁时招待松屋政久的茶会起到69岁时招待博多豪商神古宗湛的茶会为止的料理做过一个统计，其中除去一个难以断定是利休举办的天文六年（1537年）9月13日的茶会之外，记录菜谱的利休茶会共有16次，其中"二汁（即两种汤）"的茶会为五次，用过"四菜"的茶会只有一次，剩下的全为三菜。另外，《利休百会记》中记录的87次茶会中，一汁二菜44次，一汁三菜32次，此外一汁一菜一次、一汁四菜两次、一汁五菜一次，二菜两次，二汁二菜三次，二汁三菜两次。由此可见，一汁二菜和一汁三菜的料理几乎占据了全部。这其中，招待丰臣秀吉的茶会有六次，料理的内容分别是：一汁二菜一次、一汁四菜一次、一汁五菜一次，二汁二菜一次、二汁三菜二次。另外，邀请丰臣秀吉使用分两次上膳的形式的茶会只有四次。总的来说，都是非常符合侘茶精神的料理搭配。由此可见，即使是现世最大的当权者，只要是草庵的茶事，茶席里的料理就必须符合侘茶的精神趣向，利休的意图是非常明确的。④

在对茶之汤的礼仪做法尚没有家元制度下这么容易统一的时代，关于

---

① ［日］千宗室主编：《茶道古典全集》第4卷，淡交社1977年版，第11页。
② ［日］千宗室主编：《茶道古典全集》第3卷，淡交社1977年版，第438页。
③ 同上书，第50页。
④ ［日］筒井宏一："会席料理"，载《京料理的历史》，柴田书店1979年版。

"怀石"的形成，将其归功于某个人是否妥当，或许还有值得商榷之处，历史真相如何，也还有待于历史学家们今后的努力。总之，从一味追求饱口福的"会席"、"会膳"，到"食，能解饥，足矣"这一契合茶之汤本意的"怀石"的诞生，可以说实现了茶人从生物性需求向社会性需求、情感性需求的飞跃，也将茶之汤提升到了一个更高的精神层面。"怀石"不仅满足了茶人要"吃饭"这一生物性需求，而且因其是为宴请招待客人而制作的饭菜，自然也免不了要发挥其应有的社会性作用。

在禅宗寺院，僧侣们在用餐之前都要做一种观想，称之为"食事五观文"[①]，全文共计五条："计功多少，量彼来处；忖己德行，全缺应供；防心离过，贪等为宗；正事良药，为疗形枯；为成道业，因受此食"。大概意思是，吃饭时要反省自己做了多少功德，做了多少事；也想想这些食物的得来不易；反省自己的所作所为，是否可以承受这些供食；要防止心念起三种过失：对上等食不因其美味起贪著心，对中等食不起痴心，对下等食不因不好吃而起嗔恨心。食物皆是众缘和合而成，故不应过度执著；应将食物视为滋养四大假合肉身之药，不起贪著之心；为了滋身修行，成就道业，所以食此食，借假修真。

按照日本茶道的礼法，在进食"怀石"的前席，一般壁龛上都会挂着一幅昭示着茶事主题的禅僧墨宝，主客间基于此进行"怀石"的应酬，虽不像在禅堂进餐那样要很庄重地合掌唱诵"食事五观文"，但彼此在同一主题下，共享一期一会的时空，可以说，这不仅满足了彼此交往的社会性需求，同时也实现了彼此间情感的互动，极大程度地满足了彼此的情感需求。

## 第四节 吃茶法

人作为一种社会性动物，除了有与其他动物一样的生物性需求外，还具有许多动物所没有的社会性要求，其中交往的要求可谓是人最大的社会性要求。

---

[①] "食事五观文"的原文，出自唐朝道宣大师的四分律行事抄。笔者在日留学期间，曾于几处禅宗寺院做过短暂修行体验，至今禅僧们用餐前仍要唱诵"食事五观文"。

"有天地然后有万物，有万物然后有男女，有男女然后有夫妇，有夫妇然后有父子，有父子然后有君臣，有君臣然后有上下，有上下然后礼义有所错"（《周易·序卦》）。其实，一个人从一出生就已经被抛掷在一系列的社会关系之中，就已经开始了与他人的交往。"七教：父子、兄弟、夫妇、君臣、长幼、朋友、宾客。"（《礼记·王制第五》）"君臣上下父子兄弟，非礼不定"（《礼记·曲礼上》）；"夫妇别，父子亲，君臣严，三者正，则庶民从之矣。"（《大戴礼记》哀公问于孔子第四十一）；"天下之达道五，所以行之者三。曰：君臣也，父子也，夫妇也，昆弟也，朋友之交也，五者天下之达道也"（《中庸》）；"三纲者何谓也？谓君臣、父子、夫妇也。六纪者，谓诸父、兄弟、族人、诸舅、师长、朋友也。"（汉·班固《白虎通义》卷七）随着社会的进步和人际关系的复杂化，人们的社会关系也已经不再局限于上述传统的"夫妇、父子、君臣、上下、长幼、兄弟、姊妹、朋友、族人、师长、乡党"等关系，每个人所扮演的角色也会不时地、不断地发生变化，一个人倘若不能很好地适应各种角色变迁，对某种社会关系处理不当时，就有可能失去某一种或某几种社会关系，就会被认为是不正常的，并可能会受到指责，因而对人的心理产生不良影响。"父子之间观其孝慈也，兄弟之间观其和友也，君臣之间观其忠惠也，乡党之间观其信悌也。"（《大戴礼记》文王官人第七十二）如父子关系不好，或者子女被指责"不孝"，或者父母被指责"不慈"；乡党关系处理不好，就要可能被指责"没人情味"等。

日本茶道的吃茶法的最大特色就在于，无论主人的各类知识多么丰富，也无论其点茶技法多么精湛娴熟，仅凭主人个人的能力，不可能点出一碗美味可口的茶。为了能够点出一碗美味可口的茶，仅凭主人一人的力量不行，作为客人必须也得具备同样的修为，主客间必须做到心心相应，宾主历然且宾主一如方可。点一碗茶的过程，其实也恰是人们在建立各种人际关系、进行角色转换的一个训练过程，同时也是一个实现与人交往的心理平衡过程，而这一点恰是中国茶道所不具备的。在具体探讨日本茶道点茶法的特点之前，我们还是先来梳理一下中日吃茶法的变迁情况，这将有益于更深入地了解日本茶道点茶法的特点。

## 一　吃茶法的研究状况

目前，中国茶学界，虽也不乏潜心于故纸堆中搞研究者，但更多的则是专注于与茶业界的合作，谋求如何更进一步振兴中国茶业经济，似乎尚无暇进行细致的茶文化史研究。与之相对，日本茶学界则多无心于茶业本身的兴废，而是更热衷于对茶文献考据方面的研究。近年来，关于日本吃茶史方面的研究也积累了相当数量的研究成果，但遗憾的是，尚未见有从吃茶法的角度，来研究日本茶文化的论著。由于日本茶文化主要是受中国茶文化的影响而发展起来的，因此，在很多日本茶文化的研究论著中，至今仍在沿用着"团茶法""抹茶法"之类的意义暧昧的用语。他们往往把受到了唐代（618—907 年）影响的平安时代（794—1192 年）的吃茶法统称为"团茶法"，把受宋代（960—1279 年）影响的镰仓时代的吃茶法统称为"抹茶法"，而且很多人认为，镰仓时代以后，"抹茶法"一直居于主流地位。

但是，究其本源，"团茶法"与"抹茶法"这两个词，都是日本学者过去欲从茶叶形状的变化来介绍中国唐宋吃茶实况时产生的词。其实，"团茶"一词的频繁使用也并非始于唐代，而是在宋代初年。从形状上来看，因为同为固形茶，所以暂且将陆羽《茶经》中记述的"饼茶"也称之为"团茶"。为了制造唐代的饼茶、宋代龙凤茶等，在当时是需要非常高的技术的。在现存的唐宋诗文中，虽然有许多歌咏饼茶和团茶的诗篇，但精查一下唐宋时代的茶史料就会明白，唐代自不必提，即使在精心制作了很多龙凤团茶的宋代，大量生产和饮用的茶也不是团茶，而是团茶以外的叶茶等。而且，即使是唐代的饼茶或宋代的龙凤团茶，在饮用时，也都是用茶研或茶臼等将其研成粉末后饮用的。

因此，仔细思考一下就会发现，"团茶法"、"抹茶法"实在是极为暧昧的学术用语。之所以这样讲，是因为至少可以指出这种分类方法的标准是不明确的。茶的形状，可以分为"作为制茶种类的茶的形状"与"茶被饮用时的形状"。如果以"作为制茶种类的茶的形状"作为其分类标准的话，在日本中世至近世，产量大的并非"团茶"和"抹茶"，更多的则是被称为"叶茶"的茶，所以吃茶法的用语若是使用"团茶法""抹茶法"等词语的话，那么还应该有所谓的"叶茶法"了。

另外，若以"茶被饮用时的形状"作为吃茶法的分类标准的话，那么抹茶就不用说了，团茶也都是必须加工成粉末后来饮用的，所以如果使用"抹茶法"的术语的话，那么，抹茶、团茶都是用"抹茶法"来喝的。也就是说，与"抹茶法"相对的"团茶法"这种吃茶法是不可能存在的。

所谓"名不正则言不顺"(《论语·子路》),为了更为准确地阐述吃茶方法,在此有必要先对吃茶法进行分类和对吃茶法的用语进行界定。

吃茶的方法乍一看似千差万别,但其实若以吃茶的功能为主要基准来进行分类的话,可以较为简单地分为追求吃茶的"养生健身功能"和"养心修身功能"的两种吃茶法。

追求吃茶的养生健身功能的吃茶法,茶居主位,极端地讲,只要具备了优质的茶和干净的水,就已经足够了。对诸如吃茶的器皿、场所、礼仪做法之类的东西,则都没有必要去在意。如果是追求吃茶的养心修身功能的吃茶法的话,不仅需要具备优质的茶与干净的水,还要因时因地对茶器的配置及举手投足等礼仪做法予以关注。也就是说,虽然茶也是居于主位的,但茶器和举手投足等礼仪做法似乎是更重要的。例如,日本茶道往往因为过分强调吃茶的养心修身功能,致使茶本身已经不居主位,反倒是茶道具和举手投足等礼仪做法占据了主导地位。打个比方说,日本茶道中的茶的存在,就如同构成日语句子的助词一样了。

另外,若以摄取茶叶的内容及方法为主要基准的话,又可以分为吃叶法和吃汁法等。所谓吃叶法,即把茶叶研成粉末等,把茶叶全体都吃掉的方法,如使用抹茶的点茶法;所谓吃汁法,即把茶叶浸泡在水中等,饮用浸出的茶汁的方法,如使用叶茶的煎茶法等。

以上,简单地介绍了中日茶学界对吃茶法方面的先行研究状况,并对吃茶法进行了简单的分类。接下来,我们进一步分析中日两国的吃茶方法的变迁情况。

## 二 中日吃茶法的比较

1. 中国吃茶法的变迁

关于中国吃茶法,日本学者中村乔在其论文《茶赘言——中国茶的食叶法与杂和法》的开头部分作了如下阐述:"中国茶的历史分为两大系统:一是食叶法,一是饮汁法。所谓食叶法,就是连茶叶一起吃下的方法;所谓的饮汁法,就是仅饮用使用开水浸泡出的茶叶汁的方法。现在传到日本的抹茶法就是前一种,煎茶法(绿茶、红茶)属于后一种"。[①]

---

[①] [日]中村乔:《茶赘言——中国茶の食叶法と杂和法》,《立命馆文学》1984年,第463、464、465号。

在这里，中村先生以茶叶的摄取内容为标准，将中国的吃茶法分为了"食叶法"和"饮汁法"。我认为这是对中国吃茶法作出的比较恰当的一种分类。

中村先生将现在的煎茶法归属于从中国传来的"饮汁法"，虽不能说是错误，但遗憾的是，中村先生并没有明确阐述在近现代的中国与日本对"煎茶"一词的理解有何不同。自江户时代至今，说起煎茶法，往往容易被理解为仅是直接饮用使用开水泡取茶叶里的营养成分的方法。但在中国的唐、宋、元时代，提起"煎茶"未必都是属于"饮汁法"的，也有许多是属于"食叶法"的，对此在后文还会有详细的论述。在日本的中世至近世，日本人对"煎茶"的理解也几乎与中国的唐、宋、元时期的理解并无二致。

高桥忠彦注意到了中国和日本对"煎茶"一词的理解差异，他以茶叶的摄取方法为标准，将中国的吃茶法分为唐代煎茶、宋代点茶以及明、清泡茶，并对"煎茶法"、"点茶法"、"泡茶法"作了如下定义："煎茶是自唐代开始的一种普通的饮用方法，将茶（加工成粉末的茶居多，有的也直接使用叶茶）放入开水中煮，把茶的成分渗入热水中后饮用的一种方法；点茶是将热水注入放入抹茶的容器内，然后搅拌饮用，原则上热水与茶都喝进口中；泡茶是将茶叶与热水都放入容器中浸泡，使茶的成分转移到热水中后饮用的方法，如使用茶壶来喝茶的方法，以及现在的盖杯茶都属于这种吃茶方法"。①

高桥先生以茶叶的摄取方法为标准，将中国的吃茶法分为"煎茶法"、"点茶法"、"泡茶法"，笔者亦赞同这种说法，但是，对限称唐代为煎茶、宋代为点茶、明清为泡茶的分类方法，则存有一些异议。因为，仅凭研读现存的文献即已十分清楚，以上的分类有些过于简单了。指出明清以后泡茶是主流这点不错，可如果说唐代以煎茶为主、宋代以点茶为主，明显是与历史事实不符的。

唐代除了"煎茶"一词外，在相关文献和诗文中，"煮茶"、"烹茶"等词的使用范围也很广泛。煎、煮、烹的字义几乎是相同的，"煎茶"、

---

① [日]高橋忠彦:《唐宋を中心とした飲茶法の変遷について》，载《东洋文化研究所紀要》，1989年第109册；高橋忠彦:《中国における喫茶法の発展》，载《中国茶文化大全〔解題〕》，農文協2001年版。

"煮茶"、"烹茶"无论哪一个都意味着同样的吃茶法。也就是说,"煎茶"并非始于唐代,而是在唐代以前就已经很兴盛了。

例如,根据陆羽《茶经》记载,唐代或者是在那以前就已经兴盛起来的吃茶法,与高桥先生所言的"煎茶法"和"点茶法"相比,虽然在所使用的茶道具上多少有些不同,但总体上看几乎没有太大差别。即高桥先生根据时代划分的"煎茶法"和"点茶法",其实很可能从唐代就已经很兴盛了。

《茶经》"六之饮"中有这样的记述:"饮有觕茶散茶末茶饼茶者,乃斫,乃熬,乃炀,乃舂。贮于瓶缶之中,以汤沃焉,谓之痷茶;或用葱姜枣橘皮茱萸薄荷之等,煮之百沸,或扬令滑,或煮去沫,斯沟渠间弃水耳,而习俗不已"。这段文字中记述了当时的两种吃茶法:一种是痷茶法,一种是煮茶法。二者共通点是对觕茶、散茶、末茶、饼茶等茶的种类都采取了"斫、熬、炀、舂"这样四道工序,把茶加工成粉末来饮用。二者的不同点在于:痷茶法是将加工成粉末的茶装入瓶罐中,然后注入热水饮用;但煮茶法是将加工成粉末的茶和葱、姜、枣、橘皮、茱萸、薄荷等一起放入釜里煮,使之沸腾以后饮用其汁。

另外,陆羽在《茶经》"五之煮"中对他自己喜好的吃茶法作了如下介绍:"初沸则水合量,调之以盐味……第二沸出水一瓢,以竹筴环激汤心,则量末当中心而下。有顷,势若奔涛溅沫,以所出水止之,而育其华也"。这里记述的陆羽的吃茶法,与"六之饮"中介绍的"煮茶法"很近似,但经仔细一分析就会发现,"煮茶法"是要"煮之百沸"的,而陆羽的吃茶法则是"有顷,势若奔涛溅沫,以所出水止之",即茶水沸腾后要立刻注入凉水,使之冷却后即饮用。因此,陆羽的吃茶法与其说是"煮茶法"不如说更接近于痷茶法。与先将茶的粉末放入瓶罐中,然后再注入开水搅拌好饮用的所谓"先放茶后注开水"的痷茶法相比,陆羽的吃茶法是先烧开水,后放茶,即陆羽采用的是"先备开水后放茶"的饮用方法。《茶经》中记载的这两种吃茶法,与其后的明代煎茶法和江户时代以后的日本煎茶道的吃茶法相比,所使用的茶虽然有抹茶和叶茶的区别,但茶的吃法却非常相似。①

---

① 参见(明)张源《茶录》"投茶"项与日本煎茶道的代表性茶书《清风琐言》"煎法"。

另外，正如"以竹筴环激汤心"一语所示，作为搅拌茶的茶器，虽不像后来的文献中所记载的茶筅那样精致，但已经使用了竹筴。关于罨茶法的文字记载虽只有"以汤沃焉"四个字，但由此亦可以推知，这种饮茶法当是先将加工成粉末的茶放入瓶罐中，然后边注入开水边使用竹筴类的东西搅拌后服用的。"罨茶法"与陆羽倡导的吃茶法可以说就是点茶法，或至少可以说是后世所说的点茶法的原型。

最后考察一下高桥先生所说的"泡茶法"的特征。首先，使用的茶不是抹茶，而是叶茶；其次，所饮用的茶汁不是用釜煮出来的，而是将热水注入到茶叶上浸泡，使茶叶的成分转移到热水中制成的。在中国，"泡"几乎与"罨"、特别是与"瀹"同样使用。如果说有些不同的话，即"罨"有半生的意思，与《茶经》的记述对照一下就会发现罨茶不是将茶叶放入釜里煮，而仅仅是注入热水做成半生的茶汁来饮用。而"泡"和"瀹"的意思是把物体浸在水里，"泡茶"或"瀹茶"当然也是不用将茶叶放入釜中煮的，而且用"泡茶"或"瀹茶"法制作茶汁时，除了考虑使用热水外，还可以考虑使用冷水。①

上面介绍的吃茶用语中，如果从文献记载中出现的顺序看，最早出现的是"罨"，这在陆羽的《茶经》中已经被使用。"瀹"最早出现于陆羽和颜真卿等的《月夜啜茶联句》中"流华净肌骨、疏沦瀹心源"，②但这里的"瀹"字还不是吃茶用语。记述"瀹"字用于吃茶的文献则要等到南宋（1127—1279 年）了。例如，南宋戴埴的《鼠璞》中写道："《酉阳杂俎》云、今衣冠家有萧家、馄饨漉去汤肥、可以瀹茗。"③

宇文懋昭著的《金国志·婚姻》中写道："宴毕，富者瀹建茗，留上客数人啜之，或以粗者煎乳酪"。④ 根据崔文印先生的研究，虽然宇文懋昭的生卒年不详，但他是金国人这一点是没错的。⑤ 因此，《金国志》作

---

① （宋）王恽（1227—1304 年）《秋涧集》"金银沙二泉铭"："山之清润，泽气以通兮，坤之灵秀，醴泉以发兮……酌以瀹茗，甘冷洌兮。"载陈彬藩主编《中国茶文化经典》，光明日报社 1999 年版，第 277 页。

② 《全唐诗》第 22 册 788 卷。

③ 陈彬藩主编：《中国茶文化经典》，光明日报出版社 1999 年版，第 250 页。

④ （宋）宇文懋昭：《大金国志校证》下，崔文印校证，中华书局 1986 年版，第 553 页。

⑤ （宋）宇文懋昭：《大金国志校证》上，崔文印校证，中华书局 1986 年版，第 1 页。

为记述当时金人的社会生活的史料，其可信度是极高的，在这里引用的是关于金人的婚礼习俗的部分。

根据上述记载可知，金人举行结婚典礼时，在婚礼结束后，如果是有钱人家，则会瀹建茗来款待主要客人，或是将建茗中的粗品和乳酪一起煮来款待客人。在茶叶中放入一些添加物来煮着喝是自唐代以前就流行的饮茶法，已不足为奇，但是"富者瀹建茗"则是很重要的记述，由此可以确认最晚从金（1115—1234年）代开始，就已经有瀹茶法了，而且因为当时采用瀹茶法饮用的是最有名的"建茗"，既然连居住在不能种植茶叶的北方的金人都已经采用瀹茶法饮用有名的"建茗"了，说明当时瀹茶法早已遍及中国大江南北。明皇帝朱元璋于洪武二十四年（1391年）9月宣布完全废止龙凤团茶的制造，仅使用叶茶，大概也是因为此时的吃茶法的变化使然吧。

"泡"这个用语使用最晚。如高桥先生所言，"泡"字的确是到了中国明清时代才逐渐被广泛使用。但不能因此就认为其所谓的"泡茶法"所指称的饮茶方法也是到明清以后才开始流行的，因为通过前面的记述也可以看出，"瀹茶法"与高桥先生所言的"泡茶法"的特征几乎没有差异，所以高桥先生认为"泡茶法"也是到明清以后才开始流行的观点，是难以令人赞同的。

在中国，虽说与"饮汁法"相比，"吃叶法"流行得更早些，但实际上，饮汁法最晚从三国时代就已经流行了。据《三国志》卷六十五、吴书二十"韦曜传"记载："皓每飨宴，无不竟日，坐席无能否率以七升为限，虽不悉入口，皆浇灌取尽。曜素饮酒不过二升，初见礼异时，常为裁减，或密赐茶荈以当酒，至於宠衰，更见偪强，辄以为罪。又於酒后使侍臣难折公卿，以嘲弄侵克，发摘私短以为欢。时有忿过，或误犯皓讳，辄见收缚，至於诛戮。曜以为外相毁伤，内长尤恨，使不济济，非佳事也，故但示难问经义言论而已。皓以为不承用诏命，意不忠尽，遂积前后嫌忿，收曜付狱，是岁凤皇二年也。"

吴帝孙皓（264—279年）在位，每当举办宴会时，总要强迫臣子必须喝酒七升，但唯独对不擅长喝酒的宠臣韦曜例外，"或密赐茶荈以当酒"。由此可知，当时的茶汤颜色乍看上去应该与酒的颜色几乎没什么两样。中村先生指出，因为"宋代以前的酒是酿造酒，黄酒是主流"，而且"唐代的酒的颜色是淡黄色的"，茶叶不是混浊之物，赐予韦曜的茶的颜色既然可以打马虎眼使别人认为是酒，所以很可能也"几乎是淡黄色的透明的液体"，也就是说当时的饮茶方法应该是饮汁法。①

自三国时代就已经流行的饮汁法，到了宋的大观年间，已经广为人知。宋大观（1107—1111 年）中期编纂的《太平惠民和剂局方》中，收集了很多以"茶调散"为主的包含茶的药方剂，其中记述的中药的煎药方法与泡茶方法是一样的。例如，《太平惠民和剂局方》卷 2 中，记载了"对金饮子"的方剂。其成分有"陈皮、苍术、厚朴、甘草"，其煎煮方法与饮用方法为"如茶法煎，取八分滓，再煎两度服"。② 即把在此列举的四种药经过两次煎煮后，再去除药渣，饮用其汁。这种方法与煎茶方法一样，由此至少可以看出如下两个问题：

其一，这种煎药方法无疑是饮汁法的煎茶法。

其二，用煎茶方法说明中药的煎煮方法，这说明在当时饮汁法的煎茶法已经相当普遍。因此，现在的饮汁法至少在金代，也就是说，自宋代中后期时就已经广泛流行了。

综上所述，根据茶叶的摄取内容，中国的吃茶法可以分为"食叶法"和"饮汁法"。而且，以茶叶的摄取方法为标准，又可以进一步划分为"煎茶法（煮茶法）"、"点茶法"及"瀹茶法"。关于"煎茶法"和"点茶法"，在唐代甚至是唐代以前就已经流行。"煎茶法"是在茶叶中添加葱、姜、枣、橘皮、茱萸、薄荷等各种添加物煎煮饮用。与此相对，"点茶法"则是在加工成粉末的茶粉中，加入少许盐或不添加任何添加物，用开水冲搅饮用。陆羽《茶经》中记载的点茶法深受贵族士大夫们的喜爱，因而常见诸于文献记载并得以流传后世。另外，早在三国时代就出现的饮汁法，到宋代中后期已经广泛流行了。中国的吃茶法对日本的吃茶法产生了哪些影响呢？下面，我们接着分析日本的吃茶法的变迁情况。

---

① ［日］中村乔：《茶赘言——中国茶の食叶法と杂和法》，《立命馆文学》1984 年第 463、464、465 号。

② 陈师文等编：《增广太平惠民和剂局方》，载《百部丛书集成》，艺文印书馆。

## 2. 日本吃茶法的变迁

表6—1　　　　　　　　　日本吃茶法的分类表

| 吃茶法 | | 茶叶形状 | 摄取内容 | 摄取方法 | 出现在文献中的时期 | 其后的发展 |
|---|---|---|---|---|---|---|
| 吃叶法 | 煎茶法 | 叶茶或抹茶 | 茶叶的全部 | 将茶叶用釜等煮熟全部吃掉 | 平安时代 | 作为"吧嗒吧嗒茶"、"卟苦卟苦茶"等茶俗的吃茶方法流传至今 |
| | 点茶法 | 抹茶 | 茶叶的全部 | 将茶放进茶碗等容器内注入开水,用具有茶筅功能的道具搅拌后吃用 | 平安时代 | 作为斗茶和茶之汤的吃茶法流传至今 |
| 吃汁法 | 煎茶法 | 叶茶 | 茶汁 | 将茶叶用釜等煮熟后不吃茶叶只吃茶汁 | 平安时代 | 销声匿迹 |
| | 瀹茶法 | 叶茶 | 茶汁 | 不是用釜煮,而是将茶叶与开水分先后次序交错着放在小茶壶中浸泡,把茶的成分浸出在开水中制汁,然后吃茶汁 | 镰仓时代后期 | 作为日本的煎茶道的吃茶法流传至今 |

如"日本吃茶法的分类表"所示,对日本的吃茶法,根据茶叶的摄取内容来分类的话,借用中村先生的用语,则可以分为"食叶法"和"饮汁法"。汉语的"吃"兼有"饮"和"食"两方面的意思,所以汲取汉语"吃"之意,用它来取代"饮"和"食"二词以谋求用语的统一。即根据茶叶的摄取内容,可以将中世至近世的日本的吃茶法分为"吃叶法"与"吃汁法"。

所谓吃叶法,即将茶叶整个吃掉的食用方法。再进一步具体以茶叶的摄取方法为基准进行分类的话,又可以把"吃叶法"分为"煎茶法"和"点茶法"。

所谓吃叶法的"煎茶法",即把茶叶整个煎熬至茶粥状食用的方法。

所谓吃叶法的"点茶法",即把粉末状的茶不是放在釜中煎熬,而是放置于茶碗等容器中直接注入开水搅拌后品饮的方法。日本茶之汤的吃茶方法就是采纳这种点茶法来创立的。

所谓吃汁法，即不是将茶叶加工成粉末来吃，而是只吃茶叶汁的方法。再进一步具体以茶叶的摄取方法为基准进行分类的话，又可以把"吃汁法"分为"煎茶法"和"瀹茶法"。

所谓吃汁法的"煎茶法"，即把叶茶原封不动地放进釜或鼎等容器中煎制，只食用从茶叶里抽出的成分的吃茶方法。

所谓吃汁法的"瀹茶法"，即不是把叶茶直接地放进釜或鼎等容器中煎制，而是放进小茶壶等容器注入开水浸泡，然后只品饮这样制作出来的茶汁。日本煎茶道的系列做法就是采纳这种做法来创立的。

前文介绍的中国吃茶法，具体是如何传到日本的，由于史料的限制，虽然无法予以更明细地记述，但从中世至近世的日本吃茶法的分类一览表来看，可以肯定地说，中国的吃茶法很早就已经全部传到了日本。"瀹"与"淹"和"泡"几乎是同义词，援引前文提到的高桥的"泡茶法"这一用语虽无大碍，但因"瀹"字的使用早于"泡"字，加之考虑到中日的茶的接点，笔者还是想使用"瀹茶法"一词来行文。下面，就根据"季御读经"时的引茶做法、汉诗、日记史料等，来具体地考察一下日本的吃叶法和吃汁法的变迁。

首先来看一下"季御读经"引茶时的吃茶法。

四季或两季的三天或四天的御读经时，在第二天或第三天进行引茶，这在九世纪后半期就已成为惯例。其后，作为显密寺院的例行法事，一直延续至镰仓时代中期左右。[①]

关于记述"季御读经"时"引茶"的史料有很多，但具体记述其吃茶法的史料则非常少。

平亲信的《亲信卿记》天禄三年（972年）八月廿四日条中记有"三个日每夕座，侍臣施煎茶于众僧，相加甘葛煎及厚朴和生姜等，随用施之"；同记天延二年（974年）八月十五日条中记有"季御读经杂事……可召仰诸司、内藏御、差油、脂烛布、土器、托盘、瓶子、生姜、布施……药殿申请云，茶七十枚、生姜九升"；[②] 另外，《西宫记》"季御

---

① 张建立：《平安时代至镰仓时代的制茶》，《艺能史研究》2001年第155号。
② 《大日本史料》第1编之14与15，东京大学史料编纂所。

读经"项中记有"召内藏寮生姜、托盘、土器九百口，召典药厚朴为引茶料"等。① 从这些记述可知，至平安中期左右，"季御读经"引茶的吃茶方法一般是根据饮者的爱好，在茶中加入甘葛煎或者厚朴、生姜之类的东西来饮用的。也就是说，当时是采纳吃叶法的煎茶法来吃茶的。

另外，根据推测1115年至1118年间成立的《云图抄》的背书记载："次藏人三人，最前人，居土器廿口于托盘持之，次人持茶，近代次人持甘葛煎，已上入土瓶"，"先甘葛，次茶，各饮之"，② 由此可知，此时茶与甘葛煎、厚朴、生姜等的汤已经被明确地分开来饮用了。也就是说，从这个史料记载来看，从平安时代后期，不仅是吃叶法，使用吃汁法的煎茶法来吃茶的方法也已经出现了。

其实，从《经国集》、《文华秀丽集》、《怀风藻》、《凌云集》等收录的汉诗文来看，吃汁法中的"煎茶法"在平安时代初期就已经在日本出现了。例如，天长四年（827年）成立的勅撰汉诗文集《经国集》中辑录的"和出云太守茶歌"中："山中茗早春枝，萌芽採撷为茶时，山傍老□爱为宝，独对金炉炙令燥，空林下，清流水，纱巾漉仍银昌鎗子，兽炭须臾炎气盛，盆浮沸，浪花起，鞏县碗，商家盘，吴盐和味味更美，物性由来是幽洁，深严石髓不胜此，煎罢余香处处薰，饮之无事卧白云，应知仙气日氛氲"。该诗描绘了摘取早春的新茶芽，当场用炉烤炙煎饮的情景。

在中国，一般认为，人们最初吃茶时采纳的是吃叶法这种吃茶方法。与之相对，在日本"吃叶法"与"吃汁法"何者为先，似有些难以断言。不过，从上述史料的记述来看，大概可以考虑这两种吃茶方法几乎是同一时期传到日本的。

另外，《山槐记》仁平二年（1152年）八月二十二日条中记有"廿二日甲申天晴，时时雨降，参内，引茶役四位显成朝臣，五位伊长，藏人宪定，非藏人家辅持土器土瓶等，临刻限，茶不候之由，行事小舍人为恐申上之，不足言，参内之后责出引茶了，不可说事也，如然事非大事，行事藏人，出纳及小舍人可存事欤，南殿引茶杂色源盛赖云々"。③

---

① 《西宫记》3，故实丛书。
② 《云图抄》（《群书类从》第6辑，第82卷）。
③ 《山槐记》（大日本古记录）。

"季御读经"第二天进行"引茶"时的"引茶役",即从事煎茶并向僧侣奉茶的相当于四位、五位、六位的官职;将茶加工成粉末等一应准备事物则全由被称为"杂色"的无位之人负责。① 从上述史料记述看,因为"杂色"没有能准备好茶,所以四名准备献茶的"引茶役"正在那里拿着土器、土瓶等待着茶的到来。引茶役所拿的土器可以考虑是分发给各位僧侣的茶器,但是,却不知土瓶是做什么用的。因为土瓶可以直接架在火上,所以此时的土瓶虽也可以考虑为煎茶的道具②,但考虑到茶与吃茶的习俗都是从中国传到日本的,所以把引茶所使用的土瓶,看作是类似陆羽《茶经》中痷茶法所使用的"瓶缶"之类的东西似乎更加合理。陆羽《茶经》的"六之饮"中记有"贮于瓶缶之中,以汤沃焉,谓之痷茶",即杂色在别的地方把茶加工成粉末后运来交给引茶役,引茶役再把茶粉放入土瓶中加注开水,然后再用类似于茶筅的功能的"茶散"③搅拌调好口味后分盛至土器中发给饮用者。也就是说,在平安时代后期,僧侣们也已经开始使用陆羽《茶经》中所见的"点茶法"来吃茶了。

综上所述,吃叶法中的"煎茶法"与"点茶法"及吃汁法中的"煎茶法"这三种吃茶方法,在平安时代均已经有所应用。唯独不见有关于吃汁法中的"瀹茶法"的记载。从现存史料来看,到了镰仓时代中后期,使用"瀹茶法"的吃茶方法才见诸史料。例如,《中严圆月作品拾遗》的"祭亡友宗智上人"中记有"雪瀹茗瓯";"祭大友江州直菴"中记有"惟公平时,不嗜肉酒,瓦缶瀹茗,石鼎煮蕨"等。应安8年(1375年)去世的禅僧中严圆月很频繁地使用了"瀹茗"一词。

另外,永德元年(1381年)去世的天境灵致的《无规矩》(坤)中收录的"祭无惑和尚"中记有"掬春水之涟漪,以瀹苦茗"之语。

雪村友梅的《宝觉真空禅师录》(坤)中收录的"祭嵩山和尚"中记有"维康永四年才舍乙酉仲夏十七日,东山建仁禅寺住持某,谨以山茗野蔬之奠,昭告前住当山后住建长嵩山和尚大禅师灵曰:古语有之,鱼相忘乎江湖,人相忘乎道术,苟不相忘,虽道如仲尼·老聃,亦无所合焉……瀹茗矢辞,典礼在焉,三十六峰,玉立倚天,存乎亡乎,灵鉴洞

---

① [日]仓林正次:《饗宴的研究(岁事·索引篇)》,樱枫社1992年版,第290页。
② [日]小泉和子:《道具所讲述的生活史》,朝日选书1989年版,第64页。
③ 《仁和寺御室御物实录》,载《继群书类从》第16辑上。

然，尚饗"。由此可知，贞和二年（1346年）去世的雪村友梅也已经在使用"瀹茗"一词。

如所周知，雪村友梅乃著名的五山禅僧之一。雪村友梅写有许多茶诗，收集了他在元留学时（1206—1368年）的诗偈的《岷峨集》和回国后的语录诗文集《宝觉真空禅师录》等文集中，以茶为题材的诗文就非常多。比如著名的"茶寮十事"一诗，充分说明若雪村友梅非嗜茶弄茶之人，是不可能撰写出如此精细的茶诗的。只是以前人们在谈到"茶寮十事"时，大多只注意了雪村友梅与点茶法的关系，[①]几乎很少有人论及雪村友梅与瀹茶法的关系。且不说雪村友梅在《宝觉真空禅师录　坤》中已经在使用"瀹茗"一词，单从雪村友梅在元留学的经验来推断，他习得瀹茶法的可能性也是非常高的。而且，雪村友梅归国后，在茶的领域也非常有名。

卖茶翁的《梅山种茶谱略》中对雪村友梅有着如下记述："雪邨的梅禅师（即雪村友梅）、幽栖梅山、公自元时赏茶，慕上人之遗风，爱山水之明媚，方才寓居此地"。[②]

《梅山种茶谱略》是一部简单地记述了中国及日本茶文化历史的书，其中列举了以唐代陆羽为首的十名左右的著名茶人，雪村友梅便是其中重点介绍的人物之一。江户时代后期成立的日本煎茶道就是采纳"瀹茶法"创制其一系列的吃茶程序的，正因为作为日本煎茶道的创始人卖茶翁把雪村友梅看作是向日本积极倡导瀹茶法的重要人物，所以才会在《梅山种茶谱略》中记下了雪村友梅的大名吧。

以上，以茶叶的摄取内容和茶叶的摄取方法为基准，对吃茶方法试着作了一下分类，并通过与中国的吃茶法的比较，简略地梳理了中世至近世的日本吃茶法的变迁。通过比较可以看出，日本的吃茶法，几乎是在中国的影响下发展起来的，并衍生出了许多独特之处，那么接下来我们就来分析一下日本茶道——茶之汤的吃茶法的特点。

---

① ［日］高桥忠彦、赵方任：《雪村友梅的"茶寮十事"译注》，《茶之汤文化学》2001年第8号。

② ［日］卖茶翁：《梅山种茶谱略》，载林屋辰三郎等编注《日本の茶书2》，平凡社1972年版，第65—66页。

## 三　日本茶道吃茶法的特点

通过以上对中日吃茶法演变过程的梳理可知，茶之汤采纳吃叶法中的点茶法，创制了其程序复杂、体系庞大的吃茶法。茶之汤的吃茶法的原型，可以追溯到陆羽倡导的吃茶法。茶之汤为何会固守自陆羽以来的吃茶法，可以考虑很多理由，笔者以为其中一个最重要的理由就是，茶之汤的吃茶，不是像中国茶道那样意在谋求神清气爽、飘飘欲仙的那种饮茶的生理效果，而是更看重如何为修习者们创造一个交往的机会，所以其点茶法即使不能与时俱进也无妨。日本茶道的点茶法一般分为秘传和非秘传两种点茶方法。秘传点茶法则要通过家元或其代理人亲口教授才可学得到，因属于不可形诸文字的内容，在此不便过多提及，但比较而言，可以说"秘传点茶法"是在传承着茶之汤的历史，"非秘传点茶法"则是在展现着茶之汤的现在。无论是"秘传点茶法"，还是"非秘传点茶法"，其出发点都是以吃茶这一活动为茶人提供社会交往的机会，为茶人们提供一个修行得道的指月之指，因此，日本茶道的做法很容易给人一种日本茶道里无茶的感觉。这一特点在茶道具的使用、点茶法、吃茶形式等方面表现的都非常明显。

无论是日本茶道，还是中国茶道，对茶道具的遴选都很慎重。例如，《茶经》"四之器"对茶碗的选择标准作过如下阐述："碗，越州上，鼎州次，婺州次，岳州次，寿州、洪州次。或者以邢州处越州上，殊为不然。若邢瓷类银，越瓷类玉，邢不如越一也；若邢瓷类雪，则越瓷类冰，邢不如越二也；邢瓷白而茶色丹，越瓷青而茶色绿，邢不如越三也。晋代杜毓《荈赋》所谓器择陶拣，出自东瓯。瓯，越也。瓯，越州上口唇不卷，底卷而浅，受半升已下。越州瓷、岳瓷皆青；青则益茶，茶作白红之色。邢州瓷白，茶色红；寿州瓷黄，茶色紫；洪州瓷褐，茶色黑：悉不宜茶。"由此可知，中国茶道的择器标准，主要是看器皿的色泽是否与茶色相合，所以把色青类冰玉的越瓷奉为上乘。

日本茶道的择器标准与中国茶道的择器标准则有很大的不同，中国茶道中陆羽排斥的白、黄、褐色碗，在日本茶道中非但没有受到排斥，反倒成为武野绍鸥、千利休等茶人嗜好的茶碗。如绍鸥喜好的白天目，千利休培养的陶艺师长次郎烧制的茶碗不是黄就是黑或者是褐色，如著名的黑色乐烧陶碗"勾当"（见图6—4）、有利休花押的"黄濑户茶碗"，还有被日本政府指定为重点文物的"无一物"（见图6—5）、"太郎坊"（见图6—6）、"白鹭"（见图6—7）都是赤色茶碗。

图6—4　勾当

图6—5　无一物

图 6—6　太郎坊

图 6—7　白鹭

中日茶道择器标准的不同，不单纯是一种美意识上的差异，主要还是因为各自追求的目的不同所致。日本茶道对待茶道具，几乎不考虑与茶的颜色搭配与否，而是侧重于茶人修为深浅与道具的协调与否。如茶人们很珍视的《心之文》中说："此道最忌自高自大，固执己见。嫉妒能手，蔑视新手，最最违道。须请教于上者，提携下者。此道一大要事为兼和汉之体，最最重要。目下，人言遒劲枯高，初学者争索备前、信乐之物，真可谓荒唐之极"。这里批判初学者不该使用备前烧、信乐烧茶器，并非因为涩涩的、粗糙的、干燥的备前烧、信乐烧茶器色不宜茶，而是因为初学者修行尚浅，还无法把握这类茶器的使用。

图 6—8　备前水指 　　　　图 6—9　备前水指

图 6—10　信乐水指 　　　图 6—11　信乐水指

另外，日本茶道的"小习"点茶法就是主要针对有来历的茶器的点茶法，如"茶碗饰"、"茶入饰"、"茶杓饰"等点茶法。相对而言什么样

的茶器似乎并不重要，由谁制作的、从谁那得来的等，这些反映了人际交往的内容更加受到重视，而且在点茶过程中，还专门设定了问询茶器由来的场景。茶人在入席时对壁龛内的字画行礼如仪，并非对字画，而是对字画的作者在行礼，所以欣赏字画时，也不会对字画技法的高低品头论足，而是要怀着对字画作者德行的崇敬之心去欣赏。

日本茶道中重视社会交往的要素，不仅体现在择器标准上面，在点茶法方面表现的也很突出。中日两国茶道都很重视水、火、茶，如《茶经》"六之饮"中说："茶有九难：一曰造，二曰别，三曰器，四曰火，五曰水，六曰炙，七曰末，八曰煮，九曰饮。阴采夜焙非造也，嚼味嗅香非别也，膻鼎腥瓯非器也，膏薪庖炭非火也，飞湍壅潦非水也，外熟内生非炙也，碧粉缥尘非末也，操艰搅遽非煮也，夏兴冬废非饮也。夫珍鲜馥烈者，其碗数三；次之者，碗数五。若坐客数至五行三碗，至七行五碗。若六人已下，不约碗数，但阙一人而已，其隽永补所阙人。"

中国茶道重视的是点茶的技法，日本茶道却不尽然。据《南方录》中记载，曾有人向千利休询问点茶的秘诀，千利休说："夏天办茶事要能使人感到凉爽，冬天办茶事要能使人感到温暖，炭要能使水烧开，茶要合口外，做到这些也就没有什么秘诀可言了。"问话的人很不高兴地说："这么简单的道理，还用你来讲吗！"利休说："那好吧，请你按照我说的来做一下试试，我来做你的客人，如果你达到了我如上的要求，我就给你做弟子。"当时大德寺住持笑岭和尚正好也在场，他听了二人的对话后，感慨地说："宗易所言极是，这同鸟巢禅师给白乐天的回答'诸恶莫作，诸善奉行'是一样的道理"。后世茶人们根据这段轶事演化出了"利休茶道七则"，即"1、茶花要如同开在原野中；2、炭要能使水烧开；3、夏天办茶事要能使人感到凉爽；4、冬天办茶事要能使人感到温暖；5、赴约要守时；6、凡事应未雨绸缪；7、关怀同席的客人"[①]。无论是《南方录》的茶事秘诀，还是近现代版的"利休茶道七则"，除了一句"茶要合口外"，并没有像《茶经》"六之饮"那样详细讲述什么"茶有九难云云"，日本茶道中讲得更多的是个人的修养以及在与人交往做事——点茶、吃茶活动中，个人所应持有的心得之类的内容。

另外，日本茶道的吃茶法与中国茶道及今天流行的茶艺的饮茶法的最

---

① ［日］千玄室：《茶の心》，淡交社2001年版，第50页。

大区别，就在于点茶时对待主客的要求不同。中国茶道与日本茶道都很讲究饮茶用的茶、水、火，而且中国的茶书记载比日本的更加细致周详。在这方面，无论是唐代苏广著的《十六汤品》、张又新的《煎茶水记》，还是明代如钱春年的《制茶新谱》、田艺蘅的《煮泉小品》等都是很好的例证。而且，详细阅读这些茶书就不难发现，中国茶道的点茶好坏几乎全是靠主人一人的技术好坏来左右的，根本无须客人的配合。也就是说，只要主人通晓了"选茶、汲水、用炭"的技巧，就一定可以点好一碗可口的茶了，而客人只是一个被动的喝茶者。中国现存茶书中，几乎没有对客人的做法提出什么要求。近几年来，台湾海峡两岸茶人频频联合举办国际"无我"茶会，将"无我"作为中国茶道对心境的最高追求。"无我"茶会的氛围的确很好，但茶会的做法也是只要求主人自我严加修炼，对客人几无要求，给人一种无我也不求他的感觉。

与之相对，日本茶道不但要求主人刻苦修习点茶法等，而且要求客人也必须同样刻苦修习。要想举办一次成功的茶事，点一碗可口的茶，就必须修炼的能够熟练调整火候、水温使其达到最佳状态。而要想将火候、水温调整到最佳状态，光靠主人一人的努力是不够的，必须得有客人的配合，即必须靠主客共同的努力和心心相印的合作方可。千利休说："茶之汤这个名字的意义就在于它第一追求的就是茶和汤的相应。能够根据前席的火候和后席的水温决定何时入席的客人，方是得道的客人；能够根据客人的修为恰到好处地调整火候、水温的主人，方为得道的主人。……切记，茶之汤这个名字，是蕴涵着很深的道理的"；"客人要根据火候和水温确定进入露地的时机"、"若客人修习欠佳，有时会导致火候变得相当坏"。[①] 这样的话，自然也就无法点出一碗可口的茶了。如上所述，日本茶道文献中的记述，往往不单纯是对主人的要求，同时也是对客人的要求。这是因为，日本茶道的茶事所追求的最高境界是"宾主一如、宾主历然"即既无宾主之分且又宾主分明的境界。所以，在日本茶道的相关文献中，类似于上文这种要求客人如何做的记述，比比皆是。

不仅在点茶方面，在吃茶方面日本茶道重视与会者间社会交往的性格也比较强。茶之汤形成初期，做茶事时，"侘亭主只敬献一碗浓茶"[②]，即

---

① ［日］千宗室主编：《茶道古典全集》第4卷，淡交社1977年版，第270—276页。
② 同上书，第6页。

"后席"饮茶时一般只是喝一碗浓茶而已,但慢慢地茶事内容有所变化,喝完浓茶后,又添了一道淡茶。喝淡茶时一般是人手一碗,但茶碗并不会成为某个客人的专用茶碗,而是大家先后交替来使用。主人也会在客人面前象征性地清洗擦拭,但是,从现代人的卫生意识的角度讲,恐怕很多人不大容易接受。如果连喝淡茶的方式都难以接受的话,那么喝浓茶就更难以接受了,因为浓茶是需要所有在座的客人一起传饮的,而且要求每位客人必须从茶碗的同一个地方来喝,这就更不符合现代人的卫生习惯了。日本茶道中所有客人共同分饮一碗茶的浓茶饮法,令我们不由地联想起古时的歃血为盟、夫妇间的交杯酒、兄弟结拜的义酒、基督教的圣餐、神道的交心会、佛教里拜服献给佛祖的剩茶仪式等这些宗教式的共同饮食的风俗。无论是主人点浓茶,还是客人们喝浓茶,彼此仅有极为简短的寒暄,那种气氛是非常严肃紧张的。与之相对,中国茶道吃茶则没有这些做法,而是人手一专用杯盏来品饮。比较而言,中国茶道更重视茶的色香味本身,而日本茶道似乎更注重饮茶的方式和过程,注重在茶室这个"一期一会"的方寸空间,通过共饮一碗浓茶这种方式来实现一味同心、异体同心的交流,从而实现情感的最大满足。

另外,日本茶道中还有一种名为"七事式"的点茶吃茶方法,这种点茶主客的角色是由五张分别写着"花、月、一、二、三"字样的小木牌来决定的,目的在于训练茶人们随处做主的能力,每个人都要做到能够迅速适应在瞬间发生转换的角色,做到在茶室这块方寸之地不乱方寸,所有参加者都要做到应无所住而生共心。

日本在很多重大历史关头都能够随机应变,灵活应对以及在日本企业员工身上表现出来的那种所谓的集团主义精神,应该说与以日本茶道为首的日本文化的潜移默化的熏陶是不无关系的。经过类似日本茶道这种范型文化的熏陶之后,同门间彼此无须更多的语言,一个眼神、一个小小的手势,亦能收到传神递意之功,那份默契以及因那份彼此的默契而萌生的无形的力量,绝非只是口是心非地高喊口号的人群和族群所能比的。

许烺光也曾指出,"日本人的文化理想是对主人和天皇效忠,当有需要时,比人的和谐和其他一切都更重要。"[1] 对日本人而言,其心目中的

---

[1] [美]许烺光:《家元:日本的真髓》,于嘉云译,台北:南天书局2010年版,第207页。

权威，近者是以自己的主人为代表的优位者，远者则是以天皇为代表的云上人。在现实的日本社会中，我们也的确经常能够看到日本人不惜牺牲人与人关系的和谐，而为类似"天皇、主君"的某一优位者、某一权威人物或某一组织体等尽忠的社会现象。虽然日本人并非人人修茶，但日本茶道所传承的文化理想，可谓是最具典型特征的。

第七章

# 从日本茶道的成因看日本文化的重层性特点

天下名山僧多占，自古高僧爱品茶。佛教与茶因缘深长，在日本茶道发展史上，佛教的作用功不可没。没有佛教僧侣传茶，没有寺院茶园，日本茶道就会成为无源之水、无本之木，也就更谈不上对人的生物性需求的基本满足。没有佛教特别是其中的禅的影响，日本茶道恐怕就不会发展成为介于世俗生活与宗教之间的综合性生活文化，也就难以被提升到"道"的精神高度，日本茶道修习者欲借此获得社会性需求和情感需求的满足也就会变成一句空话。

日本茶道融道教、阴阳道、儒教、佛教、神道、基督教思想为一体，分别表现于建筑、庭园、书画、陶瓷器、竹器、漆器、插花、香道、烹饪、礼仪、点茶方法等诸多方面，几乎涵盖了日常生活的方方面面，大到茶事的构成，小到一个点茶、吃茶的动作，都受到佛教很深的影响。但是，当把日本茶道中佛教的要素剥离之后就会发现，"人侍奉人的茶事，其实就是将人供神的神事仪礼，以最为庄严的形式予以继承并系统化了的仪礼。换言之，茶事就是祭礼本身"①。不仅仅是佛教，神道教对日本茶道特色的形成也有着很深的影响。可以说，佛教与神道教的影响已经渗透到了日本茶道的各个层面，并且一直影响至今。通过从物质层面和精神层面来梳理日本茶道的形成原因，不仅可以深入理解日本茶道本身的独特之处，而且可以进一步了解日本文化的重层性特点。

---

① ［日］上杉千郷：《茶道の中の神道》，镇西大社谏访神社1992年版，第8页。

## 第一节 寺社传茶奠定了日本茶道的物质基础

### 一 茶园的育成

每一个多少接触过日本茶道的人都会感觉到,佛教和神道教对其影响非常大,但是为什么佛教和神道教对日本茶道会产生如此深远的影响呢?欲回答这个问题,在研究日本茶道本身的佛教和神道要素之前,有必要先了解一下茶在日本的种植以及调制情况。

是谁最先将茶传到日本,又是如何传到日本的,至今仍无定论。一般认为,最初是平安时代由空海、最澄将茶传到日本,其后是镰仓时代的荣西再度将茶传入日本,并且是以茶种的形式传到日本的。虽然此说真伪难辨,且亦不应该将茶文化东传日本完全归功于空海、最澄、荣西等高僧的个人行为,但是,这种传闻也恰恰说明茶文化东传日本确实要得益于当时的留学僧。留学僧们不仅将茶种传到了日本,而且将使用茶种培育茶园的技术也传到了日本。在中国,使用茶种培育茶园的方法,不仅是唐代时就已经通行的方法,而且也是其后至明代这段时期主要通行的种茶方法。① 自唐代至明代这段时期,恰是中国茶文化对日本茶文化影响最大的时期,因此,在茶的栽培方法方面,必然也会对日本产生很大的影响。据说栂尾茶园就是明惠上人从荣西那里获得茶种后培育而成,而荣西的茶种则来自中国。明惠上人的茶种是否来自荣西虽然无从考证,但是,明惠上人自身采用种子繁殖法来培育茶园,这是不争的事实。② 此外,还有很多史料证明,日本茶园的育成方法,大多是采用了种植茶种的方式来进行的。

例如,《高山寺文书》中收录的"明惠高弁书状",就记录了明惠上人与高雄上人之间进行茶种赠答的事。明惠上人曾经约定要送茶种给高雄上人,但是茶籽尚未成熟,他便写信给高雄上人说等到茶籽成熟后

---

① 在中国,关于茶的栽培法,最早的记述见于陆羽《茶经》和唐末韩鄂的《四时纂要》。
② [日]山田哲也:《'證月上人宛高弁書状'について》,载《茶の湯文化学》1996年第3号。

再奉上。[1] 此外，金泽文库古文书"九七四号缘西书状"、"三四六八号氏名未详书状"中也是关于茶籽赠答的内容。"九七四号缘西书状"记述的内容是，镰仓时代有一个叫缘西的和尚，他想在诧磨居住地的后山再开辟一个茶园，所以写信给称名寺长老，请求长老给他一些茶籽。"三四六八号氏名未详书状"记述的内容是，发信人去年曾要过茶籽，但可能因为种植方法不大得当，结果很多茶籽未能培育成活，所以还想请求收信者赐给一些茶籽来种。据渊之上康元与渊之上弘子两位农学博士的研究，采用直接种茶籽来培育茶园的方法，有时会因花粉受精不良而导致茶籽发芽情况不佳，影响茶树的培育。因此，现代茶园的培育方法一般已经改成插条法了，但关于茶园立地等要求并未改变，依然是以山间坡地为佳，而且目前日本茶产地的一半左右都是山间坡地。[2] 也就是说，自唐代至明代这段时期，在中国通行的茶园培育方法，在日本得到了忠实的继承，而且其传承者大多都是佛教僧侣和神社的神职人员。

## 二 茶园的分布

为了考察日本中世茶园分布情况，笔者将目前所能查阅得到的相关史料，按照年代顺序做了一个统计表。这个统计表，基本上把文献上所明确记述的茶产地全包罗进来了，但对于重复出现在文献中的茶园，则只将其初次出现时的文献记在这个统计表中，其他重复记述的文献一概略而未记（详见表7—1）。

例如，统计表中第46项《东大寺文书》中所见的"手搔茶园"，初次记述该茶园的文献是应永四年（1397年）十月十五日的"大和添上郡川上名内手搔八段田作主职事"。其后，在《东大寺文书》应永十四年三月晦日、应永十八年三月二十二日、应永十九年三月十二日的文书中也均有记载，因为记述的都是同一个茶园，所以在统计时只取了初次出现时的应永四年的文献名记入到了统计表中。

该统计表的出典依据，大多是《大日本史料》、《大日本古文书》以及当时的古记录类文献。另外，在制表时还参考了吉村亨和孙容成的研究

---

[1] 《大日本史料》第五编之七，贞永元年正月十九日条。
[2] ［日］渊之上康元、渊之上弘子：《日本茶全书生产从赏味まで》，农文协1999年版。

成果①。

表 7—1　　　　　　　　　日本中世茶园分布表

| 序号 | 茶园分布地 | | 年代（年） | 出典 |
|---|---|---|---|---|
| 1 | | 几内（山城・大和・河内・和泉・摄津）、近江・丹波・播磨等国 | 弘仁六年（八一五） | 日本后纪卷廿四 |
| 2 | 大和 | 奈良（兴福寺周边） | 文永元年（一二六四） | 因明短释法自相里文书 |
| 3 | 大和 | 西大寺 | 文保元年（一三一七） | 西大寺旧记 |
| 4 | 山城 | 栂尾 | 文保二年左右 | 金泽文库古文书五五九号等 |
| 5 | 伊贺 | | 元德二年（一三三〇） | 金泽文库古文书一九二号 |
| 6 | 山城 | 京都 | 元德二年以前 | 金泽文库古文书三一九号 |
| 7 | 武藏 | 称名寺 | 元德二年以前 | 金泽文库古文书一九〇号等 |
| 8 | | 诧间磨 | 正庆二年（一三三三） | 金泽文库古文书九七四号 |
| 9 | | 赤岩乡 | 正庆二年（一三三三） | 金泽文库古文书二九九五号 |
| 10 | | 四室 | 正庆二年（一三三三） | 金泽文库古文书四七三四号 |
| 11 | 相模 | 极乐寺 | 正庆二年（一三三三） | 金泽文库古文书三五四六号 |
| 12 | 上总 | 坂本乡三谷 | 建武三年（一三三六） | 金泽文库古文书二五七一号 |
| 13 | 山城 | 梅小路 | 历应三年（一三四〇） | 师守记 |
| 14 | 纪伊 | 古佐布乡 | 历应四年（一三四一） | 高野山文书・续宝简集六 |
| 15 | 美浓 | 美浓国 | 康永二年（一三四三） | 祇园社社家记录 |
| 16 | 山城 | 谷仓院 | 贞和元年（一三四五） | 师守记 |
| 17 | 山城 | 西野 | 观应元年（一三五〇） | 祇园社社家记录里文书 |
| 18 | 山城 | 山階 | 观应元年（一三五〇） | 祇园社社家记录 |
| 19 | 山城 | 康乐寺 | 观应元年（一三五〇） | 祇园社社家记录 |
| 20 | 山城 | 祇园 | 文和元年（一三五二） | 祇园社社家记录 |
| 21 | 山城 | 叶室山御灵前 | 文和三年（一三五四） | 临川寺重书案文 |
| 22 | 摄津 | 多田乡内 | 贞治二年（一三六三） | 多田神社文书 |

---

① ［日］吉村亨：《中世の茶—調製と茶業》，载《京都文化短期大学紀要》第 3 号，1985 年；孙容成：《闘茶について》，北京日本学研究センター第八期大学院生修士論文，1994 年，未公刊。

续表

| 序号 | 茶园分布地 | | 年代（年） | 出典 |
|---|---|---|---|---|
| 23 | 摄津 | 胜尾寺 | 贞治五年（一三六六） | 大日本史料北朝贞治五年杂载胜尾寺文书 |
| 24 | 丹波 | 极乐寺 | 应安元年（一三六八） | 祇园社记 |
| 25 | 山城 | 嵯峨松荫 | 应安元年（一三六八） | 临川寺重书案文 坤 |
| 26 | 山城 | 大悲心院 | 应安五年（一三七二） | 教王护国寺文书七五二号 |
| 27 | 山城 | 唐桥大宫 | 应安六年（一三七三） | 教王护国寺文书五一九号 |
| 28 | 山城 | 宇治 | 应安七年（一三七四） | 信秋记 |
| 29 | 山城 | 仁和寺 | 应安八年（一三七五） | 异制庭训往来 |
| 30 | 山城 | 醍醐 | 应安八年（一三七五） | 异制庭训往来 |
| 31 | 大和 | 般若寺 | 应安八年（一三七五） | 异制庭训往来 |
| 32 | 丹波 | 神护寺 | 应安八年（一三七五） | 异制庭训往来 |
| 33 | 大和 | 室尾 | 应安八年（一三七五） | 异制庭训往来 |
| 34 | 伊贺 | 服部 | 应安八年（一三七五） | 异制庭训往来 |
| 35 | 伊势 | 河居 | 应安八年（一三七五） | 异制庭训往来 |
| 36 | 骏河 | 清见 | 应安八年（一三七五） | 异制庭训往来 |
| 37 | 武藏 | 河越 | 应安八年（一三七五） | 异制庭训往来 |
| 38 | 伊势 | 小山寺 | 应安年间 | 游学往来 |
| 39 | 近江 | 石山寺 | 应安年间 | 游学往来 |
| 40 | 近江 | 比叡 | 应安年间 | 游学往来 |
| 41 | 山城 | 高辻壬生 | 康应元年（一三八九） | 欢喜光寺文书 |
| 42 | 山城 | 松尾神社社领内 | 明德三年（一三九二） | 松尾神社文书 |
| 43 | 摄津 | 多田院千部经料茶园 | 明德四年（一三九三） | 多田神社文书 |
| 44 | 和泉 | 加守乡 | 明德五年（一三九四） | 久米田寺文书 三 |
| 45 | 山城 | | 应永三年（一三九六） | 田中教忠氏所藏文书 坤 |
| 46 | 大和 | 添上郡川上名内手搔 | 应永四年（一三九七） | 东大寺文书三三号 |
| 47 | 丰前 | 宇佐郡高家乡 | 应永四年（一三九七） | 乙咩文书 |
| 48 | 纪伊 | 伊都郡高野山领内 | 应永八年（一四〇一） | 荣山寺文书 |
| 49 | 播磨 | 细川庄 | 应永十二年（一四〇五） | 教言卿记 |
| 50 | 河内 | 楠叶 | 应永十三年（一四〇六） | 教言卿记 |
| 51 | 山城 | 竹鼻 | 应永十三年（一四〇六） | 教言卿记 |
| 52 | 纪伊 | 石垣庄 | 应永十四年（一四〇七） | 教言卿记 |

续表

| 序号 | | 茶园分布地 | 年代（年） | 出典 |
|---|---|---|---|---|
| 53 | 下总 | 香取神社周边 | 应永十七年（一四一〇） | 香取文书纂 |
| 54 | 大和 | 东大寺知足院学侣方茶园 | 应永十七年（一四一〇） | 东大寺文书七一号 |
| 55 | 近江 | 盐津庄 | 应永廿年（一四一三） | 大德寺文书一七一三号 |
| 56 | 近江 | 石津寺 | 应永廿一年（一四一四） | 石津寺文书 |
| 57 | 山城 | 伏见御所近傍 | 应永廿三年（一四一六） | 看闻日记 |
| 58 | 山城 | 上、下久世庄 | 室町时代前期 | 教王护国寺文书一一九二号等 |
| 59 | 因幡 | 吉冈庄 | 永享四年（一四三二） | 葛川明王院史料 |
| 60 | 远江 | 浅羽庄 | 嘉吉元年（一四四一） | 宝镜寺文书 |
| 61 | 摄津 | 中岛 | 嘉吉二年（一四四二） | 崇禅寺文书 |
| 62 | 赞岐 | | 文安四年（一四四七） | 经觉私要钞 |
| 63 | 伊贺 | 上野庄 | 文安五年（一四四八） | 东寺百合文书チ 二五号 |
| 64 | 远江 | 国沼木乡 | 文安六年（一四四九） | 远江国御神领记 |
| 65 | 山城 | 北野玉梅庵 | 宝德元年（一四四九） | 北野社家日记 |
| 66 | 若狭 | | 宝德元年（一四四九） | 经觉私要钞 |
| 67 | 大和 | 八峰山 | 宝德二年（一四五〇） | 经觉私要钞 |
| 68 | 山城 | 安祥寺领内 | 宝德二年（一四五〇） | 劝修寺文书 |
| 69 | 越前 | 洞仙寺 | 长禄二年（一四五八） | 大乘院寺社杂事记 |
| 70 | 纪伊 | 坂井乡 | 长禄三年（一四五九） | 《和歌山县史》中世史料一 |
| 71 | 山城 | 音羽庵 | 宽正四年（一四六三） | 山科家礼记 |
| 72 | 美浓 | | 宽正四年（一四六三） | 山科家礼记 |
| 73 | 近江 | 蒲生郡 | 文明十年（一四七八） | 日吉神社文书 |
| 74 | 近江 | 信乐 | 文明十二年（一四八〇） | 后法兴院记 |
| 75 | 美浓 | 善惠寺 | 文明十三年（一四八一） | 善惠寺文书 |
| 76 | 大和 | 宇智郡须惠庄 | 文明十七年（一四八五） | 荣山寺文书 |
| 77 | 大和 | 狛野庄 | 文明十八年（一四八六） | 大乘院诸领纳帐 |
| 78 | 大和 | 福智院领 | 文明十八年（一四八六） | 大乘院寺社杂事记 |
| 79 | 因幡 | | 文明十八年 | 大乘院寺社杂事记 |
| 80 | 山城 | 北野社领宇治三郎五郎茶园 | 长享二年（一四八八） | 北野社家日记 |
| 81 | 山城 | 中谷坊 | 延德二年（一四九〇） | 醍醐寺文书七二六号 |

续表

| 序号 | 茶园分布地 | | 年代（年） | 出典 |
|---|---|---|---|---|
| 82 | 丹波 | 船井庄 | 延德二年（一四九〇） | 北野社家日记 |
| 83 | 大和 | 宇陀郡普贤寺领石田庄 | 明应三年（一四九四） | 大乘院寺社杂事记 |
| 84 | 萨摩 | 大愿寺 | 明应五年（一四九六） | 《袖中秘密藏》（《五山文学新集》第四卷 |
| 85 | 山城 | 石田里 | 文龟二年（一五〇二） | 醍醐寺文书六一五号 |
| 86 | 美浓 | 龙德寺 | 永正八年（一五一一） | 龙德寺文书 |
| 87 | 伊势 | 山田浦口之内 | 永正十五年（一五一八） | 辑古帖　八 |
| 88 | 山城 | 葛野郡冈乡内 | 永正十六年（一五一九） | 古文书 |
| 89 | 大和 | 笠间 | 永禄十二年（一五六九） | 多闻院日记 |
| 90 | 山城 | 宇治七茗园 | 中世末期 | 仙林 |

从上述中世茶园分布一览表来看，中世茶园的分布，总体上从气候条件最适合种茶的九州地区，到被称为种茶的北部极限地区的武藏，都已经有茶园出现，其中既有许多作为名山而为世所周知的茶园，也有许多无名的茶园。

平安时代，茶园主要是集中于以近几地方为中心的关西地区；到了镰仓时代，茶园开始向关东方面扩展；到了室町时代，茶园虽仍然大多集中在近几地方的山城与大和地区，但日本列岛大凡适合种茶的地方，已经基本上都有茶园了。而且，茶园明显集中于各类佛教寺院以及神社周边或者其支配下的庄园内。"试向云根下一锄，种春先喜有春储。太平气象丛林里，百万枪旗欲展初"等雪村友梅咏《种茶》[①] 以及南江宗沉咏《茶园落花园》[②] 的诗，歌咏的都是当时禅寺周边的茶园风景。

### 三　茶叶的调制

#### 1. 茶叶的调制技术

在中世的日本，荣西的《吃茶养生记》是唯一一本详细记录了茶的调制技术的书，其中的"六　调茶样"，对其在宋地所见的蒸青制茶法全

---

① 《五山文学新集》第3卷，第767页。
② 《五山文学新集》第6卷，第259页。

过程进行了详细的记述：见宋朝焙茶样，是朝採即蒸，即焙之，懈倦怠慢之者，不可为事也。焙棚敷纸，纸不焦样，诱火工夫而焙之不缓不息，竟夜不眠，夜内可焙毕也，即盛好瓶以竹叶坚封瓶口，不令风入内，则经年岁而不损矣。

正因为荣西曾经向幕府将军献茶，而且还撰写了《吃茶养生记》，所以后世乃至今日，很多人仍将荣西视为再度将茶文化传入日本的功劳者。其实，如《西宫记》所述："校书殿使摘茶进所，药殿生以升量请，造法见例文"，早在平安时代中国的制茶法应该就已经传到了日本。到了镰仓时代，不仅荣西，其他留学僧也很有可能将制茶法从中国传到日本，但遗憾的是，没有哪一位能够像荣西那样以《吃茶养生记》的著作形式传世，结果让荣西和他的《吃茶养生记》得以独自倍受瞩目。

《吃茶养生记》这部著作，作为考察南宋时期的中国茶业状况资料，里面包含有许多可以弥补其他文献之不足的内容，这是该书的价值所在，也是应该予以评价之处。① 虽不能断言就是荣西《吃茶养生记》的影响，但是，到了室町时代，该书中记述的宋代蒸青制茶法已经在日本得到推广，这是不争的事实。例如，《洞院公定日记》应安七年（1374年）四月三十日条记载："绫少路少将信俊朝臣来，昨夕经永、业范等向绫少路相公宿，终夜调茶，彼朝臣同道归路来也"②。"终夜调茶"与《吃茶养生记》的"竟夜不眠，夜内可焙毕也"，记述的应该是极为近似的制茶法。

考叔宗颖与萨摩大愿寺的僧众们一起唱和的偈颂集《袖中秘密藏》中记录了13首"普请摘茶 颂"，这些诗是歌咏13位禅僧在萨摩大愿寺茶园摘茶情形的茶诗，其中有"採摘东西南北园，焙来费纸数千番。看看陶陆羽形像，排作茶神茶戶门"③ 等诗句。

"焙来费纸数千番"应该是歌咏制茶工艺内容的诗句，它与《吃茶养生记》的"焙棚敷纸、纸不焦样诱火工夫而焙之"也是极为相近的表述。《太平广记》中有"今为鸿渐形者，因目为茶神，有交易则茶祭之，无以

---

① ［日］高橋忠彦：《中国茶史における〈吃茶养生记〉の意義》，载《東京学芸大学紀要》第2部第45集，1994年。
② ［日］竹内理三编：《洞院公定日记》，临川书店1967年版。
③ 《五山文学新集》第4卷，第259页。

釜汤沃之"①，到了宋代，陆羽才被作为茶神予以祭祀。因此，"看看陶陆羽形像，排作茶神茶户门"正是在歌咏到宋代才开始流行的茶习俗。虽然不能断言这些都是受到了《吃茶养生记》的影响，但是，可以推知，宋代蒸青制茶法在日本的传播，《吃茶养生记》应该是发挥了很重要的作用。

2. 制茶技术者

在日本，专门的制茶技术者诞生于何时，无从得知，但根据《西宫记》等古籍的记录推测，大概在平安时代就已经出现了专业的制茶技术人员。到了镰仓时代，《金泽文库古文书》"九九一号觉惠书状"中记述了一些从事茶园修缮管理的人员，但缺乏进一步详细的记述。只有到了室町时代以后，关于专业制茶技术人员的记述才逐渐多起来。从现存的史料来看，室町时代的专业制茶技术人员，大多为宫笼、法师等寺院或者神社的下层职员。除了这些宗教相关人士而外，还有一些是来自中国大陆的渡来人的后裔。下面，我们就按照时间顺序，根据寺社文书以及公家日记的记录，来分析一下制茶者的情况。

《花园天皇宸记》元弘二年（1332 年）二月十五日条记载："早朝，泉屋茶令人摘之，召春宫（中院通显）大夫令调之，召具法师一人，于庭上令调之，气味甚好"。这里的制茶者是春宫大夫和一名法师。法师大概是普通的僧侣吧。"春宫大夫"这个官职，自律令制以后至明治维新前一直存在，是侍奉皇太子，掌管其内政春宫坊的上位官职名。从这条记录来看，当时连天皇膝下都已经设有专门的茶叶调制人员了，可见当时公家社会的吃茶已经相当普遍。

《祇园社社家记录》正平七年（1352 年）三月六日条中有这样的记述："林茶今日调始之，诸社宫笼摘之"，同年三月七日条载"林茶又摘之，诸社宫笼摘之，一焙炉三十两有之"。负责制茶的宫笼，也是负责"扫除、敷砂、透廊、夏堂（后户）的洗水、汤立神乐、太鼓王舞、抬神舆、处刑、到各庄办事的信使、摘花"等杂役的神职人员，是祇园社中最下级的神职人员。②

《师守记》中可以确认的制茶者有三人："家君"中原师茂、"音博

---

① ［日］千宗室主编：《茶道古典全集》第 1 卷，淡交社 1977 年版，第 177 页。
② ［日］丹生谷哲一：《一服一钱茶小考》，载《立命馆文学》第 509 号，1988 年。

士"中原师兴和"宗左卫门入道赖惠"。贞和三年（1347年）三月九日条中记载："今日初家君被调茶"；《师守记》贞治四年（1365年）四月五日条中记载："今朝家君有同车予以下，被渡谷仓院，被摘茶，初度也……宗左卫门入道赖惠调之，三斤余有之云云"；贞治四年（1365年）四月十六日条中记载："今日摘院茶……音博士调制，约有三斤左右云云"。这些制茶记录中的"家君"即中原师茂，"音博士"即中原师兴，"宗左卫门入道赖惠"即惟宗家国。

《日本三代实录》元庆七年（883年）十二月二十五日条中有如下一段记述：

> 廿五日丁巳，左京人从五位下行下野权介秦宿祢永原、从五位下守大判事兼行明法博士秦直宗、山城国葛野郡人外从五位下行音博士秦忌寸永宗、右京人主计大允正六位上秦忌寸越雄、左京人右卫门少志秦公直本等，男女十九人赐姓惟宗朝臣。永原等自言，秦始皇十二世孙，功满王子，融通王之苗裔也。

从"惟宗"这个姓来考虑的话，惟宗家国应该是这个渡来人惟宗氏的后裔。据《师守记》贞治四年（1365年）四月二日至十五日条的记载，家君中原师茂与音博士中原师兴和惟宗家国也曾是连日进行的名为"巡茶"茶会的负责人。他们三人调制的都是谷仓院的茶，所以他们使用的制茶技术也应该是相同的。因此，在中原家进行的制茶技术，很有可能是由渡来人（主要是来自中国大陆的移民）传到日本，并由其子孙继承下来的。另外，日语的"入道"乃是对出家人的称呼，调茶者宗左卫门入道赖惠大概也应该是一个僧人吧。

《信秋记》应安七年（1374年）三月四日条中记载："从信浓守护上杉霜台禅门派来制茶使者，从祢津入道处派来的使者古阿，也是为了制茶而来"[①]。古阿与信浓守护上杉霜台禅门派来的使者既然在同一个地方调制茶叶，他们的制茶法大概也是一样的。在日本，中世以后，一些净土宗的僧侣常常在名下加上"阿弥陀佛"、"阿弥"、"阿"等称号，这个制茶者"古阿"，大概也是一个净土系的僧人。

---

① 东京大学史料编纂所编：《大日本史料》第六编之四十二，"应安七年杂载"，第140页。

表7—2是《经觉私要钞》里面关于制茶技术者的记述。

表7—2　　　　　　　　《经觉私要钞》制茶记事表

| 日　　期 | 记　事　内　容 | 制茶者 |
| --- | --- | --- |
| 宝德二年（一四五〇）三月廿八日 | 自去廿六日至今日茶为之、三川房招请了 | 三川房 |
| 宝德四年（一四五二）四月十二日 | 八峰山茶摘之沙汰了、三位·与一男遣了、上下廿七人而摘之 | |
| 宝德四年（一四五二）四月十三日 | 今日茶为之、井坊怀尊律师召之、茶令沙汰了 | 怀尊律师 |
| 宝德四年（一四五二）四月十八日 | 八峰山茶为之、怀尊律师为茶招引了 | 怀尊律师 |
| 宝德四年（一四五二）四月十九日 | 茶为之、三川法师来了 | 三川法师 |
| 宝德四年（一四五二）四月廿二日 | 八峰山茶为之 | |
| 宝德四年（一四五二）五月六日 | 八峰山茶明日可沙汰之由仰付了 | |
| 宝德四年（一四五二）五月七日 | 茶为之 | |
| 享德二年（一四五三）三月十日 | 八峰山茶今日初为之、怀尊律师仕手也 | 怀尊律师 |
| 康正二年（一四五六）四月十六日 | 八峰山茶摘之第二度也、怀尊僧都召寄沙汰之毕 | 怀尊僧都 |
| 康正三年（一四五七）四月十七日 | 茶今日亦为之 | |

　　从这个统计表来看，八峰山茶园的制茶，主要集中在三月、四月、五月。负责茶叶的调制者是三川法师和怀尊律师。三川法师并不是地位很高的僧侣，但怀尊律师的地位还是很高的。律师是僧纲的第三位，是仅次于僧都的僧官。在享德二年制茶记录中怀尊还是个律师，但康正二年即三年后就已经升迁为僧都了。《大乘院寺社杂事记》康正三年（1457年）四月十八日条有"茶头怀尊僧都"的记述，这表明负责八峰山茶园制茶的怀尊也是大乘院的茶头。据《大乘院寺社杂事记》长禄二年（1458年）三月二十二日条与长禄三年（1459年）五月二十八日条的记录，每当举办"讲"等宗教活动时，肯定会有饮茶活动，作为"茶头"应该是一系列活动的负责人了。由此可见，当时的茶人无论对制茶，还是对吃茶，都是专家，所以"茶之汤"最初能够具备与茶道本义相近的含义也就不难理解了。

众所周知，宇治茶是日本最有名的茶叶，它也是日本茶道用茶中一直占有绝对地位的茶叶。在日本，中世时就有传说称是荣西从中国传回茶种，明惠上人从荣西处获赐茶籽种在了京都栂尾的高山寺，而后栂尾茶又被移植到了宇治，这便成为宇治茶的由来。后世人将栂尾茶作为"本茶"，将宇治茶作为"非茶"，来举办斗茶会。[1] 茶之汤成立之初，主要就是使用宇治茶师们用覆下栽培法培育出来的茶叶，直至今天，宇治茶在茶之汤用茶中依旧占据着不可动摇的地位。那么，如此尊贵的宇治茶是由什么样的人来调制的呢？据考证，大体可以分为四类人："第一类人是作为宇治、槙岛各町产土神而存在的、效力于宇治离宫八幡宫（现在的宇治神社、宇治上神社）的神官们"；"第二类人是宇治的西方栗隈山神明社的祠官们"；"第三类人是守护着宇治东南白川里金色院的白川别所十六坊的僧侣们"；"第四类人是被称为平等院侯人（公人）的十家中的人们"。[2] 也就是说，最尊贵的宇治茶的制茶者，也几乎全都是效力于寺院、神社的宗教人士。

总而言之，在茶之汤形成前后，当时的制茶者的构成大体可以分为两大类：一类是以寺社为中心的神人、宫笼、法师、律师等负责杂务的下级神职人员或者僧侣；另一类则有可能是像中原家那样与渡来人有着密切关系的人，而且这样的人当中，也有很多是僧侣。如"宗左卫门入道赖惠"就是这样一个人物。

## 第二节　宗教礼仪丰富了茶事礼仪的内容

茶事是"用餐仪礼"与"饮茶仪礼"的一种精美的组合。

对于将日本茶道视为修行得道的指月之指的修习者们而言，举办茶事的过程，既是求道、证道的过程，也是悟道的过程。茶室壁龛间，常常会见到挂有"步步是道场"、"直心是道场"、"平常心是道"等禅僧的墨

---

[1] [日] 栗田勇：《茶道中的诸法实相》，载户田胜久编《茶事·茶会　茶道学大系——三》，淡交社1999年版。

[2] [日] 林屋辰三郎编：《宇治市史 2　中世の歴史と景観》，宇治市役所1974年版，第639—648页。

宝，茶人们经常在各种场合以这种禅语来提醒自己努力修炼和永葆毫无造作、不浮不躁、不卑不亢、不贪不嗔的"和敬清寂"之心，使自己的举止言行没有一丝一毫的"不合理、徒劳无益、参差不齐"，这不仅是一个精神层面的要求，也是准备怀石、点茶、吃茶法的技术层面上的要求。

对于将日本茶道视为其不为无益事且度有生闲暇的娱乐手段、或者视为其创造交友之缘的工具的修习者们而言，举办茶事的过程，也是一个演练如何营造良好的人际关系，以及如何享用良好的人际关系带来的幸福和快乐的过程。

总之，做茶事时，主客做到心心相印，彼此间的一举手一投足没有一丝一毫的勉强、徒劳和参差不齐，唯此方能够称得上是洗练的茶事做法。这种茶事做法的创出，绝非某一个人、在某一短暂的时间内可以一蹴而就，它不仅需要诸多日本茶道宗匠们的睿智的磨合，而且亦需要茶人澄心净意地去修炼，同时也离不开社会文化环境的熏陶。吃茶文化自传入日本之初，就与各种宗教有着千丝万缕的联系，茶事做法的形成离不开宗教仪礼饮茶的滋养。

## 一 法会茶仪对茶事的影响

学习日本茶道，其基本程序是先学习行礼、寒暄的方法，接下来学习每一个茶道具的操作方法及其相关知识，然后是由浅入深地学习各种点炭、点茶的方法及其相关知识，这些分步修习的最终目的就是为了能够完成一次理想的"茶事"。要想成功举办一次茶事，不仅要学习如何做主人，还要学习如何做客人。茶事是"用餐仪礼"与"饮茶仪礼"的一种组合，因此，当学会点茶、吃茶做法后，还得再学会制作和品尝怀石料理的礼法。只有对作为主人和客人的所有角色、职责都修习完毕，并做到了如指掌、熟稔于胸之后，方可去尝试独立做茶事，体会茶道的妙谛。笔者是在对日本茶道的茶事等有了一定的实践体验后才去阅读古文献的，所以当浏览"引茶"等早期宗教法会上的饮茶仪礼记录时，笔者的第一个感觉就是，这些文献中记录的实质就是僧侣们习茶的分解动作。

关于法会上最早记录的饮茶仪式，就是"季御读经"的"引茶"。在9世纪后半期，四季或两季的三天或四天的御读经时，在第二天或第三天进行"引茶"仪式，这已成为惯例。其后，"季御读经"的"引茶"作为显密寺院的例行法事,一直延续至镰仓时代中期左右。①

关于记述"季御读经"时"引茶"的史料有很多。

例如,平亲信的《亲信卿记》天禄三年(972年)八月二十四日条中记有"侍臣施煎茶于众僧,相加甘葛煎及厚朴和生姜等,随用施之";同记天延二年(974年)八月十五日条中记有"季御读经杂事……可召仰诸司、内藏御、差油、脂烛布、土器、托盘、瓶子、生姜、布施……药殿申请云,茶七十枚、生姜九升";②《西宫记》"季御读经"项中记有"召内藏寮生姜、托盘、土器九百口,召典药厚朴为引茶料"等③;1115年至1118年间成立的《云图抄》的背书记载:"次藏人三人,最前人,居土器廿口于托盘持之,次人持茶,近代次人持甘葛煎,已上入土瓶","先甘葛,次茶,各饮之"④;《山槐记》仁平二年(1152年)八月二十二日条中记有"廿二日甲申天晴,时时雨降,参内,引茶役四位显成朝臣,五位伊长,藏人宪定,非藏人家辅持土器土瓶等,临刻限,茶不候之由,行事小舍人为恐申上之,不足言,参内之后责出引茶了,不可说事也,如然事非大事,行事藏人,出纳及小舍人可存事软,南殿引茶杂色源盛赖云云"。⑤

从这些史料记载来看,季御读经"引茶"的准备工作以及"引茶"当天都需要很多人。例如,内藏寮要负责准备"托盘、土器、瓶、碗"等点茶、吃茶用具;典药寮要负责准备"厚朴、茶"等物品;行事小舍人以及被称为"杂色"的无位之人负责磨茶;相当于四位、五位、六位级别官职者担当负责点茶的"引茶役";藏人各自负责拿茶托、端茶碗;"施煎茶于众僧"的侍臣负责为众僧分茶等等。这些人可能只是在按照以往约定俗成的做法,在各司其职,各尽其责,例行公事。当然,偶尔也免不了出错,如《山槐记》仁平二年(1152年)八月二十二日条中记载,在22日这天进行"引茶"的时候,负责磨茶的行事小舍人、杂色等就未能及时将茶磨好备用。这些史料记载为我们描绘了一幅"引茶"时的忙乱景象,每每浏览这些文献记录,笔者都会情不自禁想起自己最初修习日本茶道时的情景。"引茶"时所需的同样工作,在日本茶道中已经变得井

---

① 张建立:《平安时代至镰仓时代的制茶》,《艺能史研究》2001年第155号。
② 《大日本史料》第1编之14与15,东京大学史料编纂所。
③ 《西宫记》3,故实丛书。
④ 《云图抄》,载《群书类从》第6辑,第82卷。
⑤ 《山槐记》(大日本古记录),第11页。

第七章　从日本茶道的成因看日本文化的重层性特点　153

然有序，日本茶道将这些分散的工作职责都变成了由主人和客人双方共同承担的工作，虽也有约定的点茶、吃茶之法，但在约定的做法范围内，茶人可以自主地表达自己对日本茶道精神"侘"的理解。但是，在能够独立举办茶事，表达自己对日本茶道精神"侘"的理解之前，必须得一样一样地从最基本的打扫庭院、洗涮茶器、备茶、汲水、备炭等琐细的工作开始慢慢地学习方可，只有在师傅的指导下、在同伴们的帮助下将所有的动作都了熟于胸后，方可独自一人去承担主客之职，方能更加从容地去体悟出一点点儿可意会却难以言传的东西。

另外，"引茶"时可随用施之的"甘葛煎及厚朴和生姜汤等"，在茶事中变成了正式入席前在候客室里饮用的"香煎"。当然了，现代茶人做茶事很少会使用甘葛煎、厚朴、生姜汤来做香煎的，但在形式上并没有丝毫改变。再者，茶事用茶与"引茶"仪式上吃的茶一样，都使用粉末状茶——抹茶来点服。茶点好后，正式茶事时，像"引茶"那样由负责点茶的人送到饮者面前的情况不多，一般是由客人自己来取用。

法会饮茶不仅仅是"季御读经"第二天进行的"引茶"，举行北斗修法等法会时也有饮茶仪式，如大日本古文书《醍醐寺文书》建长八年（1256年）"二二五号北斗御修法用途注文案"中记载，为了消除灾祸进行北斗修法，法会间不仅要向佛供茶，而且还要给参加法会的人献茶。另外，从金泽文库古文书一七〇号、五五九号、二五五六号文书[①]记述的内

---

① 　一七〇　金泽贞显书状
　　今朝进使者候き、定参入候歟、兼又、明日御影供之由、承候之间、左道之捧物进之候、御影も令进候、以次御供养候て、返给候者、恐悦候、新茶明日被出候覧と覚候、近日推参候て可给候也、申候、恐惶谨言、
　　　　　　　　三月廿九日　　　　　　　　贞显
　五五九　兼雄书状
　　每年法花讀诵之御布施茶、依世上物、及遲々候毕、殊非本意候、仍一合令进入之候、無左右梅尾土産候、但氣味不思程候歟、猶可延秘計候也、恐惶谨言、　　　　　　（倉栖）
　　　　　　　　七月九日　　　　　　　　掃部助兼雄（花押）
　二五五六　輪如书状
　　はん時者可申入候、又御影御茶宗雲房仰之様申候處、とても能々御休息候て被申候、又一日御茶箱茶は入候はん時は可申候、一奉行と法眼、葉茶少分所望程に二方へ遣候て、未残候、盡可申候、返々も此御沙汰出仕候により、いまつて延引令存候、以此旨可有御申謹言、
　　　　　　　　　　　　　　　　　　　　　　　　　　　　　　　　　（輪如？）
　　　　　　　　卯月廿七日　　　　　　　　良空御房御報□□

容可知，作为御影供的布施也会向僧侣赠茶，在举办相应的法会期间为僧侣献茶也是极为自然之事。

此外，各种称之为"讲"的宗教集会的饮茶更是必不可少。例如，《权记》长保三年（1001年）九月十七日条记载："御八讲了，夕座法用之后……升立茶煎具"；《大乘院寺社杂事记》康正三年（1457年）二月十八日条记载："新供论事兼日……五卷了，茶出之"；《大乘院寺社杂事记》长禄三年（1459年）五月二十八日条记载："新供众之同音论于九间修之，二十人皆参……茶出之"；《大乘院寺社杂事记》长禄四年（1460年）三月二十二日条记载："新供论始行之……至第五卷引茶"；《大乘院寺社杂事记》文明十二年（1480年）二月二十八日条记载："新供同音论行之，二十人皆参，五卷时分茶献之"。

总之，法会的吃茶礼仪，可以说为日本茶道的吃茶法提供了可资借鉴的文化要素，甚至可以讲，法会的吃茶礼仪实质就是日本茶道吃茶法的分解演练。另外，法会的吃茶礼仪虽也有一定的做法惯例可循，但总体而言，包括"季御读经"第二天进行的"引茶"在内，大多还是侧重于吃茶解渴解乏的生物性需求层面。与之相对，禅林的饮茶，则更加强化了吃茶的求道性，为"茶事"发展成为能够满足人们的精神需求的文化形式，发挥了重要作用。

## 二　禅林茶礼对茶事的影响

### 1. 禅林饮茶的状况

茶与禅之联系，从茶道的开山鼻祖陆羽活跃的时代就已经开始了。"羽字鸿渐，不知所生，初竟陵禅师智积，得婴儿于水滨，育为弟子……与皎然上人为忘年之交"，[①] 陆羽自幼曾被智积禅师收养，在禅寺里学文识字、习颂佛经，其后又于唐代诗僧皎然和尚结为缁素忘年之交。在陆羽的《自传》和《茶经》中，也都有对佛教的颂扬及对僧人嗜茶的记载。可以说，茶道从一开始萌芽，就与禅有着千丝万缕的联系。

《封氏闻见记》卷六载："茶早采者为茶，晚采者为茗，本草云，止

---

[①]　《陆羽》（《唐才子传卷三》），载千宗室主编《茶道古典全集》第1卷，淡交社1977年版，第173—174页。

渴令人不眠。南人好饮之，北人初不多饮，开元中，泰山灵岩寺有降魔师，大兴禅教，学禅，务于不寝，又不夕食，皆许其饮茶。人自怀挟，到处煮饮，从此转相仿效，遂成风俗。"① 乍读这段文字，大多数的读者都会以为禅僧是在将茶当做疗饥汤、防睡药来用了，但如下文所示，在很多禅宗典籍中，记载禅的修行都是格外讲究顺性修心的，不可能将茶当做疗饥汤、防睡药来使用。

问："如何是平常心？"师曰："要眠即眠，要坐即坐。"曰："学人不会，意旨如何？"师曰："热即取凉，寒即向火。"（宋·普济《五灯会元》卷七）

有源律师来问："和尚修道还用功否。"师（越州大珠慧海禅师）曰："用功。"曰："如何用功。"师曰："饥来吃饭困来即眠。"曰："一切人总如是。同师用功否。"师曰："不同。"曰："何故不同。"师曰："他吃饭时不肯吃饭。百种须索。睡时不肯睡千般计校。所以不同也。"律师杜口。（宋·道原《景德传灯录》卷六）

兀然无事无改换。无事何须论一段。直心无散乱，他事不须断。过去已过去，未来犹莫算。……我不乐生天。亦不爱福田。饥来鼻饭，困来即眠。愚人笑我，智乃知焉。不是惷钝，本体如然。要去即去。要住即住。身披一破衲，脚著持生裤。多言复多语，由来反相误。若欲度众生，无过且自度。……兀然无事坐，春来草自青。（《景德传灯录》卷三十"懒瓒和尚歌"）

上堂："释迦老子有四弘誓愿云：'众生无边誓愿度，烦恼无尽誓愿断，法门无量誓愿学，佛道无上誓愿成。'法华亦有四弘誓愿：'饥来要吃饭，寒到即添衣，困时伸脚睡，热处爱风吹。'"（《五灯会元》卷十九）

"饥来吃饭困来即眠"，这几乎成了禅僧的口头语。因此，禅僧饮茶，虽然不能否认也有追求茶所具有的解渴提神功效的一面，但其根本目的并不在此。禅僧饮茶并非是在将茶当做疗饥汤、防睡药来用，而是希冀以茶助道。也许正因为这个缘故吧，如下文禅宗典籍所载，"吃茶去"曾一度

---

① ［日］千宗室主编：《茶道古典全集》第1卷，淡交社1977年版，第175页。

成为众禅僧爱用的公案。

  师（赵州和尚）问僧："还曾到这里摩？"云："曾到这里。"师云："吃茶去。"师云："还曾到这里摩？"对云："不曾到这里。"师云："吃茶去。"又问僧："还曾到这里摩？"对云："和尚问作什摩？"师云："吃茶去。"（五代·静、筠禅僧《祖堂集》卷十八）

  师（处微禅师）问仰山："汝名什么。"对曰："慧寂。"师曰："那个是慧，那个是寂。"曰："只在目前。"师曰："犹有前后在。"寂曰："前后且置，和尚见什么。"师曰："吃茶去。"（宋·道原《景德传灯录》卷九）

  问："古人道前三三后三三意如何。"师（贞邃禅师）曰："汝名什么。"曰："某甲。"师曰："吃茶去。"（《景德传灯录》卷十三）

  问："如何是伽蓝。"师（慧炬和尚）曰："只这个。"曰："如何是伽蓝中人。"师曰："作么作么。"曰："忽遇客来将何祗待。"师曰："吃茶去。"（《景德传灯录》卷二十）

  问："如何是赵州一句？"师（赵州从谂禅师）曰："老僧半句也无。"曰："岂无和尚在？"师曰："老僧不是一句。"

  师问新到："曾到此间么？"曰："曾到。"师曰："吃茶去。"又问僧，僧曰："不曾到。"师曰："吃茶去。"后院主问曰："为甚么曾到也云吃茶去，不曾到也云吃茶去？"师召院主，主应喏。师曰："吃茶去。"（宋·普济《五灯会元》卷四）

  泉州福清行钦广法禅师，上堂："还有人鉴得么？若有人鉴得，是甚么湖里破草鞋？若也鉴不出，落地作金声。无事久立。"僧问："如何是佛法大意？"师曰："诸上座大家道取。"问："如何是谈真逆俗？"师曰："客作汉问甚么？"曰："如何是顺俗违真？"师曰："吃茶去。"问："如何是然灯前？"师曰："然灯后。"曰："如何是然灯后？"师曰："然灯前。"曰："如何是正然灯？"师曰："吃茶去。"（《五灯会元》卷八）

  从上述禅僧们的机锋问答中可知，禅师们在很多场合下都喜爱用"吃茶去"三个字来向问道禅僧提示开悟之机锋。究竟茶中寓何禅机，或许只可意会难以言传，只可自悟难以向他人求解，否则难免也会吃上一喝

"吃茶去！"，但禅僧饮茶非为止渴提神之功是毋庸赘言的。那么，中国禅林的饮茶对日本禅林的影响如何呢？

在日本，自古以来禅僧就是大陆文化的主要传播者，无论在日本茶道的形成发展时期，还是在其隆盛时期，禅僧们所起的作用都是非常大的。通过读日本禅僧的语录、汉诗就可以发现，他们非常精通中国的饮茶文化。

茶问酒[1]

德誉君荣伯伦颂，嘉声我添玉川歌。一般风味同堪赏，醒醉功殊事若何。

偶作[2]

露寒莎砌候虫鸣，骚客吟催句未成。黄叶随风庭扫去，白云无雨岭埋平。老僧眼稳夜蚊绝，寠僕肤单蝴蝶惊。浴罢煎茶烧午罐，水清高揖玉川评。

评茶[3]

顾渚郝源春早回，龙团双井乳雪堆。枪旗竞斗芽张捷，雀舌依然是下才。

祥云勉之和韵十首[4]

两种暗投茶又诗，故人恋恋助吾衰。诗添陆羽茶经读，茶入放翁（陆游）诗集知。

上述诗文中的"玉川"，就是以吟咏七碗茶歌而著称的卢同的号。顾渚郝源乃中国过去制造皇帝专用茶的官焙。从诗文内容，可以得知日本禅僧对中国的饮茶情况是相当熟悉的。另外，《梅花无尽藏二》载："细轴之团扇、盖南昼、其面冥冥、不知为何人、或曰、玉川子煎茶之像也、三

---

[1] ［日］中岩圆月：《东海一沤集一》，载［日］玉村竹二编《五山文学新集》第4卷，东京大学出版会1970年版，第357页。

[2] ［日］中岩圆月：《一沤余滴》，载［日］玉村竹二编《五山文学新集》第4卷，东京大学出版会1970年版，第590页。

[3] 同上。

[4] ［日］万里集九：《梅花无尽藏一》，载［日］玉村竹二编《五山文学新集》第6卷，东京大学出版会1972年版，第671页。

日掛壁上、摩裟老眼、漫及月蚀之故事云。玉川羽化李唐寒，去入月宫煎月团。烟色冥冥新自桂，傍人定作蚀时看。"① 从这些记录来看，当时不仅出现了以卢同煎茶为内容的图画，而且已是"细轴之团扇、盖南昼、其面冥冥"，可见其年代已是相当久远了。也就是说，卢同、陆羽在禅林早已是大家熟知并极为珍重的人物了。

日本禅僧们不仅大多都嗜好饮茶，且其饮茶方式也是多种多样的，并不拘泥于是煎茶还是抹茶。

　　试新茶②
　　官焙何曾及野人，竹间自摘得尝新。铛中汲取篱根井，煎点犹夸第一春。
　　对花啜茶③
　　桃李园中人举筋，谁知春入野茶香。莺边一啜乌瓯雪，花若可歌醒亦狂。
　　谢茶④
　　高客来游野逸家，从其袖里出芽茶。新泉活火烹而吃，鼎有春风盏有花。
　　谢茶诗轴序⑤
　　山中二月，残雪未消。时余茅庐养病，向炉借暖而已。故人小室偶来，道话之次，惠鹰爪芽，便是今春之新焙。石鼎烹来、忽听苍蝇之声于蚯蚓之窾，迫乎汤既老茶亦熟。相对共啜，乃能润枯肠发轻汗，开倦眼慰华颠。

另据《南方录》载："古溪和尚特别喜好煎茶。有一天，利休到聚

---

① ［日］万里集九：《梅花无尽藏二》，载［日］玉村竹二编《五山文学新集》第6卷，东京大学出版会1972年版，第714页。
② ［日］希世灵彦：《村庵藳》，载［日］玉村竹二编《五山文学新集》第2卷，东京大学出版会1968年版，第223页。
③ ［日］横川景三：《補庵集》，载［日］玉村竹二编《五山文学新集》第1卷，东京大学出版会1967年版，第33—34页。
④ ［日］天境灵致：《无规矩坤》，载［日］玉村竹二编《五山文学新集》第3卷，东京大学出版会1969年版，第142页。
⑤ 同上书，第172页。

光院做客，晚上谈完话后和尚让得藏主献煎茶。于是，和尚对利休说，如你所知我们特别喜好煎茶。在唐（中国），喝茶的人仅是各自煎饮把玩，而在日本专用抹茶，在唐（中国）虽然偶尔也能够见到饮用抹茶，但没有像日本那样的作法。饮煎茶，也应该可以像饮抹茶那样，设置一个露地等设施的。你能不能针对我们的喜好给考虑一套饮煎茶的作法呢？利休回答说，让我考虑一下几天之内给您答复吧。遗憾的是，那以后，便再没有听到结果。古溪和尚被发配到西国，也无力再顾及此事了。"[①]

禅僧们以茶为题材做汉诗时，其诗中所咏，有时可能与实际的吃茶法未必相符。对此，当然我们要充分考虑到。但根据"龙团双井乳雪堆"、"煎点犹夸第一春"、"从其袖里出芽茶，新泉活火烹而吃"、"惠鹰爪芽，便是今春之新焙。石鼎烹来、忽听苍蝇之声于蚯蚓之窾，迨乎汤既老茶亦熟。相对共啜，乃能润枯肠发轻汗，开倦眼慰华颠"等诗句，再结合《南方录》的记述来看，禅僧们不但喜欢用点茶法品饮抹茶，还很喜欢用"煎茶法"品饮叶茶，其饮茶方式多种多样，不拘一格。而且，作为最容易接受大陆先进文化的禅僧们，已开始接受中国大陆上进行的使用煎茶法的饮茶文化了。

但是，日本禅僧饮茶，不仅仅是为了驱除睡魔、消磨闲暇、招待客人，亦是为了参禅问答之方便，将饮茶作为修道之助来服用的。

《梦中问答》第57节载："喜好山水未必就是坏事，但也未必就能说是好事。山水自身无得失，得失之念全在人的心。唐（中国）人的日常生活习惯中，为了养生，特别喜爱喝茶消食散气。药也都是一服有一服的分量的，过量则适得其反。因此，医书上限制人们过量地饮茶。过去，卢同、陆羽等人爱茶是因为茶可以使人清醒去困睡，散浊气，益学习。我国的栂尾上人、建仁之开山爱茶是为了散蒙醒脑，以益于修道。再看看而今社会上流行的饮茶，根本无益于养生，更不会有人想到通过饮茶来益于修学求道了，只能是一种奢侈的世俗消费，成为佛法衰颓的因缘。喜好喝茶也是如此，因饮者之心而有损有益。不仅喜好山水、嗜好饮茶是如此，诗

---

① ［日］千宗室主编：《茶道古典全集》第4卷，淡交社1977年版，第285—286页。

歌管弦等一切事亦如此。"①

另外，横川景三《補庵集》中载：

 石鼎煎茶
　扫取梅花枝上雪，点成芍药盏中花。世无韩愈谁联句，石鼎彭亨空煮茶。
 凉馆啜茶
　茶评自古与僧同，数辈袈裟午馆中。不借人间凉一滴，煮松风又啜松风。
 雪夜围炉
　六七辈僧闲煮茶，炉边话尽雪生涯。今宵恐被寒梅开，座上春风不及花。

上述这些文献记述以及禅僧们的诗句，都说明日本禅僧们在日常生活中，作为"修道的帮助"而进行的吃茶是很多的。

2. 禅林饮茶对茶事的影响

那么，禅林的饮茶形式对茶事又产生了哪些影响呢？禅林饮茶不仅对茶事的内容产生了很大影响，而且对茶事的精神也产生了很大影响。

首先，禅林饮茶对茶事内容的影响主要表现两个方面：第一，禅林茶礼对茶事吃茶法的影响。据薮内竹心（1678—1745年）的《源流茶话》载："茶之汤出自禅林奠茶、奠汤之法"，② 另据《南方录》载："宗易（千利休）在集云庵讲解茶之汤时说：'茶之汤以台子为根本'"。③ 台子点茶法在日本茶道中是极为重要的点茶法，除了普通的台子点茶法而外，奥传台子点茶法又被分成真、行、草三种台子，这三种台子又分别被分为

---

① [日]梦窗国师：《梦中问答》，佐藤泰舜校订，岩波书店1934年版，第134页。《梦中问答》是梦窗国师（1275—1351年）对将军足利尊氏的弟弟直义的各种提问的回答记录。梦窗国师是当时无论在宗教、文艺界还是在政界都享有盛名的人物。梦窗的国师号是其生前由后醍醐天皇特赐。梦窗国师不仅受到朝廷的尊崇，同时还深受以将军足利尊氏为首的武家和僧俗的尊敬和信奉，所以他对当时乃至后世的影响是相当大的。日本茶道的台子点茶法，传说就是梦窗国师使用南浦绍明文永四年（1267年）从中国径山寺带回到日本的台子创制的。

② [日]千宗室主编：《茶道古典全集》第3卷，淡交社1977年版，第453页。

③ [日]千宗室主编：《茶道古典全集》第4卷，淡交社1977年版，第3页。

真、行、草三种点茶法，一般习茶者最高也只能学到"行之行台子"和"真之行台子"点茶法为止，其他台子点茶法只有家元的继承人才有资格获得传授。据传说，日本茶道的这种台子点茶法，就是梦窗国师使用南浦绍明文永4年（1267年）从中国径山寺带回到日本的台子创制的。这个传说是否属实，目前尚缺乏确凿的史料来证明，[①]但是，至今很多人仍然认同这一说法。

其次，禅林茶礼对茶事料理的影响。茶事由简单的料理和吃茶两部分组成，茶人们把茶事的料理称作"怀石"。"怀石"之名，源于禅林，在禅林亦称作药石。如前文《封氏闻见记》卷六载："学禅，务于不寝，又不夕食，皆许其饮茶"，禅僧修行时戒律是非常严格的，过午则不许进食，这一点在日本的禅林里也得到了严格的遵守。但是，由于长时间不进食，往往饥饿难耐，禅僧们便将一块温热的石头抱在怀中，以抵制饥饿，于是才有了"怀石"名称的由来。也就是说，对禅僧而言，"茶"与"怀石"一直可谓是其参禅时的助道之宝。世人传说村田珠光亦曾向日本著名禅僧一休宗纯（1394—1481年）参过禅，而且，一休将著名禅僧元悟克勤的墨迹给了珠光，珠光将其用于茶会。于是，其后人们在开办茶会时便开始使用禅僧的墨迹做挂于壁龛的挂轴。[②]据薮内竹心（1678—1745年）的《源流茶话》载："珠光乃居住于南都称名寺的僧侣，参禅于一休和尚，悟得教外之旨，将作为参禅印可的元悟禅师的墨迹悬挂于方丈之中，炉中煮茶，沉湎于茶禅之味"。[③]与此大意相同的记述也见诸于其他茶书。虽然不能断定珠光是否真的向一休参过禅、获过印可，但是，武野绍鸥和千利休的的确确都是热心的参禅者，如果确有珠光其人的话，可以说，日本茶道开山的村田珠光、武野绍鸥以及被誉为日本茶道集大成者的千利休既是茶人，亦可谓是得道高僧，他们创立日本茶道时，出于对侘茶意境的追求，用"怀石"称呼草庵茶的料理，亦是情理之中的事情。

再次，禅林饮茶对茶事的精神也产生了很大影响。禅林饮茶将茶作为

---

① ［日］神津朝夫：《台子点前の秘伝化》，载千宗室主编《茶道の歴史》，淡交社1999年版，第380页。

② ［日］千宗室主编：《茶道古典全集》第6卷，淡交社1977年版，第52页。

③ ［日］千宗室主编：《茶道古典全集》第3卷，淡交社1977年版，第460页。

参禅悟道之媒介，强化了吃茶的社会性功能，为"茶事"发展成为能够满足人们的精神需求的文化形式，发挥了重要作用。

凡是接触过日本茶道的人，特别是再与中国现代的茶艺作一下比较的话，大多都会有一种感觉，即"日本茶道中无茶"。当然，这样讲，并不是说日本茶道不重视茶叶的质量。其实，日本茶道也是非常讲究所使用的抹茶产地、质量等问题的，每个茶人都会尽可能使用所属流派家元钦点的或者是大家公认的最上乘的茶叶来招待客人。我这里讲"日本茶道中无茶"，意在强调指出，日本茶道所追求的根本并不在于茶叶本身的色、香如何等问题，而是期望能够借助吃一碗茶，来创造更多的人与人之间的交往机会，最大限度地、得体地满足茶人们的社会交往需求和精神需求。因此，很多人会觉得日本茶道繁文缛节的规矩太多，喝一碗茶太辛苦了。可是，如果我们了解了日本茶道的真正目的并不仅仅是为了喝一碗茶，而是在谋求将茶作为一种社会交往的媒介的话，就不会觉得日本茶道规矩烦琐，反倒会觉得它为我们提供了一套格外洗练的人际交往方式。如果能够实现日本茶道所追求的那种人际交往，不仅可以得体地满足茶人们的社会交往需求，而且也可以最大限度地满足茶人们的精神需求。茶人们对于小小的一片茶叶的这种社会功能的寄托，主要是缘于禅林茶礼的影响。对于这一点，前文所述的禅僧们的诗文、语录自不必提，禅林清规的饮茶亦能很好地说明这一点。

例如，在中日禅林中都严格恪守的《敕修百丈清规》中对禅林茶礼作了详细的规定。送旧纳新、人事变动时要点茶，"山门特为新命茶汤"、"堂司特为新旧侍者茶汤"、"方丈特为新首座茶"、"新首座特为后堂大众茶"、"两序交代茶"、"入寮出寮茶"、"方丈特为新挂搭茶"、"新挂搭人点入寮茶"，参禅修行时也要点茶，"方丈点行堂茶"、"库司头首点行堂茶"。[①] 这些茶礼中的饮茶，目的并不在于品饮一碗色香味俱佳的茗茶，而是作为一种禅林人际交往的一种礼仪来进行的。通过这些象征性的饮茶礼仪，禅僧们不但可以得到他们的修行世界的认同，而且也能获得一定的身心的归属感。日本茶道所举办的茶事种类，虽然参会者不会仅限于僧侣，但其主旨与清规茶礼的做法不过是大同小异而已。举办茶事时，每次都会设定一个主题，根据主题来对茶事进行分类的话，则既有以赏

---

① ［日］千宗室主编：《茶道古典全集》第 1 卷，淡交社 1977 年版，第 344—345 页。

雪、月、花为主题的季节性茶事，也有庆祝某人新婚或逝世几周年之类的茶事等，这种茶事的社会功能与禅林清规的饮茶礼仪具有异曲同工之处。

## 三 神道祭礼对茶事的影响

由于禅与茶道渊源深厚，所以人们大都比较关注禅对茶道的影响，而对来自神道的影响则关注较少。其实，如果说禅对茶道的影响更多的是倾向于茶事内容及精神方面的话，那么神道的影响应该说主要是表现在茶事的结构方面。

1. 祭礼与茶事的构造

表 7—3　　　　　　　　　祭礼与茶事的构造简表①

| 神道祭礼 |  | 茶事 |  |  |
|---|---|---|---|---|
| 阴间 | 待膏 | 待合 | 前席 | 阴 |
|  | 祭 | 怀石 |  |  |
|  | 斋戒生活的解放 | 中立 |  |  |
| 阳间 | 宴座 | 浓茶 | 后席 | 阳 |
|  | 稳座 | 薄茶 |  |  |

据著名的日本飨宴仪礼文化研究学者仓林正次的研究，日本神道祭礼与茶事在结构上有着很大的相似性，表 7—3 就是根据仓林正次的《仪礼文化序说》制作而成。

如我们在第三章中所述，茶事是"用餐仪礼"与"饮茶仪礼"的一种组合。一次正规的茶事一般是由"前席（初座）"、"席间休息（日语称之为'中立'）"、"后席（后座）"三部分构成的。在前席入席之前，所有的客人都要先到一间小的候客室聚齐，这间会客室日语称之为"待合"。客人在这里聚齐后，主人的助手"伴东"就会为客人奉上一小碗用樱花瓣腌制的香煎汤或者用其他材料制作的香煎汤，客人们用过汤后，便会按照主人无声的暗示，来到露地（茶庭）长椅上等候主人的亲自迎接。

---

① 该表格是参照仓林正次《仪礼文化序说》，樱枫社 1982 年版，第 71—76 页的内容制作而成。本书所引述仓林正次先生的见解，均出自于第 71—76 页的内容，故不再一一列举页数。

主人等客人都到露地后，便会从茶室里拎着水桶出来向"手水钵"中注满清水，然后率先净手漱口，打开露地中门，在中门口处向客人默默一礼以示欢迎。"露地"之名虽然是来自佛教，但这种使用"手水"净手漱口、在中门迎客的做法却不仅仅是佛教的做法，毋宁说是神道的做法更妥帖。其实，即便是今天，在神社或者神宫的入口处都会设有一个小水池，到神社参拜者通常会先到此处象征性地洗手漱口以示洁净后再去参拜。仓林正次认为，茶事的这个"待合"的做法，实质就是神道祭礼时正式进入祭礼仪式前的小酒宴"待膏"的简化。

客人待主人先行进入茶室后，便由主宾为先导，沿着林间飞石小径，依次跨过中门，在"手水钵"处净手漱口后进入茶室。于此，主客才进行正式的礼仪性寒暄，寒暄后是点炭（初炭）、享用怀石料理、茶点心。这便是前席的主要内容。

客人用完怀石料理、点心后退席至茶庭中小憩，此即所谓的"中立"。

客人席间休息时，主人则要迅速重新整理和装饰茶室，一切准备停当后，按着约定好的击打方法敲铜锣以通知客人再次入席。这席间休息后的茶席即所谓的"后席"。"后席"的主要内容是点浓茶、点炭（后炭）、点薄茶、主客互致感谢离别之礼。

日本茶道圣典《南方录》记述利休的话说，举办茶事，务必要使"前席为阴，后席为阳，此乃大法也"。那么怎样才能做到遵守此大法呢？根据《南方录》的记述，在做茶事时，自千利休时代就通行的一个做法是，前席吃怀石料理等的时候，在茶室窗子外围挂上竹制或草编的窗帘，人为地制造一个阴暗的空间，等到后席吃茶时再把窗帘都卸掉，甚至把天窗也打开，尽可能地纳阳光入室，人为地制造一个阳气充溢的空间。[1] 这种做法，在现代日本茶道的茶事做法中依旧在沿用。但是，千利休对这种做法是持批判态度，他遵照易经的卦理以及阴阳五行的思想，主张使"前席为阴，后席为阳"的方法有两个：一个是从风炉或炉中的火相和茶釜中的汤相来调整；一个是根据茶室中点茶前摆设的茶器的数量及其摆设方法来判定。[2] 这两个方法的具体内容，我们在第三章已经作过分析，此

---

[1] ［日］千宗室主编：《茶道古典全集》第4卷，淡交社1977年版，第212—214页。

[2] 同上。

处不再赘述。

仓林正次认为，将茶事前席称为"阴之席"，是极具暗示意义的表现。神道祭礼中司祭者为神供奉饮食而后与神共食的做法，与茶事前席茶人们将神佛先祖等的像挂在壁龛中一同享用怀石的礼法，并没有什么实质性的不同。司祭者因为担负着供神的重任，所以要过斋戒生活，祭神的场所也是庄严肃穆的斋戒之所。司祭者在祭拜侍奉完神后，在同一个地方享用神用剩下的饮食。祭神的场所是一个斋戒之所，是一个不同于世俗空间的场所——阴间，只有祭拜侍奉完神后，才能回到世俗的空间——阳间。因此，"席间休息"的"中立"则具有着不可或缺的转换阴阳的枢纽作用。在茶事后席，严肃拘谨地饮浓茶以及轻松愉快地饮薄茶的做法，则与祭神结束后的宴会形式——严肃拘谨的"宴座"与轻松愉悦的"稳座"的做法雷同。所以，仓林正次认为"拥有佛教要素的茶礼，在日本文化土壤里培育发展的过程中，与日本的祭礼传统不结缘是不可能的，正是日本祭礼结构孕育形成了茶事的结构模式"。[①] 不仅是日本仪礼文化研究学者如此认为，日本神道的实践者同时也是日本茶道的实践者镇西大社诹访神社宫司上杉千郷也持相同的观点，他认为把日本茶道中佛教的要素剥离之后就会发现，"人侍奉人的茶事，其实就是将人供神的神事仪礼，以最为庄严的形式予以继承并系统化了的仪礼。换言之，茶事就是祭礼本身"。[②]

2. 神前"寄合"

神道除了对茶事的总体结构方面影响较大而外，从在茶事后席顺服浓茶的做法以及习茶人口的性别变化来看，神前"寄合"对吃茶法、乃至对习茶者的性别影响都很大。

日语"寄合"，尽管可以翻译成汉语的"集会"、"聚会"，但有时翻译成"结社"，可能词意会更接近一些。茶事中顺服浓茶的做法，就是来自追求一味同心、异体同心的神前"寄合"的影响。

茶之汤形成初期，做茶事时，"侘亭主只敬献一碗浓茶"[③]，即"后席"饮茶时一般只是喝一碗浓茶而已。但慢慢地茶事内容有所变化，喝

---

[①] ［日］仓林正次：《仪礼文化序说》，樱枫社1982年版，第76页。
[②] ［日］上杉千郷：《茶道の中の神道》，镇西大社诹访神社1992年版，第8页。
[③] ［日］千宗室主编：《茶道古典全集》第4卷，淡交社1977年版，第6页。

完浓茶后，又添了一道淡茶。喝淡茶时一般是人手一碗，但茶碗并不会成为某个客人的专用茶碗，而是大家先后交替来使用。顺服浓茶，则是要全体客人共用一个茶碗，并且要依次从茶碗的同一个地方喝三口左右。日本茶道中所有客人共同分饮一碗茶的浓茶饮法，令我们不由地联想起古时的歃血为盟、夫妇间的交杯酒、兄弟结拜的义酒、基督教的圣餐、神道祭神典礼后的"直会"（交心会）、佛教里拜服献给佛祖的剩茶仪式等等，这些宗教式的共同饮食的风俗。无论古今中外，共同饮食都是一个联系人际关系的常用方法。在日本，自镰仓时代兴起的"神前寄合"，这是一种宗教生活与世俗生活混为一体的、非常典型的日本式结社活动，其举办名目很多，有"茶寄合"、"连歌寄合"等等，无论男女老幼贵贱，参与这种结社活动的人非常多，包括日本茶道在内，几乎所有的日本艺能文化的形成和发展都多得益于此。① 而且，通过"寄合"这种结社活动来促进人际关系的作法，至今仍是日本人较为常用的交际方法。城市乡村的祭祀活动如是，政治家们频频出没于"料亭"中的集会亦是昔日"寄合"的现代版。现代版的日本式"寄合"，在一定程度上又是源于日本茶道的影响才得以延续至今。

另外，如所周知，日本茶道直至近代一直是被视为男人们的独占之物，几乎不容女性涉足其中。虽然历史上也有几位著名的女茶人，但都是出身极为特殊的人物，要么是贵夫人，如足利八代将军义政的夫人日野富子；要么是茶家妻女，如千利休之妻千宗恩；要么就是职业所需，如京都名妓吉野太夫等。② 可以说，在明治维新初期，茶道人口与以前并没有什么太大的区别，搞茶道依然是男人们的专利。在明治维新时期那种过度追求破旧趋新的形势下，由于受欧化思潮的影响，当时的社会风纪不堪人意。诸如当时很多本该有很好的修养的大家闺秀也都"一个个披头散发的，穿着长长的学生外套，耳朵上夹着根铅笔，系着由整幅布捋成的腰带"，言谈举止也很不雅观。③ 鉴于这种社会现状，玄玄斋宗匠决心强化茶道作为礼仪规范的教育功能，将茶道对年轻的女性们开放，首先在当时

---

① ［日］川崎庸之、［日］奈良本辰也编：《日本文化史（1）古代·中世》，有斐阁1977年版，第139页。
② 详细情况请参见笼谷真智子《女性と茶の汤》，淡交社1985年版。
③ ［日］熊仓功夫：《茶之汤的大众化》，NHK"人间大学"节目，1995年3月23日播放。

的女子学校中开设茶道讲座，以期能对日本女子教育发挥作用。

1872年4月，京都府成立了"新英学校"及"女红场"（京都府立高等女子学校的前身），玄玄斋宗匠的长女真精院（1850—1916年）被该校聘为教授，担任该校"茶仪科"的茶道教学工作，直至晚年真精院一直都从事此项工作，培养了大批的茶道人才。此外，当时其他女子学校的校长也都积极响应，纷纷将茶道作为女子礼仪教育的手段之一，正式列入日常的教育科目之中。如1875年迹见花蹊于东京创立的女子学校"迹见学园"，亦在学生的日常教科中设置了"茶仪科"，将茶道正式列入日常的教育科目之中。到1911年时，日本各地的女子学校都开设了"茶仪科"，茶道教师的需求也随之增加。于是，为了培养茶道教师，1911年时，茶道里千家第十三代家元圆能斋宗匠开设了"第一期夏期讲习会"[①]，自那以后直至今天，除了每年夏季外，在冬季，里千家也都要在今日庵举办全国性的讲习会。由于里千家大力向女性推广茶道，使得修习茶道的女性逐年增加。如据里千家的记录，1913年参加夏期讲习会的女性，占总参加人数的三人之一；1920年参加里千家夏期讲习会的约半数都变成了女性。从大正后期至昭和初期，茶道界的主人公已经发生了一个大的转变，茶道人口已经开始从过去的男性为主转向女性人口居多。[②] 时至近十余年，参加里千家夏期讲习会的男女比例变化更大，男性参加者几乎连三分之一都不到了。另外，茶道人口的阴盛阳衰在学校茶道人口的男女变化方面也很明显。

茶道在女子学校普及开后，也逐渐普及到了其他综合类的大中小学及幼儿园中。自玄玄斋宗匠后，里千家历代家元都继承其遗志，致力于学校茶道的教育。1978年，为了促进学校茶道教育的更好地实施，里千家第十五代家元鹏云斋宗匠还在"淡交会"各支部成立了"学校茶道联络议会"，并在淡交会总本部成立了"学校茶道部"专门负责指导协助各地的"学校茶道联络议会"，以图能够更好地从事学校的茶道教育。

---

[①] 茶道里千家淡交会总本部：《学校茶道の发展》，载《淡交》2001年增刊号"茶之汤这100年"。

[②] ［日］熊仓功夫：《茶之汤的大众化》，NHK"人间大学"节目，1995年3月23日播放。

表7—4　　　　　　　　2003年学校茶道情况统计表

| | 学校数 | | | | 学生人数 | | |
|---|---|---|---|---|---|---|---|
| | 正式科目 | 俱乐部 | 课外活动 | 合计 | 男 | 女 | 合计 |
| 大学 | 13 | 14 | 300 | 327 | 1413 | 4803 | 6216 |
| 短期大学 | 25 | 6 | 120 | 151 | 318 | 2403 | 2721 |
| 各种专门学校 | 107 | 15 | 78 | 200 | 1573 | 5553 | 7126 |
| 高等专门学校 | | | 23 | 23 | 83 | 209 | 292 |
| 高中 | 172 | 97 | 1873 | 2142 | 4308 | 40251 | 44559 |
| 初中 | 126 | 87 | 511 | 724 | 2456 | 10304 | 12760 |
| 小学 | 78 | 599 | 103 | 780 | 4269 | 10384 | 14653 |
| 幼儿园 | 551 | 174 | 116 | 841 | 16362 | 16831 | 33193 |
| 残疾人学校 | 12 | 8 | 22 | 42 | 166 | 232 | 398 |
| 其他 | 16 | 27 | 53 | 96 | 1350 | 1011 | 2361 |
| 合计 | 1100 | 1027 | 3199 | 5326 | 32298 | 91981 | 124279 |

注：此表数据均由日本茶道里千家淡交会总本部提供。

表7—4是日本茶道里千家淡交会总本部于2003年11月26日对采纳里千家茶道的学校进行统计的情况。据表7—4可知，在日本，目前自幼儿园等至大学，共有5326所学校将修习里千家茶道作为学校的正式课程或者是课外俱乐部活动的重要内容。其中大学有327所，短期大学151所，各种专门学校有200所，高等专门学校有23所，高中有2142所，初中有724所，小学有780所，幼儿园有841所，残疾人学校有42所，其他类学校有96所。而且，从男女学生比例来看，除了幼儿园、残疾人学校及其他类学校的男女比例悬殊不大外，自小学至大学的男女生学习茶道人数的比例悬殊是相当大的。小学的女生人数是男生人数的2倍多，中学的女生人数是男生人数的4倍多，高中的女生人数将近男生人数的10倍，高等专门学校的女生人数是男生人数的2倍多，各种专门学校的女生人数是男生人数的3倍多，短期大学的女生人数是男生人数的8倍多，大学的女生人数是男生人数的3倍多。总之，都无一例外地显示了茶道人口的阴盛阳衰的状况。

茶道里千家不仅向各类学校中推广普及茶道，而且为了培养优秀的茶道指导者，推广正确的茶道，实现对茶道的统一指导，还于1962年在京都设立了"里千家学园茶道专门学校",并且又于 1994 年在中国天津设立了"天津商学院里千家茶道短期大学"。这两所学校都是日本茶道里千家直属的学校,不仅是在日本和中国,在世界上也是唯一的两所全面而专门地从理论和实践两方面修习茶道的学校。这两所学校的学生也是男女比例严重失调,有的年份所招学生可能会全是女生,即便招到男生,也多是只有一二人而已。男女习茶者的这一变化,以至于使现代许多人几乎无法想象茶道曾经是被男人所独占的传统艺术文化。如上所述,虽然茶道里千家对日本茶道人口中女性茶道人口的增加尽心尽力,但是,加元在招收内弟子时依然只限招收男性弟子。到各地的寺院、神社献茶时,家元开设的茶席,无论是点茶者还是在茶室水屋(准备室)里出入的人也皆为男性。为何茶道里千家一方面尽力拓展习茶的女性人口,但又不收女性弟子为内弟子呢?至今尚未有人给出合情合理的答案。笔者以为,茶道在日本之所以成为男性的专利品,其主要原因大概是受中世"神前寄合"影响所致。因为当时"神前寄合"的参加者必须是 15 岁至 60 岁间的男子①,在很大程度上,日本茶道的结社性会强于其求道性,日本茶道的结社性就是源于"神前寄合",里千家茶道一直对弟子保持的内外有别的性别对待,可以说正是对这种"神前寄合"遗风的维护。

另外,神道对茶事料理的内容也有一些影响。怀石料理的标准是"一汁三菜",当然了,除了这一汤三菜,还要有米饭、酒和少量的下酒菜。最后上的一道下酒菜日语称之为"八寸。"为什么叫"八寸"呢?它的名字来源于该食器的形状尺寸。"八寸"一般为一个木制带支脚的食器,根据茶事的性质和茶人的个人爱好偶尔也会有用陶瓷做的,但无论是木制还是用陶瓷制作的"八寸",因其尺寸都是近乎八寸见方,所以才被称作"八寸。""八寸"中盛的是少量的应季的山珍和海味。若将"八寸"视做一个后天八卦平面图的话,在意味着山的艮卦的位置摆放的恰好是所谓的山珍,日语称之为"山之幸";在与艮卦对应的坤卦的位置上摆放的是海味,日语称之为"海之幸。"主客间用"八寸"的山珍海味互相劝酒时,先是用"海之幸"下酒,然后再用"山之幸"下酒,最后主人将剩余的"海之幸"和"山之幸"聚在八寸中央撤下。主客最后用

---

① [日]川崎庸之、[日]奈良本辰也编:《日本文化史(1)古代·中世》,有斐阁 1977 年版,第 136 页。

"八寸"来互相劝酒，这虽是茶道怀石料理中最后的很小的一个乐章，但是其意义很深。日本人历来就存在着"神佛共存的山中净土观"和"海上净土观"这样两种净土观。"八寸"实际上就是日本固有的这两种净土观在茶道中的一种物化。也就是说，主客通过"八寸"这一象征性的食器，便将天地间来自"山中净土"和"海上净土"的神赐之物尽收腹中了。这个"八寸"的应酬，其实也可以看做是祭奠神灵后的轻松愉悦的"稳座"的缩影。

## 第三节 宗教思想充实了日本茶道的精神内涵

宗教是人类社会发展到一定历史阶段出现的一种文化现象，它相信现实世界之外存在着超自然的神秘力量或实体。这种超自然的神秘力量或实体统摄万物而拥有绝对权威，主宰自然进化，决定人世命运，从而使人对其产生敬畏及崇拜，并引申出信仰认知及仪式活动。宗教所承担的道德培养和心理安慰等功能，在现代社会中仍然没有减弱。宗教作为一部分人解决个人终极关怀的唯一手段和实践体系，它在使人们保持心理和谐方面依然发挥着不容忽视的积极作用。宗教思想，特别是其中的佛教与神道教思想，无论是在日本茶道形成期，还是在其发展期，都一直发挥着重要的作用。下面，我们先对日本人宗教信仰的特点作一概述，然后着重分析一下佛教"無"的思想以及神道的"祓禊观"对日本茶道精神的影响。

一　日本人宗教信仰的特点

1. 日本国民宗教信仰的现状

日本自古就有神佛融合共祭的文化传统，这种文化传统即使在现代日本亦依然有着很强的生命力。

在狭长的日本岛上，不但到处散落着各种从属于佛教的庙宇寺堂，而且无论是喧嚣繁华的大城市，还是人迹罕至的穷乡僻壤，几乎每个市町村都会有其独自奉祭的大大小小的神社。仅从种类繁多的宗教设施也可以直观地判断出日本人是笃信宗教的，但出乎意料的是，关于日本国民宗教观的舆论调查却显示，大多数的日本人是没有任何宗教信仰的。

例如，早在20世纪80年代，NHK广播舆论调查所曾就日本人的宗教观进行过舆论调查。调查结果显示，当时就已经有65%的人称自己不信仰任何宗教了。① 2001年12月15日、16日，《读卖新闻》又连续两天实施了关于日本国民宗教观的全国舆论调查。其中，第一个问题就是"你信仰什么宗教吗？"针对这个问题，回答有宗教信仰的，只占接受调查者总数的21.5%，而回答没有宗教信仰的，则达到了77.3%。针对第二个问题"现在，你认为过幸福的生活宗教重要吗？"回答重要的占接受调查者总数的33.6%，而回答不重要的则为61.7%。② 2005年8月6日、7日，《读卖新闻》又实施了同样的关于宗教观的全国舆论调查，针对设问的回答情况几乎没有多大变动。如针对第一个问题"你信仰什么宗教吗？"回答有宗教信仰的，只占接受调查者总数的23%，而回答没有宗教信仰的占了75%。针对第二个问题"现在，你认为过幸福的生活宗教重要吗？"回答重要的为35%，而回答不重要的为60%。③ 从以上的调查统计数据来看，与20世纪80年代的数字相比，近些年来，回答自己不信仰任何宗教者是有增无减。因此，很多欧美人，甚至很多日本人自己，也往往根据这一统计结果，判断日本人是没有宗教信仰的民族。

的确，如果仅凭上述这些统计数字来作判断的话，因为四个日本人中几乎就有三个人称自己没有任何宗教信仰，所以由此认为日本人是个没有宗教信仰的民族似乎也不无道理。但是，日本人事实上究竟是不是一个没有宗教信仰的民族呢？

一般而言，如果一个人说其不信仰任何宗教的话，我们会把他理解成一个不信神佛的无神论者。但是，在上述2005年8月《读卖新闻》实施的关于宗教观的全国舆论调查中，还设定了"痛苦的时候你是否想过求助于神佛？"这样一个问题，回答想过求助于神佛的占接受调查者总数的54%，回答没想过的占44%。而且，在针对"你信仰什么宗教吗？"这个问题作了否定回答的人中，也有47%的人回答想过求助神佛。此外，其他有关宗教设问的调查数据也显示，在将近80%的日本人家中，都设有祭祀神佛的神棚、佛龛、祭坛之类的场所；有50%乃至近80%的日本人，

---

① NHK放送世論調査所編：《日本人の宗教意識》，日本放送出版協会1984年版。
② 読売新聞社世論調査部編：《日本の世論》，弘文堂2002年版，376页。
③ http://www.yomiuri.co.jp/national/news/20050901i116.ht.

平素一直坚持祭神、供佛、奉祖。并且，很多人为了身家安康、消灾除厄、生意兴隆、考试合格、婚姻如意等，都在做着各种各样的求助神佛之事。① 这些都充分表明，虽然很多日本人口头上表示不信仰任何宗教，但他们心里还是相信神佛的存在，遇到困苦时还是想求助神佛，实质上也还是信仰宗教的，只不过是他们没有或者不愿意过那种清规戒律约束下的教徒生活而已。也就是说，很多日本人在对待宗教的言与行上，显然是存在着很大矛盾的。那么，为什么会出现这样的矛盾现象呢？笔者以为，这恐怕还是受狭义的宗教观影响过深所致。大多数的日本人，在回答有没有宗教信仰时，条件反射性地仅把拥有教祖、教义、教仪、教团组织的佛教、基督教、伊斯兰教或战后兴起的一些被称为新宗教或新新宗教团体理解为宗教了，所以才会毫不犹豫地回答自己不信仰任何宗教。

在日本，自明治维新以来，无论是对知识精英还是普通民众，狭义"宗教"观的影响一直都是非常大的。所谓狭义的"宗教"观，即认为真正的宗教应该至少包括如下四个层面：其一要有教祖；其二要有教义，即宗教的思想观念及感情体验；其三要有教仪，即宗教的崇拜行为及礼仪规范；其四要有宗教的教职制度及社会组织（教团）。按照这一标准，很多知识精英认为，能够真正称得上是宗教的主要是佛教、基督教、伊斯兰教等，日本根本不存在独自的真正的宗教。所以，对于既没有创始人、教义，亦没有神的教导和严格戒律的神道，也就不能被称之为宗教，而只能看作是日本的"固有信仰"、"民间信仰"，或者充其量也只能说是一种"原始宗教"了。② 而"'原始宗教'一词，原本具有'低级'、'原初'和'落伍'等多种负面含意，它实际上是在以'西方中心主义'为背景的古典进化理论的文脉中对民族和宗教的形态进行了高低排序，其中隐藏

---

① 読売新聞社世論調査部編：《日本の世論》，弘文堂2002年版，第377页。
② 关于探讨日本人对"宗教"概念的理解的代表性论著：羽賀祥二：《明治維新と宗教》（筑摩書房1994年版）、新田均：《近代政教関係の基礎的研究》（大明堂1997年版）、島薗進：《日本における'宗教'概念の形成》（載山折哲雄他編《日本人はキリスト教をどのように受容したか》，国際日本文化研究センター1998年版）山口輝臣：《明治国家と宗教》（東京大学出版会1999年版）、礒前順一：《近代日本の宗教言説とその系譜》"第一章近代における'宗教'概念の形成過程"（岩波書店2003年版）；島薗進：《現代日本と'宗教'—超越的普遍性の理念とその相対化》（池上良正等編：《岩波講座　宗教　第10巻　宗教のゆくえ》，岩波書店2004年版）。

着对'原始宗教'之属于'前宗教'或'非宗教'（异教）、'原始宗教'的信仰者之不属于'文明'或其处于'野蛮'状态的价值判断"。①

如今，研究日本宗教的论著可谓是汗牛充栋，既有鸿篇巨制的通史、断代史性的研究②，亦不乏分门别类精雕细刻的专题研究③。在诸多先行研究的论著中，也都程度不同地提到了日本的宗教意识、国民宗教信仰的一些特点，并留下了很多优秀的研究成果④。对于诸先学的研究业绩早有定评，无须我等后学再妄加赘言评述。不过，通过研读诸先学之研究成果不难发现，在20世纪80年代以前，很多日本学者特别是宗教研究者都是基于对"宗教"一词的狭义理解来从事研究的，因而神道信仰行为自然不能被其作为宗教信仰看待，神道也就很难成为他们的研究对象。最初把神道信仰作为研究对象的，大多是一些日本民俗学者，而非宗教学者。一般的日本思想文化研究者，即使研究神道，也仅是将其作为民间信仰，而不是作为宗教来研究。由于受狭义宗教观的影响，再加之神道与日本民众的日常生活联系过于密切，举凡衣食住行、生老病死、年头年尾，民众生活中处处都可以观察到神道信仰的点点滴滴，所以致使包含日本的知识精英们在内的大多数日本国民都没有把神道当作"宗教"来认知。二战前，日本政府之所以敢于公然宣称，神道不是宗教，而是国民必须信仰遵奉的"国家宗祀"，并规定"敬神忠皇"和参拜神社是国民的义务，从而一举将神道成功地奉为高居于各种宗教之上的国教，与这种社会思想背景也是不无关系的。

1945年日本投降，以麦克阿瑟为首的占领军最高总司令部（GHQ）

---

① 周星：《"民俗宗教"与国家的宗教政策》，《开放时代》2006年第4期。
② ［日］村上专精：《日本佛教史纲》，金港堂1899年版；［日］村上重良：《近代民众宗教史研究》，法藏馆1958年版；［日］家永三郎、赤松俊秀、圭室谛成主编：《日本佛教史》3卷，法藏馆1967年版；［日］村上重良：《近代日本の宗教》，讲谈社1980年版；杨曾文主编：《日本近现代佛教史》，浙江人民出版社1996年版。
③ ［日］谷省吾：《祭祀与思想——神道的祈祷》，国书刊行会1985年版；［日］菌田稔：《神道——日本的民族宗教》，弘文堂1999年版；张大柘：《宗教体制与日本的近现代化》，宗教文化出版社2006年版。
④ ［日］西谷啓治：《根源的主体性の哲学》，弘文堂1940年版；［日］西谷啓治：《现代社会の诸问题と宗教》，法藏馆1951年版；［日］丸山真男：《日本の思想》，岩波书店1961年版；［日］中村元：《东洋人の思惟方法3 日本人の思惟方法》，春秋社1962年版；［日］仁户田六三郎：《日本人の宗教意识の本質》，教文馆1973年版。

进驻日本后,于当年12月15日发布《关于废除国家对国家神道、神社神道之保证、支援、保全、监督及公布的指令》,废除了政府对国家神道、神社神道的一切保护扶持措施,实施真正的政教分离。而且,该神道指令还特别强调:作为一般国民,有不参加神社祭仪的自由,相反,作为政府官员没有以官员身份参拜神社的自由。1947年5月3日,盟军占领下的日本颁布了《日本国宪法》。该宪法第二十条规定:"信教自由,对任何人均予保障。任何宗教团体均不得接受国家授予的特权,或行使政治上的权力。任何人均不得强制他人参加宗教之行为、祝典、仪式或活动。国家及其机关均不得进行宗教教育及其他任何宗教活动。"通过《神道指令》、《日本国宪法》的颁布实施以及1951年4月《宗教法人法》等法律政策的制定实施,从名义上打破了神道独尊于各种宗教之上的地位,使神道成为与佛教、基督教、伊斯兰教等宗教的地位平等的宗教。另外,自二战以后,至少在学术界已经开始把神道作为宗教之一来研究,特别是作为日本的民俗宗教,越来越多地被纳入到宗教学者们的研究视野,相关著述也开始不断增加。

但是,尽管如此,从前文所举的至今为止关于日本国民宗教观的舆论调查数据来看,狭义"宗教"观,对日本国民的影响依旧是很深的,在大部分日本人心目中并没有把神道视为宗教,所以他们才会作出没有宗教信仰的回答,才会给人造成一种日本人缺乏宗教信仰的假象。如果他们把信奉神道能理解成是宗教信仰的话,那么说日本是全民信教也不为过了。据20世纪80年代以来的宗教统计数字显示,与佛教、基督教等其他教派相比,无论在宗教法人团体数量、教师数量上,还是在信徒数量方面,日本神道一直都是独居榜首的。1980年日本总人口为1亿1706万人,神道教的信教人数为9584万多人,次居第二位的佛教的信教人数为8774万多人,基督教的信教人数仅为119万人,这三教之外的所有宗教信教人数合计为1578万余人。到1985年,神道教的信教人数增加为11560万人,仅是神道信教人口就已经与当年的日本总人口1亿2104万人相差无几了。同年,佛教的信教人数为9265万人,基督教的信教人数为168万余人,其他所有宗教信教人数合计为1444万余人。自1990年至2008年,日本总人口分别为1亿2361万人(1990年)、1亿2526万人(1995年)、1亿2692万人(2000年)、1亿2748万人(2002年)、1亿2768万人(2003年)、1亿2777万人(2004年)、1亿2776万人(2005年)、1亿

2777万人（2006年）、1亿2777万人（2007年）、1亿2769万人（2008年），相应的神道教的信教人数分别为1亿900万人（1990年）、1亿1692万人（1995年）、1亿795万人（2000年）、1亿777万人（2002年）、1亿755万人（2003年）、1亿858万人（2004年）、1亿7248万人（2005年）、1亿681万人（2006年）、1亿582万人（2007年）、1亿842万人（2008年），神道教的信教人数连续多年总是维持在与日本总人口数大体相近的水平。① 这一系列的统计数字表明，在战后至今的日本人心目中，神道的独尊地位并没有被动摇。而且，这也充分表明，虽然有些自称没有任何宗教信仰的日本人并没有认识到其平素的祭神供佛奉祖的行为是一种不折不扣的宗教信仰的体现，但因此就称日本人是没有宗教信仰的民族，这显然是不妥的。

2. 日本国民宗教信仰的特点

通过分析关于日本国民宗教信仰的多年的统计数据，可以得出日本人宗教信仰的两个极为显著的特点：第一，尊崇神道亦兼信他教，可谓是见神诚奉祭，遇佛勤烧香；第二，注重现世，敬神礼佛奔教堂，熙熙攘攘皆为利往。

首先，关于近现代日本国民宗教信仰的第一个特点，据日本总务省统计研修所编辑的《第61次日本统计年鉴2012》的统计数字显示，信教人数总数分别约为1990年2亿1723万、1995年2亿1598万、2000年2亿1536万、2004年2亿1383万、2005年2亿1102万、2006年2亿884万、2007年2亿659万、2008年2亿718万人，日本的信教人数竟然比日本总人口数还要多，而且多出将近一倍，这至少说明每个日本人大概平均兼信着近两种宗教。而且，自1980年以来，三十多年来的日本总人口数和信教人总数几乎一直都保持着这种比例。② 日本统计年鉴连续三十多年的统计数据，有力地例证了日本国民宗教信仰多元化的特点。

事实上，神佛融合共祭是日本自古就有的文化传统，日本人在信仰上也的确是没有什么严格的限制，他们除了信奉神道、佛教以外，还可能同

---

① 日本总务省统计研修所编：《第61次日本统计年鉴2012》（http://www.stat.go.jp/data/nenkan/index.htm）。

② 同上。

时在信奉着基督教、伊斯兰教等，而且他们往往是宁愿祈求所有神灵都保佑自己，也不愿笃信其中一种。日本人就是这样将佛教、神道、基督教及新兴宗教相互交织成一个信仰网络。尽管各种宗教教义大相径庭，他们却可以根据现实目的随时随地、随心所欲地予以变通，将多种宗教的神灵容纳于自己的信仰体系之中，使其彼此共存却"井水不犯河水"相安无事。如果能到日本实地生活上一段时间，可能对日本人那种见神奉祭、遇佛烧香的多元信仰特征会有更切身的体会。而且，如前所述，其中，神道的信教人数，自 1985 年以来至今，每年的统计数据与日本总人口数都相差无几，这也就是说，虽然日本国民信仰呈现多元化的现象，但神道的独尊地位还是没有丝毫改变的。

其次，近现代日本国民宗教信仰的第二个特点是，日本人非常注重现世人生，对虚无缥缈的来世人生则兴趣索然。日本人对宗教的真正要求不在于高深的哲理体系、玄妙的彼岸世界和缜密的逻辑思维，大家熙熙攘攘地敬神礼佛奔教堂，目的是为了追求自身安全、商业繁荣、事业发达、生活如意、婚姻幸福等现世的利益。在日本的每个市町村落，大多都会有一个供奉氏族神的神社或保护一方安宁的地藏，但日本人无论是对待神佛还是对待基督都是很实际的，供奉他们为的是祈求风调雨顺，为的是免灾消祸。如日本人的神道祭祀仪礼，在祈愿之前，要先由相应级别的专职人员向神敬奉备好的新鲜洁净的山珍海味，而且还要敬献币帛之类的物品，并诵读赞誉神德的"祝词"，以此来祈求神的保佑。整个祭祀仪式看起来有点儿像请客、疏通、贿赂、吹捧、哀乞。神对日本人来说，是可以带来佳肴、美色、功利、安逸的权力，而不是什么高迈的人生理想。俗语说"人生不如意事常十之八九"，一个人的一生中可能会遇到太多太多的困苦和无奈，当其难于自力更生又无助时，便会自然求助于灵验之神圣。就如同有病乱求医一般，日本人之所以会同时祭拜几种宗教的神，也正是为了确保切身利益的迫切心情所致。除了一些爱咬文嚼字的酸腐学者外，恐怕很少有哪个日本人会去认真地考虑各种宗教的教义是否矛盾，各种神是何派别，是否对立等等，更不可能去在意什么信仰的虔诚和纯洁。日本人新年祈福不但要去神社，还会去寺院，而且在日常生活中遇到红、白之事，也常常是各种宗教兼用。比如，祝贺小孩生日大多会到神社去，而结婚仪式则可能选择基督教堂，举行丧礼则又会选择佛教寺院。这种现象，对西方虔诚的基督徒、东方的佛教徒、伊斯兰教的穆斯林这些信奉一神教的人来说,是非常不可思议、难以理解的,但日本人对此却是不屑一顾的。

日本国民的上述宗教信仰折射到实际社会生活中,其影响是深远的。简言之,可以概括为如下三点:第一,"见神诚奉祭、遇佛勤烧香"这种多重信仰,有助于形成日本人的多维价值观。使其在对某一事物作价值判断时,不会仅拘泥于一个标准进行非此即彼"二者择一"式的选择,在社会生活中亦不会受既定思想观念的束缚,而是能够做到灵活处事、求同存异、兼收并蓄,善于适应各种不断变化着的现实。第二,注重宗教为现实服务的特性,容易使"有用与否"成为日本人付诸行动的判断标准,使日本人更加注意从实际出发去判断事物,不会去做无谓的牺牲。日本国民信仰的这一特征,不但在随意取舍扬弃外来文化方面表现得淋漓尽致,而且在国内大的政治转换期也体现得非常突出。1945年第二次世界大战战败时,日本能够兵不血刃地顺利实现具有划时代意义的政权更替,完成历史的转变,在很大程度上可以说就是得益于这种宗教信仰的积极影响。[①] 第三,日本国民宗教信仰对日本社会生活的一个最重要的影响,就是使日本人的宗教活动日趋世俗生活化,同时亦使世俗生活被宗教化。

由于日本国民宗教信仰极其重视追求现世现实利益,因而使其宗教生活世俗化的倾向尤为突出。日本宗教信徒的生活方式更接近世俗社会成员,如日本僧侣的生活与俗人相差无几,他们可以边高声念诵扫地莫伤蝼蚁命,边杀生吃肉;他们可以边高诵"色即是空,空即是色",边结婚生子且可以子承父业。其实,在日本,世俗社会与宗教世界是没有严格区分的。日本人最尊崇的神道世界,就是一个圣俗一体相连的世界。神道中,作为祖先神信仰的众神都是具体的各个共同体的神,而不是向世界和人类开放的、具有普遍性格的神。众神都在各自统辖和掌管的领域内,发挥着各自的功能,保佑着共同体内成员的安康,它们是共同体意志的神格化。共同体与共同体的祖先神是一致的,所以神的世界里的情形不过是现实中

---

① [日]山折哲雄:《日本人的宗教意识》,《呼兰师专学报》1995年第4期。此外,关于日本人宗教意识方面的研究论文还有刘学的《日本人宗教意识的研究》,《黑龙江教育学院学报》2005年9月第24卷第5期;殷英、杨建虹的《日本现实主义宗教观的形成及其影响》,《昆明师范高等专科学校学报》1999年3月第21卷第1期。

的情形的反映①，也就是说，神与人的世界是同一的。著名宗教学者中村元早就指出："大多数印度人与一般中国人试图把宗教世界与肉欲世界区别开来，反之，在日本人中间有一种潜在的倾向，要把两者等同起来"。②

另外，宗教活动与世俗生活特别是一些文娱活动往往是相辅相成的，宗教活动不单纯是一种对清规戒律的循规蹈矩的遵守执行，还加进了许多游戏娱乐的成分。很多娱乐活动也往往要冠以宗教之名才能堂而皇之地进行，这又无形中给世俗生活赋予了许多宗教意义，使得世俗生活日趋宗教化。日本有很多被冠以"道"字的文化，以日本茶道为首的这些"道"文化的盛行，也正是因为日本宗教生活世俗化、社会生活宗教化的相互影响所致。

在日本，宗教的世俗生活化，避免了诸多宗教清规戒律对人性的过度压抑；而世俗生活的宗教化，则又避免了人性过度的放纵和堕落，为文化精英们创立更加洗练精致、更易于为人接受的艺术文化创造了一个良好的氛围，"侘"这一日本茶道精神，也正是在这种文化氛围下，受到佛教"無"的思想以及神道的"被禊观"直接或间接润化而成的。

## 二 "無"与"侘"

如前文所述，若没有佛教僧侣传茶，没有寺院茶园，日本茶道就会成为无源之水、无本之木，也就更谈不上对人的生物性需求的基本满足；没有佛教特别是其中的禅的影响，日本茶道恐怕就不会发展成为介于世俗生活与宗教之间的综合性生活文化，也就难以被提升到"道"的精神高度，日本茶道修习者欲借此获得社会性需求和情感需求的满足也就会变成一句空话。日本茶道得佛教文化的滋养，可谓如石蕴玉，如水含珠。因此，自古以来就有"禅茶一味"之说，茶人这样讲，禅僧们也如是说，茶、禅研究者们更是如影随形，同声倡议。

山上宗二是千利休最得意的弟子之一，他追随千利休习茶二十余年，深得千利休教诲，其传承利休茶的记录被称为《山上宗二记》。在该书开篇即称"佛法亦在茶之汤中"、"茶之汤风体乃禅也……绍鸥末期云'知

---

① 崔世广：《日本传统文化的基本特征——与西欧、中国的比较》，《日本学刊》1995年第5期。

② ［日］中村元：《东方民族的思维方法》，浙江人民出版社1989年版，第246页。

第七章　从日本茶道的成因看日本文化的重层性特点　179

量茶味与禅味，吸尽松风不意尘'"，① "茶之汤出自禅宗，故以践行僧侣之行为为专"。② 与《山上宗二记》一起被誉为日本茶道著书双璧的《南方录》中，立花实山阐述千利休所追求的日本茶道的理想形式时亦说："小草庵的茶之汤，首先要依佛法修行得道"，这里的佛法主要指"禅"而言。另外，千利休之孙千宗旦也曾著述《茶禅同一味》，称"茶事以禅道为宗"。③

江户时代文政十一年（1828年），大德寺派系的禅僧寂庵宗泽专门出版了以《禅茶录》为题的著作，论述"禅茶一味"之真谛。"一切茶事的行用之所，皆与禅道无异，无宾主之茶、体用、露地、数奇、侘等名义皆契合禅意"，因此才有了吟咏"茶禅一味"的诗句的诞生。④ 宗泽和尚所讲的诗句，即大德寺住持、堺的南宗寺开山大林宗套禅师在武野绍鸥画像上题的赞偈："曾结弥陀无碍因，宗门更转活机轮。料知茶味同禅味，吸进松风意不尘"。⑤

有了茶道祖师和大德禅僧的倡导，后世茶人自不必提，研究茶、禅的哲学家、历史学家，如久松真一、芳贺幸四郎等人也纷纷倡导"禅茶一味"的日本茶道论。例如，久松真一从哲学的角度分析禅与日本茶道的特质，称日本茶道"把禅从禅林挪至在家的露地草庵、将禅僧蜕化为作为居士的茶人，从而创造了禅林以及禅僧所无能为力的庶民的禅文化"，"茶道是对禅进行的一次宗教改革"。⑥ 芳贺幸四郎继承久松真一的观点，从历史的角度对"禅茶一味"说的发展史予以整理后，又进一步对茶与禅的相通之处进行了分析，指出"禅茶一味"得以成立的根据在于三昧之行与开悟这一点上。⑦

无论习茶，还是修禅，笔者的资历都很浅，所以对芳贺幸四郎提的"三昧之行"与"开悟之境"体悟不多，对于将这两点看做"禅茶一味"得以成立的根据亦难置可否。仅就文献考证结果和个人体悟而言，笔者认

---

① ［日］千宗室主编：《茶道古典全集》第6卷，淡交社1977年版，第52—53页。
② 同上书，第95页。
③ ［日］千宗室主编：《茶道古典全集》第10卷，淡交社1977年版，第314页。
④ 同上书，第279页。
⑤ 同上书，第281页。
⑥ ［日］久松真一：《わびの茶道》，灯影舍1987年版，第8页。
⑦ ［日］芳贺幸四郎：《わび茶の研究》，淡交社1978年版。

为，所谓"禅茶同一味"，大概就同于禅僧与茶人所追求的"無"、"侘"之境吧。"侘"原本是一个单纯表达政治上不得志以及人生际遇上的失意、愁苦、哀怨之情的消极词语，自室町时代起，"侘"能够作为抹茶文化理念的代名词，在原意的基础上被和化成了一种特殊的审美理念，并被赋予一定的积极意义和价值，这与日本茶道创立者武野绍鸥、千利休等人在参禅过程中所受到的禅宗"無"的思想的影响是分不开的。

"無"是历史上禅僧常书写的一个字，也是茶室中常挂的墨宝。据庞朴先生的研究，在中国古文字里面，"无"至少有三种形态：亡、無、无。现在我们一般都将"无"当作"無"的简体字来使用，其实"无"本身就是一个繁体字。历史上这三个字就是按照亡、無、无的顺序依次出现的。"亡"指"有而后无"；"無"指"虚而不无，实而不有"；"无"指"绝对的无"，古代文献中，使用"无"字最多的是《易经》。儒家十三经中，唯有《易经》中的"无"写作"无"，在其他经书里面"无"字都写成十二笔的繁体"無"字。也就是说，道教思想中的"无"，是第二个"无"，即十二笔的繁体字"無"；儒家思想中的"无"指"绝对的无"。① 那么，佛教思想中的"无"，意指哪个无呢？从佛教经文来看，佛教思想中的"无"，应该有两层含义：一层含义是有而后无，是相对的无；一层含义是十二笔的繁体字"無"，是"虚而不无，实而不有"的"無"。

例如，《摩诃般若波罗蜜多心经》称："观自在菩萨，行深般若波罗蜜多时，照见五蕴皆空，度一切苦厄。舍利子，色不异空，空不异色，色即是空，空即是色，受想行识，亦复如是。舍利子，是诸法空相，不生不灭，不垢不净，不增不减，是故空中，无色无受想行识，无眼耳鼻舌身意，无色声香味触法，无眼界，乃至无意识界，无无明，亦无无明尽，乃至无老死，亦无老死尽，无苦集灭道，无智亦无得，以无所得故，菩提萨埵，依般若波罗蜜多故，心无挂碍，无挂碍故，无有恐怖，远离一切颠倒梦想，究竟涅槃，三世诸佛，依般若波罗蜜多，故得阿耨多罗三藐三菩提，故知般若波罗蜜多，是大神咒是大明咒，是无上咒，是无等等咒，能除一切苦真实不虚，故说般若波罗蜜多咒，即说咒曰：揭谛揭谛，波罗揭

---

① 庞朴：《中国文化十一讲》，中华书局2008年版，第83—88页。

谛,波罗僧揭谛,菩提萨婆诃,般若心经。"① 这里的"无色无受想行识,无眼耳鼻舌身意,无色声香味触法,无眼界,乃至无意识界,无无明,亦无无明尽,乃至无老死,亦无老死尽,无苦集灭道,无智亦无得,以无所得故,菩提萨埵,依般若波罗蜜多故,心无挂碍,无挂碍故,无有恐怖,远离一切颠倒梦想",叙述的其实就是一个追求"有而后无"之无的过程,不过每一层"无"的境界都是不同的,都在由相对的"无",慢慢地向"虚而不无,实而不有"的"無"递进。

另外,总结了魏晋以来流行的佛教般若学各派学说,以非有非无、即有即无、有无双遣的般若中道观,完整地阐述和发挥了大乘佛教般若性空的思想,把魏晋以来般若学的发展推向了一个新高峰的《肇论》中对"无"也有很多精辟的阐述。例如,在该书"不真空论第二"中,有如下一段论述:"心无者,无心于万物,万物未尝无。此得在于神静,失在于物虚。即色者,明色不自色,故虽色而非色也。夫言色者,但当色即色,岂待色色而后为色哉?此直语色不自色,未领色之非色也。本无者,情尚于无,多触言以宾无。故非有,有即无;非无,无即无。"② 在僧肇看来,"心无"派只是从主观方面排除外物对心的作用,虽然能使神安定。不受外界干扰,但此派没有否认客观外物的存在,因此它的"无"是不彻底的。"即色"派只是说明了物质不是自己形成的,是假有,但没有认识到物质现象本来就是非物质性的,即没有认识到自性空。"本无"派则偏重于以"无"为"本",过于执着于"无",而没有懂得佛教所说的非有非无的道理。

"然则万物果有其所以不有,有其所以不无。有其所以不有,故虽有而非有;有其所以不无,故虽无而非无。虽无而非无,无者不绝虚;虽有而非有,有者非真有。若有不即真,无不夷迹,然则有无称异,其致一也。……若应有,即是有,不应言无;若应无,即是无,不应言有。言有是为假有,以明非无,借无以辨非有。……物无彼此。而人以此为此,以彼为彼,彼亦以此为彼,以彼为此。此彼莫定乎一名,而惑者怀必然之志。然则彼此初非有,惑者初非无。既悟彼此之非有,有何物而可有哉?

---

① [日]河村昭三:《禅宗日课圣典》,贝叶书院1995年版,第6—9页。
② [日]伊藤隆寿、林鸣宇:《肇论集解令模鈔校释》,上海古籍出版社2008年版,第105—110页。

故知万物非真，假号久矣。"① 僧肇认为客观世界就其本体而言是虚幻不实的，因此是"空"是"无"，但这虚幻不实的客观世界又"缘会而生"出种种现象，所以从这些现象讲是"有"，但这种种"有"是一种虚假的现象，故是"假有"。这样，"有"和"无"是同一事物的两个方面，现象和本体应当结合起来看，不能偏执于一方。从《肇论》的论述来看，佛教初期的"无"的观念，很大程度上还停留在"有而后无"的相对的有无境界。但僧肇经过对昔日佛教"无"的思想的扬弃后而阐述的"无"的思想已经大有不同。

在《肇论》"般若无知论"中，僧肇称："般若无所知，无所见。此辨智照之用，而曰无相无知者，何耶？果有无相之知，不知之照明矣。何者？夫有所知，则有所不知。以圣心无知，故无所不知。不知之知，乃曰一切知。故经云：圣心无所知，无所不知，信矣。是以圣人虚其心而实其照，终日知而未尝知也。故能默耀韬光，虚心玄鉴，闭智塞聪而独觉冥冥者矣。"② "然其为物也，实而不有，虚而不无，存而不可论者，其唯圣智乎！何者？欲言其有，无状无名；欲言其无，圣以之灵。圣以之灵，故虚不失照；无状无名，故照不失虚。"③ "无是无当者。夫无当则物无不当，无是则物无不是。物无不是，故是而无是；物无不当，故当而无当。故经云：尽见诸法而无所见。难曰：圣心非不能是，诚以无是可是，虽无是可是，故当是于无是矣。是以经云：真谛无相，故般若无知者，诚以般若无有有相之知。若以无相为无相，有何累于真谛耶？答曰：圣人无无相也。何者？若以无相为无相，无相即为相。舍有而之无，譬犹逃峰而赴壑，俱不免于患矣。是以至人处有而不有，居无而不无，虽不取于有无，然亦不舍于有无。所以和光尘劳，周旋五趣，寂然而往，怕尔而来，恬淡无为而无不为。"④ 这里的"实而不有，虚而不无"，"无当则物无不当，无是则物无不是"则是对"无"字最初的含义的一个超越，赋予了"无"的第二层含义"無"。其境界，换言之，用禅僧们最爱用的一个词来讲就是"無一物"的境界。提到"無一物"的境界，很容易联想到五祖传道的

---

① ［日］伊藤隆寿、林鸣宇：《肇论集解令模钞校释》，上海古籍出版社 2008 年版，第 121—137 页。
② 同上书，第 154—156 页。
③ 同上书，第 159—160 页。
④ 同上书，第 192—196 页。

典故。

禅宗五祖弘忍在将传授衣钵前，曾召集所有的弟子门人，要他们各自写出对佛法的了悟心得，谁写得最好就把衣钵传给谁。弘忍的首座弟子神秀是个饱学高僧，他写道："身是菩提树，心如明镜台。时时勤拂拭，莫使有尘埃。"① 弘忍认为这偈文美则美，但尚未悟出佛法真谛。而当时寺中一位烧水小和尚惠能也作了一偈文："菩提本无树，明镜亦非台。本来无一物，何处惹尘埃。"② 弘忍认为"惠能了悟了"。于是当夜就将达摩祖师留下的袈裟和铁衣钵传给了惠能。套用僧肇"无当则物无不当，无是则物无不是"的句式来讲，所谓的"本来无一物"的境界，就应该是"无一物则物尽藏"了，"无一物中物尽藏，有花有月有楼台"③ 的禅语大概也是由此而来吧。

日本茶道所追求的"侘"的境界，其实也正是这样一种"实而不有，虚而不无"的"无"，是"无一物中物尽藏"的境界。《山上宗二记》中称，虽然"一物不持"亦即"无一物"，但是，只要兼具"胸中之觉悟、创意、技能这三条"④，也可谓一个地地道道的侘茶人了。那么，如何才能做到"无一物中物尽藏"呢？那就得要具备一双适合习茶的敏锐的慧眼，日本茶道称之为"目利"，要能够矢志不渝地修道，并发挥自己所长，于"实而不有，虚而不无"的"无"中，发挥自己的创意，创造出花、月和楼台，即可创造出一物不持则无物不持的境界。日本茶道的发展，其实正是一个追求从"实而不有，虚而不无"的"无"中生"有"，再从"有"复归于"无"的过程。

宽永三年（1626年）出版的《草人木》中载："昔日，茶之汤分为上中下三段，上者出身高贵，或者拥有家财，可以持有名物道具，所以定为上；中即虽然有钱，但名道具不足，或者虽有道具但经济不宽松者为中；下者因为既贫又没有道具者为下，将此称为'侘'。另外，即便是财宝道具都不缺乏，如果茶之汤拙劣者也为此道之下者。与之相对，即便很穷，若能通达此道，天生适合搞茶之汤者，也为此道之上也。……此道以

---

① 洪修平、孙亦平：《惠能评传》，南京大学出版社2011年版，第43页。
② 同上书，第45页。
③ ［日］柴山全庆编：《禅林句集》，其中堂1972年版，第393页。
④ ［日］千宗室主编：《茶道古典全集》第6卷，淡交社1977年版，第53页。

茶为正意"。① 如此强调追求"侘"的境界，实际上是对高贵的身份和财主们的一种伦理批判，是对身份低微下贱、身无所持的贫乏的一种价值转换、发现和创造。

另外，从武野绍鸥和千利休阐述"侘"茶精神的和歌可以看出佛教的"无"的思想影响。根据《南方录》的记述，武野绍鸥引用《新古今和歌集》中收录的藤原定家的和歌来表达侘茶之心，"不见春花美，亦无红叶艳，惟有秋暮下，海滨小茅庵"。"只有饱览春花红叶之繁华者，方能体悟得到这无一物的小茅庵境界。一个不知道春花红叶的人，一开始就让其居住小茅庵是不可能的。惟有历尽繁华，才会体悟得到小茅庵的寂寥之美。此乃茶之本心也"。② 这首喻示侘茶精神的和歌，歌咏的正是典型的从有到无的境界，即从"饱览春花红叶之繁华"——有，到"秋暮下海滨小茅庵"——无的境界。

与之相对，武野绍鸥的弟子、被誉为侘茶集大成者的千利休，对"侘"的理解与武野绍鸥略有不同，他常把武野绍鸥喜好的定家的和歌与《新古今和歌集》中收录的藤原家隆的歌放在一起来表达侘茶之心："苦待花报春，莫若觅山间。雪下青青草，春意早盎然。""雪下萌动的春草"这种"侘茶"的意境，同时喻示的也是一幅极为生动的"实而不有，虚而不无"的"无"的境界。

从这个意义上，久松真一先生称"侘茶"为"侘的宗教"，"'侘的宗教'也是无的宗教，是能够安住于全无的宗教，是能够从一切的有的不安中得到彻底解放的宗教，即所谓的本来无一物的宗教。虽然讲无一物，会令人感到非常地消极，但是，正如无一物中无尽藏一语所示，无一物中反而蕴藏着自如的创造性。所谓创造，即通过对现有的否定，向新有发展。自如的创造性，必须是绝对无的主体才可能拥有它。这样看来，无一物岂止是不消极，反而应该说是最积极的。因此，绝对的无绝对不是消极的，而是绝对积极的，侘的宗教就是这样的宗教，是活用了无的宗教。正因为无，因此才成为真正自由的宗教。无是对有的否定，所以从有来看，难免有着一抹寂寥感，所以侘里有寂寥的成分。但是，侘中的寂寥感，并不是那种悲观失望自暴自弃的寂寥，它带有一种安详沉稳、落落大

---

① ［日］千宗室主编：《茶道古典全集》第 3 卷，淡交社 1977 年版，第 145 页。
② ［日］千宗室主编：《茶道古典全集》第 4 卷，淡交社 1977 年版，第 16 页。

方的感觉,即有一种从一切的有获得解脱的寂静。从有至无归于寂静,这种寂静成为根源成为主体时,由此而创造出来的事物上必然会带有那份寂静的风韵,于此表现了無的文化得以确立。这种無的文化即侘的文化。'侘的文化'是有中有無的文化,是無表现于有中的文化。从这个意义上讲,所谓侘茶,绝不是单纯的不持有道具的茶这种消极的含义,莫如说是经常以绝对的無为主体,一切生活都因此而形成,都是無的具象表现"。①

笔者认为,久松真一先生理解的"侘茶",是对千利休"雪下萌动的春草"这种"侘茶"意境的一个很好的注释,是对"無"与"侘"的一个美妙的说明。尽管现实生活中,修习日本茶道的人未必都是为了这种追求来修习的,"从事茶汤的人,大体分为两类。一类是将茶汤作为消闲之乐、作为工作之余的休息、作为可以增添生活情趣的高尚的趣味、作为社交礼仪、或者是作为教养来做的。这种情况下,茶汤对于持这种想法的人而言就不是必不可少的了,而是有亦可,没有也无所谓。他们生存的基础(非经济性的)在别处,而茶汤不过是其生存基础的一个附属物而已。这种时候,茶汤就毫无疑问地是一种'游戏'了。另一类是将茶汤作为其生存的支柱(非经济性的)、作为其生存的依据、全心全力地从事茶汤的。这种情况下,茶汤对于持这种想法的人而言就不单纯是消闲之乐、工作之余的休息、爱好、社交礼仪、或者是教养了。即使从表面上看,有些人搞茶汤是利用其本职工作的间歇或是业余时间,但其实茶汤已变成了其生活的全体的基础、主干。这种搞茶汤的作法,称之为带有'宗教性'亦是可以的,也可以说是'求道的'。对于以这种宗教性的、求道性的态度即作为'茶道'来搞茶汤的人而言,给予其符合其愿望的指针的是佛教特别是禅宗"。② 日本人的创造力之强,与日本茶道这种"無"的精神的直接或间接的影响大概不无关系吧。

三 "被褉观"与"侘"

"侘茶"是"有"中存"無"的文化,是"無"表现于"有"中的文化,在有无的循环往复的过程中,"和敬清寂"成为"侘"的精神的重要构成要素。这里仅就其中的"清"来加以分析。

---

① [日]久松真一:《わびの茶道》,灯影舍1987年版,第17页。
② [日]仓泽行洋:《珠光》,淡交社2002年版,第13—14页。

千利休说："在露地草庵中，拂去浮生俗尘，主客坦诚相待，抛却所有规矩尺寸格式等等，焚火、烧水、吃茶，莫问他事，此乃佛心之显露也。"① 再联系上文引用的南宗慧能与北宗神秀的偈语："身是菩提树，心如明镜台，时时勤拂拭，莫使有尘埃"；"菩提本无树，明镜亦非台，本来无一物，何使惹尘埃"，这里所谓的"浮生俗尘"，除了我们一般意义上讲的尘埃之外，当还有一种心灵的尘埃之意吧。侘茶之"清"，亦可从禅的角度去理解，借用千利休的话说，这"清"字也就该是"拂去浮世俗尘"之意了。但是，鉴于神道教对日本民族根深蒂固的影响，日本茶道中日常生活层面的众多的洗洗涮涮和清扫动作，以及意在令修习者净心澄意的动作，也可以从神道祓禊观的角度加以理解。

祓禊本是中国之古俗，祓禊之俗最迟在西周时就已形成。每逢春天二三月，男女同至水滨举行祓除不祥的祭礼习俗。周是个带有理想和浪漫色彩的时代，它一边承接着中古弥漫的巫风，一边步入质朴坦荡、钟鸣鼎食的郁郁人文。祓禊之俗一面体现了上古神秘的宗教遗风，一面也展现了后世消灾祈福的民族心理渊源。《周礼·春官·女巫》条载："女巫掌岁时祓除衅浴。"郑玄注："岁时祓除，如今三月上巳如水上之类。衅浴，谓以香熏草药沐浴。"祓，拔除、拂除病气之意；禊，修洁、净身之意。祓禊，即通过洗濯以除去凶疾的祭祀仪式。古人认为，一切灾难、疾病、不祥，都可以用清水洗掉。在祓禊风俗中，不仅有驱邪祛疾之意，还有择偶、求子的内容。对于未婚女子来说，祓禊的目的是择偶；对于已婚女子，则是为了求子。②

在日本神道中，据《广辞苑》的解释，"祓"有三种含义："①指为了拔除灾厄、污秽、罪障等而进行的神事。或者进行这种神事时对神宣读的祈祷词。或者是除厄牌。②为了赎罪而献出的物品。③币帛"。"禊"有两种含义："①身上有罪或污秽时，或者参加重大的神事之前，在河、海洗浴净身。②禊祓的略称"。"禊祓"又与"大祓"同义，"古时候，6月与12月的晦日，亲王以下在京的百官会集在朱雀门前的广场，举行拔除万民罪孽和污秽的神事。现在以宫中为首在全国各神社依然在进行这种

---

① [日] 千宗室主编：《茶道古典全集》第 4 卷，淡交社 1977 年版，第 264 页。
② 康保成：《孟姜女故事与上古祓禊风俗》，《戏剧艺术》1992 年第 1 期。

## 第七章 从日本茶道的成因看日本文化的重层性特点　187

神事"。① 由此来看，日语中的祓、禊与中文里的禊、祓的基本含义虽然相同，都有修洁净身、消灾祈福之意，但还是有一定的区别，特别是在日语中"祓禊"基本不是作为一个复合词来使用的，即便放在一起使用时，顺序还是颠倒的，是"禊祓"而非"祓禊"。举行这种活动的时间也与中国古时的祓禊风俗不同，而且，日语"禊祓"里，没有中国祓禊风俗中的择偶、求子之内容。不过，或者也可以这样来理解，即日语"禊祓"将中国祓禊风俗中的择偶、求子之内容予以抽象化了。之所以这样讲，是因为在日语中，与"祓"相比，"禊"的使用频率更高，使用范围也更广。"禊"的观念，不仅已经成为日本神道祭礼的重要内容，而且也已成为各色日本人等净身洁心的重要仪式。由于受"禊（みそぎ）"观念的影响，日本人不仅注重生活环境的清洁，也格外注重追求人格的清白。当自身有了错误的言行时，往往就会觉得自己的身心都被玷污了，需要通过某种方式来除却污秽以获得新生，这种通过除罪拔厄重获新生的观念，与单纯的求子、祈求新的生命的观念虽然不尽一致，但在祈求新生这一层面还是有一定的共同之处的。从这层意义上讲，将日语"禊"理解成为是对中国祓禊风俗中的择偶、求子之内容的抽象化，也不是毫无道理。"禊"的观念与自省"罪己（けじめ）"观念很早就已经成为日本人谋求身心新生的两个重要的精神理念。"罪己（けじめ）"是一相情愿的行为，是自以为是的行为，它并不能保证对事情有个客观的罪己；与这种自省了断的方式相对，"禊（みそぎ）"则是一种来自于外部的责罚和磨砺。唯有在经历一个"禊（みそぎ）"的仪式和历程磨砺后，即真正求得社会的谅解之后才可能有一个较为客观的罪己。

　　例如，一个政治家，因某事引咎辞职作出了相应的"罪己（けじめ）"后，待经过一段时间再次当选复出时，便会称"みそぎは済んだ"，意即已经接受社会责罚并获得许可再度复出了。在这种情况下，即使尚有前嫌未释，也不会再有人来翻其旧账。诸如曾因政治资金问题辞职的加藤纮一、田中真纪子等议员，辞职前常会因此遭国会议员、媒体等诘难，但当其通过辞职再次当选后，就没有而且也不会再遇到类似的诘难。日本的养老金问题虽然至今仍没有能很好地解决，但是，曾因养老金未缴纳问题引咎辞职的福田康夫首相，也没有再因此事而受到诘难。

---

① 新村出编：《广辞苑》，岩波书店1998年版。

顺便提一句，由于受《菊与刀》的影响，很多人喜欢给日本文化贴上"耻文化"的标签，认为日本人执拗的罪己意识，是因为日本人是重名重耻的缘故。其实，这种看法是不完全的。因为无论是从重自省、重名分方面，还是从知耻的意识上讲，可以说中国人应该要强于日本人的。比如，论修身慎行，自古圣人就教诲我们要"吾日三省吾身"（《论语·学而篇》）、"君子以恐惧修省"（《周易》）。论重视名实，自古圣人就晓谕我们"名不正，则言不顺；言不顺，则事不成；事不成，则礼乐不兴；礼乐不兴，则刑罚不中；刑罚不中，则民无所错手足。故君子名之必可言也，言之必可行也。君子于其言，无所苟而已矣"（《论语·子路篇》）。论知耻，自古圣人就告诫我们"君子有五耻：居其位，无其言，君子耻之；有其言，无其行，君子耻之；既得之而又失之，君子耻之；地有余而民不足，君子耻之；众寡均而倍焉，君子耻之"（《礼记·杂记下》）、"人不可以无耻，无耻之耻，无耻矣"（《孟子·尽心上》）。按道理，中国人如果能谨遵圣人教诲、晓谕和告诫，那么在自省律己、自行罪己方面更应成为表率才是，但实际情况如何，众所周知，也就毋庸赘言了。日本人的罪己（けじめ）意识的形成，与其说是重名重耻的缘故，莫如说主要是受神道"禊（みそぎ）"观念的影响所致。

神道的"禊"思想，对日本茶道又有哪些影响呢？被禊观念表现在日本茶道上，就是对"清"的近似于过度执拗的追求。例如，清扫庭园，擦拭榻榻咪，洗涮茶器，这种日常生活层面的"清"还比较容易理解，但是，在日本茶道吃茶法中还有很多超出日常生活层面的"清"的仪式，就有些令人费解了。如主客在露地使用"手水钵"的清水净手漱口的动作、主人叠帛纱擦拭茶器、用茶巾擦拭茶碗、秘传点茶法中拿浓茶器前搓揉双手的动作，这些动作所追求的"清"早已远远地超出了日常生活层面的打扫卫生的意义，而是作为一种净心澄意的仪式来进行的。侘茶所追求的这种"清"味，则绝非凭舌头品出的酸甜苦辣咸味，而是需用心去体悟的东西。"禊"的观念也是如此，所谓通过沐浴除去身上之污垢、罪障、邪厄，日常生活层面的污垢的确可以凭眼见手触来确证"禊"的效果，但除去"罪障、邪厄"这种净身澄心的过程也只能是依凭个体之心来体悟了。

## 第四节　从日本茶道特色成因看日本文化的重层性特点

　　如上所述，日本茶道融道教、阴阳道、儒教、佛教、神道思想为一体，分别表现于建筑、庭园、书画、陶瓷器、竹器、漆器、插花、香道、烹饪、礼仪、点茶方法等诸多方面。日本茶道近似于宗教但不能说它就是宗教，近似于艺能但也不能说它就是艺能。日本茶道这一特色的形成，既有其地理自然环境的影响，更离不开来自社会历史因素的影响。学界的一般共识是，日本茶道乃日本文化之精华，日本文化的代表。那么，为何会产生这样一种认识呢？一个主要原因，就在于日本茶道充分体现了日本文化所具有的典型性特征——重层性。

　　谈起日本文化的特点，人们大多都会提到日本文化的重层性特点。所谓重层性，即不仅从时间上来看，日本文化中的各种要素分层叠加，形成重层结构，如吴音、汉音、唐音、华音分别表达不同时代的中国文化概念，即吴音代表六朝文化，汉音代表隋唐文化，唐音代表宋元明清文化，华音代表现代中国文化；而且从空间来看，日本文化简直就是世界各地文化要素的混成体，诸多本土、外来的要素，分工明确，呈现并存共生状态，如汉字、平假名、片假名、罗马字标记不同层面的文化，一般而言，汉字标记起源于中国的概念，平假名标记日本传统概念，片假名标记近代西方概念，罗马字标记现代欧美概念。虽然佛教、神道、基督教并存于日本社会，但日本人结婚会去教堂但不去寺院，孩子出生后多举行神道仪式，葬礼请和尚念经而不去求神父祈祷。从时空坐标审视日本文化，总觉得像个多棱的历史沉积体，既可四面八方广视之，亦可层层剥离微观之，唯独不可固执己见管窥之。

　　这种文化的重层性特点，在全球化突飞猛进的今天自不必提，即使是在人和物的流动尚不是很便利的近代以前，也曾是各民族文化中不同程度地存在的文化现象。但是，比较而言，似乎日本文化的这种重层性更为显著，而且，在日本茶道上，这种重层性表现得更为具体亦更为突出。

　　对于日本文化的重层性，学界可谓诸说纷纭，仁者见仁智者见智，其中日本学者加藤周一在20世纪50年代提出"日本文化的杂种性"观点,以及著名的文化人类学家梅棹忠夫的生态文明史观论较具影响力。

在日本文化中,传统的、现代的、西方的、东方的、高尚的、低俗的种种要素混杂其中,乍看像一锅杂烩、一桌拼盘。对于这种日本文化,在20世纪50年代,日本学者加藤周一以英法文化为参照物,提出日本文化乃"杂种文化"的观点。在中文里,如众所知,除了生物科技领域之外,"杂种"大多是被作为一个颇不雅驯的词来对待的,甚至常作为人们发泄心中对某人的恼怒之詈言来用,但是,加藤周一使用"杂种"一词却不含褒贬色彩。加藤周一指出,"英国的文化不像日本那样的混杂的东西,医学是外国式的,美术是另外一个外国式的,而生活方式却是日本式的。所以,他们做任何事都不轻薄,沉着镇静地肩负着悠久的历史。把英国换成法国,大体上也可以这样说。在英法两国,自然也不是没有轻薄的现象,然而不言而喻,只是程度不同而已。不过,几乎所有曾经在两国旅游过的旅游者在同日本进行比较时,至少会注意到这两个国家的文化纯粹是由传统的东西培育起来的。在英国和法国,人们也分别以不同的形式,在不同的领域,对外国文化抱有强烈的好奇心。但是,在多数情况下,那不是向外国寻求对本国文化不可或缺的原理,而是要通过同外国的接触去进一步丰富和拓展本来的原理。关于原理,看来英语文化也好,法语文化也好,都是纯种,似乎没有受到过英语和法语以外的任何东西的影响。"①"如果把英法的文化看作是纯种文化的典型,那么,日本的文化不正是典型的杂种文化吗!在这种情况下,我对杂种这个词既不赋予好的含义,也不赋予坏的含义。对纯种一词也一样。如果从是好是坏的立场来说,那么,纯种也有坏的一面,杂种也有有意义的一面,反之亦然。但是,在谈这种问题之前,有必要明确一点:所谓杂种,即指在根本上而并非枝节问题。至于枝节,那么,英法文化也并非没有受到外国的影响。印度和中国的情况更是如此。"②"在相当长久的时期内,中国文化是自发的,没有理由这样想象:在创造力方面,19世纪末的日本杂种文化比中国纯种文化

---

① [日] 加藤周一:《日本文化的杂种性》,杨铁婴译,吉林人民出版社1991年版,第2—3页。
② 同上书,第4页。

还要贫乏。"① "日本的文化问题始于承认日本的文化是杂种的这一事实，而终于在这事实上发现积极的意义。因为不仅是口头上，而且站在实践的基础上去发现积极的意义，就是去创造文化。但是，要事先对这个问题明确地提出某种程度的预见，也不是完全没有可能的。……日本文化是杂种的。这并不是说今天的日本文化在枝节上有西方的影响，而是说今天的日本文化的根本是以进退两难的形式由传统的文化和外来文化双方在哺育着。"②

在加藤周一启示下，加藤秀俊对"杂种文化"进行了拓展和扬弃。他认为，称日本文化是东西混合物的定义不妥，外来文明并非作为"异国情趣"镶嵌在日本文化中，而是在日本文化的熔炉中脱胎换骨成为其中的一部分，比如来自西方的"天ぷら"、"すき焼き"，来自东方的汉字、茶道，原来的血统早已淡化甚至消失，因此提出日本文化属于"化合物"的观点。③ 但是，事实上，从前文我们对日本茶道的成因分析亦可知，很多文化要素并非加藤秀俊想象的那样，原形尽失地化合在日本文化之中。

相对于日本文化杂种说的观点，生态文明史观的倡导者、著名的文化人类学家梅棹忠夫虽然刻意强调日本文化乃至日本人优秀论的言论不可取，但是，其对日本文化重层性的理解似乎更为深入一些，值得关注。

梅棹忠夫曾提出借助"黑洞"的比喻，来强调日本文明是具有独创性的"受信机"型的文明。梅棹忠夫指出："日本对于本国的机械和工业制品的对外输出表现得极为热心，而对于本国的信息输出则显得漠不关心。鉴于日本是一个好奇心旺盛的民族，它可无限度地容纳和吸收外来的种种信息，我曾将此种性格特性比喻为宇宙空间中的黑洞。黑洞这一天体是具有强烈吸引力的重力场，它具有可以吸收周边所有物质的磁场作用。可是，它自身不发光，也不散热或者放射任何电磁波，因而成为由外部世界观测不到的天体。我认为日本文明便是这样一个天体，其自身具有相当的能量可以吞噬外部世界的全部，自身却不发放任何信息。若以通信机械

---

① ［日］加藤周一：《日本文化的杂种性》，杨铁婴译，吉林人民出版社1991年版，第20页。
② 同上书，第21页。
③ ［日］加藤秀俊：《"杂种文化"礼赞》（《エコノミスト》1962年4月10日）。

作比喻的话，也许可以说日本具有良好的受信功能，但发信功能较差。从这个意义上讲，日本文明算是一个'受信机'型的文明吧。问题是由于这一缺点，导致了流传于全世界的所谓日本文明没有独创性，日本文明不过是模仿文明而已的种种偏见和误解。我请大家想一想，如果没有独创性的话，怎可能构筑起今日坚实的现代化文明呢？应该承认，日本文明就其本身来说还是具有许多独创性的。也许我们应说，在世界诸文明当中，日本文明是最具独创性的一个，只是日本人没有向外积极地进行宣传和介绍罢了。"①

梅棹忠夫对日本的黑洞比喻，虽然很生动形象，但是，与加藤周一的"杂种"说实质上并没有多大的不同，梅棹忠夫作为一个文化人类学家，他主张文化无优劣之分，然而，作为一个日本人，又免不了称"日本文明是最具独创性的一个"的自恋情结，这些对于理解日本国民性虽没有多少可资借鉴之处，但是，其部分言论还是值得倾听的，如其称"所谓文化即派系的问题，而文明即构造问题或机能的问题，两者的差异无非是派系论和机能论的相异而已。论到文化或文化的起源问题，我们可以说日本文化的绝大部分来源于中国，并和中国有许多相通的地方。这，便是建筑物的材料问题，其材料源于何处也是个问题，但是，具体怎样使用这些材料，即建筑物的形状和机能等问题则应另当别论。用木材组合也好，用塑料组合也好，说来道去住宅是住宅，而不会是学校。同样，不管是用木料也好，塑料也好，学校因为是学校，机能上是不同于住宅的。所以说素材的由来问题同构造和机能问题应另当别论。至于文化，是指其由来，而文明则应作为建筑物的构造和机能的问题来考虑。"② 这种以建筑物来作比喻，从建筑材料、构造和机能的关系来分析日本文化的重层性特点，比较通俗易懂，有利于人们对日本文化有一种较为直观地把握和理解。

但是，无论是加藤周一的日本文化杂种说，还是梅棹忠夫的"黑洞"、"建筑物"的比喻，都存在着一个共同的缺陷是：既没有能够回答日本文化为何会呈现出"杂种"之形态，也没有能够回答日本文化为何会像"黑洞"那样广揽博收，更没有能够回答日本人是依据何种标准如

---

① ［日］梅棹忠夫：《何谓日本》，杨芳玲译，百花文艺出版社2001年版，第30页。
② ［日］米山俊直：《论梅棹的文明学理论》，载梅棹忠夫《何谓日本》，杨芳玲译，百花文艺出版社2001年版，第168页。

何创建了他们所比拟的日本文化。倒是通过上述对日本茶道的成因的分析，为我们进一步理解日本文化的重层性提供了很多启发。

日本茶道在日语中，还有一个很古老的名称叫做"suki"，日语汉字的表记一般有三个，第一个是"好"，第二个是"数奇"，第三个是"数寄"。"好"一般多被理解为喜好，并引申理解为一种风流、风雅、雅致、潇洒；"数奇"除了具备"好"的意思外，因其本乃命运多劫难之意，所以还含有了一种随遇而安、乐生顺命之意；"数寄"是"suki"最常用的一种表记，除了精神上的意义与前二者近似外，因其本有单纯地凑集、聚集数量之意，所以一般认为之所以常用"数寄"名日本茶道，还因为"数寄"恰好切中了日本茶道的特点，即将诸多文化要素统合在一起的综合性或说重层性特点。但是，需要强调指出的是，通过前三节的内容叙述可知，日本茶道并非各种文化要素的简单的非物理拼盘，也非彻底的化合物，而是一种介于其间若即若离的存在，因情境不同而不同。各种外来的文化要素，都在家元的指导理念下被有机地安置到了相应的位置，是在家元这一隐形的社会结构的取舍支撑下进行的时空重层。因此，很多取舍所依据的标准并非完全都是按照"有用性"——这一现实主义的功利标准。日本茶道的文化理想，追求的就是一种对权威的人、事、物的认同和皈依，为了实现这种认同不惜进行任何痛苦的舍身忘我的修行，强调的是对权威者的忠贞不渝，对追求认同过程中种种苦楚的坚忍。在日本特有的家元制度下的日本茶道，更可谓是日本社会文化的一个缩影。通过对日本茶道的分析，有助于我们更加深刻地理解所谓的日本文化独特性，并非体现在各个独立的文化要素上，而是体现于将诸多文化要素构成浑然一体的某一权威意旨，支撑着这一权威意旨的隐形社会结构的正是"缘人"——这一日本人独特的基本人际状态。这种独特的人际状态，让日本人很容易地按照其感情投注的方式将外部的文化要素添置到其内层。

缘人的PSH模式（见图7—1）的特点是：缘人的第三层与第二层的界限较为模糊，没有严格的区分（图式中以虚线表示），即第三层中常有第二层的住客。缘人的生活重心既不是超自然也不是个体人，而是人与人的互动关系，它较容易地把家庭的感情关系拷贝到其他层中去，并在那里与拟亲属关系者建立感情性关系。这表现为，家庭中可以有非血缘关系者如仆人、雇工、老板、上司等。二者之间不仅可转换，甚至有时后者比前

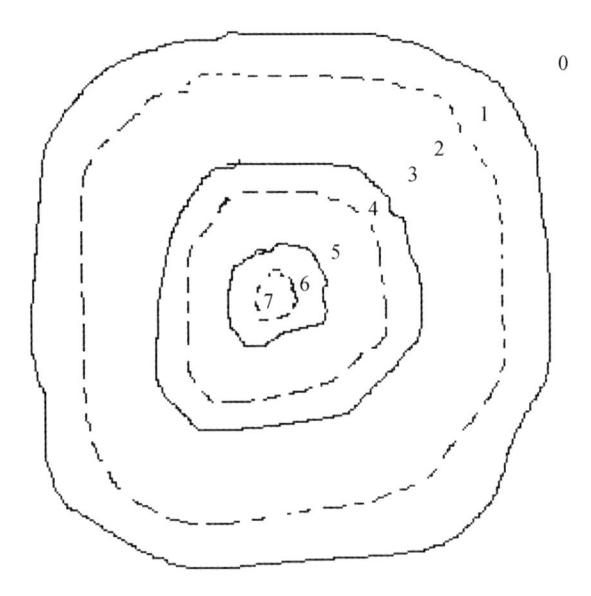

**图 7—1　缘人的 PSH 模型**

者还重要。这表明缘人的感情配置也较容易投注到这一层。第一层包括国家事务以及国家层面的人（如天皇）和文化规范（如类似民族主义之类的意识形态）。缘人在缔结集团方面，亲属群体是父子关系占优势，母子关系占亚优势，更容易缔结非亲属、非地域自愿性群体。在对外在思想文化的接纳上则会表现出更大的柔软性，可能根据自己的实际需要，从角色和情感上自动加以区分，陈列在各层。所以，道教、阴阳道、儒教、佛教、神道思想等能够共铸茶道特色精神，也是极为自然的事情了。

仅仅是为了喝那么三口半的茶，却要费如此大的周折，这不但令茶道故国的中国人费解，包括很多初学日本茶道的日本人也曾经困惑不已，甚至有些人因此将日本茶道拒之千里，并竭尽讽刺挖苦之能事，把日本茶道的很多做法作为一种社会陋习来批判。有趣的是，日本茶道虽然也几经沉浮，但其生命力依旧非常旺盛，看看叱咤于现代日本政界、财界的风云人物们的日本茶道头衔，看看男女老幼趋之若鹜地参加各类茶会的情景，你就会愈发感到很多对日本茶道的批评实在是有些隔靴搔痒。遇到费解的文化现象，与其感情性地排斥，莫如尽可能去寻找一种理解的方法，这才是我们作文化研究者应该采取的态度。笔者在本书的撰写过程中，尝试着运用了一点儿心理文化学的方法,遗憾的是由于本人对心理文化学方法的把握还仅是皮毛,所以应用起来还难以得心应手。但是,笔者相信在世界日趋一体化的今天,心理文化学方法将会为我们了解"异文化",增进跨文化理解提供切实可行的帮助,同时,还可以进一步为研究国际关系提供深度的解读,希望有更多的人运用这一研究方法取得更大的业绩。

# 第八章

# 从日本茶道的精神看日本人的情感模式

## 第一节 日本茶道的精神——侘

"茶之汤"也称"侘茶"或"侘茶之汤"。将"茶之汤"称为"茶道"是为了强调日本茶道的精神性，将"茶之汤"称为"侘茶"，则是为了更加明确具体地强调日本茶道的精神就在于一个"侘"字。无论是怀石料理的创意，还是饮茶时空的追求，或者是各类茶器的取舍，日本茶道的一切都是本着"侘"的精神来进行的。

那么，"侘茶"之"侘"究竟为何意呢？

对此，教授茶道的师傅们会无时无刻地以各种形式向弟子们口传身授。然而，无论是日本国内的学术界，还是日本国外的学术界，虽然关于"侘茶"的历史、茶器、点茶法等方面的研究论著早已是汗牛充栋，但关于"侘"的意境所发表的专门研究论著并不是很多。在有限的先行研究中，对于"侘"的界定，归纳起来主要有如下三种较具代表性的观点。

第一种是以唐木顺三的观点为代表，比较看重"侘"的汉字本意，认为在侘茶形成期，以将军足利义政的政治失意为典型代表，当时的整个日本社会上上下下就已经呈现出了一种"侘"的状态，"侘"已经作为一种社会现象表现了出来。侘茶的"侘"只是一种贫寒落魄者逆来顺受、随遇而安的实况写照而已，其追求的也不过是一种相对的贫乏情调的美。[①]

第二种是以水尾比吕志、久松真一的观点为代表，完全否定侘茶的"侘"中具有的穷苦等消极意义，格外强调其积极向上的精神境界，认为

---

[①] ［日］唐木顺三：《千利休》，筑摩书房1973年版，第22—27页。

"侘"不是一种单纯的性状描写,而是作为一种理念被赋予了积极价值的规范概念,是所有日本人仅凭感觉就能很好地感觉到的日本独特的美意识①;"侘茶的侘不是一般人认为的单纯的艺术性规范,它是整个生活的规范。……侘成为艺术之前,首先是侘人。侘人不单纯是一个艺术家。毋庸赘言,侘人根据侘的规范,对既有、现存的事、物、人、境进行取舍选择,从中发现或赋予其价值,从而形成、创造出新的事物,为世人留下了大量的独特的所谓侘艺术"。也就是说,所谓"侘"的境界就是能够于"无"中生"有"的境界,是"无一物中无进藏,有花有月有楼台"的境界。② 这种观点也是茶道教授者们一直以来主张和支持的观点。

第三种观点是近年来,有的学者仅通过考察"侘"在茶书中的使用情况,便断言日本茶道看重"侘"的精神是 1930 年之后的事,特别是在第二次世界大战后,在茶道家元、禅学者及京都帝国大学史学科出身的学者乃至其弟子们的倡导下,"侘"才成为茶道的精神理念。③ 这种观点,大概也是由于缺乏侘茶修行体验而只是由纸上得来的结论而已。

在中国学界,有些学者在论述日本美学、文学等时候,虽多少也会涉及到"侘",但是专门系统论述"侘"这一理念的学术论文很少。目前只有叶渭渠、唐月梅④及彭修银、邹坚⑤等人的研究成果。国内学者都无一例外地将日语里的"侘"翻译成"空寂"来著书立说,学术观点都近似于水尾比吕志和久松真一的观点。

笔者作为一个修习日本茶道将近二十年的人,也主张应该带着久松真一先生所解释的那种理念去修习侘茶,但必须指出的一点是,所谓的侘茶境界,并非完全是充满了久松真一先生所想望的那种高迈之情,其中也是含有很多极其世俗性情感在内的。也就是说,侘茶的"侘"绝不是一个"空寂"就能够完全概括得尽的,完全忽略汉字"侘"的原意,片面过分

---

① [日]水尾比吕志:《侘》,淡交社 1971 年版,第 8—10 页。
② [日]久松真一:《わびの茶道》,灯影舍 1987 年版,第 30—34 页。
③ [日]铃木贞美、[日]岩井茂树编:《わび・さび・幽玄》,水声社 2006 年版,第 411—412 页。
④ 叶渭渠、唐月梅:《物哀与幽玄——日本人的美意识》,广西师范大学出版社 2002 年版,"第五章艺术美的形态之二——空寂与闲寂"。
⑤ 彭修银、邹坚:《空寂:日本民族审美的最高境界》,《华中师范大学学报》(人文社会科学版) 2005 年第 44 卷第 1 期。

强调佗茶精神的积极层面，是不符合历史事实的，因为在佗茶发展的过程中，诸如唐木顺三所指出的那种佗茶状态事实上也的确是存在的。

为了进一步明确日本茶道所追求的"佗（wabi）"之精神，下面我们还是有必要先对"佗（wabi）"的含义作一番梳理。

## 第二节 "佗"的本义

"佗"，汉语发音为 chà，日语发音为 wabi，但其在汉语和日语中的内涵是不同的。

"诗，可以兴，可以观，可以群，可以怨。迩之事父，远之事君。多识于鸟兽草木之名。"（《论语·阳货》）以诗言志、作诗泄怨，自古以来一直被中国的文人志士们视为一种相对积极的解怨方式。收集了很多苦难乱离、悲怨讽刺之作的《诗经》自不必提，喟叹"举世混浊而我独清，众人皆醉而我独醒"的屈原之《离骚》亦"盖自怨生"（《史记·屈原贾生列传》），同为屈原的楚辞体作品《九章》、《九歌》就更不例外了。

"佗"字，即初见于《九章》，而且都是与"傺"一起合用，表达失意、愁苦、哀怨之情之态。如众周知，屈原出生于楚国贵族家庭，早年受楚怀王信任，常与怀王商议国事，参与法律的制定，主张举贤任能，改革政治，联齐抗秦。但是，由于屈原性格耿直，再加上他人谗言与排挤，屈原逐渐被楚怀王疏远，并多次遭到流放。在流放期间，屈原感到心中郁闷，开始文学创作。《九章》中的"惜诵"篇表达的就是诗人在政治上遭受打击后的愤懑心情；"涉江"篇是自叙放逐江南的行迹，反映了诗人高洁的情操与黑暗混浊的现实生活的矛盾；"哀郢"篇抒写了诗人对国破家亡的哀思及对人民苦难的同情。"佗傺"一词就集中出现在这三篇中。

其中，在"惜诵"篇中出现了两次："心郁邑余佗傺兮，又莫察余之中情。申佗傺之烦惑兮，中闷瞀之忳忳"。

在"涉江"篇中出现了一次："吾不能变心而从俗兮，固将愁苦而终穷。接舆髡首兮，桑扈臝行。忠不必用兮，贤不必以。伍子逢殃兮，比干菹醢。与前世而皆然兮，吾又何怨乎今之人！……阴阳易位，时不当兮。怀信佗傺，忽乎吾将行兮。"

在"哀郢"篇中出现了一次："惨郁郁而不通兮，蹇佗傺而含戚。"

"屈平疾王听之不聪也，谗谄之蔽明也，邪曲之害公也，方正之不容也，故忧愁幽思而作离骚。离骚者，犹离忧也。夫天者，人之始也；父母者，人之本也。人穷则反本，故劳苦倦极，未尝不呼天也；疾痛惨怛，未尝不呼父母也。屈平正道直行，竭忠尽智以事其君，谗人间之，可谓穷矣。信而见疑，忠而被谤，能无怨乎？屈平之作离骚，盖自怨生也。国风好色而不淫，小雅怨诽而不乱。若离骚者，可谓兼之矣。上称帝喾，下道齐桓，中述汤武，以刺世事。"（《史记·屈原贾生列传》）

《九章》中的"侘"，表达的也正如以上《史记·屈原贾生列传》所述，是屈原政治失势之后、满腔报国之志无法实现的愁苦忧思和哀怨。在《九章》之后的文献中，"侘傺"的用例虽然不是很多，但其用法和意义都非常相近。

如唐代徐坚《初学记》卷二中收录的魏缪袭《喜霁赋》中有这样一段文字："嗟四时之平分兮，何阴阳之不均？……览唐氏之洪流兮，怅侘傺以长怀。日黄昏而不寐，思达曙以独哀。"这里的"侘傺"的用例，表达的也是一种惆怅之情。

在现代汉语中，"侘傺"一词已经很少被使用了，但在清末民初时还依然是作为"失意不得志"的意思来使用的。例如，清末民初著名学者吴秋辉（1876—1927年），一生中举凡诸子百家之书，天文、地理、术数、理化之学，无不博览详究。吴秋辉于宣统末年（1911年）毕业于山东优级师范学校，毕业之际考获官费留日资格，但因眇一目，被以"有碍观瞻"为名取消了留日资格。其后，吴秋辉返乡从教，还曾给冯玉祥将军讲授过诗歌。吴秋辉虽然天才卓越，目空千古，但一生命运多舛，郁郁不得志，所以自号"侘傺生"，并以"侘傺"为轩名。

总而言之，在汉语中，初见于战国时期楚国诗人屈原作品《九章》的"侘"字，并没有发展成为代表某种理念的概念，大多都是与"傺"一起合用且沿用至今，主要用于表达政治上的不得志以及人生际遇上的失意、愁苦、哀怨之情，它表达的只是一种消极的感情状态而已。

那么，在日语中，"侘"的使用情况又如何呢？

日本文字的产生是古代日本人在学习和使用汉字的几百年间，尤其是7世纪末到8世纪中叶不到百年的时间里，在万叶和歌的创作和发展中逐步形成的。他们经历了一个从"模仿照搬"到"调整改造"亦即"和化"的两个阶段。① 在日语文献中,"侘"字亦初见于《万叶集》,但它不是以"侘傺"这种复合词的形式出现,而是被单独使用的。

根据叶渭渠和唐月梅的研究,《万叶集》中出现了 17 处"侘"这个词的体言型或这个词的形容词型、动词型的用例。"侘"字"最初是用来表达包括男女、兄妹、朋友之爱情、亲情和友情,或表达烦恼、悲伤或沮丧、绝望的情绪,其中用来表达男女之间的悲恋之情最多,达 12 例。可以说《万叶集》这些歌主要反映男女为了爱情而产生的忧郁和苦恼"。② 平安时代后期,贵族生活逐渐由烂熟而走向颓废,权势之争和恋爱失意之事日益增多,文艺上的"侘"就"不仅表现爱的欲求得不到满足时的烦恼,而且还发展成为反映对生命受压抑的不满和忧郁,但又无可奈何、只好认命的沮丧心境"。③

另外,笔者又查阅了《古今和歌集》中使用了"侘"的 34 首和歌及《新古今和歌集》中使用了"侘"的 19 首和歌,除了几例单纯的咏景歌外,绝大部分的用例与《万叶集》都是相同的。这也就是说,汉语的"侘"被挪用到日语之初,基本上仍保持了原意。但是,正所谓"橘生淮南则为橘,生于淮北则为枳",汉语的"侘"被挪用到日语中后,在"和化"的过程中,逐渐地比汉语原意的"侘"具有了更为宽泛的内涵。到了室町时代,日语里的"侘",已经不是一个单纯表达政治上不得志以及人生际遇上的失意、愁苦、哀怨之情的消极词语,而是在原意的基础上被和化成了一种特殊的审美理念,该理念蕴含了人们在日常生活中体验的痛苦、悲哀、悲惨、伤感、寂寞、短暂、清淡、空寂等诸多的情绪,它传递给人的已经不全是一味自艾自怜的消极情绪,有时还被赋予了一定的积极意义和价值。而且,自室町时代起,如"侘茶"一词所示,抹茶文化成了"侘"这种理念的独一无二的载体,而"侘"亦成了抹茶文化理念的代名词。

通过以上梳理可知,日本茶道——侘茶所追求的精神远比中国茶道所追求的精神境界要深远,如果将茶人追求的侘茶境界概括为"侘茶乐境",那么与之相媲美的不是中国茶道讲究的那些注重个人生物性要求的

---

① 吕莉:《从〈万叶集〉看日本文字的形成》,《日本学刊》1991 年第 3 期。
② 叶渭渠、唐月梅:《日本人的美意识》,开明出版社 1993 年版,第 72 页。
③ 同上。

东西，而应该是中国知识人千百年来追求的"孔颜乐处"这种快乐理念。追求快乐是人的天性，懂得快乐、善于快乐则是一种智慧。每个人，不仅希望自己能够天天快乐，至少也会衷心地祝愿自己的亲朋师友天天快乐。当然，快乐作为一种心理感受因人而异，追求快乐的途径也会多种多样。"侘茶乐境"与"孔颜乐处"，作为日本人和中国人所追求的快乐形式之一，彼此有何异同，它又体现了日本人与中国人感情模式的哪些文化特征，即是我们接下来要探讨的内容。

## 第三节 "侘茶乐境"与"孔颜乐处"

### 一 "侘茶乐境"与"孔颜乐处"的共性

中国不仅是茶树的原产地，也是茶文化的发源地。日本茶文化的发展深受中国茶文化的影响，自江户时代兴起的日本煎茶文化几乎就是中国明代以后的煎茶文化的翻版。侘茶，是自唐代就已经传入日本的抹茶文化的一种形态，若只作表象比较的话，无论是抹茶以及被日本人视为无价之宝的茶器，还是礼仪做法以及"侘"等精神理念，几乎都能从中找出中国文化的内容。其中，"侘茶乐境"与"孔颜乐处"作为日中两国所推崇的快乐形式之一，其最突出的共性就是，不仅二者追求的境界相近，而且体悟那种境界的程序亦非常相近。

首先我们来分析"孔颜乐处"。"孔颜乐处"是儒家传统的论题，它源自孔子及其弟子颜回的故事。宋明新儒学的开山鼻祖周敦颐（1017—1073年）以"孔颜乐处"点化二程，常令其"寻孔、颜乐处，所乐何事。"（《宋史》卷四百二十七 列传第一百八十六）自宋儒提出"孔颜乐处"这一论题以来，历代诸多学者站在不同角度，从各家各派的立场出发，对"孔颜乐处"做出了诸多的解释和探索，因而"孔颜乐处"也便成为后世诸多文人学士终生追求的至美至乐的精神境界。

本来人之常情是"贫而无怨难，富而无骄易"，（《论语·宪问》）但是，颜回却能"一箪食，一瓢饮，在陋巷，人不堪其忧，回也不改其乐"。（《论语·雍也》）"贤哉回也！"孔子不仅赞叹颜回，而且还曾自我表白说："饭疏食，饮水，曲肱而枕之，乐亦在其中矣。不义而富且贵，于我如浮云。"(《论语·述而》);"君子食无求饱,居无求安,敏于事而慎于言,就有道而正焉,可谓好学也已"。另外,当子贡询问:"贫而无谄,富而无骄,何如"时,孔子回答说:"可也。未若贫而乐,富而好礼者也。"(《论语·学而》)孔子还告诫弟子们说:"君子谋道不谋食"、"君子忧道不忧贫"。(《论语·卫灵公》)

后世儒者们在探究"孔颜乐处"时,就如同禅僧参悟"公案"一般,主要就是围绕着上述《论语》中孔子的话而展开的。在被奉为侘茶圣典的文献中,虽然措辞用语不尽一致,但侘茶集大成者以及诸多重要传承者们所阐述的"侘茶乐境",与孔子及其弟子颜回所追求的这种人生境界——"孔颜乐处",还是很相近的。

侘茶之集大成者千利休及其师傅武野绍鸥都曾对"侘茶乐境"有过很细致的解释。如武野绍鸥说:"侘这个词,古人歌中也曾多有吟咏,但近来称正直诚实、谦虚谨慎、不奢侈为侘"。[①] 千利休在《南方录》"觉书"中阐述"侘茶乐境"时说:"小草庵的茶之汤,首先要依佛法修行得道为根本。追求豪华房宅、美味食品,乃俗世之举。屋,能遮雨;食,能解饥,足矣,此乃佛之教诲,茶之汤之本意也。汲水、取柴、烧水、点茶,供佛,施人,亦自饮;立花,焚香,此等行为皆为践行佛祖之举止也。"

虽然上述侘茶大师们提出了这样的理想境界,但却未必每个修茶之人都能轻易做到。寂庵和尚在《禅茶录》中对"侘茶乐境"的论述,恰好说明了这一点。"侘这个字,在茶道中受到重用,成为其持戒。然而,庸俗之辈表面上装作侘之样子,但实质上绝无一点儿侘意。因此,在外形呈侘态的茶斋里,耗费了许多的黄金,用田园去置换珍奇瓷器,来向宾客炫耀,竟将此宣扬为侘风流,实在是不知侘本意为何之举。本来,所谓侘,乃物品不足,一切难尽顺心、蹉跎不得志之意。侘常与傺等连用,离骚注称'侘立也,傺住也,忧思失意,住立而不能前'。另外,《释氏要览》有记载称'狮子吼普隆间云:少欲知足有何差别?佛言:少欲者不求不取,知足者得少不悔恨'。综合这些释义来看,所谓侘的意思应该是,虽然不自由,但不生思量自身不自由之念,虽有不足亦不起不足之

---

[①] [日]武野绍鸥:《绍鸥侘びの文》,载[日]户田胜久《武野绍鸥》,中央公论美术出版2006年版,第154页。

念，不完备也不抱有不完备之念。因不自由而生思量不自由之念，因不足而愁不足，因不完备而叫嚷不完备，则非侘人，而应称作是地道的贫人。（中略）固守侘意，即等于保守佛戒，故知侘则不生悭贪，不生毁禁，不生嗔恚，不生懈怠，不生动乱，不生愚痴。另外，以前的悭贪者也会变为乐于布施，毁禁者也会持戒，嗔恚者变得能忍辱，懈怠变精进，动乱变禅定，愚痴变智慧，此乃为六波罗蜜。波罗蜜是梵语，翻译为到彼岸，即达到了悟道的境界之意。如此一来，侘之一字，配伍六度之行用，不就成了应该遵信奉持的茶法之戒度了吗？"①

在所有侘茶文献中，《禅茶录》中关于"侘"的论述，是唯一做到史论结合来全面论述"侘"的古典文献。侘茶大师们结合禅来对"侘茶乐境"进行解释，这种做法与后世儒家对"孔颜乐处"进行解释的手法也很相近。例如，阳明学派中泰州派的杰出人物罗汝芳，就曾对"孔颜乐处"做出过如下解释：

"问孔、颜乐处。罗子曰：所谓乐者，窃意只是个快活而已。岂快活之外复有所乐哉！生意活泼，了无滞碍，即是圣贤之所谓乐，却是圣贤之所谓仁。盖此仁字，其本源根柢于天地之大德，其脉络分明于品汇之心元，故赤子初生，孩而弄之，则欣笑不休，乳而育之，则欢爱无尽。盖人之出世，本由造物之生机，故人之为生，自有天然之乐趣，故曰：'仁者人也。'此则明白开示学者以心体之真，亦指引学者以入道之要。后世不省仁是人之胚胎，人是仁之萌蘖，生化混融，纯一无二，故只思于孔、颜乐处，竭力追寻，故却忘于自己身中讨求着落。诚知仁本不远，方识乐不假寻。"②

在上段引文中，罗汝芳虽未明确提到"禅"字，但"生意活泼，了无滞碍"，"只思于孔、颜乐处，竭力追寻，故却忘于自己身中讨求着落。诚知仁本不远，方识乐不假寻"。其文字无一不充满了追求"究明自己"的禅意，也会令人自然地联想到被誉为五百年一遇的日本著名禅师白隐（1685—1768年）的"坐禅和赞"："众生本来佛，恰如水与冰。离水则无冰，众生外无佛。对面不相识，却向远方求。譬如水中居，却说渴难

---

① ［日］千宗室主编：《茶道古典全集》第 10 卷，淡交社 1977 年版，第 296—297 页。
② （清）黄宗羲著，沈芝盈点校：《明儒学案》（修订本）下，中华书局 2008 年版，第 791 页。

耐。本是富家子，沦为穷乞丐。六道轮回因，只缘愚痴喑。"①

可以说，素有"茶禅一味"的"侘茶乐境"与宋明儒家所追求的"孔颜乐处"，都不同程度地有着"禅"的底蕴。

另外，无论是体悟"侘茶乐境"，还是寻觅"孔颜乐处"，都不能一蹴而就，而是需要经历长期的修为才有可能如愿以偿。对这种快乐的感知、体悟也是循序渐进，要遵循一定顺序的。

在《论语》为政篇中，孔子自叙其一生说："吾十有五而志于学，三十而立，四十而不惑，五十而知天命，六十而耳顺，七十而从心所欲，不逾矩。"孔子自年轻时起，就热衷于政治，有一腔报国之热血，也有自己出色的政治见解，但最高统治者却始终对他采取一种若即若离、敬而远之的态度。在孔子坚韧、执着的一生中，充满了曲折坎坷。可以说，孔子在其生命的大部分时间里，都是穷困潦倒的，有时甚至到了饥不得食的地步。五十多岁时迫于形势开始周游列国进行政治游说的十几年间，东奔西走，多次遇到危险，甚至险些丧命。孔子68岁时在其弟子冉求的努力下，被迎回鲁国，但仍是被敬而不用，72岁时病逝。虽然孔子在仕途上屡屡失意，空有一腔定国安邦之志之才而无处施展，但其一生却是坦荡无忧的，"食无求饱，居无求安，敏于事而慎于言"、"谋道不谋食"、"忧道不忧贫"的君子风范，也深深地影响了日本的侘茶大师们。

《山上宗二记》是记录了利休茶全盛期的茶法、精神的重要文献，在该书"茶汤者觉悟十体"中有如下一段话："子曰、吾十有五而志于学云々，此语乃绍鸥、道陈、宗易之秘传也。从十五岁至三十岁万事由师也。从三十岁至四十一岁，在茶汤风体上要体现出自身特色，要用心体悟作为一个茶人应有的言谈举止。但是，表现自己的特色应该只需表现出十中之五即可。从四十到五十的十年间，师东则我西也，此间，要独立门户获取上手之名，使茶汤更富有朝气。另外，在五十至六十这十年间，则要像将水从一个容器转移到另一个容器一样来完全模仿师傅，以名人之言谈举止做万事之标本也。到了七十，诸如宗易如今的茶汤之风体，名人之外者无用也。茶汤出自禅宗，故举止皆当以僧行为是也。"②

---

① ［日］河村昭三：《禅宗日课圣典》，见叶书院1995年版，第99—102页。
② ［日］千宗室主编：《茶道古典全集》第6卷，淡交社1977年版，第94—95页。

虽然侘茶大师们传授弟子的从师修习心法与论语的做法不尽一致，但《山上宗二记》的记述，很明显是对孔子之言的一种发挥。也就是说，追求和践行"侘茶乐境"与"孔颜乐处"者，在体悟人生境界的程序上亦是相近的。

二 "侘茶乐境"与"孔颜乐处"的区别及成因

"侘茶乐境"与"孔颜乐处"的最大的区别，就在于二者所要求遵从的规则不同。"侘茶乐境"与"孔颜乐处"的境界，如果分别只用一个字来表述的话，则可以表述为"侘"与"仁"。侘茶讲究"平常心是道""日日是好日""步步是道场"，为了营造侘茶乐境，要求修茶者们必须遵从传由千利休创立的"四规七则"。所谓四规，即"和敬清寂"，是指"事物人境之和敬清寂"①；所谓七则，即"1、茶花要如同开在原野中；2、炭要能使水烧开；3、夏天办茶事要能使人感到凉爽；4、冬天办茶事要能使人感到温暖；5、赴约要守时；6、凡事应未雨绸缪；7、关怀同席的客人"②。由上述可知，侘茶"七则"主要是一些实际操作性的法则；而"四规"则是对侘茶精神理念的具体阐释。

另一方面，所谓"孔颜乐处"，亦即如阳明学派中泰州派的杰出人物罗汝芳所指出的那样，所谓乐者，只是个快活而已。"生意活泼，了无滞碍，即是圣贤之所谓乐，却是圣贤之所谓仁"。"孔颜乐处"就在于"仁"，"所乐"之"事"也就是"仁"。那么，怎样才能做到"仁"呢？孔子说："富与贵，是人之所欲也；不以其道得之，不处也。贫与贱，是人之所恶也；不以其道得之，不去也。君子去仁，恶乎成名？君子无终食之间违仁，造次必于是，颠沛必于是。"（《论语·里仁》）虽说君子应该"无终食之间违仁"，但达到"仁"的境界又谈何容易？"回也，其心三月不违仁，其余则日月至焉而已矣。"（《论语·雍也》），就连其最为赞赏的弟子颜回才仅仅能做到坚持三个月不违仁。

在《论语》中，孔子在回答其弟子提问时也讲过许多实现"仁"的方法，如"颜渊问仁。子曰：克己复礼为仁。一日克己复礼，天下归仁

---

① ［日］久松真一：《わびの茶道》，灯影舍1987年版，第123页。
② ［日］千宗室：《茶の心》，淡交社2001年版，第49页。

焉。为仁由己，而由人乎哉？仲弓问仁。子曰：出门如见大宾，使民如承大祭。己所不欲，勿施于人。在邦无怨，在家无怨。樊迟问仁。子曰：爱人。"（《论语·颜渊》）"樊迟问仁。子曰：居处恭，执事敬，与人忠。虽之夷狄，不可弃也。"（《论语·子路》）"子张问仁于孔子。孔子曰：能行五者于天下为仁矣。请问之。曰：恭、宽、信、敏、惠。恭则不侮，宽则得众，信则人任焉，敏则有功，惠则足以使人。""子曰：巧言令色，鲜矣仁。"（《论语·阳货》）

但是，正如《论语》开篇的"学而"篇中所述："有子曰：其为人也孝弟，而好犯上者，鲜矣；不好犯上，而好作乱者，未之有也。君子务本，本立而道生。孝弟也者，其为仁之本与！""子曰：巧言令色，鲜矣仁！""子曰：弟子入则孝，出则悌，谨而信，泛爱众，而亲仁。行有余力，则以学文"。孔子对弟子们"何谓仁"这一问题的一系列回答，其实无非都是对"孝悌忠信"的演绎而已，"君子务本，本立而道生。孝弟也者，其为仁之本与！"这也就是说，只要做到"孝悌忠信"，就一定能达到仁，也就一定能够体验得到"孔颜乐处"。

如上所述，为了获得"侘茶乐境"与"孔颜乐处"，二者所要求遵从的规则显然是不同的，而这种不同，正是由日中两国国民的基本人际状态不同所造成的。所谓"基本人际状态"，如第五章介绍的那样，这是一个最早由美国心理文化学家许烺光（Francis L. K. Hsu）提出来的概念，他认为"人"是一个心理和社会的平衡体，称为"心理—社会均衡"（Psycho-social Homeostasis，简称 PSH）。该平衡体由内向外分为八个同心圆，依次为：无意识、前意识、不可表意识、可表意识、亲密的社会与文化、运作的社会与文化、较大的社会与文化、外部世界。"社会心理均衡运作的基本特征是：每一个人都需要第三层中的情感关系；而在正常的情况下，人们会使用第四层的一小部分作为与他人互动及沟通的心理基础。以人来说，人基于情感而产生亲密关系。这层关系使得每个人的存在变得有意义，它对我们的重要性就像是食物、水和空气一般重要。它基本上给个人一种完整存在的感觉。人如果突然失去这层关系，则会受到严重的心理创伤而导致生命无目标感或自杀。"这最重要的第三层"亲密的社会和文化"层和第四层"可表意识"层，再加上少许第二层"运作的社会与文化"和少许第五层"不可表意识"，便组成许烺光称之为 human constant

的部分,① 即尚会鹏先生所译的"基本人际状态"。

关于中国人的"基本人际状态",许烺光认为:"对中国人及其他类似的人来说,由于其文化规定一个人的自尊与未来都必须与他的基本群体紧密连接,因此他的父母、兄弟姊妹、亲戚,就成为他第三层的永久住民(permanent inhabitants)。这群人可以和他分享荣耀,也是在他失意时,必须寻求慰藉的对象。""生活在中国社会里的个人,可以轻易地在第三层内完成社会心理均衡的要求而不需要跳到外层去。"② 对于中国人这样一种基本人际状态来说,"孝悌忠信"无疑会成为群体内最高的伦理准则,因此只要做到了"孝悌忠信",也就一定能达到仁,而"孔颜乐处"就在于"仁","所乐"之"事"也就是"仁"。因此,在这种基本人际状态下,"孔颜乐处"成为中国诸多仁人志士首选的快乐方式也就是顺理成章的事情了。

关于日本人的"基本人际状态","日本文明学派"的重要代表人物之一滨口惠俊,在许烺光的影响下,提出了著名的"间人"概念。他由"间人"概念出发,把与"间人"相关的价值观体系称为"间人主义"。③ 滨口倡导"间人主义",旨在提出一种新的研究范式,从根本上改变日本社会文化研究中西方中心论的倾向。他的这种努力虽然值得高度评价,但"间人主义"理论的缺陷也应引起我们的注意,恰如尚会鹏先生所指出的那样,滨口惠俊所强调的"间人主义"以及"间人社会"诸特征,"似乎并非日本所特有,其他非西方社会(如中国、印度以及东南亚)社会似乎也具有这样的特点"。④

尚会鹏先生通过对"心理—社会均衡"(Psycho-social Homeostasis)理论的完善,以及对滨口惠俊的"间人主义"理论的剖析,进一步提出了"缘人""伦人"的概念,他建议作为"间人"的下位概念,用"缘

---

① 该理论的详细阐述请参见《许烺光著作集》第9卷第13章,台北:南天书局2002年版。

② [美]许烺光:《彻底个人主义的省思》,许木柱译,台北:南天书局2002年版,第249页。

③ 该理论的详细阐述请参见滨口惠俊《日本研究原論:'関係体'としての日本人と日本社会》,有斐閣1998年版;滨口惠俊《日本型モデルとは何か 国際化時代におけるメリットとデメリット》,新曜社1993年版。

④ 尚会鹏:《"缘人":日本人的基本人际状态》,《日本学刊》2006年第3期。

人"指称日本人的基本人际状态,用"伦人"指称中国人的基本人际状态,这将更有助于明确日本国民性格的特征。"缘人"与"伦人","皆以强调人的相互性为特点,故其感情配置都较集中于对人关系方面,都具有重视人际关系的和谐而非解决内心焦虑的特点"。但是,"缘人"感情投注的范围比"伦人"要广泛,这是因为"缘人"用来界定自我的人际关系圈子依关系远近由内向外依次分为"身内"、"仲間"、"他人",这与"伦人"由亲人、熟人和生人构成的人际关系圈子相类似,但与"伦人"不同的地方在于:"它是由并非完全基于血缘资格而是基于包括其他因素的某种机缘(血缘、地缘、业缘或者其他因素)走到一起的个体组成的,因而具有一定的可转换性和不确定性"。"伦人"的亲人和熟人之间是不可转换的。① 换言之,"缘人所属的最主要集团情境并非完全依据亲属集团划分,亲属集团和非亲属集团有一定的可换性,故集团情境的范围更广泛和更不确定,因而所要参考的变量更多样和不固定。而伦人行为的集团情境在亲属集团成员与非成员之间有严格区分,亲属集团与外部世界这两种情境的区分被强化,具有不可转换性。伦人行为要参考的主要是'角色情境',角色情境较为固定且趋于有固定的规范,如父慈子孝、君仁臣忠、夫爱妇敬、兄爱弟悌、朋友之间的信等。"②

处于"缘人"这种基本状态下的人,欲维持心态的愉悦和平衡,需要的更多的规则是"和敬";处于"伦人"这种基本状态下的人,欲维持心态的愉悦和平衡,需要的更多的规则是达仁之本的"孝悌"。一方水土养一方人,地域的气候、地貌、风物对人心灵的潜移默化的影响固然不可小窥,但是,社会基本人际状态对文化发展的影响更不容忽视。

在中国,特别是在文人学士之间,大家都清楚"孔颜乐处"是如何受到推崇的;在日本,推崇"佗茶乐境"者也不在少数,佗茶修习人口分属的社会阶层非常广泛,既有皇室贵族政客大贾,更不乏地位低微的普通民众。广大的佗茶修习者或将佗茶视为其不为无益事且度有生闲暇的娱乐手段,或将佗茶视为创造交友之缘的工具,或将佗茶视为修行得道的指月之指,每位茶人都按照适合自己的形式,追求、体味"佗茶乐境"。缘人缘人,皆因缘而聚。缘起缘灭,缘长缘短,缘尽人散。佗茶的点茶

---

① 尚会鹏:《论日本人自我认知的文化特点》,《日本学刊》2007 年第 2 期。
② 尚会鹏:《论日本人感情模式的文化特征》,《日本学刊》2008 年第 1 期。

法，其实质就是在创造、点化这个让人聚散的"缘"。人生于世，总难免有这样那样的缺憾，从这个意义上讲，每个人或许都是一个相对的侘人。"侘茶"其实就是在启示侘人们，应该如何去珍惜和好好把握在那诸多不如意中唯一能属于自己的那份真情实意。用和敬的心态去待人接物，从而修正了无牵挂清寂的我，去体味一期一会的那份缘，去体味那瞬间的永恒。对于一个缘人，这份乐境弥足珍贵，相对而言，"孔颜乐处"所遵奉的"孝悌忠信"，对于缘人则显得有些无关紧要了。也许正因为此，所以享年70岁的千利休（1522—1591年）才会写下如下辞世遗偈吧：

人生七十　力圍希咄
吾这宝剑　祖佛共杀

在此，顺便提一句，千利休的这句遗偈，大概也是模仿茶文化发祥地四川成都一名叫干利休的禅家遗偈而做：

人生七十力口希　肉瘦骨枯气未微
这里咄提王宝剑　露呈佛祖共杀机①

综上所述，我们会发现，无论在形而下的器物方面，还是在形而上的精神方面，按照以往单纯依靠文献进行分析的方法，通过与中华文化的对比，来研究包括侘茶在内的日本文化时，一般是很难找出日本文化与中华文化有什么大的本质性差别的。我们作为日本人最近的邻人，却对其国民性格感到难以捉摸，反倒似乎不如欧美人对日本人看得那么透彻。明治维新以来，大概是因为日本崇拜欧美倾向的影响，日本国民性研究论著大多偏重通过与西方人的比较，来凸显日本人的国民性。诸如"耻感文化论"、"纵式社会论"、"娇宠理论"、"间人理论"等等，都是这种比较研究所获得的重要成果。这些研究成果曾经让人眼前一亮，但是，当把日本放到对其文化影响深远的东亚来考察时，就会发现偏重通过与西方人的比较而凸显的所谓的日本文化特性，在东亚文化中都不同程度地存在，"耻感文化论"等与其说是日本文化的独特之处，莫如说是整个东亚文化的

---

① ［日］唐木顺三：《千利休》，筑摩书房1973年版，第128页。

独特之处更为恰当。结果最终让我们这些最近的邻人看日本时，还是难免有些雾里看花般的遗憾。因此，欲真切地认识日本人，今后还有待进一步摸索改善我们的研究方法。近些年来，尚会鹏先生通过对美国华裔心理文化学家许烺光的"心理—社会均衡理论"的完善而创立的"缘人"、"伦人"理论[①]，为我们认识日本国民性，提供了一个很好的分析工具。本小节即借助这一理论分析工具，通过对"佗茶乐境"与"孔颜乐处"的异同及其成因的梳理，分析了日本人与中国人感情模式的一些文化特征。

## 第四节　追求"佗茶乐境"的社会影响

追求"佗茶乐境"的社会影响主要有两个：

"佗茶乐境"是日本人追求快乐的形式之一，同时从哲学人类学的角度讲，佗（wabi）之营求，也可谓是日本型宣泄怨恨的方式之一。茶人苦心追求和营造"佗茶乐境"的结果，为日本人提供了一种很好的摆脱焦虑、宣泄怨恨的方式，通过佗（wabi）之营求，不仅可以获得最基本的生物安全感，更主要的是与志同道合的知音一起营造一期一会的时空，可以使人获得最大程度的情感安全，不知不觉地恢复因焦虑、怨恨而失去平衡的心理，找回能够体悟"日日是好日"的"平常心"，这是追求"佗茶乐境"的第一个主要社会影响。

"茶饭事"，乃极为世俗生活之事，茶之汤以吃茶为媒介，执着地、有时甚至是过度地追求"佗茶乐境"，结果使得本为世俗生活的"茶之汤"宗教化了。介于世俗生活与宗教之间的茶之汤，不仅可以避免诸多宗教清规戒律对人性的过度压抑，适度地满足日本人的生物性需求和一定的社会需求，而且还为日本人提供了一份克己省身、避免人性过度地放纵和堕落的文化工具，它在极力地克制人的无止境的欲望的同时，又最大限度地满足了人的生理、社会和情感的需求。这是追求"佗茶乐境"的第二个主要社会影响。

---

[①] 详细阐述请参见尚会鹏《"缘人"：日本人的基本人际状态》，《日本学刊》2006 年第 3 期；尚会鹏《论日本人自我认知的文化特点》，《日本学刊》2007 年第 2 期。

## 一 侘（wabi）之营求——日本式宣泄怨恨的方式

怨恨乃人之常情。怨恨情感的形成，既可能是源于人际关系的不畅，又可能是因为社会制度导致的个人人生命运多舛，也可能出于自然环境的逼迫。著名心理文化学家许烺光先生的"心理—社会平衡理论"（Psychosocial Homeostasis，PSH）认为，人是一个人与人、人与物、人与文化规范、心理活动与社会环境的动态均衡体。作为生物体的个体，每个人都力求在其控制下的器官组织维持有利的生理稳定，也力求在其精神及与他者的关系中维持平衡。[①] 当一个人受挫后，唯有将怨恨宣泄出去，方能求得心理的平衡。否则，怨恨积久难平，其破坏力小可摧毁个体生命之身心，大则可颠覆既有的社会结构，导致各种社会资源的重新配置以及各类秩序的重构。因此，无分古今东西，如何消解怨恨，可以说一直是个人、社会有意或无意在思考和践行的问题。舍勒说："谁把握了一个人的爱的秩序，谁就理解了这个人"[②]。笔者认为，谁把握了一个人的怨恨的形成、宣泄方式等，谁也同样可以理解这个人了。

失意者对受挫的归因，又将会直接影响怨恨所指向的对象及怨恨宣泄的方式。当失意者把挫折归于外因时，他人及物便成了怨恨所指向的对象，在宣泄怨恨的方式中，对他人及物的攻击性会更强烈一些，极端者往往会不择手段置对方于死地；当失意者把挫折归于内因时，自己的身心便会成为怨恨所指向的对象，在宣泄怨恨的方式中，对自家身心的苛责也会更强烈一些。无论是秉承了中国"诗可以怨"之传统的《万叶集》、《古今和歌集》、《新古今和歌集》，还是日本的侘茶，其所体现的侘（wabi）之营求，可以说是一种典型的日本式宣泄怨恨的方式。遵奉逆来顺受、随遇而安、安分守己、苦中作乐的"侘（wabi）"之营求，可以说正是失意者向内归因、宣泄怨恨方式的极端体现，也可以说是一种相对较为积极的宣泄怨恨的方式。

如在本节最初考察"侘"之含义时所述，"侘"本为怨的一种状态描

---

[①] 关于许烺光先生的 PHS 理论，详细请参见［美］许烺光《彻底个人主义的省思》，许木柱译，台北：南天书局 2002 年版；尚会鹏《许烺光的"心理—社会均衡"理论及其中国文化背景》，《国际政治研究》2006 年第 4 期；尚会鹏《"基本人际状态"的类型、纬度与心理—社会均衡的动力学关系——对许氏理论的若干阐释和补充》，《国际政治研究》2007 年第 3 期。

[②] 刘小枫选编：《舍勒选集》下，上海三联书店 1999 年版，第 740 页。

写，但日语里的"侘"，已在原意的基础上被和化成了一种特殊的审美理念，该理念传递给人的已经不全是一味自艾自怜的消极情绪，有时还被赋予了一定的积极意义和价值。而且，自室町时代起，如"侘茶"一词所示，抹茶文化成了"侘"这种理念的独一无二的载体，而"侘"亦成了抹茶文化理念的代名词。那么，"侘茶"所体现的"侘之营求"，又是如何被转换为日本人的积极的解怨方式的呢？为此，我们有必要先从侘茶所营求的时间、空间、人物、器皿这几方面，来大致梳理一下"侘茶"所崇尚的"侘"的内容。

1. 时间

武野绍鸥是侘茶集大成者千利休的师傅，他曾说"侘这个词，古人歌中也曾多有吟咏，但近来称正直诚实、谦虚谨慎、不奢侈为侘。一年之内，惟有十月最具侘意。"[①]

按阳历算，十月还是秋季；但按照阴历算，十月则是初冬时节了。日本明治维新前一直是使用阴历纪年的，明治政府于1872年12月9日（明治5年11月9日）突然发布明治天皇诏书和太政官布告339号，宣布以明治5年12月3日作为阳历的明治6年1月1日，从此开始了阳历纪年。因此，武野绍鸥所说的十月应该是阴历的初冬时节。

根据《南方录》的记述，武野绍鸥还引用《新古今和歌集》中收录的藤原定家的和歌来表达侘茶之心，"不见春花美，亦无红叶艳，惟有秋暮下，海滨小茅庵"。"只有饱览春花红叶之繁华者，方能体悟得到这无一物的小茅庵境界。一个不知道春花红叶的人，一开始就让其居住小茅庵是不可能的。惟有历尽繁华，才会体悟得到小茅庵的寂寥之美。此乃茶之本心也"[②]。

从"秋暮"这一表述来看，此歌描写的应该是秋季景致。但是，既然已经是放眼望去红叶落尽的时候了，那也应该是临近初冬的晚秋时节了。秋收冬藏，春华秋实的繁华已经消去的初冬时节，那份寂寥感可能更适合侘茶大师的心境吧。

武野绍鸥的弟子、被誉为侘茶集大成者的千利休，对"侘"的理解

---

[①] ［日］武野绍鸥：《侘之文》，收录于［日］户田胜久《武野绍鸥》，中央公论美术出版2006年版，第154页。

[②] ［日］千宗室主编：《茶道古典全集》第4卷，淡交社1977年版，第16页。

与武野绍鸥略有不同,他常把武野绍鸥喜好的定家的和歌与《新古今和歌集》中收录的藤原家隆的歌放在一起来表达侘茶之心:"苦待花报春,莫若觅山间。雪下青青草,春意早盎然。"

虽然藤原家隆的歌中提到了雪下已现春意的青草,但从实际的时间上看依然是寒冬时节。所以,从时间观上,侘茶史上两位最为重要的大师,一个只是崇尚暮秋初冬,一个是既爱暮秋初冬,又不厌临近初春的暮冬时节。至今,茶人们都将十月份的茶事称为"名残茶事"。日语的"名残",汉语译为"惜别"之意,"名残茶事"所要表达的,或许正是对春华秋实之繁华自然的惜别吧。

春夏秋冬这四时的运行,虽然确非我们人力所能左右,但是与寒冷的冬季相比,人之常情应该还是更喜欢春华秋实。虽然雪下青草会带给人春天临近的希望,但那仍然只是一个春天在即的希望而已,希望就在眼前,但并没有真正地到来,那只是一个想望,或者干脆说只是一种幻想,尽管如此,那种想望还是足可以安慰茶人疲惫的心灵。

2. 空间

元禄时代的茶书《南方录》中,立花实山阐述千利休所追求的日本茶道的理想形式时说:"小草庵的茶之汤,首先要依佛法修行得道为根本。追求豪华房宅、美味食品,乃俗世之举。屋,能遮雨;食,能解饥,足矣,此乃佛之教诲,茶之汤之本意也。汲水、取柴、烧水、点茶,供佛,施人,亦自饮;立花,焚香,此等行为皆为践行佛祖之举止也。"这是千利休对侘茶真谛的阐释。

另外,对于草庵即茶室外面的庭园,茶人们一般并不使用"茶庭"一词来称谓,而是称之为"露地"。"露地"本是佛教用语,出自佛教《法华经》经文中的"争出火宅,安稳得出,端坐露地"。佛教中将众生生死轮回的充满烦恼苦难的欲界、色界、无色界称为"三界",用在火中燃烧的房屋即"火宅"来比喻"三界";与之相对,"露地"则是代表脱离于三界之外的没有烦恼苦难、清净无一物的境界。千利休认为,"侘之本意就是表示清净无垢的佛的世界"[①],所以用佛教用语"露地"来称谓茶庭,也是理所当然的事了。也正因此,露地的设置虽也是出于一定的实际需要,但更多的则是作为这种佛教净土的重要精神象征而存在的。在茶

---

① [日]千宗室主编:《茶道古典全集》第4卷,淡交社1977年,第264页。

道中，露地大多会被设置成一个花草树木水石相间的近似天然的山野空间。进入露地，你可以沿着点缀于山野林间幽曲的飞石小径，悠闲漫步于芳草中，闻天籁，赏朝夕雨露风霜，观四季雪月飞花。在通往草庵的途中，还会设有一个形同虚设的小小的柴扉。但是，因为露地是作为这种佛教净土的重要精神象征而存在的，所以露地中的所有景致的设置，其目的并非仅是为了供人欣赏。露地所构筑的是一个"无一物中无尽藏，有花有月有楼台"的净土，其目的在于使修茶者净心怡神，所以千利休说："在露地草庵中，拂去浮生俗尘，主客坦诚相待，抛却所有规矩尺寸格式等等，焚火、烧水、吃茶，莫问他事，此乃佛心之显露也。"①

追求豪华的房宅，虽如千利休所说，或许是俗世之举，但却也是实实在在的人之常情。茶人们谨遵千利休之教诲，于闹市中构建其简朴的茅草庵，仅求"能遮雨避风"即可，所以侘茶的空间又有"市中山居"之称。茶人们还将茶室和露地、甚至自己的立身之地都看成是修行道场，既然将自己的活动空间都视为道场，那么一切艰难困苦就会被视为是一种磨砺，不但不会产生更多的怨意，反倒会激起刻苦努力的斗志，为了所谓的得道而去直面所有苦难，一心一意地修行。

3. 侘人

在侘茶看来，侘人即茶人，这是一群与世无争的、"不羡黄金罍、不羡白玉杯、不羡朝入省、不羡暮入台"的"精行俭德之人"（陆羽《茶经》）。

早期的侘茶文献称，寻觅侘茶之根源，"异朝亦有卢同、陆羽等人，习茶慕静，不与俗世同流"；"所谓茶汤者，遁忧世，厌名利，乐闲事，清者之业也"。②"夫寻玩茶之由来，汉土（中国）有卢同、陆羽好茶慕闲隐尚清洁，并编述《茶经》。本朝有京极道誉、赤松则祐玩乐茶香，鹿苑院殿、胜定院殿、普广院殿、慈照院殿仰慕此道，求唐物，能阿弥、珠光传来流布天下"③。也许是受此影响，武野绍鸥认为，侘茶之营求，"本

---

① ［日］千宗室主编：《茶道古典全集》第4卷，淡交社1977年，第264页。
② 《乌鼠集》卷一，今日庵文库藏。
③ 佚名：《分类草人木》，载林屋辰三郎等编注《日本の茶书1》，平凡社1972年版，第277页。

为闲居游于世外之人，有朋来访时，点茶款待、率性插花的怡情之举"。①

后世茶人们也均继承此说，称"根本茶汤乃隐遁者之业也。隐遁者不为物之利欲左右，不贪图世间事，以外敬仁道，内心入实道为宗旨"。②《禅茶录》更是明确地指出："所谓侘的意思应该是，虽然不自由，但不生思量自身不自由之念，虽有不足亦不起不足之念，不完备也不抱有不完备之念。因不自由而生思量不自由之念，因不足而愁不足，因不完备而叫嚷不完备，则非侘人，而应称作是地道的贫人。"③

对于一个普通人而言，要其对个人生活中的各种不如意，连想都不能去想，恐怕还是有点儿勉为其难了。所谓的茶人们，又有几人能真正做到这些呢？虽然我们不得而知，但至少可以想见应该会有很多人的确是以此为目标而修行的。

4. 器皿

侘茶器中，除了碧绿的粉末状的茶和应季茶花的艳色而外，所有茶器均倾向于形体有缺憾、颜色灰暗之物。不必说因千利休创意而生的黑色乐烧陶茶碗，也不必说古田织部故意使用的残缺茶碗，在此仅介绍一下名为"云山"的浓茶器的遭遇，也足可以说明侘茶对茶器近于偏执的心态了。

日本大阪的堺有位茶人，他拥有一个名为"云山"的浓茶器。一天，他举办茶会邀请千利休，特意用"云山"来招待千利休。可是，千利休对这个浓茶器却一直兴趣索然。等千利休离开后，主人拿起"云山"很失望地说："当世之千利休看不上眼的茶器留你何用"，说罢就顺手将"云山"抛向地炉的铁支架摔了个粉碎。恰好旁边有位主人的好友，将"云山"的碎片要了去，回家亲自一点一点地将其黏合在了一起，并再次举办茶会邀请千利休，特意用这个碎后复生满身疮痍的"云山"招待千利休，没承想这次茶会上"云山"却受到了千利休的大加赞赏，"这样的浓茶器才是最棒的！"④

"云山"好端端的时候得不到一句赞词，打碎后重新黏合到一起却被认为无限优美，这种在常人看来有些偏执的审美意识，实在是有些令人费

---

① ［日］武野绍鸥：《侘之文》，载［日］户田胜久《武野绍鸥》，中央公论美术出版 2006 年版，第 154 页。
② ［日］千宗室主编：《茶道古典全集》第 3 卷，淡交社 1977 年，第 227 页。
③ ［日］千宗室主编：《茶道古典全集》第 10 卷，淡交社 1977 年，第 296—297 页。
④ 同上书，第 219 页。

解。有关茶器方面，还有如千利休将好端端的花瓶敲掉一侧的耳饰来用，因此得到武野绍鸥的赞赏等等①，诸如此类故事还有很多，而且今天的茶人们仍然对此津津乐道，并用来作为教导自己的弟子们做到"师徒异体同心"体悟"侘"意的案例，在此就不一一列举了。

总之，由上述可知，茶人们所肯定的时间、空间、人物、器皿的价值，大多都是我们一般人所不愿意认可的负面的价值。侘之营求拒绝了温馨的时间，拒绝了热闹的空间，拒绝了世俗的名利，拒绝了华丽的器物，拒绝了美艳的色彩，而正是通过这种主动的拒绝，通过对一般人认为是负面价值的肯定，实现了价值的转换，使茶人=侘人们的人生观、世界观和价值观，在器物流转中发生了积极的转换，使侘之营求才变成了一种积极的解怨方式，于有意无意间化解了诸多的俗世愤怨。

茶人=侘人们为何会有如此行为呢？对于茶人们的这种心理，哲学人类学家舍勒的一段非常通俗易懂的话，或可为我们提供一份答案，特援引如下：

"从一种价值的实现方面看，一旦出现各种强烈欲求，又感到没有能力随心所欲地将此追求付诸行动，比如要获取一笔财产，却又无从措手；在这种情况下，意识中便出现一种意向：<u>通过贬低、否定该财产的正价值，其至可能通过把无论什么都与该财产相反的东西看作完满的正价值的东西，以消除欲求与无能之间令人不满的紧张状态</u>。这是关于狐狸和酸葡萄的故事。在拼命追求一个人的青睐和爱情而一无所获之后，我们便容易不断在他身上发现新的负品质，或者'自我宽心'、'自我安慰'道：所欲求之事其实根本就'不那么重要'，并无价值，或并不如我们所以为的那么了不起，这里谈的首先只是语言措辞上的断言：某一事物，某一货物或人或状况，简而言之，所欲求的名目实物，根本不具备看起来如此强烈地吸引我们去欲求的正价值；比如，我们曾努力同谋人结交，而此人原来根本就不那么'正直'或'英勇'或'聪慧'，又如葡萄根本就不那么可口，说不定还是"酸的"呢。不过，这一类情况还不是价值伪造，而只是对人、事物等等的品质的另一见解；这一见解通过品质向我们展示出一定的价值。此时，我们如先前一样，认可可口的甜葡萄的价值、聪慧的价值、英勇的价值、正真的价值。狐狸并未说'甜的'是坏的，而只是

---

① ［日］千宗室主编：《茶道古典全集》第4卷，淡交社1977年，第283页。

说葡萄是'酸的'。在语言措辞上贬斥无法获得的东西，在'旁观者'看来，其动机只能是一种故作姿态，而我们已无暇顾及'旁观者'的嘲笑——顾及只会更不利；或者，姿态主要是做给他们看的，结果，陈述的内容附带地使我们的判断变了样。但是，在极其简单的情况背后，就已经隐藏着一种扎根更深的动机。<u>在这种诋毁事态的趋向之中，在欲望的强度与体验到了的无能为力之间产生的紧张得以消解，与此紧张密切相关的不快在程度上也有所降低。此时，在我们看来，我们的欲望或欲望的强烈程度便显得实在是'无缘无故的'了——如果事情'原来根本就不那么富有价值的'话；这样一来，欲望减弱；而欲望减弱，又使得欲望同无能为力之间的紧张值减小；于是，我们的生活感和力量感重又有了一定的回升——即便这种回升的根基纯属虚幻。"</u>[①]

也就是说，侘茶的侘之营求，其实也正如舍勒所说，是通过对原有的正面价值的否定来实现其所认定的善和美的。纵观日本社会发展的历史，可以说是"改良"多于"革命"，或者干脆说日本社会就没有发生过什么真正能够称得上是"革命"的历史事件，日本人在历史关头的行为模式，与以"侘茶"为首的日本文化传统潜移默化的影响大概不无关系吧。

## 二 对侘的过分追求使本为世俗生活的茶之汤趋于宗教化

有人说日本茶道是艺能，其实日本茶道近似于艺能但也不能说它就是艺能；有人说日本茶道是宗教，其实日本茶道近似于宗教但不能说它就是宗教。今天，在日本特有的家元制度下，日本茶道更可谓是日本社会文化的一个缩影。它融合佛教、儒教、阴阳道、神道思想之要义为一体，吸纳固本之食道、长智之书道、积勇之武道、增美之花道和清神之香道等诸多文化内容之精华，形成了颇具日本特色的综合性生活文化。应该说，日本茶道是介于世俗生活与宗教之间的文化，由于茶人们执着地，有时甚至是过度地追求"侘茶乐境"，使得本为世俗生活的"茶之汤"宗教化了。这不仅可以避免诸多宗教清规戒律对人性的过度压抑，适度地满足日本人的生物性需求和一定的社会需求，而且同时还为日本人提供了一份克己省身、避免人性过度地放纵和堕落的文化工具，它在极力地克制人的无止境

---

① ［德］舍勒：《道德构建中的怨恨》，载刘小枫选编《舍勒选集》上，上海三联书店1999年版，第432页。（下划线为引用者所加）

的欲望的同时，又最大限度地满足了人的生理、社会和情感的需求。

　　茶道茶道，通俗点儿讲也就是喝茶之道了，其实只要有佳茗、丽水、好心情，本应无须讲究过多，但日本茶道则不然，它是一个以吃茶活动为契机的综合文化体系，其内容涉及到建筑、庭园、书画、陶瓷器、竹器、漆器、花道、香道、烹饪、礼仪、点茶方法等，几乎涵盖了日常生活的方方面面，茶人们在重视茶道的世俗性的同时，又对这些日常生活的时空物事都赋予了一定的宗教意义，因而使饮茶这一世俗生活之事又具有了很强的宗教性。

　　元禄时代的茶书《南方录》中，立花实山阐述千利休所追求的日本茶道的理想形式时说："小草庵的茶之汤，首先要依佛法修行得道为根本。追求豪华房宅、美味食品，乃俗世之举。屋，能遮雨；食，能解饥，足矣，此乃佛之教诲，茶之汤之本意也。汲水、取柴、烧水、点茶，供佛，施人，亦自饮；立花，焚香，此等行为皆为践行佛祖之举止也。"日本茶道早就有"茶禅一味"之称，这里的"佛之教诲"、"践行佛祖之举止"也主要是指禅及参禅之修为讲的。

　　冈仓天心在其撰写的《茶之书》中亦称："茶道是一种审美的宗教，它是一种崇拜存在于日常生活的琐碎事物上具有美感的事物的仪式。"[①]

　　日本学者久松真一先生则更明确地指出，"茶道是对禅进行的一次宗教改革，它把禅从寺院伽蓝中解放出来，回复到了在家的露地草庵；把远隔世俗的禅僧脱化为作为居士的茶人，创造了禅院、禅僧们无力创出的庶民的禅文化。这个新的禅文化生活包括了人间生活内容的全部"[②]。

　　虽然道家思想、儒家思想对茶道的影响都非常大，但是，相比而言似乎都不如佛教的影响那么显著，以至于茶人们往往喜欢与佛教联系起来论说茶道。比如，就拿茶室及其外面的庭园这些习茶的场所而言，也就是一般我们称之为茶室、茶庭的地方，茶人们多将其视为类似于佛教修行的"道场"。再具体到茶室外面的庭园而言，茶人们一般并不使用"茶庭"一词来称谓，而是称之为"露地"，对此前文已经述及，在此不再赘言。

　　千利休说："在露地草庵中，拂去浮生俗尘，主客坦诚相待，抛却所

---

　　① [日] 冈仓天心：《茶の本》，岩波书店1961年版，第19页。
　　② [日] 久松真一：《わびの茶道》，灯影舍1987年版，第8—9页。

有规矩尺寸格式等等，焚火、烧水、吃茶，莫问他事，此乃佛心之显露也。"[1] 人们常喜欢用"和、敬、清、寂"这四个字来概括日本茶道的精神。借用千利休的话说，这"清"字也就该是"拂去浮世俗尘"之义了。这里的所谓"浮生俗尘"，除了我们一般意义上讲的尘埃之外，当还有一种心灵的尘埃之义。禅宗南宗慧能与北宗神秀当年在禅宗五祖弘忍处修道时，曾奉师命各作过如下偈语。神秀作的偈是："身是菩提树，心如明镜台，时时勤拂拭，莫使有尘埃"；慧能作的偈是："菩提本无树，明镜亦非台，本来无一物，何使惹尘埃"。日本茶道之"清"，亦正是汲取了这二位得道高僧充满禅机的偈意。因此，日本茶道中众多的洗洗涮涮和清扫动作，并非仅是日常生活层面的扫除，还有着更深层的含义，即完成这些动作的过程，实际上也就是对修习者心灵的一种净化和升华的过程。茶道中很多动作都是具有这种意义的动作，如在露地中用水净手清口的动作等等，就不一一细说了。

另外，茶道宗师们还要求茶道的修行者们，不只是要把茶庭、茶室看做修行道场，而且要把自己的立身之地都看作是修行道场。千利休之孙千宗旦曾为习茶者们写过这样一句话："终日行不动一步"[2]。这话在字面上是相当令人费解的。一个人从早走到晚，腿快的人走个百余里的路程也应不成问题，怎能是"不动一步"呢？其实，这是句禅语，与禅宗典籍《临济录》中的"在途中不离家舍，离家舍不在途中"含义相同。宗旦意在以此语告诫习茶者：对于一个真正的茶人来说，茶道的道场不仅局限在茶室中，而应该"步步是道场"。于是，本来只是喝一碗茶的日常生活小事、俗事，被如此上纲上线地一搞，也就变成了不可小窥的修行得道之大事了。

日本茶道曾被视为秩序、礼仪、教养的代名词，它在提高日本国民素质方面发挥了巨大的作用，它给日本人的生活带来的积极影响之大也是无法估量的。从日本茶道的修习人口情况来看，其所分属的社会阶层非常广泛，既有皇室贵族政客大贾，更不乏地位低微的普通民众。由于日本茶道既是宗教化的世俗生活，同时亦是世俗生活化的宗教，所以，广大的日本

---

[1] ［日］千宗室主编：《茶道古典全集》第4卷，淡交社1977年版，第264页。
[2] ［日］倉澤行洋：《世界の中の茶道》，载千宗室监修《海外の茶道　茶道学大系别卷》，淡交社2001年版，第60页。

茶道修习者们或将茶道视为其不为无益事且度有生闲暇的娱乐手段，或将茶道视为创造交友之缘的工具，或将茶道视为修行得道的指月之指，每位茶人都可按照适合自己的形式，从日本茶道中获得一份闲情雅趣，获得些许心灵的慰藉。日本茶道作为一个综合性的生活文化体系，可以说从方方面面满足了日本人的诸多身心要求。

# 第九章

# 从日本将棋规则看日本社会的流动模式

　　研究日本国民性，方法视角很多，从游戏规则的视角来透析两国国民性的特点，尚属一种比较新颖的尝试。游戏是所有文化的萌芽，"在整个文化进程中都活跃着某种游戏因素，这种游戏因素产生了社会生活的很多重要形式"，"仪式产生于神圣的游戏；诗歌诞生于游戏并繁荣于游戏；音乐和舞蹈则是纯粹的游戏。智慧和哲学在源于宗教性竞赛的语词和形式中找到自己的表达。战争的规则、高尚生活的习俗，都是在各类游戏中建立起来的"。[①] 因此，一个国家民族所创立、传承至今的游戏的规则，对于该国家民族的价值观、行为方式和文化心理等的型塑起着不容忽视的作用。但是，目前，从游戏规则的视角进行国民性的比较研究，尤其是在我国学界尚未取得很大的进展。

　　在众多游戏中，棋盘游戏最接近社会的人文环境。很多人感慨，"人生如棋"，进退攻守的时机把握，胜负的结果，往往都只在一着之算，一念之差。小棋盘，大世界，简单的规则，却蕴含着丰富的人生哲理，在一定程度上也反映了游戏者的思维定式和行为价值取向等。本章即拟通过对中国象棋和日本将棋的现行规则的比较，来粗略地分析一下中日两国国民性的一些特点。

---

　　① ［荷兰］胡伊青加：《人：游戏者——对文化中游戏因素的研究》，成穷译，贵州人民出版社1998年版，第222页。

## 第一节　日本将棋与象棋的规则概说

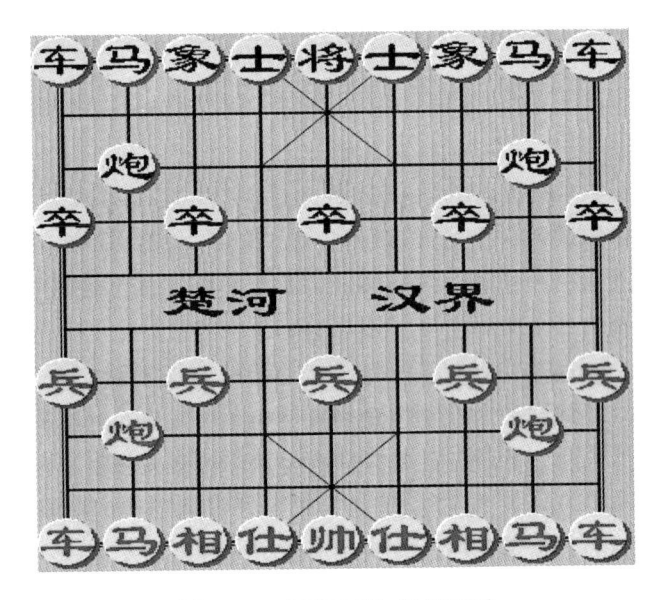

图 9—1　中国象棋初始配置图

中国象棋的发展经历了漫长的过程，早在两千多年前的春秋战国时期就已经有关于象棋的记载，但现代象棋的定型大概是在北宋末年[①]。如图 9—1 所示，中国象棋的棋盘由九道直线和十道横线交叉组成。棋盘上共有 90 个交叉点，象棋子就摆在和活动在这些交叉点上。棋子共有 32 个，分为红、黑两组。红帅与黑将各统七种 16 个棋子进行对弈搏杀。开局是执红先行，双方轮流各走一着，直至分出胜、负、和，对局即终了。

---

① 李不大主编：《象棋完全入门》，世界图书出版公司 2004 年版。

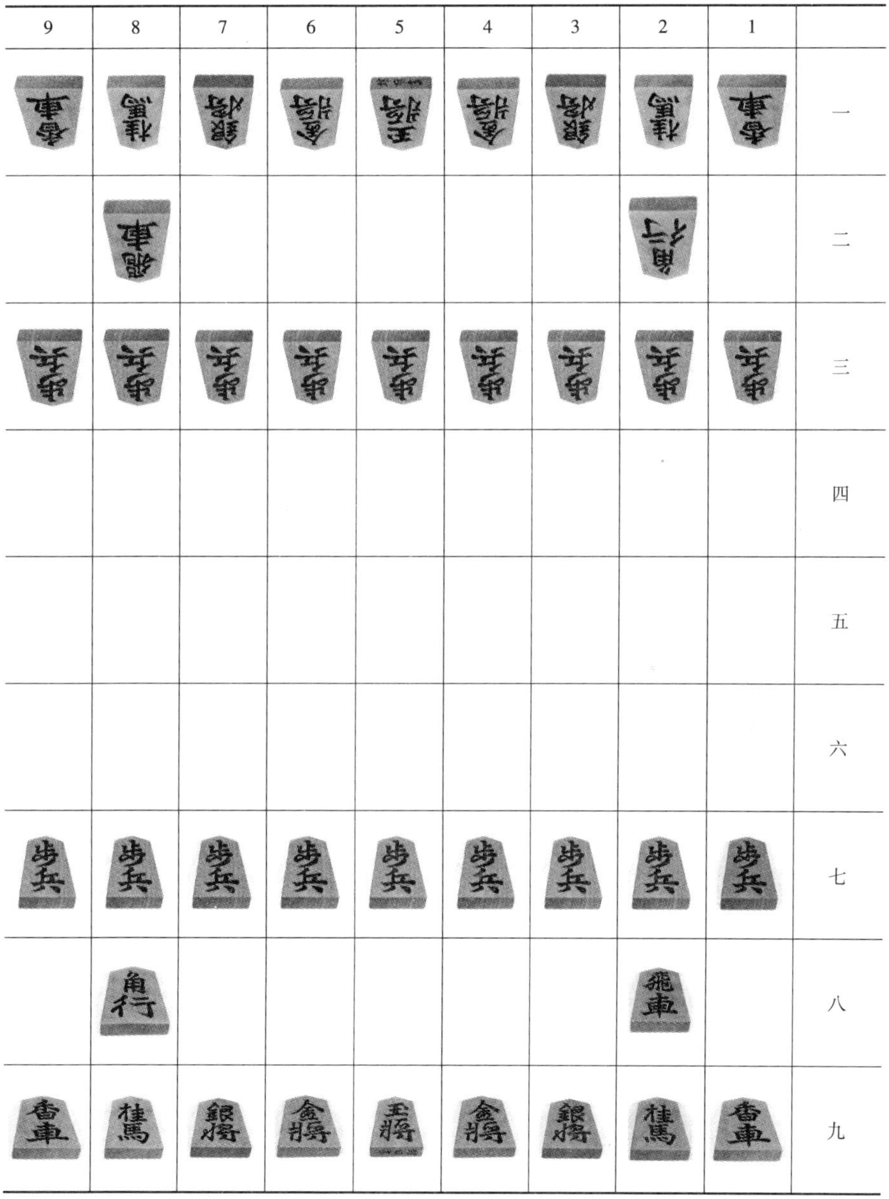

第九章　从日本将棋规则看日本社会的流动模式　223

| 9 | 8 | 7 | 6 | 5 | 4 | 3 | 2 | 1 | |
|---|---|---|---|---|---|---|---|---|---|
| 香車 | 桂馬 | 銀將 | 金將 | 王將 | 金將 | 銀將 | 桂馬 | 香車 | 一 |
| | 飛車 | | | | | | 角行 | | 二 |
| 步兵 | 步兵 | 步兵 | 步兵 | 步兵 | 步兵 | 步兵 | 步兵 | 步兵 | 三 |
| | | | | | | | | | 四 |
| | | | | | | | | | 五 |
| | | | | | | | | | 六 |
| 步兵 | 步兵 | 步兵 | 步兵 | 步兵 | 步兵 | 步兵 | 步兵 | 步兵 | 七 |
| | 角行 | | | | | | 飛車 | | 八 |
| 香車 | 桂馬 | 銀將 | 金將 | 王將 | 金將 | 銀將 | 桂馬 | 香車 | 九 |

图 9—2　现行日本将棋配置图

将棋又称作"本将棋",关于将棋的起源,有东南亚起源说①和中国起源说②;关于将棋初传日本的时间,有奈良时代说和平安时代说等。但是,由于缺乏物证,无论是关于将棋的起源还是初传日本的时间,学者、棋手们都是各执己见,尚无定论。目前,最早记载将棋的文献资料是藤原明衡著的《新猿乐记》(1058—1064年)。在日本将棋的发展史上,曾出现过大、中、小三种将棋,到了16世纪时,"小将棋"中的"醉象"一子被去掉才形成了今日流行的"本将棋"。③(如图9—2所示),现行将棋棋盘是一个由十条横线及十条直线相交而成的方格阵。棋子的大小形状相同,而且全都是用黑体字标记,共计八种40个棋子被均分为两组,每组20个子分别摆在和活动在方格之内。通过掷子决定开局先行者,双方轮流各走一着,直至分出胜、负、和,对局即终了。

## 第二节　从日本将棋持驹规则看日本社会的流动模式

中国象棋与日本将棋,在终局定胜、负、和方面相似性很大,但在走棋过程中的棋子使用上却有着极大的区别。最大的区别之一,就是将棋奉行"持驹规则"。所谓"持驹规则",即一个棋子被吃掉后,仍然可以再次作为吃掉该子一方的兵力,由其随时投入几乎是任意一个有利于自己的位置;但象棋则不然,被吃掉的子是不能复生的,而且通俗点儿讲,红棋棋子生是红方的人,死亦是红方的鬼,绝不可能作为黑方的兵力重新加入战斗掉过头来攻击红方;反之黑棋子亦然。"持驹规则"实质上是一种将善恶标准相对化且唯强者是从的棋子再生规则。

从图9—2我们可以发现,日本将棋的棋子,不但形状相同,全部为五角形,而且颜色相同并且都是用黑色文字来标记的。所以,如果我们把分为两组摆放在棋盘上的棋子打乱混放在一起的话,那么恐怕谁也无法辨

---

① 〔日〕木村義徳:《将棋の日本到着時期をめぐって:増川宏一説に対する批判》,《桃山学院大学総合研究所紀要》30—2(2004年12月);〔日〕山本亨介:《将棋文化史》(筑摩书房1980年版)。

② 〔日〕増川宏一:《ものと人間の文化史将棋》,法政大学出版局1977年版。

③ 〔日〕清水康二:《将棋伝来についての一試論》,《遊戯史研究》1994年6号;〔日〕大内延介:《将棋の来た道》,小学馆文库版1998年。

第九章　从日本将棋规则看日本社会的流动模式　225

清这些玉将、飞车、角行、金将、银将、香车、桂马、步兵究竟刚才是摆在棋盘的哪一侧了。对这些同形且清一色的将棋棋子，唯有把它摆在棋盘上，并确定好五角形棋子尖端指向后，方可判断其归属。

　　从将棋棋子的这一特点及其所奉行的"持驹规则"，我们首先很容易就会想到日本著名的社会人类学家中根千枝阐述其纵式社会理论时使用的两个最重要的概念——"场"与"资格"。"场"与"资格"是缔结集团的两个要素，根据她的看法，日本人在缔结集团时以及在对外进行自我的社会定位时，对"场"的强调甚于对资格的强调，这是日本人集团最重要的一个特点。① 如日本人在作自我介绍时，往往先从自己所属的工作单位开始介绍自己的情况。"场"与"资格"这两个概念，也可说是中根千枝理论的出发点。由于集团的缔结重视"场所"而不重视资格，不同资格者都能加入同一集团，故日本人的集团具有既闭锁又开放的特点。现实生活中，日本人在不同集团间进行的社会流动，其实就如同按照"持驹规则"使棋子再生一样。

　　关于将棋所奉行的"持驹规则"，还曾一度成为将棋存废与否的争论焦点。第二次世界大战后，驻日盟军总部（GHQ）曾因将棋所奉行的"持驹规则"，意欲废止将棋。为了避免将棋被废止的危机，日本将棋联盟便派遣足智多谋骁勇善战的关西本部长代理升田幸三去交涉。在辩论中，驻日盟军总部的人对升田说："日本将棋不同于我们玩的国际象棋，将棋把从对方那里夺取的棋子作为自家兵力使用，这是对俘虏的虐待，是不人道的，是违反国际法的野蛮游戏，所以必须予以废止"。对此，升田反驳说："国际象棋把吃掉的子不用才是真正地在虐待和杀害俘虏。在这点上，将棋对俘虏则是既没有杀害也没有虐待，而是使棋子永生并尊重其各自的能力，量才录用，使其各得其所，各尽所能。而且，由敌变友之后，依然是把金将做金将、飞车当飞车来用，这不才是真正的民主主义吗？"经过升田的一番慷慨陈词，最终说服了驻日盟军总部，使将棋避免了被废止之灾。②

　　此外，将棋所奉行的"持驹规则"也反映了日本人的一个重要的性格特征，即将善恶标准相对化且唯强者是从。就如同一个被吃掉的棋子可

---

① ［日］中根千枝：《タテ社会の人間関係》，讲谈社1967年版，第28—32页。
② ［日］升田幸三：《名人に香車を引いた男》，朝日新闻社1980年版，第223页。

以轻易地被再度摆放到棋盘上攻击其原属团队一样,具体到现实生活中的日本人来说,正如本尼迪克特在《菊与刀》中所指出的那样,日本人从一种行为转向另一种截然相反的行为时绝不会感到心理苦痛,二战期间日本俘房的巨变以及战后的日本公众对美国态度的180度大转变,就是这方面最好的例证。① 另外,即使是在今天,与日本人交往较多的人,只要稍加留心就会注意到,在现实生活中,日本人时时刻刻都在对自己进行着社会空间的定位,随着自己所属的社会空间的变化,其行为方式也在相应地发生着变化。在日本人心目中,所谓的适用于所有社会空间的普遍的善恶标准是不存在的,任何善与恶都是相对的,而且对唯强者是从的行为,日本人并不会有什么道德上的愧疚感。一些日本人之所以至今仍不能由衷地对历史问题作出反省,与这种国民性格的影响应该不无关系,而这种性格的形成,与将棋"持驹规则"长年以来的潜移默化的影响也是不无关系的。

## 第三节　从日本将棋成金规则看日本社会的流动模式

图 9—3　日本将棋子

在将棋里,当一枚可升级的棋子进至位于距该棋手最远的三行或从此区域走出时,该棋手可以选择把棋子升级。除了"玉将"和"金将"而

---

① [美] R. ベネディクト:《菊と刀》,長谷川松治译,社会思想社 1992 年初版,第 50—51、199 页。

外，其余六种棋子都可以升级。但是，棋手可以自由选择接受或不接受棋子升级，若是接受则称之为"成"，不接受则为"不成"，而且必须明白告知对弈者，若是选择了"成"，则只需同时将棋子翻到另一面即可完成升级。

将棋棋子，除了"玉将"和"金将"而外，棋子的正反两面都标有文字，分别代表着不同的功能，象征着两种不同的人生，何去何从全凭一己之努力。如图9—3所示，可以"前后左右行"的"飞车"升格后改称"龙王"，于是"龙王"除具备"飞车"原有的功能外，又增加了可斜走一格的功能；可以"四翼前后飞"的"角行"升格后改称"龙马"，"龙马"在原有"角行"功能基础上，又增加了直走一格的功能。其他四子，"不行左右下"的"银将"、"先方任意行"的"香车"、"前角超一目"的"桂马"以及只能"一方不他行"的"步兵"，都可以升级行使"金将"的职能，即所谓的"成金"。银将、香车、桂马和步兵"成金"之后，便不再具有原有的功能，而只能行使"金将"的职能。

一般认为，理想的社会流动应该是以社会职位空缺为导向、以自致性原则为根据、以机会平等为前提，同时对社会弱者给予必要的保护。[①] 如果能尽量实现一种理想的社会流动，就能够有效地激发人们的积极性，促使人们充分发挥自己的聪明才智，给社会系统注入强大的活力，推进社会的进步和发展。将棋的"成金规则"，正可谓是一种比较接近理想的社会流动模式的规则。首先，从将棋的规则来看，"金将"这一职位在将棋棋子里可谓是一个中层的社会职位，而且，根据"成金规则"，"金将"的职位永远都存在着空缺，这也就意味着"金将"下面的四类棋子"银将、香车、桂马、步兵"在任何时候都可以凭借自身努力通过自由抉择和平等竞争来提升自己，在机会平等的条件下，能力最弱每次只能朝前方行进一小步的"步兵"，经过自身的努力奋斗，甚至有可能比位高权重的"银将"还要早获得提升为"金将"的机会。而且，由于银将、香车、桂马和步兵"成金"之后，便不再具有原有的功能，而只能行使"金将"的职能，这也会造成相应社会职位空缺，从而促进了社会流动。所以说，"成金规则"，是一种近乎完美的理想的社会流动模式。

---

① 龚维斌：《社会流动：理想类型与国际经验》，《中国社会科学院研究生院学报》2003年第5期。

但是，在中国象棋里，则不具备这样的规则。虽然象棋的兵卒过河界后，其行动方向可以由过河前的单方向前行增加到三个：即向前、向左或向右，但是，兵卒终老依旧是兵卒，虽不能说是在向下流动，但也绝对谈不上是在向上流动。从图 9—1、图 9—2 象棋和将棋的配置图中亦可看出，在这两类棋里，每一方的"兵"都是人数最多，排在冲锋陷阵第一线的。但中国象棋的"兵"是只能往前冲，不能后退，而且当冲到对方的底线的时候，基本上就失去了战斗力，既无前途又失去了退路，只能左右移动，即所谓"沉到底的卒就是死卒"一个了。与之相对，将棋的"兵"则不然，按照"成金规则"，无须走到底线，只要走到对方阵营即三线以内时就可以摇身一变而晋升为"金将"，不仅有可能避免终死异国他乡的结局，而且还有可能重归故里伴君侧。从社会学角度讲，将棋"成金规则"下的社会流动，是典型的代内流动。

象棋和将棋在棋子升级规则上的异同，也反映了中日两种文化中对待社会流动的两种截然不同的态度。在中国，讲求的是个人身份的恒定，注重的是代际间的社会流动，所谓"龙生龙，凤生凤，老鼠的儿子天生会盗洞"这一俗语，也恰好有趣地概括了中国社会代际流动比较高的状态。纵观中国社会的发展史，当代际流动过高，因而导致社会阶层间的生存环境、生活质量等的差距过大或忍无可忍时，忍辱负重的人们便会一声怒吼"王侯将相宁有种乎"揭竿而起，于是很多良顺之民转眼间往往就会变为革命的斗士，结果就会引发很多结构性的社会流动，出现所谓翻天覆地的变化。

日本社会的组织构成方式与将棋的规则有着极其相似的特性，总体来讲日本社会也应该说是一个代际流动较高的社会，但在一定的阶层范围内，就如同将棋的"成金规则"那样，日本社会又格外注重代内流动，讲究个人价值的实现，使人们相信并愿意通过自身努力拼搏去改变个人的身份属性达到高位，从而极大程度地把矛盾化解在了相当于将棋"金将"这个阶段，实现着近乎完美的社会流动。比如，不管家庭背景如何，只要进了东京大学的门，大家即可彼此平起平坐；当代大多数日本人都具有很强的"中流意识"（即都认为自己属于中流阶段）等等，这些可以说正是"成金规则"在现实生活中的体现。

纵观日本社会的发展历史，虽然武家当权者有过多次易主的搏杀，但号称"万世一系"的天皇制却仍被保存至今，发挥着不可忽视的作用。

无论是在中国，还是在日本，希望改善个人境遇向上流动之心可以说是人皆有之，人之常情。不过，比较而言，中国人的向上流动诉求要比日本人更为极端，甚至真的会有人抱有"皇帝轮流坐，明年到我家"的痴心妄想。而在日本，昔日的武士们可能会有当大名、做将军的梦想，但很少有人会去妄想做天皇，这亦如同今天之日本，普通平民且不必说，即便是一个政治家，虽然他或她会抱有当首相的野心，但绝不可能去幻想做天皇。

另外，在此还要特别指出的是，在将棋中，对于按照"成金规则"升级的六种棋子，如果一旦被吃，那么该棋子再次回到棋盘上时将回复到原来的状态，飞车、角行、银将、香车、桂马、步兵依旧得从原有的身份重新开始奋斗。日语中有个读音、意义皆同只是文字表记不同的词——"（一所）一生悬命"，中文翻译为"尽力""拼命"的意思。这个词恰好反映了日本人将一生之精力倾注在某一个社会空间的人生价值观，无论干什么，只有在"（一所）一生悬命"，才有可能干出成绩，实现自身价值，从而在有限的范围内获得向上的社会流动，最大限度地改善自己的生活、生命质量。在现实生活中，日本人一旦在某个单位就职的话，大多会从事那份工作至退休，很少会有人中间辞职跳槽。究其原因，从将棋的"成金规则"中或许可以得到一些启示。就如同升级的棋子一旦被吃掉，那么它升级后的待遇将全部消失一样，在日本，一个人在某一个集团内努力获得的社会资本，在改换门庭时往往是无法转用的，所以从一个集团转往另一个集团，对个人而言是要蒙受很大的损失的。特别是对于在某集团已经由普通的"兵"跃升为"玉将"贴身护卫之"金将"的人，一旦他离开了该集团则必须再从无名小卒的"兵"做起，从头开始奋斗打拼。具体到人们的现实生活，跳槽也可能在工资待遇等物质利益上并不会有过多损失，甚至会有所提升，但其在人际关系上必须一切从新开始，或者说是要从零开始，因此能否得心应手地开展工作也很难说，所以很多日本人轻易不愿意去冒这种风险，而宁可选择忠于职守全身心的投入。为世人所称道的日本人的"从一而终"、"不事二主"、"各得其所，各司其职，尽职尽责"等国民性格的形成，或许与将棋规则在茶余饭后潜移默化之影响也不无关系吧。

最后，再简单地分析一下象棋与将棋在棋子间的配合方面的规则。概言之，可谓象棋是故步自封互相制约，而将棋则是变动不居异体同心。

无论是象棋还是将棋，任何棋子在走动时，如果己方棋子可以到达的位置上有对方的棋子，就可以把对方的棋子拿出棋盘（称为吃子）而换上自己的棋子。

古时候，中国的元帅们领兵打仗时讲究的是"运筹帷幄"，讲究的是"谋"。所以，中国象棋的首脑——作为双方竭力争夺目标的将和帅，总是待在戒备森严的九宫大营之内，上下左右按竖线或横线度方步。作为帅（将）贴身保镖的仕（士）也仅限在九宫内的斜线上走动。相（象）的防守范围略大些，但也不能过河，仅限于在"河界"及"河界"以内的本方阵地每次循对角线走两格，俗称"象走田"。如此一来，象棋七种棋子就有三种棋子成了不具备强有力的攻击能力之子，能冲锋陷阵的只有余下的车、马、炮、兵卒。而且，在行棋规则方面，象棋棋子间故步自封彼此限制的规则较多，远远不如将棋棋子机动灵活和团结。

例如，中国象棋的马走动的方法是一直一斜，即先横着或直着走一格，然后再斜着走一条对角线，俗称"马走日"。当处在棋盘中间的某个位置时，马一次可走的选择点可以达到四面八方的八个点，故有"八面威风"之说。将棋也有"桂马"，其走法是"前角超一目"，即日本将棋的桂马只有前面两个位可走，远不及中国象棋的"马"八面威风。但是，"桂马"的行棋速度和自由度却是象棋的"马"所无法比拟的。不但因为是"马"走日，"桂马"走目，出击速度"桂马"要比"马"快；另外，最重要的还是"桂马"的走动，不会像中国象棋里的"马"那样要受到"别马腿"的影响。

根据中国象棋规则，"马"如果在要去的方向正前方有别的棋子挡住，"马"就无法走过去，俗称"别马腿"。在现实生活中，一旦被人使坏"别了马腿"就动弹不得，纵使你是一匹骏马良驹，志在千里，恐怕也只得老骥伏枥，无可奈何了。类似于"别马腿"的规则，象棋里还有"塞象眼"一说。即，如果"象"走的"田"字中央有一个棋子，象就不能走，俗称"塞象眼"。一旦象眼被塞，一个"相"，纵使其有满腹经纶和定国安邦的雄才大略，恐怕也是干瞪眼无计可施。无论"别马腿"者，还是"塞象眼"者，均是有敌有友，这种现象不仅是在昔日的封建社会时有发生，在今天的现实生活中也并不少见。所谓，"窝里斗"、"一个和尚挑水吃，两个和尚抬水吃，三个和尚没水吃"、"一个中国人是条龙，十个中国人在一起就变成了虫"等等，或可以说都是象棋"别马腿"、"塞象眼"这一规则的负面典型例证吧。

与中国象棋相对，日本将棋的八种棋子，则不单单是"桂马"可以天马行空般地行走，无拘无束，而且每个棋子都是可越界冲锋陷阵的。步兵可以勇往直前，越界搏杀，"玉将"也可以御驾亲征，且能够身先士卒。再加上将棋奉行可以使棋子再生的"持驹规则"，就更是使将棋棋子显得变动不居，运用起来格外灵活。

此外，象棋规则中对同种棋子的纵向先后顺序并没有任何限制，诸如兵卒的走法，不仅双兵或双卒以上居于同一纵列不算违规，而且后来居上的兵卒排在同一纵列的另一兵卒前方也不算违规。但将棋则不然，为了吃掉对方的玉将，将棋讲求的是马有马路，兵有兵道，棋子间各安其位，各行其路，异体同心，尤其重视同种棋子间的有序协作，竭力排除同种棋子的先后竞争。将棋规则中的三个禁着之一，就是针对能力最低的"步兵"而设的，禁着规则明确规定"在同一纵列上不能配置2枚以上的步兵"。这是一种从最低层来对秩序进行的维护。中根千枝所指出的日本人现实生活中的"同期生意识"[①]，可以说正是这种将棋禁着规则的反映。比如在日本的公司中，同一年就职的人往往会结成"同期生会"，当其中有人受到提拔重用时，其他同一年就职却未得到提拔的人，大多都会抱怨不满，认为自己也并不比被提拔者差。同年就职者间尚且如此，更不用说后加入公司的人（后辈）如果比先加入公司的人（先辈）早受提拔重用，那将更是一件不得了的事。而且，中根千枝还指出，日本的各行各业都存在这种"同期生意识"。

通过以上分析考察，我们发现，游戏规则的确可以在一定程度上反映游戏者的思维定式和行为价值取向等，但是，在此还应该指出的是，仅凭对游戏规则的分析来判断创立该游戏的民族的性格等，还是不够充分的。比如，从中国象棋的规则来推断中国人的价值取向，在抗日战争期间不该出现"汉奸"，倒是日本将棋的"持驹规则"更容易造就很多"日奸"才是，但众所周知，事实恰恰相反。成型于北宋年间的中国象棋的规则没有变，可是这个古老的象棋还能在多大程度上代表现代中国人的思想，则需审慎结论了。游戏创造秩序，游戏最大的贡献是在于它把一种暂时的、有限的完善带给不完善的世界与混乱的生活，并不时地为人们提供一种理想的社会秩序，一种理想的生活方式。如何最大限度地创立并遵循完美的

---

① ［日］中根千枝:《タテ社会の人間関係》,讲谈社1967年版,第74页。

游戏规则去规划我们的世界，最终还得靠我们这些游戏于这个世间的人。从某种意义上说，中日关系也如同一盘棋，希望所有珍视中日友谊的人能够通过文化交流，进一步加深彼此的理解，共同努力来走好中日关系这盘大棋。

下 篇

# 实践应用

# 第十章

# 试析近代以来日本外交战略的历史演变及未来走向

"所谓战略，一般就是指对实现特定目的的过程与手段进行规定的综合性判断与计划。社会生活当中有各种战略。国家战略从其目的上可以分为军事战略、外交战略、经济战略、内政战略等。"① 日本自19世纪明治维新以来的外交战略，始终是围绕着如何从军事、经济乃至政治方面，构建一个地区大国、世界强国这个目标来制定和实施的。② 概言之，大体经历了由"脱亚入欧"、"兴亚抗欧"到"顺美疏亚"、"顺美联欧统亚"这样一个演变过程。

短命的日本民主党政权在经过三届内阁的摸索与试行错误后，对外战略终于确定了方向。从对外形势认知、政策观念与思路角度看，野田内阁的对外动作在很大程度上代表着日本朝野的统一意志，这说明日本政界实际已就一系列重大问题达成共识。从自民党桥本内阁、小泉内阁到民主党野田内阁，从战略制定到政策设计，日本外交安全政策以自我为中心的主体意识表现得越来越明显，一切以维护本国利益为出发点。而且，与自民党相比，在对待"日美同盟"与"日本战略"的关系问题上，具体言之，在抉择是"日美同盟下的日本战略"还是"日本战略中的日美同盟"这类重大问题上，民主党给出的答案更为简单明了，即日本利益是核心，日

---

① ［日］中曾根康弘：《日本二十一世纪的国家战略》，联慧译，海南三环出版社2004年版，第1页。

② 曲静：《近代以来日本外交战略的三次转变及其原》，《日本学论坛》2008年第4期。

美同盟是维护利益、追求目标的阶段性工具。①

2012年12月26日,日本非常国会通过了对于自民党总裁安倍的任命,由此二进宫的安倍政权开始起航。在选举的时候,安倍总裁就一直在说要夺回政权,其实,安倍所谓的夺回政权,实质是美国夺回了对于日本的控制权。虽然在民主党政权后期,野田拼命地想挽回与美国的关系,甚至不惜用钓鱼岛来挑动日中关系,向美国表明立场。但是鸠山政权的变心给美国很大的冲击,美国已经不允许再次有变化。从表面上看,日美两国目前都有强化日美军事同盟的愿望。美国希望在强化日美军事同盟的同时,仍然保持这种同盟关系中"美主日从"的隶属关系,只不过是让日本通过一些"松绑",为美国在全世界的军事布局更多地出钱、出人、出军队。而安倍晋三政权则希望通过强化日美军事同盟,实现这种同盟关系中的"对等性的关系",让日本不仅为美国出钱、出人、出军队,还要让美国真正地"保护"日本,并试图用钓鱼岛问题作日美军事同盟的试金石。各怀心事的日美关系前景如何,又将会对中日关系带来哪些影响,显然值得关注。而且,安倍政权还抛出所谓的"菱形安保构想",该构想是安倍晋三首相2011年底提出的外交安保理念,这是一种"围堵"战略,其意在加强日本、印度、澳大利亚和美国夏威夷州之间的合作,形成一个菱形框架,来牵制中国在海洋方面的发展,东南亚正处于菱形内部。虽然安倍政府已经据此构想行动起来,但能否如其所愿还是个未知数。在本章,我们首先简要梳理日本外交战略的历史演变,然后从日本人的社会心理均衡模式(PSH)的视角剖析其演变的心理文化原因,进而展望日本外交战略的未来走向。

## 第一节 日本外交战略的历史演变

一 惶恐不安的"脱亚入欧"战略

日本的近代起于明治维新。近代日本奉行的外交战略,迥异于其前的

---

① 参见杨伯江《日本民主党对外战略方向确立》,《现代国际关系》2012年第2期;2012年7月2日,中国社会科学院日本研究所所长李薇在日本东京召开的第八届北京—东京论坛安保分论坛的发言《2011年以来日本外交安全战略变化》,国务院新闻办公室网站(www.scio.gov.cn,2012-07-05)。

"脱亚入欧"战略。

如所周知,在16世纪末,虽然丰臣秀吉曾两次出兵朝鲜,妄图以朝鲜半岛为跳板征服中国,建立以日本为核心的东亚新秩序,但结果都是以失败而告终。可以说,直至19世纪之前,日本仍是名副其实地被编排在以中国为核心的华夷秩序之下的。然而,随着日本与西洋、东亚以及东南亚地区交流的扩大,日本人认识世界的视野也愈来愈开阔,尤其是到了19世纪初,日本的知识分子看到中国、印度亦无一幸免地被西方殖民狂潮所吞噬,受到很大震动,致使其对传统的尊崇中华文化的亚洲观产生了强烈的质疑、批判乃至蔑视。到了明治初期,日本社会出现了一股盲目地崇尚西洋文明而贬斥亚洲文明的风潮,"废佛毁释"之风盛行,有些人竟将佛教经典或佛具当作柴薪来烧洗澡水,或者对佛像实施火刑予以烧毁,因而致使许多寺院遭到毁灭性破坏。日本画、能、狂言、歌舞伎等传统艺能及被称之为生活文化的茶道、花道等均遭冷遇,曾被奉为官学的儒学也遭到贬斥。在这种亚洲劣于西洋的思潮影响下,1885年3月16日,福泽谕吉在《时事新报》发表了《脱亚论》一文,引起了强烈的社会反响。

在《脱亚论》一文中,福泽谕吉明确提出日本应该把中国、朝鲜留在老套的亚洲之中而取"脱亚"路线。他批评中国文明不能顺应潮流,而固守传统文化,则将难以自保。他认为日本有中国、朝鲜这样的邻居,实在是"一大不幸",宣称"与恶友亲近者,难免自己也成为恶友。我们于心底谢绝亚洲东方的恶友",并提出"不能等待邻国开明来共兴亚细亚,应该脱其伍与西洋文明国家共进退,与中国和朝鲜的交往方式也不必因是邻国而有所照顾",应该"依西洋人与之交往风格处之","不分国中朝野,万事诸般取法西洋近时文明,不仅要脱离日本的老套,还当于亚细亚全洲重新形成一个轴心,而所举之主义只在于脱亚二字"。①

上述这些言语,虽然充分表述了福泽谕吉对亚洲国家的蔑视之情,但其实他并未把当时亚洲的主要国家中国看作是一个固陋、墨守成规且可以轻辱的对象,反而是一直忧惧中国会成为日本的巨大威胁,担心中国的发展会致使日本黯然失色难为人知。

比如早在1884年3月5日,福泽谕吉就曾在《时事新报》发表《期望日本不要被支那所遮蔽》一文,忧心忡忡地指出:当地大物博的中国

---

① [日]庆应义塾编纂:《福泽谕吉全集》第10卷,岩波书店1960年版,第239—240页。

"踏入文明之门时，必将出现于其数千里之广土上架电线、列铁道，而欧美所需之东洋物产皆由支那供给的情形。其人民与西洋人的往来日益增多，亦必会加深其彼此间的了解。现如今，进入西洋的支那国的物产和人民也早已是日本国的很多倍，随着其交往的增进，支那国之声名亦必会日加显赫，身处东洋而不及支那者则将渐失其名，这对于以东洋之文明国夸称的日本人民而言诚非可喜之事"①。同年6月7日，福泽谕吉又在《时事新报》发表《宗教亦不得不追随西洋样式》一文指出，在文物制度、风俗习惯、宗教等方面，欧洲文明风靡世界，势不可当，各国皆趋之若鹜，敢立异者则因寡不敌众而直接或间接地遭其疏远摈弃。因此，日本必须"在文物制度、宗教习惯方面皆仿效西洋，一切万事皆与西洋同色，跻身于其间使之不觉我与其有异，使其难觅彼我有别之处，从而绝其疏我之念"②，简言之也就是要进一步加强日本脱亚欧化的步伐，惟其如此，方可避免因中国与西洋诸国关系的密切发展而招致西洋诸国对日本的疏远，从而至少可确保其在亚洲的霸主地位。

由此看来，福泽谕吉之所以会倡导"脱亚入欧"战略，是缘于忧惧日本会被以中国为首的其他亚洲国家所赶超的危机意识，从这个意义上说，"脱亚入欧"也可谓是一种基于对内忧外患而深感惶恐不安的外交战略。福泽谕吉倡导"脱亚入欧"战略，其真正的目的并不是为了"脱亚"，不再与亚洲国家为伍，而事实恰好相反，福泽谕吉倡导"脱亚入欧"的真正目的是欲仿效西方列强，争当亚洲霸主，将亚洲永久据为己有。如早在1882年3月11日，福泽谕吉在《时事新报》发表的《论与朝鲜的交际》一文中，就曾公开宣称："当此之际，亚细亚全洲欲同心协力，以防西洋人之欺凌，哪个国家可为其魁首盟主乎？吾辈不敢自我夸耀本国，然平心观之，于亚细亚东方，可谓胜任此魁首盟主者乃我等日本也"。③

## 二 伤天害理的"兴亚抗欧"战略

与直白的"脱亚入欧"论相比，以"亚洲乃一个整体"④、"亚洲主

---

① ［日］庆应义塾编纂：《福泽谕吉全集》第9卷，岩波书店1960年版，第415页。
② 同上书，第531页。
③ ［日］庆应义塾编纂：《福泽谕吉全集》第8卷，岩波书店1960年版，第30页。
④ ［日］龟井胜一郎、宫川寅雄主编：《冈仓天心集》，筑摩书房1968年版，第6页。

义"、"东亚新秩序"、"大东亚共荣圈"等理论所体现的"兴亚抗欧"战略，则具有很强的隐讳性和欺骗性。这些理念标榜"东亚民族的联合"、"亚洲各民族的团结"，并鼓吹以此"排除西方列强的侵略势力"。但日本真正的目的，并不是为了什么所谓的"兴亚"。这些所谓的兴亚理念，只不过是对日本侵华侵朝等一系列侵略行径的一种事后追认而已，它以同文同种为标榜，以"认同"、"亲善"为幌子，强调文化关联，这远比西方赤裸裸的对外扩张更具隐蔽性和欺骗性。这种"兴亚抗欧"战略给亚洲人民造成的伤害，以至于现在很多日本政客都不敢也不愿意面对。所以，将日本直至1945年战败为止所实施的"兴亚抗欧"战略，称为是一种伤天害理的外交战略也是不为过的。关于对"东亚新秩序"、"大东亚共荣圈"等理论的剖析批判，已经有很多精当的论著问世，在此不复赘言。下面仅对冈仓天心的"亚洲乃一个整体"的亚洲观再稍作简析。

"亚洲乃一个整体"是冈仓天心《东洋的理想》开篇的第一句话，时至今日，这句话仍然是欲从文化史观的视角倡言亚洲区域合作者们经常引用且褒赏有加的一句名言。很多人往往仅凭这句话，或者因其在著作《茶之书》中对崇尚血腥的武士道作过批驳，便把冈仓天心理解为一个意欲拯救和振兴亚洲的和平斗士，其实，殊不知他正是日本文化特殊论和日本民族优越论的始作俑者之一。虽然冈仓天心在《东洋的觉醒》中声明："我如此号召诸位，并非是要各位去无益地行使暴力，而是想诉诸你们的人格；我也不是在号召侵略，而是在期望大家的自我觉醒"[①]，但是，他所宣扬的妄自尊大的日本文化特殊论和日本民族优越论，事实上却为日本军国主义对外进行侵略扩张起到了推波助澜的作用。

他在《东洋的理想》中写道："如果说亚洲乃一个整体的话，那么亚洲诸民族就是一个强有力的单一的组织"，"阿拉伯的骑士道、波斯的诗道、中国的伦理、印度的思想都分别述说着单一的古代亚洲的和平以及在这种和平中所孕育的一种共同的生活。虽然在不同的区域开放着不同的有特色的文化之花，但在任何地方你又找不到明确的分界线。即便是回教，也可以称之为手提刀剑的马上儒教。之所以这么说，是因为今天我们仍能很容易地识别融合在回教诸民族中的黄河流域的浓郁的共同社会主义色

---

[①] ［日］龟井胜一郎、宫川寅雄主编：《冈仓天心集》，第65页。

彩、纯田园式的要素"。①

冈仓天心在强调亚洲同一性的同时,更加着力贬低中印文化的历史,强调日本文化的特殊性和民族的优越性,称"日本民族吸收了印度、鞑靼两民族的血液,所以它具有反映亚洲意识全貌的遗传基因。世界上无与伦比的万世一系的天皇、未被征服民族的独立自恃的骄傲、牺牲扩张发展而保护祖先遗传下来的观念以及本能的岛国的孤立等,这些使得日本成为亚洲思想与文化的真正的储存库。而在中国,全国性的王朝的颠覆、鞑靼骑兵的入侵、激昂暴民的杀戮、蹂躏,使得中国除了文献与废墟外,没有留下任何能够回忆起唐代皇帝的荣华以及宋代社会的典雅之标记","印度艺术的崇高成果也因匈奴粗暴的处理、狂热的回教徒对偶像的破坏、唯利是图的欧洲无意识的艺术破坏行为而几乎荡然无存","惟有日本得以凭借秘藏的标本持续地研究亚洲文化的历史财富"。在冈仓天心看来,日本民族还是一个能够在传承旧文明的同时吸收和活用新文明的优秀民族,正是因为日本民族具有这种"不可思议的天性",才使得"日本成为亚洲文明的博物馆,甚至在发挥着超出博物馆的功用"。②

通过研读冈仓天心的《东洋的理想》、《东洋的觉醒》等著作,可以发现冈仓天心本身对当时的亚洲国家其实也是心存蔑视之意的。冈仓天心在《东洋的理想》中对东西方文明的阐述虽有很多精当之处,但他的中华文明"宋代停止论"和日本民族及文化特殊论却是贻害无穷的。中华文明"宋代停止论"为近代以来日本蔑视中国提供了理论依据,导致今日还有人否定宋代以后的中华文明;冈仓天心认为以万世一系的皇室为中心的日本人,是不同于其他民族的优秀民族,这种包含着日本的妄自尊大、对其他民族的蔑视和沙文主义的日本民族优越论及文化特殊论的负面作用,更是有目共睹毋庸赘述了。

日本著名学者子安宣邦先生曾就"大东亚新秩序"等理念的形成作过如下的论述:"被称为'大东亚战争'的战事爆发后,怎样构成了'东亚''大东亚',乃至'东洋'和'大亚洲'概念的呢?这个战略性亚洲概念的构成方式:即通过对冈仓天心的文明论'东洋'概念以及东洋文明史上日本的地位之确定,进行政治性的重新解读而构成。政治性的地域

---

① [日]龟井胜一郎、宫川寅雄主编:《冈仓天心集》,第7页。
② 同上书,第7—8页。

概念'东亚'和'大东亚',是随着1937年日中战争的开始和在中国大陆战线的扩大,进而1941年太平洋战争的爆发和南方地区的战线扩大,而逐渐构成的概念,是日本对中国乃至亚洲的战争发动,引发既成的诸种意识形态论会聚在一起而铸成了新的'东亚''大东亚'概念。这个新的'东亚'又是作为'东亚新秩序'的理念,进而作为'东亚协同体'的构想而展开来的概念。'东亚协同体'论的话语正是对战争状况的事后追认,即追随事件之后而做出的理论化概括";"构成'东亚协同体'论之核心的'新秩序'主张,来自于把日本帝国主义在东亚确立霸权的意图和行动,解读成针对英美'日支满'共同建设'东亚新秩序'的圣战。在建设'东亚新秩序'的主张中,塞进了作为亚洲先进国但又是帝国主义后进国的日本,在理念上代表落后的亚洲诸民族的自立,即以所谓假扮的代表者资格来重构世界既成秩序的要求。在这种于中国大陆推行的日本帝国主义战争本身所要求的重新解读工作,即将'东亚新秩序'观念化、理论化的工作里,亚洲主义的论客们不必说了,包括西田哲学系统的历史哲学者,还有学院派的历史学家、政治学家、以日本浪漫派为中心的文学家,马克思主义学派的中国、亚洲社会科学分析家们,即众多昭和初期的日本学者、知识分子都纷纷被动员起来,甚至自己主动参与了这种重新解读的工作。'东亚协同体'论的确是日本在中国·亚洲实施的帝国主义战争的理论产物。但是,同时也是现代日本众多的学者、知识分子从一开始便参与的有关亚洲问题理论构建的历史体验";"'大东亚战争'的开始使'东亚'概念扩大为'大东亚'。这个地域概念的扩大是伴随着日本帝国主义战略视野向南太平洋地域扩大而出现的。它立刻要求学者来做事后正当化的理论性处理"。[①]

也就是说,所谓的"亚洲乃一个整体"、"亚洲主义"、"东亚新秩序"、"大东亚共荣圈"等理论所代表的"兴亚抗欧"战略,其实质是"侵亚抗欧",是在对亚洲既蔑视又忧惧又欲进行支配的心理驱使下的一种伤天害理的外交战略。

---

[①] [日]子安宣邦:《东亚论日本现代思想批判》,赵京华编译,吉林人民出版社2004年版,第51—54页。

### 三 自鸣得意的"顺美疏亚"战略

1945年战败，使帝国日本树立起来的"东亚新秩序"理念，即"大东亚共荣圈"理想彻底瓦解。日本战败后，很长一段时间处于美国占领军的监管之下，所以选择"顺美疏亚"战略似乎也有其迫不得已的一面，但其实更主要的还是长期的"脱亚"意识已经使日本一贯将自己看作是西方国家，再加之日本在亚洲地区多年的倒行逆施，也使其难以一时间将自己再融入亚洲集体，所以日本人对选择"顺美疏亚"战略并没有太多的抵触心理。另外，因这种战略选择，使得日本得以集中精力专注于经济建设，很快发展为世界第二大经济强国，这不仅使日本人重新找回了自信，而且再次萌发了其统领亚洲的梦想，又开始凭借其强大的经济实力故技重演，变换着方式对亚洲国家颐指气使。所以，对日本而言"顺美疏亚"也可谓是一种值得其自鸣得意的外交战略了。

当然，这里所说的"疏亚"，并非是指日本对整个亚洲的疏远。战后，日本积极顺从美国的全球战略，疏远的只是它曾深深伤害的东亚诸国，而对东南亚国家投注的力量则是很大的。20世纪70年代"福田主义"的发表，则标志着日本的东南亚政策已经从经济扩大到政治、社会和文化领域。

对于日本亲东南亚而疏远或说避开东亚地区的战略，子安宣邦先生曾作过如下的评价："日本在战后历程中，与其说自己抑制了面向亚洲，特别是东亚的视野，不如说面对亚洲问题其国家层面上的思考判断能力已然丧失。在东亚战后迅速开始的冷战结构，容忍了日本这种丧失判断能力的状态。对于东亚，日本所采取的国家层面上的视野只是一种追随美国战略的视野而已。1965年获准加入联合国，而重归国际秩序后的日本也只能一点点地修复个别的两国间国家关系，除此以外根本没有想去实现与亚洲诸国之间的关系。在日本的近代史留下了巨大伤痕的东亚，特别是中国、韩国之间，情况也是如此。在国家意识上，日本根本就没有想要向亚洲诸国表明对过去的清算和建立新关系的意识。正如至今在东亚诸国之间，仍不断出现的历史问题所显示的那样。"East Asia"是战后日本没有再积极去重构建设性关系的亚洲地域。可以说，所谓"East Asia"乃是一个没能重新构筑起来便丧失了的地域概念。相比之下，把'东南亚（南方）'当作重要的地域而确立起来的'亚洲'概念，与日本的经济复兴及于世界中日本的再次强国化一起得到了复活,带来了地域研究上的热闹景象"①。

正如子安宣邦先生所指出的那样,二战后,"对于东亚,日本所采取的国家层面上的视野只是一种追随美国战略的视野而已"。但是,东亚地区依然是关乎日本生存发展的主要舞台。冷战的结束,进一步推动了全球化和区域化的发展,世界秩序亦面临着新的重组。这一世界局势的变化,一方面唤起了亚洲各地的民族主义,另一方面又带来了以本国为中心而作为新的国家关系之区域化来重构"亚洲"、"东亚"的倾向。日本国内也泛起了新保守主义思潮,使得日本称霸亚洲进而称霸世界的黄粱梦又死灰复燃,如何重新确定日本国际地位的争论也随之产生。早在80年代初,当时的日本首相中曾根康弘就提出了"政治大国"战略。1990年3月,时任日本首相的海部俊树在国会发表的施政演说中,明确提出日本要在亚洲起领导作用,这在战后尚属首次。但毕竟时过境迁,今非昔比,特别是东亚经济的崛起,意味着日本在亚洲地区"一枝独秀"的时代正在成为过去,曾被看好的"雁行发展模式"到90年代中期后也处于难以为继的状态,因此无论在哪方面,日本均已无法再像上个世纪那样飞扬跋扈地蹂躏亚洲了。

另外,日本在摸索区域合作的模式时,起初曾对1991年马来西亚总理马哈蒂尔倡导的"东亚经济核心论坛"积极支持,但因美国的压力而又不得不公开表示反对。1997年7月2日,爆发了震惊世界的亚洲金融危机。这次亚洲金融危机的惨痛经历,再次使东亚各国痛切体认到地区合作的必要性,因此就有了日本倡导的"宫泽设想"和"亚洲货币基金设想",但也因美国的反对而夭折。因为有了上述这些波折,所以日本为了继续在美国的庇护下,联合欧洲势力,确立和维持其在亚洲的主导地位,便开始积极倡议将澳大利亚和新西兰纳为东亚共同体的核心成员。于是,才有了以"东亚共同体"构想为代表的"顺美联欧统亚"战略的诞生。

四 难成正果的"顺美联欧统亚"战略

以"东亚共同体"构想为代表的"顺美联欧统亚"战略,实质上也是日本为了统领亚洲而针对国际环境变化作出的一种战略选择。

2001年1月,小泉首相先后对东盟五个国家进行了访问。在新加坡

---

① [日]子安宣邦:《东亚论日本现代思想批判》,赵京华编译,第56—57页。

发表的演说中，小泉首相提出了"东亚共同体"构想，这是日本政府战后首次正式提出"东亚共同体"概念。2003年12月，日本在与东盟举行的首脑会议上又以《东京宣言》的形式明确倡议建设东亚共同体，此外，小泉首相又在2004年9月的联大演说以及2005年1月的日本众议院施政演说中提出推动建立东亚共同体的方针。与此同时，日本各主要媒体也以高频率评论这个话题。但日本的政府倡导和民间议论，都还缺乏对东亚共同体的构建战略及内容的更为缜密的思考，直至2005年8月日本"东亚共同体评议会（The Council on East Asian Community：CEAC）"提出题为《东亚共同体构想的现状、背景和日本的国家战略》的鸿篇政策报告书，才为日本构建东亚共同体勾勒了一幅较为具体的战略蓝图。

日本"东亚共同体评议会"，是2004年5月18日由研究机构牵头、政府部门做后盾成立的战略研究机构。该机构旨在为改变日本在推动东亚合作方面的落后局面出谋划策，以期重新确立和强化日本在亚洲的"主导"地位。东亚共同体评议会是迄今为止日本出现的阵容最为强大的"产、官、学"一体化的战略研究体制。日本前首相中曾根康弘担任该会会长，日本国际论坛理事长伊藤宪一任议长，其成员包括日本国际论坛、日本国际问题研究所、国际金融情报中心、国际经济交流财团、世界和平研究所、综合研究开发机构、日本国际交流中心等11家日本最主要的研究机构代表；丰田、三井物产、松下电器、住友商事、新日铁、电通、欧姆龙等13家主要企业代表；以及包括原外相柿泽弘治、神户大学教授五百旗头真、东京大学教授田中明彦、法政大学教授青木保、经济产业研究所所长吉富胜等在内的约40名各界代表和外务省、财务省等政府九省厅的代表，是一个日本史无前例的脑库网络。因此，由该机构向日本政府提出政策报告，对日本的相关政策制定和舆论导向的影响亦非常大。

东亚共同体评议会提交的长达十余万字的政策建议报告书的核心内容由两部分组成，第一部分为"考察"，第二部分为"提议"。在第一部分的"考察"中，浓墨重笔地回顾总结了东亚共同体构想的发展历史，并从文化角度论述了共同体形成的丰富基础。在第二部分的"提议"中又具体地阐述了东亚共同体建设的原则、内容、程序。虽然其中亦不乏积极且有见地的具体的合作建言，但是，其种种建言都未离开一个大前提，即积极推进建设东亚共同体的政策必须以坚持日美同盟为前提。并且，在该报告中还多处提到事关东亚共同体形成基础的"理念、价值观"问题，强调日本必须推动"自由、民主、人权"价值在共同体的实现,阻止共同体未来成为"专制、压迫或国家霸权的秩序"。东亚共同体评议会机构作为受到"中国因素"刺激和促进的产物,报告书中所谓"霸权、专制"的对象,不言而喻即指中国而言。日本强调与中国的意识形态差异,欲以西方价值观来主导东亚合作,也正是该报告的最大特色之一。

2005年12月7日,日本外相麻生发表了题为《我的外交战略 日本当为亚洲的实践的先驱者、Thought Leader》的演讲,在演讲开头部分麻生称:"澳大利亚、新西兰、印度初次作为正式成员得以参加东亚峰会,与我国有着共同的民主主义这一基本价值观的他们,也成为可以'共同向往未来'的亲密同辈,我感到无比高兴"。接着,他又给日本下定义说,"日本对亚洲诸国而言,是且必须成为'实践的先驱者'","日本作为最古老的民主主义国家、市场经济国家,是扎根在亚洲的安定势力","日本自战后开始以美国为重,强化同盟外交是一个绝对正确的选择。因为有了这一关系,亚洲才会是一片和平的水域。毫无疑问,这些安全保障来自于美国的军事力量,归功于日美同盟的存在"。

2005年12月14日,来自三个不同地区的16个成员国,基于战略利益的共同性走到了一起,在马来西亚首都吉隆坡隆重举行了举世瞩目的首届东亚峰会。日本首相小泉在峰会上发表基调演说时也强调,东亚共同体要建立在共同拥有民主主义和自由以及人权等普遍价值观的基础上。

从上述日本首相及外务大臣等的一系列发言也足以看出,日本政府首脑基本上是遵照东亚共同体评议会机构提交的政策建议报告书的主旨进行发言的。

澳大利亚、新西兰、印度等东亚地区以外国家得以参加东亚峰会,在日本看来,也许可以视作"顺美联欧统亚"战略初显成效,但这种外交战略是终将难成正果的。因为"顺美联欧统亚"战略与近代以来的"脱亚入欧"、"兴亚抗欧"、"顺美疏亚"等外交战略虽有许多形式上的不同之处,但它们却拥有一个共同的特点,即所有日本的外交战略的最终目的就是一个:称霸亚洲,进而称霸世界。也就是说,近代以来日本的外交战略的本质其实都是一样的。日本只为了自身眼前的国家利益,自战败以来一直在东亚挟美自重,狐假虎威,使东亚世界充满很大的不确定性。只要日本不能从根本上摒弃称霸亚洲、主导亚洲的意识,不能以真诚的认识和行动去构建东亚命运共同体,就不可能获得亚洲人民真正的谅解和理解。其依靠这种瞻前顾后的"顺美联欧统亚"战略所获得的利益也只能是暂时的，所以说日本的这种"顺美联欧统亚"战略也必将是难成正果的。

五　外晦内明的"疏美驭亚"战略

中国的崛起，美日的式微，使日本瞻前顾后的"顺美联欧统亚"的美梦终难成真，虽雄踞世界第二经济大国之位长达42年之久，但却一直屈居美国一个州似的政治地位，加之近年来日本经济衰退导致世界第二经济大国之位的丧失，以及国际权力的重新分配，使日本对外越来越难以保持过去的从容与优雅，政策更具现实主义、实用主义色彩，急促甚至焦躁。日本作为介于世界战略力量板块之间的边际国家，盛时可以充作"连接亚洲与世界的桥梁"，式微则会跌入太平洋两岸间的"战略洼地"。因此，民族忧患意识较重的日本政治家虽然表面上依旧在讲21世纪日本的外交战略仍将是以日美同盟为基轴，但是，实际上已经开始私下酝酿着疏美返亚。小泉时代的东亚共同体构想、安倍2007年在印度提出"民主大亚洲论"、福田内阁的"共鸣外交"、麻生内阁的"自由与繁荣之弧"、鸠山内阁倡导的"自立与共生"的东亚共同体构想，可以说都是这种政治意识的反应，只不过是其表述不一，程度不同，且基本上也都是无果而终。

相比之下，民主党政权时野田内阁的对外政策平实而稳健。野田内阁积极配合美国的亚洲战略，通过恢复2014年解决普天间基地问题的谈判目标和表态参加TPP（跨太平洋战略经济伙伴关系协定）谈判，来稳住外交安全政策"基轴"，与此同时进行多边战略考量，明修栈道暗度陈仓，在TPP加入与否的问题上大做文章，以增加日本的战略选项、扩大回旋余地，以期借此推动中日韩实现"高层次合作"。野田佳彦在其《我的政治哲学》中明确指出："我们要下定决心，自己的国家自己保卫。在这个大前提之下，坚决坚持日美同盟"。这个表述不仅反映了野田等政治家们的政治抱负，也反映出日本并没有因为"失去的二十年"和东日本大地震造成的国难而放弃"正常国家"、政治大国化的夙愿。在日本一系列外交安全行动的背后，隐含着扩大战略影响、强化自主防卫力量的战略性目的。日本外交安全战略方向的确立，标志着日本政界主流以及民主党内部多数派在外交安全战略上达成了共识。这个共识不仅承袭了自民党的政治外交政策观念即以日美同盟为核心，而且相对于自民党时期的"傍美"显示出更多的灵活性。相对于此前的鸠山由纪夫和菅直人，野田佳彦对日美同盟的必要性、可用性有更明确的认识。野田自称"泥鳅"性格，主张"两足行走"，在强调以日美同盟为基轴构建日本外交安全战略的同时，谋求最大限度地在同盟框架下拓展自主外交，运用军事资源。美国糟糕的财政状况将逐渐给同盟中的日本带来更多的责任和更大的活动空间，同盟作为日本追求国家利益最大化的工具性特点也会更加突出。日本的外交安全战略正在加速从自民党时代传统的"日美同盟下的日本战略"走向"日本战略中的日美同盟"。[①]

刚刚上台的安倍晋三政权虽然极度热衷于修复因民主党政权而冷却的日美关系，这从表面上或许会对民主党政权时的"疏美驭亚"战略有所修正，但是，显然日本的政客精英们已经不再将希望完全寄托于强化日美军事同盟，安倍政权"菱形安保构想"的外交安保理念的抛出和实施，就是一个明显的信号。所谓的"菱形安保构想"，其意在加强日本、印度、澳大利亚和美国夏威夷州之间的合作，形成一个菱形框架，来牵制中国，而东南亚正处于菱形内部。这种"围堵"战略的实质依旧是在寻求向"日本战略中的日美同盟"关系的转换。

## 第二节 日本外交战略演变的国民性解读

那么，究竟是何原因，导致了日本外交战略的上述演变呢？研究国际政治的专家们也许会从政治、外交、经济、安保等方面给出各种各样的解读，在此，笔者尝试运用心理文化学的理论方法，从日本人的社会心理均衡模式（PSH）的视角对日本外交战略的演变及未来的发展趋势作一解读。

### 一 日本外交战略的演变是缘人 PSH 使然

心理文化学认为，社交、安全和地位需要是人的最基本的社会需要，

---

[①] 参见2012年7月2日，中国社会科学院日本研究所所长李薇在日本东京召开的第八届北京—东京论坛安保分论坛的发言《2011年以来日本外交安全战略变化》；国务院新闻办公室网站（www.scio.gov.cn，2012 - 07 - 05）。

"所有社会中个人满足这些需要所凭借的可以观察到的普遍手段是身份和角色。身份回答的问题是，'我是谁？'角色回答的问题是，'我在做什么？'身份最通常的实例是个人或家庭的姓名。角色最通常的实例是人们的工作或职业。身份和角色可能分离，但除了在少数极端例子中外，它们不可能完全相互脱离，流浪汉可能有身份，但几乎没有角色。受雇作文的人可能有角色，但几乎没有身份。同样我们可以想到，一个下台国王毫无目的地住在巴黎。一个马戏团小丑的身份被由来已久的面具所遮蔽，但是即使在这种单面性例子中，另一面内容也绝不会完全丧失。下台国王也许是巴黎商人的大买主，或是对社会钻营感兴趣的阔佬的优秀工具，马戏团小丑的家人、朋友、邻居也必然知道他的名字和职业。每个人都趋向具有一个以上的角色和身份，并趋向于看重那些更能使他满足社交、安全和地位需要的角色和身份。"[①]

也就是说，不论是处于任何一个社会之中，人与人之间的交往，都是依靠角色及自觉感情来相互关联。角色的主要成分是实用性，指的是一种功能性的东西，即一个人能为另一个人提供什么样的服务或实质物品，人们或多或少按照其扮演的角色而正式为人所知。实用性或角色可以计算，一般通行的标准都是用金钱来衡量。自觉感情的主要成分就是情感，指的是感觉的问题，即我对你有多在乎，而你是否也相对地对我有所回应。不管一方对另一方的感觉是不是互相的，它都无法买卖，也没有可以精确地对其进行度量的工具和方法。随着社会发展越来越复杂，人所扮演的角色也成正比例地增加。但是，人类的感情的种类，例如爱、恨、愤怒、绝望、忍耐、同情、希望、忠诚、背叛、焦虑等，却不会随着社会发展而增加。我们在日常生活中忙碌扮演的是角色；情感则左右我们对角色的选择以及演出角色时的优劣程度。我们可能透过不同角色的扮演而致富或成名；感情才是决定我们功成名就后如何去享受，如何去肯定自己的成就与存在的重要因素。在一般情况下，如图10—1所示，角色与感情应该是有所重合。然而，现在社会随着经济发展，角色的数量不断增多，角色与感情重合的程度越来越低，甚至出现完全分离的状况。

---

① ［美］许烺光：《宗族·种姓·俱乐部》，薛刚译，华夏出版社1990年版，第153页。

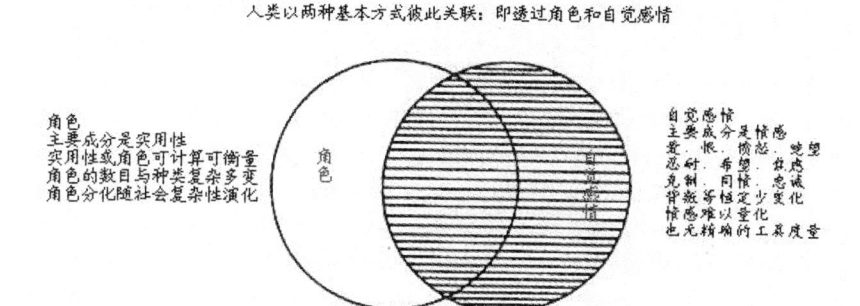

第十章　试析近代以来日本外交战略的历史演变及未来走向　　249

**图 10—1　角色与自觉感情交会图**[①]

就心理文化学的重要理论之一——人的社会心理均衡（Psycho-social Homeostasis，简称 PSH）图（见图 10—2）而言，人与人之间角色性的交往，多是第二层：有用的（运作的）社会关系与文化层；而需要投注大量的情感的交往，则为第三层：个人的（亲密的）社会关系与文化层。

0、外部世界 (outer world)
1、较大的（远离的）社会关系与文化 wider society and culture
2、有用的（运作的）社会关系与文化 operative society and culture
3、个人的（亲密的）社会关系与文化 intimate society and culture ⟩人（jen）
4、可表意识 (expressed conscious)
5、不可表意识 (unexpressed conscious)
6、前意识 (preconscious)
7、无意识 (unconscious) ⟩弗洛伊德学派

人的社会心理均衡（Psycho-social Homeostasis，简称PSH）图

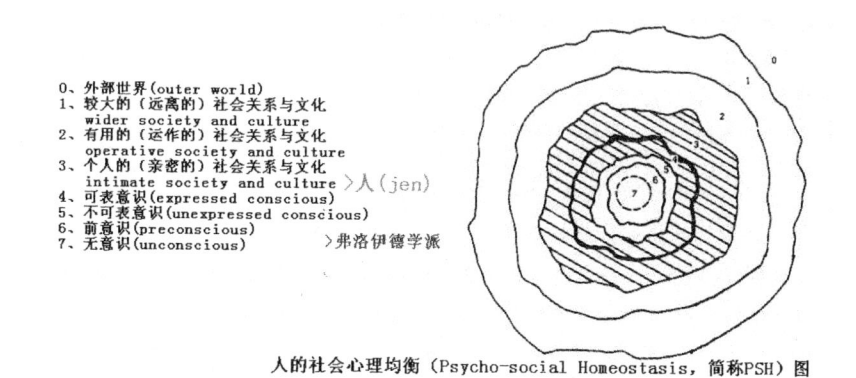

**图 10—2　人的社会心理均衡（Psycho-social Homeostasis，简称 PSH）图**[②]

---

① 该图是笔者参照《许烺光著作集·8　家元：日本的真髓》（于嘉云译，台北：南天书局，2001年）第119—121页的内容绘制而成。
② 该图表参照《许烺光著作集·8　家元：日本的真髓》第124页内容及尚会鹏、游国龙的译语制作而成。

其中，我们投注感情的第三层：亲密的社会关系与文化，这一层是每个人强烈依恋的，包括人、物品和文化规范。此层的人是"亲密之人"，即那些能够解除心理戒备而互诉衷肠、得到安慰、同情、支持而不必设防、能够进行感情性交往的人。每个人都愿意和另外一个或一群人发生亲密关系，这样才能获得生理和心理上的稳定和安全，感到存在的意义。此层的物是"心爱之物"，即这些物品对我们有意义，我们对其有感情，很在乎它们的存在，如收藏品、宠物等。此层的文化规范属于"执著之念"，即所信仰的宗教、报持的理想、遵循的规范等。此一层的内容对我们来说犹如食物、空气和水一般重要，是人获得安全感、认同感和满足感的基础。人的要求的最高层次——情感性安全、情感性交往和情感性地位——的满足大都是在这一层实现的。此层内容的丧失或改变，如亲人亡故，珍藏的古董被打碎，理想破灭等，我们会伤心痛苦。此层若缺少某些内容，我们会动用其他层来弥补以达到新的均衡。此层的不平衡若长期得不到补充，或长期剧烈变动，个体多半会产生不适，会产生心理问题乃至自杀。

与之对应，社会心理均衡第二层：运作的社会关系与文化，主要是角色性交往而不投注感情，这一层也是由人、物和文化规范构成。但其与第三层的区别在于：这一层的内容对我们来说主要是"有用"，我们一般并不对其投注情感。我们与这一层人的交往主要是角色性的而非情感性的，如一般教师与学生、厂家与客户、雇主与雇员、统治者与臣民等，大家只是在扮演某种角色，一般不要求投入情感。此层的物品对于我们来说也主要是"有用"，而非我们心爱之物，如一般的交通工具、货币、器皿等。此层的文化规范也仅仅是对我有用，我们仅循其行事，而非我们的信仰和追求，如交通规则、测验和考试内容、买卖方式和机器的使用方法等。由于不投注感情，此层内容的变化，不会像第三层的变化那样对我们产生很大的影响。变化或许会使我们感到生活上的不便，但一般不会有感情痛苦。当然，我们对第三层投注的情感，并不总是积极的，有时候我们会讨厌或憎恨这一层某人、某物或某些观念，于是我们便会把他们剔出这一层。

从日本的政治精英们对待美国的态度转变来看，显然曾为日本人社会心理均衡"第三层：个人的（亲密的）社会关系与文化"层居民的美国，其地位已经开始发生动摇，开始趋向于被腾退到人与人之间多是角色性交往的"第二层：有用的（运作的）社会关系与文化层"。那么，为什么会发生这种变化呢？按照心理文化学的观点，其原因之一是日本人的社会心理均衡使然。从日本人——缘人的社会心理均衡图（见图7—1）来看，日本人的第二、三层的区分不是那么明确的，甚至可以说第二层是被包含在第三层里面的，这既表明日本人的角色与情感的吻合度是非常高的，同时，也暗示着日本人社会心理均衡第二、三层即角色与情感层居民地位是极易发生频繁的转化的。

那么，在什么情况下角色与情感层居民地位会发生转变呢？日本人的人际关系遵守的是缘约原则。[①] 对日本人而言，当彼此的缘约原则不被遵守或说失效的情况下，亦即当彼此的意识形态、共同目标发生变化时，其社会心理均衡的感情与角色层的居民就会很容易发生变化。乌合之众般的从众心理较强的日本民众，虽然依旧对美国抱有很强的好感，但是，日本朝野的政治精英们却不尽然，虽然他们之间可能存在不同党派的政治利益之争，但在企图摆脱美国的控制、实现安保自立找回日本的自尊方面，是高度一致的。与之相对，而美国却只在想着为了实现自己的战略利益，如何最大限度地利用日本这个棋子。今天的日本，虽然在经济上越来越难以与美国进行不相上下的竞争，在政治、军事上也依旧处于强烈依附美国、唯美国马首是瞻的境地，但是，实际上彼此间情感投入愈来愈少，角色计量越来越多，虽然短时期内不会有过多的变动，但随着美国的式微，日美分道扬镳的这一天终将会来到。

## 二 日本外交战略的演变是日本人社会需求促动的结果

心理文化学认为，人的基本社会需求有三大类，即安全、社会交往和地位。从层次上看，每一类需求又可分为三个层次，即生物性需求、社会性需求和情感性需求。[②] 个人是这样，作为国际行为体的国家也是如此。

中国的崛起，美日的式微，使日本瞻前顾后的"顺美联欧统亚"的

---

① ［美］许烺光：《家元：日本的真髓》，于嘉云译，台北：南天书局2010年版，第213页。
② ［美］许烺光：《宗族·种姓·俱乐部》，薛刚译，华夏出版社1990年版，第151页。

美梦终难成真，虽雄踞世界第二经济大国之位长达42年之久，但却一直屈居美国一个州似的政治地位，加之近年来日本经济衰退导致世界第二经济大国之位的丧失以及国际权力的重新分配，使日本对外越来越难以保持过去的从容与优雅，政策更具现实主义、实用主义色彩，急促甚至焦躁。日本作为介于世界战略力量板块之间的边际国家，盛时可以充作"连接亚洲与世界的桥梁"，式微则会跌入太平洋两岸间的"战略洼地"，其三种基本的社会需求——安全、社交、地位，不仅过去一直处于难以完全得到满足的情况，而且越来越直面无法得到确保的危机，鸠山倡导的东亚共同体构想就是出于这样一种民族危机意识。

2009年8月10日，鸠山由纪夫在《Voice》第9期发表《我的政治哲学》时说："'友爱'导出的另一个国家目标是'东亚共同体'的创造。当然，日美安保体制今后也仍将继续作为日本外交的基轴，毫无疑问它仍将是日本外交的重要支柱，但与此同时，我们也不能忘记作为位于亚洲的国家的自我认同。把经济增长充满活力、相互联系日益紧密的东亚地区作为我国生存下去的基本的生活空间，不懈地努力创造这个地区的稳定的经济合作与安保框架。此次美国的金融危机，不能不让很多人预感到美国一极独大时代的终结，并对以美元为主要货币体制的持久性产生担心。我也感到，由于伊拉克战争的失败和金融危机，美国主导的全球化时代结束了，世界开始从美国一极统治的时代向多极化的时代转换，但是，眼下还找不到能够取代美国的霸权国家，也不见能够取代美元的主要国际货币。即使已经开始从一极时代向多极时代转换，但是，到底是个什么样子还是不明朗的，正因为新的世界政治和经济是个什么样子不清楚，所以才令我们很不安。这就是我们面临着的危机的本质所在。今后，美国的影响力虽然会下降，但是，今后二、三十年，其军事的、经济的实力仍将位居世界第一吧。另外，拥有庞大的人口的中国在不断强化军事力量的同时，实现经济超大国化也是势在必然。日本的经济规模被中国凌驾之日不会太远的。为了将霸权国家地位一直维护下去的美国，为了实现霸权国家的中国，日本夹在两个大国之间如何才能维护政治的经济的自立，保卫国益？今后日本的周边国际环境不会那么乐观。这不仅是日本，也是亚洲的中小规模国家拥有的共同的烦恼。为了这个地区的稳定，虽然希望能够有效地发挥美国的军事力量，但是，希望能够尽可能地抑制其政治的经济的放纵，在尽量减少周边的中国的军事威胁的同时，谋求其巨大化的经济活动的秩序化。这是该地域的诸国国民本能的要求。而这正成为了加速地域统合的最大要因。"①

此外，日本前首相野田佳彦在《我的政治哲学》的文章中称"我们要下定决心，自己的国家自己保卫"。② 这种主张，与鸠山由纪夫的主张的出发点都是一致的，2012年12月26日刚刚开始的自民党安倍政权也是赞同的，他们的目的都是努力避免日本被埋没于两大国之间，力求最大限度地满足日本在国际社会中的安全、社会交往和地位需求。

## 第三节　日本外交战略的未来展望

心理文化学的核心概念——社会心理均衡（PSH）的概念是受到生物学的启发的。它指的事实是每个人往往会在基本人际状态的范围内，维持满足精神与人类平衡的水平，其意义就跟每个实质的有机体往往维持其部件间既一致且有益的生理稳定性一样。就和生理衡定一样，社会心理和谐的维持有缺陷时，就由补偿原则来解决。例如，如果没有其他人可提供自觉感情纽带的话，个人可诉诸动物、物质的东西或超自然的东西作为替代。③

从日本政府对外形势认知、政策观念与思路及外交实践来看，随着美国逐渐淡出日本社会心理均衡第三层，日本必然会诉诸其他的替代者，从目前的趋势来看，最有可能取代美国而成为日本社会心理均衡第三层居民的，将是除了中国和朝鲜半岛的亚洲国家，其中可能性最大的是东南亚。东南亚国家是战后日本开展外交最早影响最大根基最巩固的地区之一，是日本主要的原料能源供应地、贸易市场和直接投资地，日本绝大多数的政府开发援助倾注于此。安倍政权刚刚起航，便迫不及待地于2013年1月派麻生副首相兼财务相麻生太郎出访缅甸，外相岸田文雄访问菲律宾、文莱、新加坡和澳大利亚。安倍晋三本人上任伊始访美碰壁，访韩无望，最终也定于1月16日至19日造访越南、泰国和印度尼西亚三国。日本新政

---

① ［日］鸠山由纪夫：《我的政治哲学》，《Voice》2009年9月号。
② ［日］野田佳彦：《我的政治哲学》，《Voice》2011年10月号。
③ ［美］许烺光：《家元：日本的真髓》，于嘉云译，台北：南天书局2010年版，第124—125页。

权从首相到主要阁僚均将首次出访目标转向东南亚国家，也绝非真的不得已而为，因为日本一贯把东南亚看作它经济上的"后院"，东南亚是它几十年苦心经营的"责任地"。日本根据自身对外战略的转移与东南亚地区形势和地位的变化而不断调整对东南亚的外交战略，显示了其政策上的连续性。[①] 为了主导东亚一体化进程，加快政治大国步伐，以夺取地区政治经济主导权，日本东南亚外交战略不仅仅停留于角色的互补上，而且也开始再度活用皇室外交，在情感投入方面下起了功夫。

依据心理文化学的观点，人与人之间仅仅建立一种角色性交往，并非理想的交际状态，唯有做到情感与角色的有机交融才是最理想的交往状态，对个人之间的交际而言如此，对于国与国之间的外交而言也毫不例外。皇室外交一般来说是礼仪性的，当事国双方一般也这样宣扬。但是，实际上皇太子及天皇的每次重大出访都具有重要的政治意义。如果说政府间的外交角色性要素较为显著的话，那么，与之相配合的日本的"皇室外交"的情感性因素则更为显著一些，在引导日本国民对其交往对象国的国民感情方面起着非常重要的作用。

"皇室外交"正式登上战后历史舞台，是在1953年明仁皇太子代表天皇参加英国伊丽莎白女王加冕典礼。明仁第二次重要出访是1960年9月为修复日美外交关系，同美智子妃一道参加日美建交百年庆典。1960年1月19日，岸信介内阁不顾日本人民的反对，强行签订了《新日美安保条约》，并于1月20日在华盛顿与美国总统艾森豪威尔决定借日美修好百年庆典，实现总统和皇太子夫妇的互访。结果，在日本人民的强烈反对下，岸信介被迫取消了对艾森豪威尔的访日邀请，这激起了艾氏及美国的不满。为修复由此造成的日美关系的恶化，并利用皇室平息日本民众的反政府情绪，1960年9月22日到10月7日，皇太子明仁夫妇单方面以低姿态访问美国。这次访问一方面"加固了新安保体制和日美军事同盟"，另一方面也代表天皇，解脱了"天皇对美国的战争责任"。[②]

明仁皇太子登基为天皇以后，首先把东南亚作为亲善访问地，在1991年9月26日至10月6日，先后访问了泰国、马来西亚、印度尼西亚等国，实现了在位天皇对亚洲日本军国主义的前受害国的访问。这次访问

---

① 陈志：《日本对东南亚国家外交战略的历史演变与走向》，《日本研究》2009年第2期。
② 张茜红：《论二战后日本的皇室外交》，《河南师范大学学报》1993年6月。

虽然是"为日本在亚洲发挥新的作用开辟道路",但也具有"把日本侵略亚洲地区的过去埋葬",使日本"从第二次世界大战的阴影中走出来"的作用。[①] 明仁对东南亚的访问显然肩负着开辟和巩固市场的作用,是为了配合当时日本的环太平洋经济圈的战略构想而为的。

1992年中日邦交正常化20周年之际,当年10月24日起明仁天皇夫妇历时六天访华,了结了近代以来中国与日本皇室的恩恩怨怨,实现了皇室与中国关系的正常化。2012年,又迎来了中日邦交正常化40周年。报道称,2011年秋季以来,中方在东京和北京加强了外交工作级别和双方友好团体间的接触,传达了希望皇太子夫妇访华的意愿,中方计划邀请皇太子在《日中联合声明》签署纪念日9月29日前后访华。如果成真,这将是日本皇太子首次访华。届时东京和北京将迎来一系列纪念活动高潮。"皇室外交"一直被视为日本外交的重要一部分。由于皇室的特殊地位,日本主流媒体一贯避免对皇室成员的行为发表议论。但"皇太子该不该访华"一时成为日本网民的争议热点。日本舆论分析称,在中日关系近年因钓鱼岛等问题冲突不断时,中方此举旨在改善国内民众对日本的态度,强化两国关系。支持者认为,皇室成员在很多国家都具有"高人气",皇太子访华可以博得中国民间的好感,继而改善两国关系,未尝不可;但更多的反对声音认为,日本皇室"始终与中国强调的历史认识问题撇不开关系",日本民间担心德仁"或成为北京的人质",被要求在日本侵华战争问题上表态;此外,日本现民主党政府被认为"和皇室的关系并不顺利",能否撮合日本皇太子访华很难说。

德仁皇太子访华进展如何无从知晓,但在配合日本政府的东南亚外交上却是进展得非常顺利。2012年6月25日至7月1日,日本政府安排日本皇太子出访泰国、柬埔寨和老挝。这也是日本皇太子首次正式访问上述三国。此次,日本皇太子访问东南亚三国,显然也是为了配合日本东南亚政府开发援助(ODA)外交战略的举措。日本与包括上述三国在内的湄公河流域五国从2009年起召开"日本与湄公河流域五国首脑会议",共商湄公河地区的发展和互助体制。2012年4月21日上午,时任日本首相野田佳彦在东京的迎宾馆召开第四次"日本与湄公河流域五国首脑会议",会见缅甸、泰国等国家的领导人,并宣布自2013年度起提供为期三

---

[①] 张茜红:《论二战后日本的皇室外交》,《河南师范大学学报》1993年6月。

年、总计约6000亿日元（约合人民币462亿元）的政府开发援助，帮助当地完善基础设施建设。会议通过了名为《东京战略2012》的共同文件，内容包括通过改善交通网以加强区域内各国联系，在东日本大地震和泰国洪灾基础上加强防灾合作等。日本与湄公河流域五国首脑会议2009年首次在东京举行，本次则是第二次在东京开会。与会五国均为东盟成员，日本希望通过加大援助力度，对抗不断扩大影响力的中国。野田在会议伊始便展现出积极参与该地区事务的姿态，强调称"今后也将与湄公河地区携手完善各种条件，共享繁荣和发展"。共同宣言强烈谴责朝鲜导弹发射，要求其采取具体行动实现无核化，同时还确认将在海上安全方面展开合作。2012年4月在东京召开的第4届会议上，日本皇太子也和来日的各国首脑进行了会谈。

　　日本整体上在加大对东南亚的投入，虽然表面上依旧倚重日美同盟，但是，日本的外交战略实际上更倾向于未来构建一个除了中国和朝鲜半岛之外的亚洲联盟，皇太子访问东南亚也许就是在传递着这样的信号。

　　不过，从日本人社会的隐性结构来看，日本人的想法从来不是真正普同论的。这不仅见于日本社会的非日本人难以被接受，日本至今仍不接纳移民、难民，"而且见于日本人在第二次世界大战之前和战争中他们的权力和征服臻于顶点时，他们对世界的规划。他们的大东亚共荣圈，连在概念的层次，都不是对现在或未来普同平权的模型。他们想要的是个世界霸权，如果大家都接受在一个分层的阶等中他们在日本人之下的适当（低贱）位置的话，大家就能和平相处——这是一种家元模型的世界建制。"①

　　本尼迪克特在其《菊与刀》中也进行过类似的分析："日本人在构筑世界秩序时，经常考虑到等级制。在家庭以及人际关系中，年龄、辈分、性别、阶级决定着适当的行为。在政治、宗教、军队、产业等各个领域中，都有十分周到的等级划分，无论是上层还是下层，一逾越其特权范围，必将受惩罚。只要'各得其所，各安其分'得以维持，日本人就会毫无不满地生活下去。他们就感到安全。当然，在最高幸福受保护这个含义上，他们也时常不'安全'。他们感到'安全'是由于视等级制为合法。这是日本人人生观的特征，正如对平等与自由企业的信赖是美国人人生

---

① ［美］许烺光：《家元：日本的真髓》，于嘉云译，台北：南天书局2010年版，第212页。

活方式的特征一样。

但是,当日本人要把这种'安全'的公式向外输出时,就遭到惩罚了。等级制与日本国内老百姓的思想很吻合,因为等级制培育了那种思想。在那个世界里,人们的野心只能是那种世界所能塑造的野心。但是,等级制绝不是能输出的玩艺儿。那些大言不惭的主张,在别的国家看来,实在是狂妄之极,甚至比狂妄还要恶劣,以至万分愤慨。而日军官兵到了各个占领国,看到当地居民们根本不欢迎他们时,一直十分吃惊。日本不是给了他们一个地位了吗?尽管很低,但总是整个等级制中的一个地位嘛;等级制,即使对低层的人来讲,不是也很理想吗?日本军部接连拍摄了几部描写中国热爱日本的战争影片,痛苦绝望、沦落风尘的中国姑娘,由于和日本士兵或工程师相爱而找到了幸福。这些和纳粹的征服论相比,确实有很大的距离,但最终还是同样没有成功。日本人不能以要求自己的标准来要求别的国家。他们的错误就在于他们认为能够如此。他们没有认识到,他们自己心甘情愿地满足于'各安其分'的日本道德观是不能指望别的国家接受的。其它国家并没有这种道德观。这是真正的日本产品。"①

所以,如果日本人想构建一个除了中国和朝鲜半岛之外的亚洲联盟的外交战略恐怕也不会有结果,即便是东南亚国家也未必愿意成为其家元建制中的一员。日本东奔西走最终也许还会走上像当年那样臣服中国的老路,以寻求一份置身于阶等家元世界中的社会心理和谐,这一天何时到来,取决于中国真正实现伟大复兴之日的早晚。

---

① [美] ルース・ベネディクト:《菊と刀—日本文化の型—》,長谷川松治译,社会思想社 1967 年版,第 110—111 页。

第十一章

# 试析"自立与共生"的东亚共同体构想实现的可能性

## 第一节 东亚共同体构想的历史演变

在东亚历史上,从未有过真正平等的地区合作关系。"华夷秩序"和"朝贡体系",是古代中国人处理国际关系的模式,虽非平等的模式,但尚能保持彼此相安无事。"大东亚共荣圈",则是日本为主导东亚而构想的一种秩序,它给亚洲各国带来的只有战争和灾难。冷战结束后,亚洲各国政府推动亚洲一体化的浪潮再度掀起,2003年,东盟巴厘岛会议确定了东亚经济共同体明确的时间表,中国和东盟签署了《东南亚友好合作条约》,日中韩发表了《联合声明》,亚太经济合作组织发表了《领导人宣言》等,均体现了亚洲各国政府合作的决心和信心。在这个大背景下,日本也曾提出了不少区域合作构想,但由于日本自身的问题、对待历史的态度以及对美国的依赖性,使日本在东亚区域合作中举步维艰,造成了日本和东亚的区域合作步伐正急速落后于世界上其他地区。

概言之,战后日本的东亚合作构想主要有两种模式:一是开放的地区主义;二是以日本为中心的地区合作模式。

所谓开放的地区主义,就是把美国、加拿大、澳大利亚等太平洋发达国家纳入到亚洲合作中来,这既是"大东亚战争"失败的教训,又是美国冷战的需要,同时又符合日美同盟的战略需要。这种地区合作模式具体体现在20世纪60年代的"亚洲—太平洋构想"和80年代的"环太平洋合作构想"中，但均无果而终。①

2001年1月，时任首相的小泉在新加坡发表的演说中明确提出的"东亚共同体"构想，这是日本政府战后首次正式提出"东亚共同体"概念，也是以日本为中心的地区合作模式——曾一度盛行于20世纪80年代的"雁行发展模式"难以为继后的新思维。2002年11月，小泉首相的智囊机构提交的报告中，也认为"应推动东亚一体化进程"，日本应成为"共同体的核心国家"。② 虽然名字叫做"东亚共同体"，但是，其基础是日本和东盟国家，最终目标是建立包括日中韩、东盟十国以及中国香港和台湾地区的东亚自由贸易区。而且，日本的"东亚共同体"设想还融进了开放的地区主义思维，超越了"东盟+3"的范围，建议将澳大利亚和新西兰也作为共同体的核心成员。日本既想做东亚的老大，又担心招致区域外国家的反对，特别是让美国放心。这种瞻前顾后的投机心理和不得不考虑美国反应的被动外交限制了日本参与东亚合作的步伐。

## 第二节 鸠山内阁东亚共同体构想的创新点

2009年9月上台的日本首相鸠山由纪夫，将构建"东亚共同体"作为日本新政府一项重要的外交理念。鸠山内阁的"东亚共同体"构想，到底是民主党政权用来抗衡前政权"过度追随美国"外交政策的一种表演呢？还是民主党政权勾勒的一幅对外交政策进行实质性改变——从"亲美入亚"到"脱美入亚"的蓝图呢？鸠山内阁的"东亚共同体"构想，究竟有没有实现的可能性呢？对此，政治、外交、经济等领域的专家们进行了很多精致的解读，但从社会文化的角度来进行分析的文章却不多见。本章主要采用心理文化学的方法，从集团缔结原则的视角，从学理与历史实践经验两个层面，来对鸠山内阁的东亚共同体构想及其实现的可能性进行粗略的分析。

众所周知，在东亚历史上，曾经影响最为深远的国际关系体系，就是与条约体系、殖民体系并称的朝贡体系。这是一个自秦、汉统一直至清王

---

① 包霞琴：《日本的东亚秩序观与"东亚共同体"构想》，《国际观察》2004年第4期。
② 《21世纪日本外交基本战略》（http://www1cantei1go1jp）。

朝灭亡两千多年来实际存在的东亚国际秩序，是一个以中国中原地区政权为核心的等级制网状政治秩序。在这个体制中，中国中原政权处于中心地位，包括日本在内的各朝贡国承认这种地位，并依据与中央政权关系的远近，定期或不定期地以某种形式向其表达敬意，但在大部分时间内，日本处在该体制的边缘。正是因为曾经有过这样的历史背景，所以《产经新闻》等对 2009 年 12 月 10 日民主党干事长小泽一郎率领包括 140 名国会议员在内的 600 人庞大访问团访华一事讥笑说："仿佛是邻国的家臣们去参拜中国的皇帝一样，弥漫着朝贡的气息"。

朝贡体系内的国际秩序，是基于中国人的集团缔结原则来维持的。[①] 也就是说，朝贡体系不是基于阶级、信仰、种族、力量强弱等非自然因素，而是基于亲疏、内外、远近等主要来自家庭成员的差别来定位体系内的各个国家的。19 世纪朝贡体系崩溃之后，在东亚地区至今尚未建立起一个稳定的国际秩序。日本一直试图建立以日本为中心的东亚国际秩序，诸如二战时期的"大东亚共荣圈"、自民党政权时的"东亚共同体"构想以及现政权的"东亚共同体"构想，可以说这些都是自朝贡体系崩溃之后探索新的东亚国际秩序的产物。

二战时期的"大东亚共荣圈"，是一种殖民体系下的东亚国际秩序构想。虽然很多昭和初期的日本知识分子，如"亚洲主义"的论客们以及西田哲学系统的历史哲学者、政治学家等都纷纷被动员起来，甚至他们有的是自己主动参与了"大东亚共荣圈"理论的建构工作，[②] 但是，那种仿效西方殖民主义价值观、意欲以武力一统东亚、实现日本独霸东亚的"大东亚共荣圈"，令东亚人深恶痛绝，并早已遭到了东亚人的唾弃。

自民党政权的"东亚共同体"构想，虽然不再诉诸武力一统东亚，但是，它依然是一种力求以西方的价值观为基础、以日本为主导来构筑东亚国际秩序的构想。2001 年 1 月，小泉在新加坡发表的演说中提出"东亚共同体"构想后，日本各主要媒体也一度以高频率评论这个话题，但日本的政府倡导和民间议论，都还缺乏对东亚共同体构建战略的更为缜密

---

① 尚会鹏：《"伦人"与"天下"：解读以朝贡体系为核心的古代东亚国际秩序》，《国际政治研究》2009 年第 2 期。

② [日] 子安宣邦：《东亚论日本现代思想批判》，赵京华编译，吉林人民出版社 2004 年版，第 51—54 页。

的思考，直至 2005 年 8 月日本"东亚共同体评议会"提出题为《东亚共同体构想的现状、背景和日本的国家战略》的鸿篇政策报告书，才为自民党政权构建东亚共同体勾勒了一幅较为具体的战略蓝图。日本"东亚共同体评议会"是 2004 年 5 月 18 日由研究机构牵头、政府部门做后盾成立的战略研究机构，是迄今为止日本出现的阵容最为强大的"产、官、学"一体化的战略研究体制，是一个日本史无前例的脑库网络。强调日本与中国的意识形态差异，欲以西方价值观来主导东亚合作，是"东亚共同体评议会"报告书的最大特色之一。2005 年 12 月 14 日，在马来西亚首都吉隆坡举行的举世瞩目的首届东亚峰会上，日本首相小泉发表演说时强调，东亚共同体要建立在共同拥有民主主义和自由以及人权等普遍价值观的基础上。这一发言，基本上是遵照"东亚共同体评议会"报告书的主旨进行的。但是，自民党政权这种基于西方价值观的"东亚共同体"构想，不仅在当时签署的《关于东亚峰会的吉隆坡宣言》中没有得到多大反映，而且最终因缺乏中国等东亚主要国家的呼应，无果而终。

与之相对，鸠山内阁的"东亚共同体"构想，可以说一经提出，即得到了中国和韩国的积极呼应。2009 年 10 月 10 日，在中国北京举行的中日韩领导人会议后发表的《中日韩合作十周年联合声明》称："三国致力于在开放、透明、包容原则基础上建设东亚共同体的长远目标，致力于区域合作，在地区和国际事务上的沟通与协调日益加强。"这是"东亚共同体"概念首次被明确写入三国共通的政治文件中。那么，为何鸠山的东亚共同体构想，会得到中国、韩国如此及时热烈的呼应呢？我们认为，其最重要的原因之一就是，鸠山的东亚共同体构想，提出了一种中国与韩国都能够接受的、新的集团缔结原则——"自立与共生"。

2009 年 11 月 15 日，日本首相鸠山由纪夫在新加坡国际关系研究生院发表了题为《走向亚洲的新相互关系——实现东亚共同体构想》的亚洲政策演说。在该演说中，他详细阐明了日本与亚洲的关系和日本新政府决意推进的东亚共同体构想。鸠山说："日本新政府宣言重视亚洲外交，其支柱是东亚共同体构想。如果追溯我的东亚共同体构想的思想源流，那就是我特别强调的'友爱'思想。'友爱'也可以翻译为'博爱'（fraternity），就是在尊重自己的自由和人格的同时，也尊重他人的自由和他人的人格尊严。这也可以说是'自立与共生'的思想。"

其实，关于"自立与共生"的思想，早在 1996 年鸠山由纪夫创立的旧民主党《立党宣言》中就已经有过详细的阐述，鸠山由纪夫在《Voice》（2009年9月号）发表《我的政治哲学》时，再次进行了转引。鸠山说："我们认为，今后置于社会之根底的应该是'友爱'的精神。讲求自由，则易导致过度放纵弱肉强食；讲求平等，则容易堕落为枪打出头鸟式的恶性平等。友爱虽然能够克服这二者的过度偏颇，但是，至今100年间却被严重轻视忽略了。……我们每个人都拥有无限多样的个性，每个人都是无可代替的存在，正因如此，我们都拥有自己决定自己命运的权利，并且同时也对自行选择的结果负有义务。我们在重视这种'个体的自立'之原理的同时，还应该重视'与他者共生'的原理，即要在尊重彼此的自立性与异质性的前提下，求同存异，通力合作。这种自立与共生的原理，不仅仅限于日本社会中的人与人的关系，而且必须同样贯彻于日本与世界的关系、人与自然的关系。"

从鸠山由纪夫的政治哲学的形成历程、内容可知，"自立与共生"的思想不仅仅是其构想的东亚共同体的缔结原则，也是鸠山对日本社会内部集团缔结原则以及世界新秩序的一种构想，可谓是一种政治哲学理念的创新。"自由"、"平等"观念是一种权利观念，是基于"个人"这种西方社会的基本人际状态的一种价值观。因为"个人"之间的关系是以竞争、利益为出发点的，所以，如果基于这种价值观去处理国家间的关系的话，那么就会如鸠山上文所述容易"导致过度放纵弱肉强食"和"堕落为枪打出头鸟式的恶性平等"，也就是说，在此基础上推导出的国际秩序模式，本质上也必然是无道德的或者是弱道德的。但是，鸠山倡导的"友爱"即"自立与共生"的思想，则是一种道德观念，它强调要在尊重彼此的自立性与异质性的前提下，求同存异，通力合作，因而由此推导出来的国际秩序模式，是极具包容性且强调道德的，所以本质上也必然是一种内敛的、温和的秩序。不基于阶级、意识形态、种族、力量强弱等非自然因素来建构国际秩序，在这一点上，"自立与共生"的思想与古代东亚国际秩序的内在原则是接近的，带有东亚价值观的特色。但二者在各自的缔结原则上却有着很大的不同。朝贡体系是基于亲疏、内外、远近等主要来自家庭成员的伦理差别来定位体系内的各个国家的；而鸠山的东亚共同体构想"是根据'开放的区域合作'的原则，通过推进相关国家间的各领域的合作，在这一地区建立多重的机能性的共同体之网。……关于合作的方式，可以考虑在所有领域具有合作意向与合作能力的国家先行参加，在其合作获得成效的基础上再增加合作伙伴",东亚共同体的构成者全是"拥有共同理想和共同目标的人们"(鸠山的亚洲政策演说"走向亚洲的新相互关系——实现东亚共同体构想")。依据"共同理想和共同目标"来缔结集团——东亚共同体,"具有合作意向与合作能力的国家先行参加",从这些表述来看,在鸠山构想的东亚共同体的缔结原则中,又有着很浓厚的西方"个人"社会缔结集团所遵循的契约原则的味道。既带有东亚价值观的特点,又吸收了现代国际秩序的主权平等原则,这或许是鸠山"亚洲共同体"构想为何迅速获得中国、韩国的积极呼应的最主要原因。

## 第三节 鸠山内阁构想"自立与共生"的东亚共同体的社会动力

那么,鸠山为何要构想"自立与共生"的东亚共同体,其社会动力何在呢?一般认为,主权独立的民族国家追求一体化的动力,主要是为了谋求经济利益。例如,对区域合作的成功典范——欧盟的创设动力,大多如是观。"欧洲一体化的根本原因是过去半个世纪欧洲大陆面临的一系列共同的经济挑战带来的。当单边和双边政策失败后,民族国家领导人为了追求经济利益,只好寻求多边方式应对这些经济挑战","欧洲一体化的发展是一系列理性选择的产物,特别是经济利益、相对权力、可靠承诺三个因素在国内利益集团之间和欧盟层面的成员国之间博弈的结果"。[①] 对构建东亚共同体的社会动力,学者们大多也侧重从经济利益方面进行分析。笔者认为,对于鸠山构想"自立与共生"的东亚共同体的社会动力,大体可以从如下三方面来分析。

首先,从学理层面来看,心理文化学认为,"安全、社会交往和地位"是每个文化人都必不可少的社会需求。个人是这样,作为国际行为体的国家也是这样。诸如客观上狭小的日本,却非得要自称大日本之类的

---

[①] [美]安德鲁·莫劳夫奇克:《欧洲的选择——社会目标和政府权力:从墨西拿到马斯特里赫特》,上册,第4—5页,转引自朱立群《欧洲一体化理论:研究问题、路径与特点》,《国际政治研究》2008年第4期(总第110期)。

言行，即属于一种追求地位需求的表现。安全、社交、地位三种社会需求相互关联，相互影响。在现实生活中，人们极少有为了单一需求而行动的，往往一种需求伴随着其他需求。人的每一种社会需求依次又分为生物性、社会性、感情性需求这样三个层面。那么，人的这种社会需求又是如何获得满足的呢？心理文化学认为，人的各种社会需求是在集团中得到满足的。人不是孤立的，是要缔结为各种社会关系的，即构成集团。社会的最小单位不是个人而是群体（即集团），人的各种社会需求也是只有在各种社会关系中才能得到满足。集团又分为初始集团和次级集团，不同的文化模式，缔结集团的原则不同，满足人的需求的方式亦不同。东亚共同体可谓是一个跨国界、超越民族、血缘的大的次级集团，它是东亚人为了最大限度地满足各自的需求的必然产物。因此，构建东亚共同体，创设一种稳定的新的东亚秩序，不仅是鸠山新政府的愿望，亦是中国、韩国等东亚国家共同的愿望。

其次，从实践层面来看，区域经济一体化的加强，促动了鸠山的东亚共同体构想。二战以后的国际政治发展中，超国家经济联合体的发展已经形成风潮。其中，欧盟虽然也还存在着很多问题，但可以说是目前所有区域合作组织中，相对而言最为成功的。欧盟具有立法、行政和司法制度，颁布和实施具有法律约束力的公共政策，并在一些政策领域对欧洲社会的价值分配产生着重要的影响。但是，在东亚地区，尽管以中日韩国家个体为单位的发展成绩在过去的半个世纪耀人眼目，但是区域合作与区域国际政策协调一直不够顺畅。鸠山在其亚洲政策演说中称："正是思考了欧洲和解与合作的经验，才形成了我的东亚共同体构想的原型。"麦考马克在其著作《虚幻的乐园》中说："日本后来在'共荣圈'上失败了，其原因是日本没有提供一个能给邻国的国民带有归属感，或者乐于参加的共同体的图像。"[①] 其实，并非日本不想给邻国的国民一种归属感，原因是诸如"大东亚共荣圈"那种殖民体系下的共同体愿景，是不可能获得日本以外的东亚各国认同的。自民党依据西方价值观构想的东亚共同体，也不可能得到越来越强大的中国的支持和呼应，因而也难行得通。正因为这些前车之鉴，再加上鸠山本人对欧盟的认识，才最终催生了意在矫正片面追求西

---

[①] ［澳］加文·麦考马克：《虚幻的乐园》，郭南燕译，上海人民出版社1999年版，第183页。

方价值观的"自立与共生"原则下的东亚共同体构想。

再次,鸠山由纪夫倡导"自立与共生"的政治理念,体现在国内政策上就是积极推动实现具有日本永住资格的外国人参政;体现在外交政策上就是构建东亚共同体。"自立与共生"可谓是鸠山的政治夙愿,早在1996年鸠山创立民主党时,他就祈望"自立与共生的原理,不仅仅限于日本社会中的人与人的关系,而且必须同样贯彻于日本与世界的关系、人与自然的关系"(民主党《立党宣言》)。因此,对基于"自立与共生"理念构建的东亚共同体,不能简单地理解成是现政权用来抗衡前政权"过度追随美国"外交政策的一种表演,而是应理解为现政权勾勒的一幅对外交政策进行实质性改变——从"亲美入亚"到"脱美入亚"的蓝图较为妥当些,而这亦正是鸠山构想"自立与共生"的东亚共同体的最大的社会动力。

## 第四节 鸠山内阁东亚共同体构想实现的可能性

那么,鸠山内阁东亚共同体构想实现的可能性又如何呢?

首先,从理论层面来看,鸠山的东亚共同体构想的实现方式,符合满足人的需求的顺序,从理论上讲是可行的。鸠山在其《走向亚洲的新相互关系——实现东亚共同体构想》的亚洲政策演说中说:"我特别重视在贸易、投资、金融、教育等广泛的领域具体地推进合作。在合作的过程中,我们要共同制定规则,相互配合,集中大家的智慧,共同地遵守规则。这样,我们就不仅能够得到现实的利益,而且还能够培养相互信赖的感情。……关于合作的方式,可以考虑在所有领域具有合作意向与合作能力的国家先行参加,在其合作获得成效的基础上再增加合作伙伴。……最后,我想说一下'推进东亚共同体构想的最要紧的关键事项',这就是'人'。现在,日本制品已经普及到亚洲各国,日本从亚洲各国的进口也在增加,但仅仅如此还不能够实现相互理解。只有通过'人与人的接触交流',我们才能够做到真正地相互理解。"由此可见,鸠山实现其东亚共同体构想的方式是比较理性的,先从贸易、投资、金融、教育等领域做起,先从力所能及的事情做起,按照满足人的生物性需求、社会性需求、情感需求的顺序,依次推进、扩大合作的内容,这是切实可行的。

其次，从目前的现实情况来看，短期内能否实现还存在一些不安因素。鸠山在其亚洲政策演说中虽然没有明确东亚共同体的成员，但有一点是明确的，鸠山的东亚共同体是试图排除美国的，这必然会引起美国的警惕。奥巴马政府上台后，在全球其他地区采取战略收缩姿态，但在亚太地区却异常活跃。正如很多专家们也指出的那样，美国的因素，将会对东亚共同体的构建起到重大影响。另外，日本国内外赞同鸠山政治哲学者的多寡也会产生影响。

总之，基于东亚情况的复杂性，加之鸠山个人政治命运的盛衰以及民主党政权的波动，"自立与共生"的东亚共同体的实现进程可能会被延缓，但是，东亚地区的融合与一体化的进程，乃历史大势所趋。从理论上讲，遵循"自立与共生"原则的东亚共同体实现的可能性是很大的，而且，这种模式将有可能成为比较理想的新的东亚国际秩序。鸠山不仅对东亚共同体的制度架构之类的形式问题避而不谈，也并没有像自民党那样坚持必须由日本来主导东亚，这是非常明智的做法，因为新的东亚国际秩序终将由谁来主导，空费唇舌地讨论没有多大意义，它不可能是某一国某一个精英政治家一相情愿就能决定得了的事情。但是，无论将来哪国会起实质性的主导作用，大概类似朝贡体系下的那种国际关系，是不可能再次出现的，共同体内的国家也将可能在极大程度上实现自立自主、和谐相处。自朝贡体系崩溃以来，虽然日本一直想主导东亚，但从历史上看，可以说，无论在任何时候，日本都没有能够成为东亚秩序的核心，直至今天，它依然是心有余而力不足。另外，从日本国民性的特点来说，如果中国能够更加富强，文化更加有魅力，日本真正复归亚洲体系的进程会加快，遵循"自立与共生"原则的东亚共同体实现的可能性也会更大。

## 第五节　构筑东亚共同体是化解领土争端危机的上善选择

目前，由于日本的挑衅，在钓鱼岛领土争端问题上，中日之间可谓剑拔弩张，大有一触即发之势；日本为了拉拢韩国对抗中国，虽有意淡化与韩国的领土争端问题，但也只能是日本一相情愿。因鸠山由纪夫政治生涯的失意，使得人们对他的很多政治观点也多嗤笑为不切实际。日本近代以来一直是在延续着与强国结盟的外交政策，如果当年民主党政权参议院选

## 第十一章 试析"自立与共生"的东亚共同体构想实现的可能性 267

举也能像众议院选举那样,获得半数以上议席,稳固了政权,那么鸠山由纪夫所主张的"自立与共生"思想,就非常有可能得到进一步的落实,若真能如此,那么日本走出结盟的老路,或许也就为时不远了。遗憾的是,其后的日本参议院选举失利,鸠山在美军冲绳基地搬迁问题上处理不当导致了早早地下台,接替鸠山的菅直人则一下子将鸠山内阁的东亚共同体构想抛掷一旁,后任内阁总理野田也是只字不提东亚共同体构想,2012年12月重新夺取政权的安倍晋三首相甚至还抛出"菱形安保构想",谋求加强日本、印度、澳大利亚和美国夏威夷州之间的合作,形成一个菱形框架,来遏制中国在海洋方面的发展,使得"东亚共同体构想"的实现希望更加渺茫。尽管如此,笔者依旧认为各方应该努力尽快构筑"自立与共生"的东亚共同体,这将成为化解存在于东亚各国间的领土争端危机的上善选择。

这种解决东亚国家间领土争端的提案,也是近年来中日韩美各界有识之士的共同心声。例如,2012年日本退休的日本职业外交官孙崎享在其著书中就曾建议,中日两国要借鉴二战后的欧洲,以及主要由法国和德国设立的超国家组织欧洲煤钢共同体的经验,鼓起勇气、运用智慧,首先提出、随后真正构建一个框架,使钓鱼岛的资源置于某种形式的联合"管辖"之下。在这个框架中,日本和中国的主权要求既不得到承认,也不受到争议。[①] 据孙崎享本人讲,他的几本关于钓鱼岛等领土争端问题的著作都很畅销,可见其观点还是很受日本民众关注的。而且其观点也受到美国学者的关注,2013年1月11日,美国《福布斯》双周刊网站发表了斯蒂芬·哈纳的题为《为了中日战略互惠关系,一种解决尖阁诸岛/钓鱼岛争端的超国家方案》的文章。文章称,对日本和中国来说,中日战略互惠关系有着明确的含义。它指的是当时新当选日本首相的安倍2006年向中国提出的一个倡议,该倡议旨在修复因日本政府官员参拜靖国神社以及前任日本首相小泉纯一郎的民族主义立场给中日政治关系(但非经济关系)带来的损害,并为两国关系建立长期积极发展的基础。安倍2006年提出的倡议得到了中国的热烈欢迎,促成时任日本首相福田康夫和中国国家主席胡锦涛2008年5月7日在东京签署并发布《中日关于全面推进战

---

① 详细论述请参见 [日] 孙崎享《不愉快な現実——中国の大国化・米国の戦略転換》(第9章 日本の生きる道——平和的手段の模索),講談社2012年版。

略互惠关系的联合声明》。文章认为,《中日关于全面推进战略互惠关系的联合声明》比普通声明有更持久的实际影响。文章指出,安倍对媒体说的第一句话——重申保卫钓鱼岛的决心——完全不是积极的。事实上,这句话非常消极。简单地说,日本最重要的中期以及长期利益要求日本找到放弃钓鱼岛的方式。文章称,成立欧洲煤钢共同体是为了永远防止法德再次爆发战争。建议日本和中国应积极采纳孙崎享的提案,同样坚决地永远防止可怕的灾难,即两国之间的现代战争重演。在中日整体关系里,钓鱼岛争端完全是消极的,可能带来灾难性的后果,而且危险性还在继续升级。中日两国领导人都应把解决该争端作为最重要、最紧迫的任务。并且,建议美国应最大限度地利用其影响来推动双方解决争端。[1]

其实,以前也曾有很多有识之士建言中日关系可以借鉴法德和解。例如,2007年10月15日,中欧论坛的首倡者——法国国际电台中文部主任、欧华学会秘书长陈彦研究员在接受《南方都市报》记者采访时就曾指出:"欧盟建立最初的动因并不是经济,而是为了避免战争。在20世纪经历的两次激烈的世界大战,欧洲是战场,也是受苦最深的地方。欧洲人慢慢发现,以民族国家作为框架来避免战争是不可能的,这种和平是不能持久的。欧盟创始人说,要避免战争,必须走联合的道路。这个联合的道路是慢慢从经济走到政治的。也就是说,每个主权国家都把自己的主权拿出一部分集中起来,那就是从根本上避免了战争。从另一重意义上讲,把主权拿出来共享,就表明欧洲在超越民族国家这个古代政治概念。这些对中国的启示是,中国这么一个庞然大物,你即使是和平崛起,周边国家都会觉得你的威胁是很强的。所以说,中国从欧盟学习这些经验,对中国和平发展过程中如何处理国家关系和保持一个和平发展环境是很有借鉴意义的。""中日的和解可以参照法德和解。可以说,中日关系如果处理得好,中日的前途都是无量的;如果处理不好,会两败俱伤。中国近代的历史,有两次最重要的转折,都是日本带来的,一个是甲午战争;二是抗日战争。现在中国的崛起,仍然面对如何对待日本的问题。我想,法德和解对中日关系的参照意义特别大。法德为什么能和解,不是因为法国人、德国人比中国人、日本人更理性,而是他们找到一个办法,就是建设欧盟,

---

[1] 《美刊文章:中日可借鉴欧洲模式解决岛争》,《参考消息》"海外视角",2013年1月14日第14版。

第十一章　试析"自立与共生"的东亚共同体构想实现的可能性　269

走向欧洲的联合。建立欧盟，不是说我们俩做好兄弟之类的，而是我们要共同建造一个大的房子，那我们之间的其他问题都成了小问题。如果我们这个房子能够建成，那当然十分的好，即便建不成，我们至少可以避免战争，建房子的过程本身就是一个解决的办法。"①

另外，作为推动东亚地区未来和平发展的重要手段，不仅著名的美国研究学者近藤荣一、谷口诚等人士积极推进东亚共同体的构建，日本近代思想史研究学者桂岛宣弘也郑重指出："近代帝国主义的侵略战争才是导致今天'领土问题'的根源。因此，如果不明确战争责任、侵略责任，并在此基础上进行历史叙述，就难以使这一问题得以真正的解决。虽说我们的出发点，必须以此为前提，但为了超越'领土问题'，除了对近代日本的帝国主义侵略进行明确的历史记述外，还有必要再向前进一步。也就是说，切合历史上曾不受'国境'所限的东亚、日本列岛上的人们的生活、文化的实际情况，确立一种记述这个区域甚或全球的范式，即跨国界的历史（transnational history）。"②

韩国学者尹海东也与桂岛宣弘拥有同样的问题意识，他曾撰文指出："人类的历史，特别是近代世界体制的历史，通常都是仅以一国为单位，并以此为前提被人们所理解，这正是近代历史学的重要属性。但是，只要不具备有能够超越国家、横跨国家之间的视角，就不能正确把握人类的历史。从这一自觉所提出来的就是跨国界的历史的尝试。要言之，跨国界的历史是作为超越一国之历史的、"替代"性的历史而提出来的。（中略）这一概念包含下面几个问题意识：第一、超越欧洲中心主义的尝试；第二、相对中心而言的周边问题的提出；第三、超越国家史（national history）的二分法视角的尝试；第四、对地域史（regional history）封闭性的担忧等。可以说，跨国界的历史超越近代历史学的基础的一国史，同时也包含克服欧洲中心主义、以周边和弱势为中心、从全球维度重新理解历史的问题意识。通过将人类中心的历史相对化，进而强化生态史问题意识，在这一点上，也可以高度评价跨国史的意义。"③

---

①　参见 http://news.sina.com.cn/c/2007-10-15/034712726603s.shtml.
②　[日] 桂岛宣弘：《〈領土問題〉を超える地平を求めて》，《日本思想史研究会報》"卷头言"2011 年 8 月，No.28.
③　[韩] 尹海东：《トランスナショナル・ヒストリーの可能性》（裹贵得译），发表在《季刊日本思想史》76 号、ペリカン社、2010 年。

桂岛宣弘、尹海东的见解也引起了中国学者的关注,① 今后若能进一步促动相关讨论的开展,无疑会有利于增强东亚各国人民作为东亚人的自我身份认同感,更有效地推动东亚共同体的实现,为解决东亚国家间的领土争端问题提供更多的智慧。

---

① 《台湾东亚文明研究学刊》第 9 卷第 1 期(总第 17 期,2012 年 6 月)收录了由台湾学者翻译的桂岛宣弘的《トランスナショナル・ヒストリーという視座》("新しい歴史学のために"二七七号、二〇一〇年)、尹海东的《トランスナショナル・ヒストリーの可能性》文章;刘晓军节译桂岛宣弘的论文《"領土問題"を超える地平を求めて》,以《不理清日本侵略史,领土争议扯不清》为题,载《环球时报》2013 年 1 月 11 日,第 14 版国际论坛。

第十二章

# 试析3·11东日本大地震时日本人为何亲美疏华

3·11日本东部地区大地震和海啸，是规模空前的天灾；但由此而引发的福岛核电灾变，则更多是人祸，这已成为日本国内外舆论的共识。举世骇然的福岛核电灾变，至今仍没有能够得到很好的控制。尽管如此，世界各国和地区，特别是最有可能受到日本核灾变负面影响的周边国家和地区，亦没有责难日本，而是对其表示出了极大的宽容，并积极地出人、捐资、献物，争表爱心。但是，天灾人祸中的日本政府和部分民众，在对待来自美国和中国的外援时，却表现出明显的亲美疏华乃至媚美拒华的言行，令人费解。本章即拟从心理文化学的视角，就天灾人祸中的日本人亲美疏华的原因，作一浅析。

## 第一节 天灾人祸中的日本人亲美疏华的行为表现

自2011年3月11日以来，诸多外国媒体，不知是出于善意的同情和鼓励，还是出于无知或蓄意的吹捧，以特意刊发社论夸赞日本的美国《华尔街日报》、[①] 韩国《中央日报》为首，[②] 甚至包含部分中国媒体在内，对日本人多是一片乐此不疲、连篇累牍的夸赞。其中，在日本东部地区大地震发生后不到4个小时发表的一篇博文，应该说是最早为天灾中的日本人唱赞歌的媒体文章。作者夸赞日本政府灾后"信息公开、不拒外

---

① 《【社説】不屈の日本》、《ウオール・ストーリー・ジャーナル 日本版》2011年3月13日。

② 《【社説】大災難より強い日本人》、《中央日報 日本版》2011年3月14日。

援：日本在发生如此破纪录的大地震后，并没有基于会丢脸或失去'国家尊严'而采取锁国、拒绝外援的做法，相反的，日本政府在第一时间即主动表达愿意接受国外各种援助；相较于在此之前不少国家在灾后不但封锁消息、也拒绝外援的作法，日本展现了高度的国家自信。"①

那么，实际情况又如何呢？遗憾的是，日本其实并非如某些人夸赞的那么完美，日本政府不仅在信息公开上表现不佳，而且在接受外援方面也是心口不一。日本政府对待外援多是半推半就地接受，对有些外援甚至是想方设法地搪塞或拒绝。② 即便是对其盟友美国的援助，日本政府起初也是拒绝的。3 月 11 日，日本东部地区大地震发生当天，美国就向日本政府提出可以派遣美军直升机进行支援，并提出可以提供原子炉冷却材料，以防止福岛核电灾变。福岛部分灾变核电站的技术是美国的，美国政府应该最清楚福岛核电的内情，更了解福岛核电灾变的危险性，所以才在第一时间以废炉为前提向日本政府提供原子炉冷却材料，但却被日本政府拒绝了，结果福岛核电灾变至今，依旧没有能够得到很好的控制。③ 尽管如此，在半推半就地接受外援时，比较而言，日本政府和部分日本民众更多地还是倚重美国，而疏远甚至拒绝来自中国的外援。

2011 年 4 月 21 日，日本首相菅直人在《新京报》等媒体，发表了面向中国的感谢信。在感谢信中，菅直人对中国政府和人民纷纷给予日本的温馨的鼓励和慰问，表示了感谢。并且，还具体提到了中国对日本进行的人力物力支援，称"中国国际救援队在遭受严重海啸灾害的岩手县大船渡市展开救援工作，乃是抵达现场的时间最早、进行搜救活动时间最长的国际救援队之一。再者，中国政府还无偿提供了折合 3000 万元人民币的物资、10000 吨汽油和 10000 吨柴油等援助，这些都正是灾区所急需的物

---

① 王榮霖：《日本大地震》，2011 年 03 月 11 日 18：41：47（http：//blog.ifeng.com/article/10344426.html）。
② 《〈恩返しをしたい〉の思いが宙に… 諸外国の善意と支援行き届かず》，2011.3.24 17：38，http：//sankei.jp.msn.com/world/news/110324/asi11032417390002 - n1.htm；《海外から支援続々…対応に時間、宙に浮く例も》，《読売新聞》2011 年 3 月 28 日。
③ 《政府筋〈東電が米支援は不要と〉…判断遅れ批判》，《読売新聞》2011 年 3 月 18 日。

品。同时，很多中国人民还以捐款等形式伸出了温暖的援助之手"。① 日本首相菅直人，事隔月余才直接对中国的赈灾救援表达谢意，从一般日本人的行为习惯来讲，似乎道谢稍嫌晚了一些。当然，我们并无意去计较这些小节，只是想提醒人们注意的是，菅直人在中日韩首脑会谈即将在日本举行之际作出这些行为，是另有所图，并不表明日本倚重中国，莫如说事实恰恰相反。

"3·11"日本东部地区大震灾发生后，3月15日，中国国防部新闻事务局官员在回应记者问询时说，日本近日遭受了罕见的自然灾害，给民众生命财产造成巨大损失。中国人民和中国军队对此感同身受。国务委员兼国防部长梁光烈已于地震当日致电日本防卫大臣北泽俊美表示慰问。为帮助日本人民抗震救灾，战胜困难，中国军队愿意向日方提供救灾物资援助，也可派医疗救援队、卫生防疫队或海军医院船，尽快赴日参加救灾。② 对于来自中国的善意，部分日本民众表现了明显的抵触情绪，③ 日本政府也没有回应，而是半推半就地接受了美军发动的代号为"朋友作战（TOMODACHI作战）"的救灾援助。④

---

① 日本国内阁总理大臣菅直人的感谢信：《日本：走向复兴和新生之路》，载2011年4月21日发行的《新京报》、《南方都市报》等报纸。

② 陶社兰：《梁光烈致电日本防卫大臣：解放军愿意赴日救灾》，中国新闻网2011年3月15日（http：//news.china.com/focus/rbdz2011/11093166/20110315/16431953.html）。

③ 部分日本民众对来自中国的援助的态度，笔者主要是通过日文媒体的报道及网民对所报道新闻的留言来了解的。例如，有的网民留言称"日本政府，你绝对不能让中国人民解放军进入日本！"（参见《求められる限り日本支援＝米兵被ばく続く—海軍》コメント，《時事通信》2011年3月16日（水）15時38分配信，http：//headlines.yahoo.co.jp/hl？a＝20110316－00000131－jij-int）此外，凤凰卫视记者秦枫2011年3月16日发表的博客文章《东京48小时》，2011年3月18日被日文媒体译介后，也引起了部分日本人的谩骂和对中国军队的侮辱性言辞（参见《＜中国人が見た日本＞〈東京での48時間〉、国民の秩序は最高、政府や自衛隊はお粗末》コメント、Record China 2011年3月18日（金）19時59分配信，http：//headlines.yahoo.co.jp/cm/main？d＝20110318－00000018－rcdc－cn&s＝points&o＝desc）；日文媒体在报道中国党和国家领导人到日本驻华使馆吊唁震灾牺牲者的新闻时，在该新闻报道的留言中，虽有部分民众表达了谢意，但无礼的言论也很多，如"不要被支配的微笑所欺骗"等等（参见《中国の胡主席、震災の犠牲者弔問で日本大使館を訪問＝新華社》コメント，ロイター3月19日（土）15時38分配信，http：//headlines.yahoo.co.jp/hl？a＝20110319－00000403－reu-int）。自3·11日本东部地区大地震以来，笔者一直比较关注相关报道及其网民留言，类似的言论还可以举出一些，篇幅所限，不再列举。

④ 《日本を叱咤し続けた米国の底力》（配信元：产经新闻2011/06/1023：02）http：//www.iza.ne.jp/news/newsarticle/world/america/511713/。

据《读卖新闻》网站 4 月 6 日报道，美国政府向日本政府表示，将为美军"朋友作战"的救灾活动制定最大额度为 8000 万美元（约为 68 亿日元）的预算。① 其实，所谓"司马昭之心，路人皆知"，美国发动的"朋友作战"抗震救灾活动，正如某些日本媒体所指出的那样，并非是无偿的友情，与其说美国是为了帮助日本救灾，莫如说是为了借机修补、巩固和深化日美关系，谋求继续获得日本提供的驻日美军驻留经费（体贴预算）等，以利于将来继续驻军日本，并利用日本干涉东亚地区事务。关于延长对驻日美军的体贴预算之事，本来民主党内部就有很多反对意见，因此民主党和外务省已经对年度内通过议会批准不抱任何希望，但未料到美军发动的代号为"朋友作战"的抗震救灾活动，在日美齐心协力的舆论运作下，赢得了日本举国上下对美国的一片千恩万谢声，于是，在 2011 年 3 月 31 日傍晚，日本参院全体会议凭借执政党和自民、公明等在野党多数赞成，表决通过并批准了有关 2011 年度及之后驻日美军驻留经费（体贴预算）的新特别协定。由于新协定在本年度结束前获得批准，所以避免了旧协定到期后出现空白期。新协定规定，2011 年度及之后日方的负担额仍维持在现行水准（2010 年度为 1881 亿日元），有效期限由过去的三年延长为五年，决定今后五年间，日本每年都要向美军支付约 1880 亿日元的体贴预算。其他姑且不论，单纯从用"朋友作战"的 68 亿日元的成本换取近万亿日元的体贴预算一事来看，的确如某些冷静的日本人所指出的那样，"对美军而言，这简直就像用虾米钓大鱼，一本万利。这一'友情的付款通知单'，正是时下日美关系最好的象征"。② 所以，也就难怪日本共产党众议院议员会气愤地说，现在"应该体贴的人不是美军，而是受灾的日本人"。③ 遗憾的是，日本人中这种理智的声音并不多，更多的是依旧对美国人的千恩万谢声，以及同时对日本周边国家和地区的失礼言论。

与之相对，日本在具体接受来自中国的外援时，却表现得是扭扭捏

---

① http://www.yomiuri.co.jp/feature/20110316－866918/news/20110406－OYT1T00031.htm。

② 《トモダチ作戦の見返りはおもいやり予算 1880 億円×5 年》，《週刊ポスト》2011 年 4 月 29 日号。

③ 遠藤誠二：《〈思いやり予算〉特別協定　米軍より被災者支援を衆院外務委笠井氏が追及》，《しんぶん赤旗》2011 年 3 月 31 日。

捏，且不必说在接受三一重工无偿提供的大型泵车时部分日本民众的扭曲心态了，[①]就拿日本政府接受菅直人感谢信中提到的中国外援时的情况来说，据3月29日中国驻日本大使程永华召开新闻发布会披露的情况来看，也可谓是历尽了周折。据程永华大使介绍，对于此次特大地震，中国政府希望尽快地向日本提供必要的帮助。为此，3月12日，中国政府表示向日本提供3000万元人民币人道主义救援物资，首批救援物资已于3月14日通过空运交付日方，包括毛毯2000条、帐篷900顶、紧急照明供电设备200台。第一批救援物资于3月14日到达成田机场，由日本政府配发的卡车送往宫城县登米市。第二批救援物资于3月28日到达日本，包括6万瓶矿泉水和325万副橡胶手套。第三批救援物资目前已收到日方的要求列表，已经开始着手准备，近日将运抵日本。对第二、三批救援物资，日方却要求全部由中国负责运送到灾区。关于燃油问题，3月16日，中方宣布提供汽油和柴油的无偿援助，其中汽油1万吨，柴油1万吨，约合人民币1亿5000万元。经与日方的一系列协调，该批物资3月28日中午在大连开始装运，3月29日出发前往日本。但按照日方要求，该批燃油不能直接运到东北地区的港口，而是要运往距灾区较远的日本西南部的爱媛县和广岛县。关于中国国际救援队，3月11日地震发生之后，中方立即着手准备组织紧急救援队。3月12日，全员在北京机场集合，当时队员共计八十余名，还有12匹救援犬。但最后，根据日方的安排，这支救援队伍的人数却减至15人。[②] 对此，不明真相的部分日本民众，在相关新闻报道的留言中，发表了很多侮辱中国的言论。

　　回顾3·11天灾人祸以来日本政府和民众对中国和美国的态度，实在令人费解。只要是美国人做的事情，无论是做什么，都罕有批斥声，几乎全是表示理解和一片千恩万谢，而对来自中国的外援，坦诚致谢者不多，更多的是猜忌、忧虑甚至排斥、侮辱。接下来，我们对导致了天灾人祸中的日本人亲美疏华的行为之原因，试作分析。

---

[①]《中国の巨大ポンプ車、福島第1原発に到着》コメント，《毎日中国経済》2011年3月28日，http://headlines.yahoo.co.jp/hl? a=20110328-00000003-xinhua-int。

[②] 段欣毅：《"知日大使"何以不解日本受援方式?》，人民网—国际频道2011年03月31日（http://world.people.com.cn/GB/14289507.html）。

## 第二节　天灾人祸中的日本人亲美疏华的原因

天灾人祸，凸显了日本人亲美疏华的行为，但是，日本人的亲美疏华并非特殊情境下的突发性行为，而是有其根深蒂固的心理文化根源，它体现了日本人"缘人"① 基本人际状态下的自我认知的特点和感情配置模式的特点。

在"缘人"基本人际状态下，个体的存在，透过他者的存在而界定，甚至这个交往圈看不出中心在哪里，所以缘人自我认知的特点之一是格外强调序列以及在序列中的位置，目的是为了更适时准确地界定"自我"，降低"自我不确实感"，消除内心的焦虑和不安。②"缘人社会的'他者'在许多情况下，既不是个人社会那种处于平等地位的'相同资格者'，也不是中国社会那种完全依据血缘远近等固定化的人的'角色'，而是一种依据种种差别处在一种或高或低位置的、带有更大机缘性的'缘者'，自我的决定也更取决于个体在当时当地情境下与他者的关系。"③ 个人是这样，作为国际行为体的国家也是如此。对于日本而言，美国是作为其进行自我身份认同的重要参照物而存在的。日美关系呈周期性发展的特点，④可以说正是充分体现了缘人的这种自我认知的特点，"亲"与"疏"都是暂时的，都只不过是日本人为获得自我确实感，而对日美关系不断予以定位的表现而已。

---

① "缘人"，是指称日本人的基本人际状态的概念。这是尚会鹏依据许烺光的心理社会均衡理论以及与之相关联的基本人际状态概念，分析日本人自我认知的文化特点提炼得出的概念。参见尚会鹏《论日本人自我认知的文化特点》，《日本学刊》2007 年第 2 期。

② ［日］南博：《日本的自我》，岩波书店 1983 年版，第 1—9 页。

③ 尚会鹏、游国龙：《心理文化学——许烺光学说的研究与应用》，台北：南天书局 2010 年版，第 257—258 页。

④ 日美关系研究专家刘世龙指出：以 1911 年为界，二百余年的日美关系经历了从平等到不平等的两个周期，每个周期分为平等、过渡、不平等、准平等四个时期。各个时期的基调分别为：相争冲突，强制性磨合，从属性合作，合作与摩擦并存。21 世纪初叶的日美关系可定位为准平等关系。随着时间的推移，日美关系的平等化趋势将进一步发展。日本发展与美国的平等关系是历史的必然。日美关系的周期表明，日美关系将在 21 世纪进入第三个平等竞争时期。参见刘世龙《日美关系的两个周期》，《日本学刊》2002 年第 3 期。

## 第十二章 试析3·11东日本大地震时日本人为何亲美疏华

21世纪的日美关系能否真正进入第三个平等竞争时期,完全是一个未知数,但至少可以确定地说,"3·11"天灾人祸无疑会延缓其进程。今天的日本,不仅在经济上越来越难以与美国进行不相上下的竞争,而且在政治、军事上依旧处于强烈依附美国、唯美国马首是瞻的境地。也就是说,今天的日本,其本质上仍是一个美国控制下的战败国。

战后美国对日本六十余年的控制,使日美关系变得更像一个拟血缘制的大家族,美国可谓是日本的再生父母,日本可谓是美国打造的一个东西方价值观的混血儿。在民主党实现政权交替后,第一任首相鸠山由纪夫为了日本的自立和自尊,为了日本的未来,曾想打破日本过度依赖美国的现状,鼓足勇气倡导构建"自立与共生"的东亚共同体,结果有勇无谋成了短命首相。最近,维基网站爆出的美国外交电文显示,日本民主党鸠山内阁短命,与违背美国意愿有着很大的关系。[①] 该则新闻2011年5月4日17时27分在"时事通信"网站上一经报道,即引来了一千余条网络留言,其内容除了对鸠山的信口咒骂和对美国的千恩万谢外,就是对日本周边国家发泄的莫名怨愤。其中,甚至有这样的网民留言:"美国与中国,如果成为其属国的话,你选择谁?如果有人这样问我,我则毫不犹豫地回答选择美国。"[②]

上述这类极端的言论至少反映了两个问题:首先,反映了当供缘人界定自我的"他者"的"位置"波动剧烈时,部分日本人会表现出强烈的焦虑和不安,具体言之,即当中美两国的硬实力与软实力水平接近时,"适当性逻辑"[③] 有可能会促使日本人亲美疏华的行为表现得越来越极端,恰如早在1982年许烺光就曾明确指出的那样,"日本人害怕美国将会离开日本;在一个不确定的年代,美国的支持及权威使他们感到安心",[④] 但

---

[①] 《東アジア構想〈米首脳部に驚き〉=キャンベル氏、両国関係の危機警告—公電》,《時事通信》2011年5月4日,http://headlines.yahoo.co.jp/hl? a = 20110504 – 00000062 – jij – int。

[②] 《東アジア構想〈米首脳部に驚き〉=キャンベル氏、両国関係の危機警告—公電》コメント,《時事通信》2011年5月4日,http://headlines.yahoo.co.jp/hl? a = 20110504 – 00000062 – jij – int 网络留言。

[③] [美] 玛莎·费丽莫:《国际社会中的国家利益》,袁正清译,浙江人民出版社2001年版,第38页。

[④] [美] 许烺光:《彻底个人主义的省思》,许木柱译,台北:南天书局2002年版,第147页。

物极致反，随着中国硬实力与软实力的不断提升，当中国能够取代美国的位置时，日本人的缘人特性也完全有可能会使其转而亲华疏美。

其次，上述网络留言反映出，当下美国的硬实力和软实力，依旧让日本人倾心不已。这一点，还可以从日本"NHK广播文化研究所"自1973年至2008年连续35年所进行的"日本人的意识"调查结果得到佐证。据该调查结果显示，35年来，美国一直列居日本人喜爱的外国国家之首位。而且，调查数据还显示，日本人喜爱外国的原因，既不是单纯地依据其与日本是否有外交关系，亦不是依据该国富有的程度，而主要是看其自然环境和人文环境的优劣，即看该国家是否拥有令其心悦诚服的优秀的软实力。35年间，日本人喜爱的外国国家排名在前十位的国家中，美国一直遥遥领先高居榜首，中国虽然也跻身于前十名之中，但基本上是在第七、八、九名徘徊。2008年的调查结果显示，中国已经滑落到了第十名的位置。从受喜爱的百分比程度来看，100个日本人中，表示喜爱美国和中国的比例，基本上是维持在20∶1这样一个态势。[①]

无论是数十年的统计数据，还是当前天灾人祸中日本人的表现，都显示了这样一个事实：即在国际格局一超多强的今天，当日本人选择能够满足其"安全、社交和地位"这三种基本社会需求的"他者"作为界定自我的依凭时，美国的硬实力和软实力，依旧让日本人感到别无选择。中国虽然GDP提升至世界第二，但无论从物质层面，还是从精神层面，都尚不具备做日本家长的能力。因此，天灾人祸中的日本人亲美疏华，是其无论自觉与否都必然要作出的唯一选择，是其无论主动与否都不得不采取的主要政策形式，这是由今天的日本本质上仍是一个美国控制下的战败国地位决定的，是日本虽有脱美归亚的明确意愿但却能力不足所决定的。

另外，日本人亲美疏华的行为，也符合其缘人的感情配置模式。缘人所属的最主要集团情境并非完全依据亲属集团划分，亲属集团和非亲属集团有一定的可转换性，故集团情境的范围更广泛和更不确定，但其角色情境却相对狭窄且不固定，而位置情境趋于被强调。这里的"位置"主要不是基于角色的位置，而是具有某种不确定的、与等级因素相联系的位置。每一个体都处于一个序列的或高或低的位置上，缘人的感情模式对于

---

[①] NHK放送文化研究所编：《現代日本人の意識構造》［第六版］，日本放送出版協会，2005年；同《現代日本人の意識構造》［第七版］，日本放送出版協会，2010年。

依据这种位置情境而采取的行为能够提供更大的情绪力量。① 通俗点儿讲，也就是说，谁能处于满足日本人基本社会需求的位置，谁就会令其倍感亲切，并会被投注感情；当时位移人时，日本人也会移情别恋。日本人亲的不是担当某种"角色"的人，而是处于满足其基本社会需求的"位置"上的人。在与日本人交往时，只要稍加留心就会注意到，在现实生活中，日本人时时刻刻都在对自己进行着社会空间的定位，随着自己所属的社会空间的变化，其行为方式也在相应地发生着变化。在日本人心目中，不存在所谓的适用于所有社会空间的普遍的善恶标准，因而才会如本尼迪克特在《菊与刀》中所指出的那样，日本人从一种行为转向另一种截然相反的行为时绝不会感到心理苦痛。② 这种心理文化特征，在其传统文化中也有所体现。③ 缘人的个人交往如此，作为国际行为体的国家间交往亦然。也正是因为日本人的这种心理文化特征，日美关系才会表现出周期性的特点，我们也才会有理由相信日本人的亲美疏华并非不可改变。

## 第三节  改变日本人亲美疏华之现状的建言

以上两节，我们梳理了日本人亲美疏华的现象，分析了其亲美疏华的心理文化特征，并且得出日本人的亲美疏华并非不可改变的结论，那么，究竟如何做才能改变日本人亲美疏华之现状，促动中日关系的良性发展呢？

为此，首先是不能再一相情愿地去做事。仅就援助日本救灾而言，正像某些学者所指出的那样，"我们必须明白，有很多事情不会因为灾难时的援助而改变，因此也不要谋求这一点。有时候，身边的人有难时伸出手拉一把，是再正常不过的事情了。抗震时帮助日本，并不意味着今后中日关系发展会有根本性变化，也不要因为日本社会面对天灾的坚韧就把对方

---

① 尚会鹏、游国龙：《心理文化学——许烺光学说的研究与应用》，台北：南天书局 2010 年版，第 276—277 页。
② ［美］ルース・ベネディクト：《菊と刀》，長谷川松治译，社会思想社 1992 年版，第 50—52 页。
③ 张建立：《从游戏规则看日中两国国民性差异——以日本将棋与中国象棋为例》，《日本学刊》2009 年第 1 期。

想得太完美。"① 因此，我们在对日本进行力所能及的人道援助的同时，还应该更多地思考一下，欲使日本正视自己，减少误判，建构良好互惠的中日关系，我们应该做什么，能做什么。

毋庸赘言，在战略上，我们需要把中日美放在一起来处理，但不能过度地倚重美国。有学者曾主张，鉴于美主日从的日美关系现状，中国政府完全可以将中日关系中的某些问题放在中美关系的框架下寻求解决。② 这种提议有一定的合理性，但这毕竟不是长远之计，"中日关系并不等同于中国与日美同盟的关系，中美关系也不可能等同于中国与美日同盟的关系"，③ 改善中日关系，不仅中国需要注意减轻对美国的倚重，同时更要提醒日方努力减轻对美国的倚重。日美关系的周期性特点表明，日美关系将在 21 世纪进入第三个平等竞争时期，但是，21 世纪的日美关系能否真正进入第三个平等竞争时期，完全是一个未知数，但至少可以确定地说，3·11 天灾人祸无疑会延缓其进程。"美国是个旧式霸权国，不愿放弃对日主导地位。日本要取得对美平等地位，就得与美国斗争。拥有主导权的美国为避免与日本对立，将推动日本把矛头指向其亚洲邻国，通过成为与美国无异的推行强权政治的国家，实现与美国的平等化。""进入 21 世纪后，日美关系的平等化已在更大程度上具有针对其他国家的性质。"④ 日本如果依旧执迷于这种做法，其前景显然难以看好，特别是面对当今灾后百废待兴的现实，借助中国的力量，谋求真正的平等和自尊，方是明智之举。

另外，鉴于日本人的心理文化特征，改变日本人亲美疏华之现状，改善中日双边关系，虽然富国强兵依旧是硬道理，但欲真正打破日本人根深蒂固的亲美疏华心理，转变日本人的对华观念，强化我国的软实力建设也刻不容缓。也就是说，我们应该考虑如何在我国软实力的打造上下工夫，如何从文化、从国民心理方面下工夫，促进价值的认同。为此，通过具体的、具有操作性的举措，来改善中日两国国民感情，势在必行。例如，通

---

① 王冲：《别把日本想得太完美》，2011 年 4 月 2 日（http://world.people.com.cn/GB/14302511.html）。

② 徐万胜：《论日美同盟与中日关系》，《国际问题研究》2006 年第 4 期。

③ 李薇：《2010 年日本形势回顾与展望》，《日本发展报告（2011）》，社会科学文献出版社 2011 年版，第 11 页。

④ 刘世龙：《日美关系的两个周期》，《日本学刊》2002 年第 3 期。

过民间交流，加大力度促进各种形式的中日人员往来，改善国民感情，就是一个非常具体有效的办法。正如 2011 年 5 月 5 日国家副主席习近平在北京钓鱼台国宾馆会见来华参加中日民间交流活动的日本前首相鸠山由纪夫时所指出的那样："国之交在于民相亲。民间交流是国与国交往的重要组成部分，也是人民与人民之间加深了解、增进互信的有效方式。开展中日各领域的民间交往，不仅有利于增进两国人民之间的友好感情，而且也可以丰富中日战略互惠关系的实质内涵。"①

中日双方都曾就如何通过扩大观光来促进民间交流，进行过很多思考。比如，双方曾提议限定冲绳地区对中国开放观光签证，2010 年 8 月 19 日来北京参加观光宣传活动的冲绳县知事仲井真弘多对此表示了赞同；② "3·11" 日本东部地区大震灾后，日本的旅游业受到了严重的打击。为了灾后的尽快复兴，国民新党的下地干郎干事长 2011 年 4 月 13 日再度向日本政府建言，作为对冲绳的支援政策，请求政府考虑对中国游客赴冲绳实行免签证制度。③ 民主党也曾瞄准中国游客，制定了一系列的观光立国战略，这些也都因天灾人祸的次生灾害而面临难以为继的窘境。因此，我们可以积极响应，并提议日本不仅限于冲绳，而是要努力一举实现日本全境开放对中国游客实行免签证制度，方便中国人自由出入日本，以利于两国人民更加全面、便利地开展丰富多彩的文化交流，促进相互的理解，增进相互的感情。日前，关于开放对中国游客实行免签证制度事宜，日本政府已经有了进一步的比较积极的举措出台。据《新京报》报道，"从 7 月 1 日起，日本政府将对我国个人游客开放多次往返的旅游签证。该签证面向有经济能力的我国游客及其家属，规定第一次访日行程中必须包括冲绳。有效期限为 3 年，在此期间内可以任意前往日本"④。虽然还有很多经济条件方面的限制，但亦可视为是一个很大的进步。通过民间交

---

① 《习近平会见日本前首相鸠山由纪夫》，新华网 2011 年 5 月 5 日（http://news.xinhuanet.com/politics/2011-05/05/c_121383742.htm）。

② 《中国客〈ビザなし〉に仲井真知事、北京で賛同》，2010 年 8 月 20 日，http://www.okinawatimes.co.jp/article/2010-08-20_9444/。

③ 《原発風評被害は沖縄観光業にも打撃、中国人観光客へのビザ免除を検討—日本》，Record China 2011 年 4 月 16 日，http://headlines.yahoo.co.jp/hl?a=20110416-00000010-rcdc-cn。

④ 《赴日游将获多次往返签证》，《新京报》2011 年 6 月 17 日 A05。

流,加大力度促进各种形式的中日人员往来,来改善国民感情,这虽然有点儿老调重弹,但如果能不仅限于一种口头表态,而是彼此能集思广益将其落到实处,老调重弹亦未尝不可。

总之,天灾之害,已成定局,灾后重建工作已经开始陆续着手;但是,人祸之危,前途未卜,由于日本政府和东电公司总是被动救灾,导致福岛的核电机组仍然面临着很多危险。虽然东电公司给出了一个工程进度表,但能否如期实现,尚很难判断。① 正如有专家所指出的那样,日本国运已经下滑了十几年,如今已经滑到了关键的转折点。② 灾后重建,百废待兴,日本的政治领导力和经济应对力受到巨大的考验,这个考验随着灾后重建要经历相当长的时间。日本能否走出劫难,再度创造灾后复兴的奇迹,关键在于日本能否清醒地认识到其国民性格的缺陷,扬长避短,尽早摆脱亲美疏华造成的窘境,不是一味甘愿做"美国最好用的钱包",③ 而是直面现实,放眼长远,与中国坦诚合作,将心比心,为东亚地区的可持续发展共同贡献各自的力量。

最后,在此需要指出的是,虽然日本民众依旧是亲美疏华,甚至厌华,但是,日本的政治精英们的PSH中美国的地位其实早已在发生改变,

---

① 据日本媒体5月12日报道,虽然震灾已经过去两个月了,但福岛第一核电站的灾情仍不容乐观。东电公司本来想通过"水棺"来进行封闭的一号机组,很可能已发生了最严重的"炉心熔毁"情况。东京电力公司5月12日宣布,一号机组反应炉内长达四公尺的燃料棒完全露出水面,大部分可能已熔解沉入压力容器底部冷却,但压力容器底部因此受损出现洞孔,高辐射污水不排除已经外泄。虽然东电强调燃料棒熔解程度不明,否认已经"炉心熔毁",不过,原子力安全保安院则认为,一号机组反应炉已无法排除"炉心熔毁"的可能性,业内人士担心一号机组还有可能再度发生氢爆。另外,3号机组依旧在向海里泄露高浓度污染水。此前发表的工程进度表,根本无法如期完成。参见《核燃料が溶けて容器に穴…福島原発"ボロボロ"また爆発か》(《夕刊フジ》5月12日);《東電、1号機〈メルトダウン〉認める》(《産経新聞》5月13日);《福島原発1号機、格納容器に漏出〈打つ手なし〉 核燃料100%損傷か》(《産経新聞》5月13日);《福島第1原発 1号機圧力容器に穴 工程表の前提崩れる》(《毎日新聞》5月13日)。

② 李薇:《日本国运的转折点》,《中国日报》2011年3月26日。

③ 据《时事通信》2011年5月5日报道,"维基解密"网站近日公开的美国政府外交电报显示,关于日美两国政府2006年达成协议的驻冲绳美海军陆战队移师关岛工作路线图,美国政府可能虚报了移师费用总额和人员规模,以从表面上降低日方的负担比例。据称,日方也同意了美方的做法。总共102亿美元的移师费用中有10亿美元虚报,日方的负担比例因而在表面上低于60%。因此,有部分网友留言称, "日本是美国最好用的钱包" (http://headlines.ya-hoo.co.jp/hl?a=20110505-00000062-jij-int)。

正在慢慢淡出人们要投注感情的第三层,不仅仅是鸠山由纪夫,日本朝野的很多政治精英们都意识到虽然一时尚难以摆脱美国,但也早已非昔日那样倚重美国,对美国、对日美同盟的看法日趋角色化。

第十三章

# 试析"3·11"东日本大地震时日本人为何既淡定又恐慌

  2011年3月11日,千年一度的大地震与史无前例的大海啸,以摧枯拉朽之力,突袭樱花渐次绽放的东日本,刹那间让数以万计的生命消失,数以十万计的人无家可归。面对突如其来横扫一切的大灾难,非正常的社会状态为人们提供了太多太多的理由去破坏秩序,在这一时刻,自私的基因可以无限膨胀,因而这一时刻也成为考验国民素质和反思人性的最佳时机,每个民族都以具体行动彰显了自己的个性。日本灾区民众临灾不乱,表现出匪夷所思的坚忍淡定,给人留下了深刻的印象,也因此引发了世人对日本国民性的热议,长短不一的论说,都在尝试着回答这样一个疑问,即"天灾人祸中的日本人为什么能如此、为什么会那样?"本书在梳理此间各相关文章的同时,分三部分对天灾人祸中的日本国民性予以解读。首先,主要基于日本媒体的报道,回顾震灾、海啸中的日本人的行为表现;其次,采纳心理文化学和社会心理学的方法,对天灾人祸中的日本人行为表现之原因予以解析;最后,简述天灾人祸中体现出的日本国民性可能会对日本灾后复兴工作产生的影响。

## 第一节 天灾人祸中既淡定又恐慌的日本人

  在此次天灾人祸中,生活在受灾地区特别是重灾区民众的行为表现,与受灾较轻或非灾区的日本人的行为表现,有着明显的不同。

一 坚忍淡定的灾民

"3·11"东日本大地震、大海啸发生后,日本的电视媒体极力克制对灾害实况的报道，主播们始终保持着镇定的面容，画面上没有出现令人恐怖的死亡特写，也没有灾民们呼天喊地的镜头，更多的是播放重灾区避难设施的灾民们如何自食其力、有序领取食品的画面。虽然灾民中也出现了一些趁乱哄抢食物①和趁机盗窃贵重物品的行为，②但大部分灾民表现得的确还是非常坚忍淡定。有些重灾区的受灾民众，不是坐等政府救援，而是团结有序地进行自救。例如，岩手县大槌町的受灾村落吉里吉里地区的村民自救行为，就是较为典型的例子。该灾区民众的表现，令震灾五天后才赶赴救援的自卫队员和地方官们慨叹不已，称"那里的村民非常团结有序，简直就像一个独立国"。③有的灾民，本来已经避难到安全地带或者可以自己独自逃生，但却为了救助活动不便的老人等，而失去了宝贵的生命。④

对日本灾民们的坚忍淡定和忘我共助行为，外国的媒体也进行了积极的报道。如以美国《华尔街日报》等国外媒体为首，不仅在其网站上对赴灾区记者的采访手记进行随时更新，不断向读者传递日本人的坚忍信息，而且《华尔街日报》日文版于2011年3月13日还特意发表社论《不屈的日本》，对灾民们的淡定有序送上了最大的赞词。另外，在夸赞日本的同时，还没有忘记批评日本以外的国家在面临天灾时的表现，从而进一步突出了日本灾民的崇高形象。

韩国《中央日报》日文版也于2011年3月14日发表社论《比大灾难还要强的日本人》，既极度赞美了日本人的坚忍有序，亦反省了韩国人面对灾难时素质的低下，称："我们必须借此机会深刻反省韩国社会没有节制的思考和对应方式。我们还有很多东西应该向日本学习，我们离发达国家还有很远的距离"。

---

① 详细报道请参见《震灾受灾区 无奈的掠夺增加》，《华尔街日报》日文版2011年3月24日。
② 详情可参见日本媒体对灾民自身的不法行为进行的相关报道：《从因核灾避难而无人留守的民宅盗窃现金的兄弟俩被捕》，《读卖新闻》2011年4月28日；《欲毁坏灾区ATM盗窃现金而被捕》，《朝日新闻》2011年3月16日；《在灾区进行"趁火打劫的盗窃" 居民无奈地视而不见》，《周刊POST》2011年4月1日号。
③ 参见《东日本大震灾 相依为命的吉里吉里人 依靠独立精神复旧》，《每日新闻》2011年4月14日。
④ 《受灾者对拍摄陆前高田一棵松纪念照的观光者的情感变化》，《女性SEVEN》2011年11月24日号。

中国的媒体也不甘落后,很多颇具影响力的报纸和网络,都在第一时间发表了大量的赞扬日本人淡定有序的文章,由于这些文章把对守序的日本灾民的赞誉,扩展成了对全体日本人国民素质的褒奖,并且部分文章还有过度对国人进行道德绑架之嫌,即在夸赞日本人国民素质如何高的同时,或明或暗地谴责中国人国民素质的不足,因而也招致了网络的一片唾弃声。

众多海外媒体对日本灾民的夸赞,也大都被日文媒体及时地翻译成日文,介绍给了日本民众,连日本天皇都关注到了这些海外媒体对日本人的夸赞,并在其发表对日本国民的讲话时还特意提及这一点,来鼓舞日本国民再接再厉,共渡难关,灾民们对此也是积极响应。

那么,与之相对,非重灾区或非灾区的日本人表现又如何呢?

## 二　慌乱冷漠的非灾民

"3·11"东日本大震灾发生后,虽然日本各界人士以各种方式捐资献物,救济灾民,很多热血的日本老人还组成了数百人的敢死队,要求到核电站抢险救灾第一线去工作,[①]甚至连黑社会团体都积极自发地投入到了救灾的行列之中,[②]但是,与重灾区民众的坚忍淡定相比,非重灾区或者非灾区的部分日本人的表现,还是有很多不尽如人意之处。

地震过去几天了,虽然很多饥寒交迫的灾民,在坚忍守序地等待救援,但却看不到日本举国上下的紧急救援,能看到的是非灾区超市货架上空空如也,还有非灾区民众屯粮抢水的忙碌身影。在东日本大震灾后,在距离灾区数百公里的首都圈首先发生了食品与日用品的抢购风潮,加油站也排起了长长的抢购队伍。[③]

另据2011年3月22日《每日新闻》报道,20日下午,位于京都市西京区松尾井户町的寺院"来迎寺"的"东日本大震灾捐款箱"被一青年盗走。不仅在文化优雅的京都都会发生如此偷盗事件,而且更为令人发指的是,一些非灾民的盗窃分子还去灾区趁火打劫。灾区当地警方虽然加

---

[①]《日本老人自组核电抢修敢死队》,《新京报》2011年5月20日;《日本老年敢死队:核电危险　让我们来》,《新京报》2011年7月3日。

[②]《继神户之后,在东北地区也出现了"烧饭赈济灾民的暴力团"》,《周刊POST》2011年4月8日号。

[③]《东日本大震灾1个月　疑心暗鬼导致的"危机"》,《产经新闻》2011年4月10日。

大了外来人员车辆的检查,但无奈人力有限,捉襟见肘;灾民们想组成"自警团"来自行维护治安,保护灾民财产,但也困顿乏力。据 2011 年 9 月 11 日《读卖新闻》报道,日本警察厅公布的数据显示,自 2011 年 3 月 11 日东日本大震灾发生以来截至 8 月末,在福岛第一核电站方圆 20 公里的避难区域内发生的盗窃案,比去年同期增加了 27 倍。虽然此前在灾区抓到的盗窃犯均为日本人,有些盗窃犯甚至就是灾区的灾民,但仍有些日本人不愿承认日本人中亦有如此龌龊者,而是散布谣言说"全是外国人的犯罪团伙干的",以至于日本警察厅不得不出来辟谣说,虽然灾区的确发生了一些盗窃事件,但并没有谣传的外国人盗窃团伙的存在,呼吁民众不要轻信和散布相关谣言等。①

此外,据 2011 年 3 月 17 日《每日新闻》报道,东日本大震灾后,在日本各地还相继发生了很多借震灾之机进行捐款诈骗的恶性案件,日本警察厅唤请民众不要上当,时任日本政府官房长官的枝野也不得不出来在电视上呼吁民众提高警惕,但利欲熏心的捐款欺诈事件却有增无减。

另据 2011 年 4 月 24 日《读卖新闻》报道,日本政府划定的福岛县计划避难区域的灾民们,虽然同意配合政府的工作到外地避难,但是搬家时,却找不到搬家公司,因为很多大型搬家公司一听是福岛的就会立刻拒绝;出租车也是一听去福岛就拒载,虽然日本国土交通省予以指导也屡禁不止。② 好不容易满怀凄苦地避难于异地他乡的灾民,等待他们的也不全是热诚的问寒问暖,还有各种各样无理的冷漠:有的加油站甚至贴出告示"拒绝福岛县民入内",餐馆拒绝福岛人就餐,医院拒绝其就医,酒店拒绝其入住,有些旅馆因接纳了避难者,结果导致其他一些客人因不愿意与福岛灾民共用澡堂而解约,③ 甚至还发生了避难儿童遭欺负受伤的事情。④ 不仅一般民众如此,筑波市甚至以市民课长的名义下达行政命令,要求福岛灾民必须获得放射能检查合格证明才能进入本市避难,为福岛灾民到该

---

① 《谣言四起警察厅提请民众注意》,《每日新闻》2011 年 4 月 1 日。
② 《出租车无视国土交通省指导"拒绝去福岛"事件屡禁不止》(http://www.news-post-seven.com/archives/20110408_16868.html)。
③ 《因"讨厌与灾民共用澡堂"接纳避难者的旅馆发生解约》,《女性 SEVEN》2011 年 5 月 5 日号;《住宿设施因"没有除染"拒绝福岛来客入住》,《周刊 POST》2011 年 4 月 15 日号。
④ 《从福岛来的避难儿童 遭虐受伤长冈》,《每日新闻》2011 年 4 月 23 日;《福岛牌照拒绝入内 在教室说灾民坏话……为谣言之害而苦恼》,《读卖新闻》2011 年 4 月 21 日。

市避难制造了重重障碍。①

通过以上对日本主流媒体报道的梳理可知，面对天灾人祸，日本民众表现得坚忍淡定，这些都是事实，也的确可赞可鉴，但日本人也并非神话般地不食人间烟火。灾区人民物资匮乏，恰逢降温，天寒地冻，尽管日本政府呼吁民众不要抢购囤货，不要轻信流言歧视灾民，但东京都圈的市民却仍旧继续进入超市有秩序地排队抢购，大量囤积食品和日常消费品，超市的货架被一扫而空，后来者买不到生活必需品，反倒进一步增加了社会的不安。排队抢购，虽然有序，但却难掩其心中的慌乱；对灾民口头的无限同情，亦难掩其心中的冷漠。生命，人所甚惜也；饥寒困辱，人所难忍也；忧患陷厄，人所思避也。在"东京的核辐射物质量超过了正常标准的22倍"的消息发布后，就如同外国人上演的大撤离一样，当晚，一些东京的市民就乘坐新干线、夜行巴士或驾车，离开东京向大阪、名古屋方向撤离，至少说明对核辐射的恐惧是人的本性。我们从这些非灾民的言行，看到的并不是什么淡定从容，反倒是日本人典型的不相信政府，是日本人自扫门前雪的自私、冷漠和无奈。② 因此，谈及地震后日本民众的反应，不应该因灾民的坚忍淡定，而笼统地过度拔高日本人整体的国民素质，而是应该进一步追问，为何同为日本人，灾民与非灾民的行为会产生如此大的落差？

## 第二节 天灾人祸中的日本人为何既淡定又恐慌

目前，探讨日本人面对天灾人祸坚忍淡定之原因的文章较多，鲜见论及日本人恐慌之原因的文章。在探讨日本人面对天灾人祸坚忍淡定的原因时，很多人在努力从日本人自身寻求原因，也有部分人认为这是人类共同本性使然，反对从日本人自身寻求原因。

前者，又分为两种观点：一种是主张从日本传统思想文化的角度，来探究日本人面对天灾人祸坚忍淡定的原因；一种则反对从文化的视角予以解释，而是强调应该从制度环境的角度，来探究日本人面对天灾人祸坚忍

---

① 《筑波市要求从福岛来的避难人员进行放射能检查》，《读卖新闻》2011年4月19日。
② 白飞：《日本民众近乎"冷漠"的冷静》，《新京报》2011年3月26日。

淡定的原因。

后者，则主要是受《灾害乌托邦》[①] 一书观点的影响，认为日本人并非天然的模范难民，灾民有序互助，基本上可以说是人类在面临灾难时的本性使然，并非什么日本人所独有的高贵气质。

通过上节对日本主流媒体报道的梳理可知，相对而言，面对天灾人祸，表现得坚忍淡定的是灾民，表现得慌乱冷漠的恰是非灾民。之所以鲜见论及日本人恐慌缘由的文章，其主要原因就在于论者们并没有将灾民与非灾民的行为表现区别开来予以分析，结果要么是将灾民们淡定有序的行为表现，过度拔高到了对全体日本人国民素质的褒奖上，引来众多的质疑和抨击；要么就是陷入《风土》、《菊与刀》等日本国民性研究名著所呈现的典型的悖论式研究中不能自已，[②] 根本无法解释清楚为何相对而言灾民淡定而非灾民恐慌。下面，我们就逐一对这些观点作一简析，进而提出笔者的一些参考意见。

首先，我们来简析一下从日本人自身寻找原因的两种视角。

---

[①] ［美］雷贝嘉·索尔尼：《灾害乌托邦》，［日］高月园子译，日本亚纪书房2010年版。

[②] 日本人的性格，在许多方面表现出典型的混合型特征。日本著名的伦理学家和辻哲郎从风土论的视角，评价日本人的性格特征说："日本人既奢华又恬淡……既认命又抗命，既急躁又坚忍"（［日］和辻哲郎：《风土》，岩波书店1935年版，第164—165页）；美国著名的文化人类学家本尼迪克特，通过分析大量描述日本人的文献资料后，评价日本人的性格特征说："日本人既极端好斗又和善，既尚武又爱美，既蛮横又讲礼，既顽固又能灵活应变，既驯顺又恼怒于被人推来搡去，既忠诚又背叛，既勇敢又胆怯，既保守又好新"（［美］本尼迪克特：《菊与刀》，［日］长谷川松治译，社会思想社1992年版，第6页）。其实，这种悖论式的研究结论存在着很大的缺陷，《风土》里讲的日本人的双重性格，概述的是同处于季风性风土中的不同地区的日本人的性格；《菊与刀》的概说也完全忽视了某种可能，即拥有"菊文化"的日本人和拥有"刀文化"的日本人分属于两个完全不同的独立阶层。换言之，"菊文化"与"刀文化"的载体是由不同的社会阶层构成的，片面关注其中某一方面，则完全可以得出相反的结论，对此，罗斯·摩尔、杉本良夫早就曾指出过。（罗斯·摩尔、杉本良夫：《日本人论之方程式》，华东师范大学出版社2007年版，第23页。）如果借用《风土》及《菊与刀》的悖论式句式，来概括3·11东日本大震灾中的日本人性格特点的话，那么，我们似乎也可以说：天灾人祸中的日本人，既坚忍又脆弱，既淡定又恐慌，既富有爱心又极其冷漠。鉴于天灾人祸中的日本人的行为表现，我们说日本人既坚忍又脆弱，既淡定又恐慌，虽然都是在描述日本人，但显然"坚忍淡定"与"脆弱恐慌"所概述的是不同情境下的日本人。仅作这样的描述，显然没有多大意义，因为我们依旧难以理解，同为日本人，为何会一方面是挣扎于生死线上的灾民的坚忍淡定，一方面却是非灾区日本人的救援无策和屯粮抢水风潮，甚至是趁火打劫的盗窃和赈灾捐款诈骗？因此，我们应该透过对悖论式事例的分析，进一步剖析日本人根深蒂固的社会行为心理，所以国民性的分析视角也就自然不可缺失。

## 一 从日本传统思想文化视角的探究

从这个视角来探究日本人面对天灾人祸淡定从容之原因的文章，大多比较强调日本人的宿命论的消极熏陶。关于日本人的宿命论，早在日本思想、文化相关的论著中，就已经有过比较深入的研究，但将其用于解释3·11东日本大震灾时日本人的淡定之举，可谓是一种研以致用的新尝试。

例如，有的观点指出，面对天灾人祸，日本人的淡定就是这种宿命文化的影响所致。这种宿命文化得益于神道教的熏陶，日本人认为他们所有的一切，都是诸神所赐，而作为子孙的最大的也是唯一的使命，便是崇拜、服从于这些神灵。既然是祖先和神的恩赐，那么无论善恶好坏，只有照单全收，统统接受，从而形成了一种宿命论的思想。因此，当3·11东日本大震灾发生后，包括灾区的灾民在内，日本人说的最多的一句话是"这是没办法的事情"。[1] 也有观点称，由于灾难不断，日本人对未知世界有着深深的敬畏以及深重的悲观主义色彩。这种国民心态让他们在大灾难面前也能保持尊严，保持从容与理性。[2] 还有观点指出，震后日本国民的淡定所体现的日本国民极强的自律意识，是得益于日本传统艺道文化的熏陶。[3] 对于这种从传统文化视角进行的分析，笔者是赞同的，但是，感到美中不足的是，也许是因篇幅所限，相关文章的分析深度还不够。

另外，传统文化的受众不仅仅是首都圈的日本人，东北灾区的日本人亦同样是传统文化的积极传承者、享用者，但面对天灾人祸时，同样受到过传统文化熏陶的灾民与非灾民的言行举止，为何会有那么大的差别？对此，从传统文化视角进行的分析并未能给出答案。因而，这也导致有些学者质疑这种文化解释的有效性，认为社会秩序观的形成，从来不只是哲学的结果。哲学更多地影响个人行为，而社会秩序的形成则需要人与人之间的意识协同及协同后的行动范例。天灾人祸中的日本社会，仍能保持良性秩序，展现社会韧性，更主要是持之以恒的，通过教育、防灾培训和社区

---

[1] 这方面较具代表性的文章，可参见刘柠《是什么让日本人"遇灾不乱"？》，《新京报》2011年3月26日；张旭《大地震中管窥日本别样气质》，《小康》2011年第4期。
[2] 童大焕：《日本人在灾难面前为何如此冷静》，《新京报》2011年3月13日。
[3] 参见盛韵、曹柳莺《叶千荣谈从灾难看日本国民性》，《东方早报》2011年4月3日B02版。

建设而推进的非物质化社会建设的结果。① 有人则更是明确主张,文化或国民性并不能直截了当地解释人们的行为,"人们在灾难中会不会抢购,与其说反映了国民性的差异,不如说是制度环境造成的'信任度'以及教育知识水平的区别"。②

## 二 从制度环境因素与教育知识水平视角的探究

首先必须指出,这并不是什么新观点。在中国知网上,按题名检索有关研究日本的防震、防灾经验的论文,早在"3·11"东日本大震灾之前就已经发表的五十余篇文章中,几乎每篇文章中都不同程度地对该观点有所提及;在"3·11"东日本大震灾之后关于日本国民性的热议中,这一观点再度被很多媒体文章采纳。这种观点,基本上是不赞同从日本传统文化的角度来解释日本人的行为表现的,③ 而是强调制度规范与教育知识水平等方面的作用,主张日本人面对天灾人祸之所以能那样淡定从容,完全是托日本常年进行的有关防震抗灾方面的知识教育之福。

的确,在日本,学校的防震抗灾教育开展得非常好,日本人从小就非常注意培养孩子们的防震抗灾意识,学校不仅是宣传防灾教育知识的场所,学校本身作为一种设施与场地,也成为防灾体系中的重要一环。因此,在日本,即使是小学生,在危机来临时,也懂得一定的逃生手段。而且,日本的防灾教育充斥着报刊、电视等各类媒体,日本的各行各业还会经常性地举行各种形式的防震抗灾演习,由于训练有素,防灾有术,所以当真正遭遇地震等灾难时,大家也就不会慌乱,而且还知道如何规避风险和获得救助。日本不仅在防灾教育方面得法且投入的力度大,而且还不断构筑和完善了防灾救灾体系,很多人认为日本人能够临灾保持淡定,与日本拥有完备的防救灾体系也有很大关系。

"3·11"东日本大震灾发生时,灾民们,特别是其中的一些中小学生们沉着冷静的避难行为,确实反映出了日本平素加强防灾教育的效果,这是事实;面对天灾人祸,日本灾民们表现出的坚忍淡定,这也同样是无争的事实。但是,简简单单地将二者归为直接的因果关系,却似乎与事实

---

① 徐立凡:《强震中的日本社会韧性是如何练成的》,《北京青年报》2011年3月13日。
② 刘擎:《日本的国民性能解释什么》,《新世纪》2011年第15期。
③ 陈映芳:《面对灾难,日本国民不会隐忍》,《南方都市报》2011年3月20日。

并不相符。虽然日本社会的防灾教育相当普及，但相对而言，作为首府的东京都及周边地区，无论在防灾教育方面，还是在防救灾体系建设方面，按理应该要强于东北地区的城镇山村。因此，如果说是防灾教育使得日本人面对天灾人祸淡定从容，那就无法解释为何人们看到的恰恰是受防灾教育较好的首都地区民众的慌乱和受防灾教育相对会低一些的东北灾区民众的淡定从容。

### 三　日本人并非天然的模范难民

以上两种观点，无论是否赞同从日本国民性的视角探究日本人面临天灾人祸时为何会那样坚忍淡定，其共同点都是想从日本人自身寻找原因。接下来，我们看一看反对从日本人自身寻求原因的观点。这种观点认为，日本人并非天然的模范难民，灾民的坚忍淡定、有序互助，基本上可以说是人类在面临灾难时的本性使然，并非什么日本人所独有的高贵气质。这种观点，无疑是受了《灾害乌托邦》一书观点的影响。《灾害乌托邦》是美国学者雷贝嘉·索尔尼（Rebecca Solnit）的著作。2010 年 12 月，该书刚刚被高月园子译成日文由日本亚纪书房出版，2011 年 3 月 11 日，日本就遭遇了规模空前的地震、海啸。于是，由于对日本国民性的热议，也让这本书走红成为畅销书。

雷贝嘉·索尔尼在《灾害乌托邦》中指出，一般人认为，发生大灾害时，由于社会瞬间失去秩序，所以会发生暴动、掠夺、强奸等一系列恶性事件。但事实上，在灾害发生之后，受灾者之间立刻会形成一个相互扶助的共同体。尽管对国家救灾应对迟缓有很多非议，但莫如说正是因此，受灾者与支援者之间才自然产生一种相互扶助的共同体，随着国家救援的有序推进，这样类似"乌托邦"的情况反而会渐渐消失。作者以圣弗朗西斯科大地震（1906 年）为开端，列举很多灾害事例为证，来说明其见解。《灾害乌托邦》是一部分析灾民临灾时的社会心理的力作，如果其采纳社会认同理论来分析，本可以得出一些更具普遍意义和更具说服力的观点，但其诉诸于人类共通本性的做法，则很容易将人引入人性本善或本恶的古老哲学命题的论争之中，对我们实际思考"3·11"东日本大震灾时日本人的行为表现，参考意义有限。东日本大震灾后，《灾害乌托邦》虽然在日本获得了很多读者的青睐，但目前尚未见有采纳该书的观点来分析天灾人祸中的日本人的论文发表。

综上所述，各种言论各有其理，但都未能明确解答：同为日本人，为何会一方面是挣扎于生死线上的灾民的坚忍淡定，一方面却是非灾区日本人的救援无策和屯粮抢水风潮，甚至是趁火打劫的盗窃和赈灾捐款诈骗？欲对此作答，恐怕既不能仅仅说是防灾教育使然，亦不能单纯依赖人性本善或本恶之论来予以回应。笔者认为，若透过天灾人祸中处于不同情境下的日本人行为表现，来进一步剖析日本人根深蒂固的社会行为心理，或可为我们理解该问题提供一些有益的启示。

## 四  日本人根深蒂固的社会行为心理——村意识

提到日本人根深蒂固的社会行为心理，首先不能不提及日本人的"村意识"。此次"3·11"大震灾的重灾区是日本的东北地区，也是被称为人情味最浓，或者说"村意识"亦最浓的地区，对灾民坚忍淡定和从容有序的报道大多也是出自这里。正如日本的有识之士所袒露的那样："出现在媒体报道里的灾民是被我们称为特别能忍耐和特别有人情味的东北人（日本东北部的居民）。我想主要是他们的坚强表现，为日本赢得了赞誉。"①

日本，作为唯一加入西方发达国家行列的亚洲国家，盘踞世界第二经济大国之位长达42年。经济的发达，农村的迅速城市化，虽然对日本人的外表进行了很雅致的包装，但并未能从根本上改变日本人的社会性格，正如有的日本思想史家曾经指出的那样，"日本人的社会性格的基础，依旧是小农式的"②，"日本的现代化过程，其实就是日本农村社会，将日本式的人及其行为模式持续植入城市和企业社会的过程"，"虽然实体的村庄无法搬迁，但是，却实现了精神意义上的村的搬迁"，③ 人们曾一度称"大东京也是一个大的村庄"④，只是在首都圈这个大村庄里的居民价值观日趋多元化，彼此的连带感远不抵东北灾民的连带感那样强了，⑤ 所以当"3·11"大难来时各自飞的慌乱图景，也可谓是日本社会结构发生变迁

---

① ［日］光部爱：《日本人，心存慈悲和感激》，于文译，《中国报道（China Report）》2011年第4期。
② ［日］源了圆：《文化と人間形成》，第一法规出版1982年版，第44页。
③ ［日］玉城哲：《日本的社会体系》，农山渔村文化协会1983年版，第15—17页。
④ ［日］福武直：《日本社会的构造》，东京大学出版会1984年版，第38页。
⑤ 同上书，第200—204页。

的一个生动写照。

那么，这种日本式的村共同体意识及其行为模式主要有哪些特点呢？有学者将其归纳为如下四点：第一点，"村"的成员为了避免被"村八分"（因违反村规而受到全体村民严酷排挤），皆对所属"村"集团拥有异常强烈的归属意识和忠诚心。第二点，"村"社会是一个相互牵制、相互依存的社会，但绝不是非竞争社会。村内成员间遇事相互谦让、坚忍守序，但不同的"村"集团间的竞争，却是极为惨烈的，没有道德可言。第三点，"村民"对其直接归属的伙伴性小集团的忠诚，远远超过对更大社会组织的归属和忠诚。第四点，"村"集团内部的个人积怨，往往以谋求小集团整体利益的形式向外宣泄。①

识者所见略同，也有其他很多学者，对日本人的社会性格得出了与上述近乎同样的研究结论。例如，有学者指出："在道德问题上，不是服从于某种普遍的法律和道德规范，而是尊重人际关系的伦理，这是大部分日本人的生活准则。"② 每一个"村共同体"，换言之，也可以称之为"缘人共同体"，"缘人"们在界定自我的人际关系圈子时，一般是依据彼此关系的远近，由内向外依次分为"身内"、"仲间"和"他人"。虽然在其他民族文化中，也都存在着这样有意或无意的划分，如与中国人由亲人、熟人和生人构成的人际关系圈子就很类似，但其与中国人的区别在于：它是由并非完全基于血缘资格而是基于包括其他因素的某种机缘（血缘、地缘、业缘或者其他因素）走到一起的个体组成的，因而具有一定的可转换性和不确定性。另外，日本这种缘人人际圈子最大的特点还在于，日本人在这几个圈子的交换模式是不同的。这三个人际圈子内外区分强烈，待人接物依据双重标准，越向内，感情因素越浓，越趋于感情型交换，越向外感情因素越淡，越趋于交易型交换。"身内"是一个感情最浓的圈子，适用娇宠法则；"仲间"是一个半感情、半计算的圈子，适用"义理"法则；"他人"则是完全不需要投注感情、实行公平法则的圈子，③ 有时对"他人"的疏远与不信任，发展到极端，甚至会将同一社会

---

① ［日］玉城哲：《日本的社会体系》，第19—21页。
② ［日］源了圆：《文化と人間形成》，第一法规出版1982年版，第65页。
③ 详见尚会鹏、游国龙《心理文化学——许烺光学说的研究与应用》第四篇，台北：南天书局2010年版。

中的"他人"不以人相待。因为是"他人",所以甚至会见死不救。①

　　了解了日本人这种缘人共同体意识及其行为模式的特点后,对于天灾人祸中的日本人的行为表现也就不难理解了。对于缘人小群体本位的日本人而言,由于不存在适用于所有社会空间的普遍的善恶标准,任何善与恶都是相对的,所以,在缘人小群体内,人们是绝对守序的,而且往往很多时候也是不能不、不得不守序的,饥寒交迫的灾民之所以少有趁乱哄抢物品者,而且还会排着队,有序地去领取一个饭团子,一口酱汤,也许与道德无涉,只是因这种共患难的情境令其不敢去为了私欲而妄为而已,否则不知将面临怎样的惩罚;② 而对于作为灾民小群体外的非灾民而言,灾民基本可以被视为"他人",因此,非灾区民众只顾自身的利益去屯粮抢水,乃至歧视灾民、漠视灾民的疾苦,对日本人而言,也是情理之中的事。所以,诸如很多非灾区民众不愿接纳灾民,不愿意帮助灾区处理污染垃圾,甚至很多非灾区民众对有接纳意向的自治体长官进行恐吓等等行为,③ 也就都没有什么不可理解的了。

## 第三节　日本国民性对灾后复兴工作的影响

　　日本由于战后急速的产业化、城市化,催生了现代日本的大众社会,使日本人的生活空间、基本人际状态发生了很大的改观,诸如"东京都圈这个大村庄"的居民间的连带感,也的确变得不如原初的村落共同体那么强韧了,但这次天灾人祸中的日本人的言行举止,也使我们再次认识到,当日本人通过自我范畴化进行身份认同时,或隐或现的"村共同体意识"仍然是其依据的重要标准,经济兴衰亦难将其轻易改变。

　　所谓的现代发达国家——日本,尽管对众多的大小集团,已经不再以"村"相称;所谓的现代日本国民,虽然按照现代的呼称,大多应该分别称其为都民、道民、府民、县民、市民、町民,而不是什么村民,但从其

---

① ［日］山本七平:《"空気"の研究》,文艺春秋1983年,第12—13页。
② 《"为何没有掠夺?"=灾区的秩序、惊叹与称赞—美国》,《时事通信》2011年3月16日。
③ 参见2011年11月4日富士电视台(FNN)报道以及《产经新闻》2011年12月30日的报道。

社会心理来看，日本社会就宛若一幅大村套小村的曼陀罗图案，其国民不过都是在根深蒂固的村共同体意识及其行为模式指引下的、由无数小村落统合在一起的略大一点的大和村民而已。此次惨重的天灾人祸，虽然给日本的地理、社会等造成了重创，但其社会性格依旧不会轻易被改变，特别是由于将诸多各行其是的小"村共同体意识"一统为一个大和村民意识的主要条件——作为各个小的"村"共同体统一象征的天皇、通行的法制、同质的道文化等①并未受到任何损伤，也就是说除了每个小的"村"集团外，因为超越个体村集团的身份认同标志依旧健在，所以日本人重建家园的原动力也就不会被削减。事实上，在日本政府救灾不利的情况下，也正是日本天皇的亲民之举，成为灾民们重要的精神支柱。② 所以，只要日本天皇坚持与其民同在，日本人就不会失去其身份认同的标志，大和村民依旧会发挥出强大的凝聚力量，共建新的家园。而且，由于日本人这种村共同体意识及其行为模式，曾经维系了日本社会秩序的安定和国力的富强，③ 所以已经有人在倡议和组织现住在非灾区的"团块世代"④ 的东北人迁回灾区，希望那些当年从上野火车站开始其社会生活的集体就职的东北人，那些造就了战后日本的东北人，再度为灾区的复兴带来荣光。⑤

当然，我们也非常乐于看到，这种几乎成为日本文化基因的村共同体意识，能够为日本灾后复兴发挥更大的积极作用。但是，与此同时，我们也不能忽视其可能对日本灾后复兴工作产生的负面影响。

首先，这种村共同体意识可能会使灾民的安置问题困难重重。从切尔诺贝利核电站的灾情现状来看，福岛核灾区的复原和复兴亦绝非短期可为，数万灾民返回故里生活将难免会遥遥无期。避难他乡的灾民希望能够集体搬迁，以维护村共同体，⑥ 但现实根本不可能，鉴于日本社会日趋严

---

① ［日］源了圆：《文化と人間形成》，第一法规出版1982年版，第45—46页。
② 参见《大震灾中皇室的作用（上）》（http://www.iza.ne.jp/news/newsarticle/natnews/koushitsu/511129/）；《大震灾中皇室的作用（下）》（http://www.iza.ne.jp/news/newsarticle/natnews/koushitsu/511131/）。
③ ［日］玉城哲：《日本的社会体系》，第23页。
④ "团块世代"：狭义上指自1947年至1949年出生的人，广义上也指1945年至1952年出生的人群，即日本在二战后最初几年出生的人群。在日本，"团块世代"被看作是20世纪60年代中期推动经济腾飞的主力，是日本经济的脊梁。
⑤ 《残间里江子讲述倡议团块世代回迁灾区的理由》，《夕刊富士》2011年5月12日。
⑥ 《宫城县要求灾民县外避难并为其确保临时住宅》，《河北新报》2011年3月19日。

重的老龄化及其根深蒂固的村共同体意识，不难想象由此将可能会引发一系列的社会问题。

其次，在灾后复兴工程利益分配上，在这种村共同体意识驱使下，日本的各种有实力的"村"集团，能够在多大程度上考虑灾民的切身利益，不能不令人担心。① 有报道称，福岛核灾变的一个主要原因，就是因为东京电力公司曾对其原有的核电专业人员实施了"村八分"造成的。② 各种有实力的"村"集团，对曾是其"身内"或"仲间"的成员以"他人"相待，实施"村八分"毫不留情，对本就是"他人"的其村外灾民也不可能会手软的。

再次，在灾后日本的国家战略决策方面，在这种村共同体意识驱使下，日本各种有实力的"村"集团的决策，能够在多大程度上考虑灾民的切身利益，也是个未知数。日本政府尚未使灾后复兴工作步入正轨，却已经开始在忙着追随美国加入对灾区而言无异于雪上加霜的TPP（环太平洋战略经济伙伴协定，*Trans-Pacific Strategic Economic Partnership Agreement*）了。曾从"3·11"大震灾死里逃生现仍心存余悸的灾民，也许又要因日本"政治村"民的人祸而再度陷入深深的不安了。

最后一点，鉴于大和"村民"们，具有将集团内部的个人积怨以谋求小集团整体利益的形式向外宣泄的行为特点，及其曾因向外宣泄私欲而招致了人类史上首次核打击的历史，因此，日本政府在东海问题强词夺理、对南海问题频频染指以及处心积虑谋求加入环太平洋战略经济伙伴协定等种种亲美疏华的行为亦不能不令人担心，作为人类史上唯一经历了两次核灾难的"大和村民"，是否能不偏执其缺点，彻底地痛定思痛，发挥其缘人共同体意识及其行为模式的优点，再度创造灾后复兴的奇迹，这值得世人谨慎关注。

---

① 参见《埋没于瓦砾残迹中的灾民的苦恼》（http://www.newsweekjapan.jp/stories/world/2011/12/post-2388.php）。

② 参见《核电事故原因之一　东电社内人事肃清核电专家的历史》，《周刊POST》2011年4月8日号。

# 第十四章

# 试析日本加入TPP的可能性

## 第一节　刻板印象遍全球

世界各地盛传着许多关于日本国民性的笑话。其中，有这样一则关于日本人的"集团主义"性格的笑话：

一艘载着各国乘客的豪华客轮，因触礁马上就要沉没了，船长将各国乘客都转移到了救生艇，但是，因为救生艇严重超员，眼看着也将要沉没了，所以为了保住大多数乘客的生命，船长决定从救生艇上将英、美、德、意、俄、法、日的男性客人各赶下一人。于是，船长便利用这七国的国民性，成功地劝客人弃船跳海了。

船长对英国人说："这种情况跳下去你就是绅士了！"

船长对美国人说："现在跳下去你就是英雄了！"

船长对德国人说："这种情况按照规则应该跳下去。"

船长对意大利人说："刚才一个美女跳下去了。"

船长对俄罗斯人说："装伏特加的酒桶刚刚被冲走了，现在追还来得及。"

船长对法国人说："请千万不要跳下去。"

最后，船长才对日本人说："大家都跳下去啦！"

这个笑话有许多种版本，[①] 不同版本中出现的国家数目及船长所讲的话略有出入，但其中船长对日本人讲的话都是一样的。一般认为，日本人缺乏主体性，凡事总爱集体行动随大流。所以，当船长说："大家都跳下去啦"时，言外之意"你也得快跳了"。于是，擅于揣摩语者心声的日本

---

① ［日］早坂隆：《世界の日本人ジョーク集》，中央公論新社2006年版。

人，便受其缺乏主体性、总是喜欢随大流的国民性格之驱使，义无反顾地纵身跳入海中了。

2011年11月11日，日本首相野田佳彦宣布日本加入环太平洋战略经济伙伴协定协商进程时，就有反对派以此笑话来挖苦日本政府，称日本政府之所以会宣布加入环太平洋战略经济伙伴协定协商进程，完全是日本缺乏主体性的国民性使然，日本不愿意被环太平洋诸伙伴关系国家给抛弃，更不愿受到以美国为首的发达国家的"村八分"（排挤）才决定加入环太平洋战略经济伙伴协定协商进程。

TPP，是环太平洋战略经济伙伴协定（*Trans-Pacific Strategic Economic Partnership Agreement*）的字母简称。它本是由新加坡、新西兰、智利和文莱四个发达小国缔结的经济合作协定，从2008年10月到2010年10月，澳大利亚、秘鲁、越南、美国和马来西亚等国相继表态参与这一协定，特别是自2009年11月14日美国总统奥巴马访问东京时宣布美国将加入环太平洋战略经济伙伴协定以来，此前鲜为人知的环太平洋战略经济伙伴协定才开始名声大振，成为令世人瞩目的一个跨地区多国经济合作组织。

那么，美国和日本为何如此热心推动环太平洋战略经济伙伴协定呢？仁者见仁，各领域的专家，都发表了很多高见。

对于美国，很多人说这是美国欲借壳（TPP）入亚。其实，美国从来就未离开过亚洲，也就无从谈什么重返亚洲，其之所以热心推动环太平洋战略经济伙伴协定，无非是想在其针对中国的强大的军事包围圈的基础上，再构建一个针对中国的牢固的经济包围圈而已，其意在以环太平洋战略经济伙伴协定为杠杆，主导制定亚太地区的经济游戏规则，进而更加牢固地掌控整个亚太地区的经济主导权，削弱中国在此区域的影响力。

对于日本，如文首的笑话所示，很多观点都认为，美国实质上扮演了笑话中的船长角色，利用日本缺乏主体性的国民性格，迫使日本作出了加入环太平洋战略经济伙伴协定协商进程的决定。日本社会具有根深蒂固的村共同体意识，在这种意识指引下的日本人的从众行为，也的确往往会给人一种缺乏主体性的感觉。那么，事实上，日本人是否真如笑话中所描写的那样缺乏主体性呢？

## 第二节　缘人行止仍依旧

从日本人的村共同体意识及其行为模式特点①来看，说日本决定加入环太平洋战略经济伙伴协定协商进程是其国民性使然，倒也不算错。所谓的现代发达国家——日本，尽管对众多的大小集团，已经不再以"村"相称；所谓的现代日本国民，虽然按照现代的呼称，大多应该分别称其为都民、道民、府民、县民、市民、町民，而不是什么村民，但从其社会心理来看，日本社会就宛若一幅大村套小村的曼陀罗图案，其国民不过都是在根深蒂固的村共同体意识指引下的、由无数小村落统合在一起的略大一点的大和村民而已。从2011年下半年开始，关于是否加入环太平洋战略经济伙伴协定的争论日趋激烈，其实就是在这种村共同体意识驱动下的日本各类"村"集团的角力使然。

围绕是否加入这个旨在追求高度贸易自由化的跨地区多国经济合作组织的问题，日本朝野之间、执政党内部、阁僚之间、不同行业之间，皆以谋求日本国家利益为口实，但实际上多是从自身所属的"村"——缘人小集团的利益出发，形成了完全对立的意见。

其中，行业团体中，成员多为工业生产集团的"经团联"态度积极，认为"不通过经济协定扩大外需，日本就没有未来"，而"日本农协"则以"加入环太平洋战略经济伙伴协定将毁灭日本农业"为由坚决表示反对。2011年10月25日，日本农协还发动356名议员联名向众参两院议长请愿，反对政府参加环太平洋战略经济伙伴协定谈判。配合农协活动的政治家，也未必真的就是为了日本的国家利益，恐怕想得更多的还是眼前的选票，"日本农协"反对环太平洋战略经济伙伴协定也未必是出于维护农民的切身利益。

其实，日本的农业无论是否参加环太平洋战略经济伙伴协定，其将来都是非常堪忧的。因为据日本农林水产省新近公布的"关于农业劳动力的统计"数据显示，日本的农业后继乏人，农业劳动力已经由2006年的

---

① 关于日本人的村共同体意识及其行为模式特点的详细论述，请参见前文第十三章第二节中的"四　日本人根深蒂固的社会行为心理——村意识"。

320.5万人降至2011年的260.1万人；务农人口高龄化逐年加剧，2006年务农人口平均年龄是63.4岁，2007年为64.0岁，2008年为64.7岁，2009年为65.3岁，2010年是65.8岁，比企业法定退休年龄都要高出6岁。再过几年，若务农人口平均年龄超出70岁，估计离日本农业崩溃的日子也就不远了。所以说，如今日本的农业改革已经迫在眉睫，从这个意义上讲，参加环太平洋战略经济伙伴协定谈判对日本农业而言未必全是坏事，相反，或许能成为一个农业再生的好机会。① 但日本的农业团体却一掷连声地反对，究其原因，并非完全考虑农民本身的利益，而是因其作为一个机构所垄断的既得利益本身受到了触动。所以，有些赞同加入环太平洋战略经济伙伴协定的论者指出：日本自战国时代至今，虽历经国难，在各种制度和表面的国民意识方面发生了一些变化，但国民性格并没有发生任何本质上的变化，而今机会终于来了，加入环太平洋战略经济伙伴协定将成为彻底根除日本人的岛国根性和官吏根性的最后良机。②

不过，已经几乎成为日本文化基因的村共同体意识并不会轻易被改变，因为恰如有日本思想史家曾经指出的那样，"日本人的社会性格的基础，依旧是小农式的"，③ "日本的现代化过程，其实就是日本农村社会，将日本式的人及其行为模式持续植入城市和企业社会的过程"，"虽然实体的村庄无法搬迁，但是，却实现了精神意义上的村的搬迁"，④ 乃至人们曾一度称："大东京实质上也是一个大的村庄"。⑤ 另外，2011年3月发生的东日本大震灾中日本灾民的坚忍淡定与非灾民的慌乱冷漠，也使我们再次认识到，当日本人通过自我范畴化进行身份认同时，或隐或现的"村共同体意识"仍然是其依据的重要标准，经济兴衰亦难将其轻易改变。

---

① 《政府内部文件露真言》，《每日新闻》2011年10月28日。
② ［日］小山清二：《TPP将成为日本变革国民性的良机》，参见公益法人日本国际论坛网站政策布告牌"百花齐放"专栏，2011年2月11日。
③ ［日］源了圆：《文化与人间形成》，第一法规出版1982年版，第44页。
④ ［日］玉城哲：《日本的社会体系》，第15—17页。
⑤ ［日］福武直：《日本社会的构造》，东京大学出版会1984年版，第38页。

## 第三节 亲美疏华善筹谋

仅从日本朝野上下各类"村"集团为谋求一己之私的环太平洋战略经济伙伴协定论争来看,我们的确难以对日本人的村共同体意识给予好评,甚至会因此说日本人目光短浅,缺乏主见等等。但是,其实村共同体意识下的日本人并非一般人所误解的那样缺乏主体性,亦并非如有些人想象的那么短视,莫如说恰恰相反,正是因为其精于谋划,才使得弹丸小国能盘踞世界经济第二大国之位长达42年之久,即便是今天,日本依旧是举足轻重、不容小觑的经济体。甚至可以说,正是由于日本人这种村共同体意识及其行为模式,为日本打造了一个超安定的社会秩序和富强的国力。① 文首笑话中描写的日本人的形象,基本上可以说是对日本人的一个误解,而且这种对日本人的误解,已经影响了我们很久很久了。②

从社会心理学的视角来看,作为一个国际行为体,日本政府宣布加入环太平洋战略经济伙伴协定协商进程也可以视为一种从众行为,但这种从众行为的选择,并非日本担心其被环太平洋诸伙伴关系国家给抛弃,亦非担心其会受到以美国为首的发达国家的"村八分"(排挤)才作出的决定。美国敦促日本加入环太平洋战略经济伙伴协定,确有挟日本打压中国之意,但是,日本加入环太平洋战略经济伙伴协定却并非完全迫于美国的压力。梦寐以求做亚洲老大的日本,随着中国的崛起,醒悟做大无望,在日本民主党夺取政权后,为了应对中盛美衰的国际变化,为其将来谋求一条既不依附中国亦不受制于美国的阳光大道,新政权伊始就高调宣布"日本新政府宣言重视亚洲外交,其支柱是东亚共同体构想",结果鸠山由纪夫首相心有余而力不足,日本政府退而求其次,才有了菅直人首相主动提出日本要加入环太平洋战略经济伙伴协定。日本谋求加入环太平洋战略经济伙伴协定更非短视行为,而是瞄着中国早晚会加入环太平洋战略经济伙伴协定而抢先设防,意在以小搏大,先发制人,为渐呈日薄西山之势

---

① [日]玉城哲:《日本的社会体系》,第23页。
② [日]高野阳太郎:《"集团主义"的错觉——日本人论的误解及其由来》,新耀社2008年版。

的日本的未来谋求一席之地。

环太平洋战略经济伙伴协定是一项综合性的区域经济一体化协定,它不仅涵盖了传统的货物贸易条款,也涵盖了竞争政策、服务贸易、知识产权、透明度、临时入境、战略伙伴关系等新内容。可以说,这是一项内容全面和自由化程度较高的区域经济一体化协定。中国是世界第二大经济体,没有中国参与的环太平洋战略经济伙伴协定,相关的经济合作恐怕也将很难奏效,虽然以现在的标准中国难以加入,但是,从经济合作大势来看,"中国加入恐怕也是迟早的事情"①。日本积极加入环太平洋战略经济伙伴协定,也正是基于这些预见才作出的决策(参见《TPP 研究会报告书》,佳能全球战略研究所,2011 年 9 月 1 日)。

日本政府宣布加入环太平洋战略经济伙伴协定协商进程后,在其国内引起了很大的反响,反对加入环太平洋战略经济伙伴协定的议员组织"慎重考虑环太平洋战略经济伙伴协定之会"的会长、日本前农林水产大臣山田正彦甚至亲自到美国举行记者招待会诉说反对日本加入环太平洋战略经济伙伴协定,而且还拜访美国政府、议会及行业团体的相关人员,并对美国国务省的官员表示:"日本的国会议员半数以上反对参加环太平洋战略经济伙伴协定。如果美国强迫日本,必会产生反美的感情"。② 这一切,使人觉得在日本加入环太平洋战略经济伙伴协定与否的抉择中,美国人所扮演的角色就是文首给出的笑话中的船长角色,好像日本参加环太平洋战略经济伙伴协定完全是受迫于美国政府,于是,对仅宣布加入环太平洋战略经济伙伴协定协商进程的日本之后会怎么发展,也都成了未知数。

但是,就目前国际格局的现状而言,鉴于日本国民性的特点,山田此举,无非是在以另一种方式为日本在今后的环太平洋战略经济伙伴协定协商乃至谈判过程中最大限度地谋求本国利益造势而已,其本心亦未必真的就是想要反对加入环太平洋战略经济伙伴协定。将来,日本不但其自身会加入环太平洋战略经济伙伴协定谈判,而且还一定会努力扩大环太平洋战略经济伙伴协定的影响,并处心积虑地促动中国加入环太平洋战略经济伙伴协定。

---

① 张蕴岭:《TPP 为美找到重新主导亚太市场构造突破口》,中国经济网站,2011 年 11 月 23 日。

② 《山田前农林水产大臣在美国再度强调反对参加 TPP》,《读卖新闻》2012 年 1 月 12 日。

中国与日本，虽是一衣带水，却如隔千重雾。日本国民性研究，因缺失研究的方法，所以很多时候人们看日本往往就像庸医把脉，貌似胸中了了，其实却是指下难明，于是为掩尴尬，很多人还在毫无愧色地抱着《菊与刀》，整日云里雾里地对日本人评短论长，如同嚼蜡似的重复述说着日本人的二重性，点评日本人的"耻文化"。提到日本的村共同体意识，便会自然而然地提到"村八分"以及日本人迫于"村八分"压力下的集体行动。

社会心理学认为，影响人的从众行为的要素主要有三种：规范影响、信息影响和参照信息影响。其中，规范影响是通过社会沟通或来自他人的群体压力而发挥作用的，这里的"他人"通常是有吸引力的他人，他们拥有奖励从众和惩罚越轨的权力，群体监控会提升从众行为；信息影响是通过与相似他人的社会比较而运作的，相似他人提供了关于物理现实和社会现实的信息，其两可性或复杂性会增强从众。无论是规范影响还是信息影响，人们都是遵从观察到的他人的行为，就像文首笑话中描绘的日本人的刻板印象那样，原始村共同体的"村八分"的威力也主要是体现在这两方面。但是，现代日本人的"缘人共同体"的行为却未必全是可以用规范和信息就能解释清楚的，必须借助"参考信息理论"，该理论的一个基本假设是："对群体规范的遵从实际上是基于对某人自我定义的遵从，而不是源于对人际压力的遵从。"换言之，参照信息影响是通过自我范畴化（即认同）而发挥作用的。①

所以，日本追随美国宣布加入环太平洋战略经济伙伴协定，与其说是类似"村八分"的人际压力影响所致，莫若说是当下美国的硬实力和软实力导致的日美间近似的身份认同使然。自 1973 年至 2008 年，日本"NHK 广播文化研究所"连续 35 年进行了"日本人的意识"调查。调查问卷总计包括 50 余项，涉及了社会、文化、政治、经济、外交等诸多方面，其中，第 45 问是"你最喜欢的国家是哪个？请选出一个。"在日本人喜爱的外国国家排名中，35 年来的调查数据结果显示，美国一直列居日本人喜爱的外国国家之首位，中国基本上是在第 7、8、9 名徘徊。2008 年的调查结果显示，中国已经滑落到了第 10 名的位置。从受喜爱的百分

---

① ［澳］迈克尔·A. 豪格、［英］多米尼克·阿布拉姆斯：《社会认同过程》，高明华译，中国人民大学出版社 2011 年版，第 220—221 页。

比程度来看，100个日本人中，表示喜爱美国和中国的比例，基本上是维持在20∶1这样一个态势。紧接着第46问又给出了11个喜爱外国的明确的理由，请接受调查者从中选出最接近的理由。从调查数据结果来看，日本人喜爱外国的理由，既不是单纯地依据其与日本是否有外交关系，亦不是依据该国富有的程度，而主要是看其自然环境和人文环境的优劣，即看该国家是否拥有令其心悦诚服的优秀的软实力。[①] 据此而言，日本与中美两国哪一个彼此的认同程度高，自是毋庸赘言。因此，当东亚共同体构想推行不畅时，日本又很快地回到亲美疏华的老路，积极配合美国推动环太平洋战略经济伙伴协定，从日本的国民心理而言，不会有太大的不适。因此，无论我们如何积极谋划与日本构建FTA，恐怕都很难再有满意的结果，与其那样，莫如早早作出应对环太平洋战略经济伙伴协定的方略，将是更加务实的选择。

最后，想再强调的一点是，如果日本真的成功加入了环太平洋战略经济伙伴协定，必将会打破既得权益集团间的生存平衡，使其社会结构也随之发生改变，也许恰如环太平洋战略经济伙伴协定赞同论者所言，加入了环太平洋战略经济伙伴协定将成为从根本上改变日本国民性的良机。因此，环太平洋战略经济伙伴协定与日本国民性的问题，依旧值得我们继续予以密切关注。

---

① NHK放送文化研究所编：《现代日本人的意识结构》第六版，日本放送出版协会，2005年；《现代日本人的意识结构》第七版，日本放送出版协会，2010年。

# 第十五章

# 试析日本人的历史认识问题的心理文化根源

日本人的历史认识问题，是埋在中日关系之间的不安因素，是战后一直都没有得到解决的一个问题。它时隐时现，时缓时急，严重地干扰了中日关系的健康发展，而要从根本上解决该问题，则有必要先理清日本人的历史认识问题产生的原因是什么？特别是深入剖析形成日本人的历史认识问题的心理原因，不仅具有着重要的学术价值，而且具有着深刻的现实实践意义。

## 第一节 日本人的历史认识问题的外因

近年来，中国学界关于日本人的历史认识问题的研究，可谓硕果累累，虽然大多都集中在对日本人的历史认识问题之主要表现——靖国神社问题、篡改历史教科书问题等方面，[1] 但在各类研究成果中，也都程度不同地分析了日本人的历史认识问题产生的原因，并达成了一定的共识。关于影响日本人的历史认识的外因，一般认为主要有如下两方面：

第一，日本人的历史认识问题是美国因素影响所致。很多学者认为，日本人的历史认识之所以会发展成为问题，主要是因美国人的纵容所致。如有的学者指出："二战结束以来，日本在对历史问题的认识上同亚洲各国背道而驰并越来越远，是与美国在占领日本时期对日本不认罪态度的纵

---

[1] 关于这方面的研究成果，在吴广义《解析日本的历史认识问题》（广东人民出版社2005年版）以及张天明《1980年以来日本历史教科书问题研究述评》（《抗日战争研究》2009年第4期）等论著中已经进行了相当全面的述评，此处不再予以赘述。

容、旧金山和会至冷战期间对日本的庇护和扶植、冷战结束以来怂恿和帮助日本成为'正常国家'的政策分不开的。美国出于地缘战略的需要，其对日政策将是长期的，中日关系中对历史问题的认识分歧也将是长期的。"① 也有学者指出，战后美国的占领政策是使日本政府坚持右倾史观的根源。在日本战败前夕和日本战败后的短时期内，虽然美国是想通过对日本的占领，达到削减或消灭日本军国主义势力的目的，并无扶植日本的打算，但随着冷战的开始和朝鲜战争的爆发，美国为一己之私允许日本战犯重新掌握政权，这实际上等于为日本政府开辟了一条不承认侵略战争、坚持右倾史观的道路。②

第二，日本的历史认识问题是因包括中国在内的亚洲受害国家追究日本战争责任的力量太弱造成的。日本政府在战后五六十年代对菲律宾、韩国、印度尼西亚、缅甸等国的战争赔偿交涉中，利用经济大国的地位软硬兼施，进行了许多起把战争赔偿更改为无偿经济援助的名目上的操纵。③因此，可以说，至今为止，日本政府从未对亚洲各受害国进行过真正意义上的赔偿，加之亚洲各受害国对战争赔偿的放弃，客观上就使日本政府及日本人混淆了正义与非正义、侵略与反侵略之分。日本政府更失去了以侵略战争为训，进行真正的深刻反省的机会。这是放弃战争赔偿在日本政府的历史观上所产生的客观影响。④ 还有学者更是明确地指出，其实，这第二个外因也是由第一个外因造成的。美国在对日本的单独占领并按照自己的意愿对日本社会各个方面进行重大改造的同时，也就剥夺了盟国的其他成员国家对战后日本国家改造的参与权力，尤其是剥夺了近代以来饱受日本国家侵略之害的中国、朝鲜等亚洲国家彻底追究日本侵略战争的罪行及责任的权力。这种局面所导致的直接恶果之一就是，日本在处理国际关系的实践上，凡事都只归服于当时以强者姿态出现在其国家政治生活、社会生活中的美国，而对被其直接侵略伤害的亚洲邻国，既不肯服输，也不

---

① 游博：《中日关系历史认识问题中的美国因素》，《和平与发展》（季刊）2006 年第 4 期。
② 陈景彦：《中日之间的历史认识问题与日本政府的历史观》，《现代日本经济》2005 年第 4 期（总第 142 期）。
③ ［日］柴垣和夫：《講和から高度成長へ（昭和の歴史 9・小学館ライブラリー）》，東京：小学館 1983 年版，第 123—126 頁。
④ 陈景彦：《中日之间的历史认识问题与日本政府的历史观》，《现代日本经济》2005 年第 4 期（总第 142 期）。

肯认罪。[1]

## 第二节　日本人的历史认识问题的内因

关于影响日本人的历史认识问题的内因，学者们分别从经济、思想、文化、政治结构等多领域多视角进行了探讨，研究成果相对而言也更为丰富一些。

如部分学者从日本经济方面探讨影响日本人历史认识的原因时指出，战后日本经济的复苏及世界经济大国地位的确立，刺激了政治欲望的膨胀，从物质的层面上为日本右翼歪曲历史打足了底气，而日益增多的民间索赔案，又成为教科书修订的直接经济动因。[2]

从思想、文化、政治结构等视角，来探讨形成日本人的历史认识问题之内因的研究，虽然论述的深浅不一，但大多都是集中在对天皇制、皇国史观之负面影响的探讨上，且观点基本上是大同小异。比较有代表性的观点，如有的学者指出，天皇的战争责任一直得不到清算，这就向人们提出一个严肃问题，既然日本人不愿承认天皇的战争责任，就更难奢望日本对外承担战争责任。正是这种对天皇无条件崇拜的皇国史观，阻碍了日本人在历史问题上有一个正确认识。[3] 还有的学者指出，天皇制的保留，昭和天皇的战争责任被免于追究，具有着十分严重的象征性意义。作为一般的日本民众，多数人也无意去深究绝对主义天皇制与象征天皇制之间的本质差别，对他们来说，天皇依旧是日本国家的象征，依旧是日本国家的最高元首。天皇制被保留下来，那么，作为这一国体制度之理论支撑的神国观念和皇国史观，反过来也便在战后重新获得了合理性。这一点，战后军国主义残余势力及右翼势力也多方利用，作为他们散布荒谬的历史认识的重

---

[1] 卞修跃：《〈新历史教科书〉与战后日本国家的历史认识》，《抗日战争研究》2001年第4期。

[2] 参见姜良芹《日本"教科书"问题的经济背景》，《扬州大学学报》（人文社科版）2002年第3期。

[3] 刘金才：《近代天皇观与日本"历史认识"的解构——读安丸良夫〈近代天皇观的形成〉》，《日本学刊》2010年第1期。

要手段。①

对此，连日本的外交官也都供认不讳。日本外交官小原雅博曾在其著作中记述道："日本没能找到相当于德国纳粹那样的承担历史清算责任的特殊对象。周恩来总理曾表示，中国把日本军国主义者与一般的老百姓区别开来，把战争责任归咎于前者的方式，放弃政府赔偿，对中日邦交正常化起到了推动作用。可是，在从战前至战后有一定连续性的政治状况下，日本没能像德国一样以'加害者限定论'总结历史，只好采取了'大家都有责任'的形式。"②

以上，诸位专家学者的分析，对我们理解影响日本人历史认识的内外因，都非常有帮助。但是，笔者还有一事不解，即正如很多学者所指出的那样，虽然日本的历史认识问题一直没有得到解决，但在战后至20世纪80年代这段时期，日本的历史认识并没有像现在这样成为影响中日关系发展的严重障碍，学界的一个大致共识是，自20世纪80年代初期以来，才出现日本对待侵略战争历史及其责任的认识逐渐恶化的现象，"日本社会在如何认识侵略战争历史和如何承认战争责任，以及如何取得曾经遭受日本侵略战争之害的邻国，尤其是受害最重的中国及其人民的原宥，并重新建立信任关系等具有根本原则性的问题上，出现了整体右倾化的趋势。日本政府对侵略战争责任的认识与处理政策进行了调整、转换和再调整，总的趋势是在回避和掩盖战争责任；日本右翼保守势力相应地开展了对保守派政治家的支持活动，甚至要求将历史认识倒退到侵略战争中流行的观念；而日本大多数民众对这一逆流采取了容忍、默认和认同的态度。"③有的学者还指出："自明治时代起深入渗透到日本社会各个层面的神国观念、皇国史观、绝对主义天皇制观念、恃强凌弱和对外扩张的军国主义侵略观念，其不仅在战前和战时上升为日本国家的主导意识形态而支配着整个日本社会，而且在战后半个多世纪以来也一直得到日本国家统治阶层的深深认同。也就是说，皇国史观和军国主义理论是自明治时代而迄于今日

---

① 卞修跃：《〈新历史教科书〉与战后日本国家的历史认识》，《抗日战争研究》2001年第4期。
② ［日］小原雅博：《日本走向何方》，加藤嘉一译，中信出版社2009年版，第138页。
③ 吴广义：《解析日本的历史认识问题》，广东人民出版社2005年版，第2页。

日本政府及其官僚们一贯坚持不放的基本理念。"① 如此说来，在这种内外因没有明显变化的情况下，日本人的历史认识为何却会以20世纪80年代为界，前后发生了如此大的变化呢？

对此，有日本学者建议，考虑这个问题，要注意日本的政治结构，注意日本的选举政治。但我国学者则明确指出，日本学者的"这个提醒是有道理的，但是不能完全说服人。日本的政治结构和选举政治30年来并没有改变。为什么第一个十年没有历史认识问题呢，为什么第二个十年出现了历史认识问题，日本政治领导人能够约束自己呢？政治领导人引导民意的责任是不能忽视的。中国的党和政府领导人在努力引导民意从中日关系的大局着眼，不要作出过度的反应；而日本领导人在推动、怂恿民意朝着不利于中日关系大局行动。例如，1985年中曾根首相参拜过靖国神社后，反华的右翼活动明显增强。反华右翼活动的增强又推动着政治家的历史认识向倒退方向发展。"② 笔者认为，个别日本领导人在形成日本人历史认识问题方面的负面作用固然不容小视，但对日本民众的这种历史认识的变化，还有必要进一步深入挖掘其独特的心理文化根源。也就是说，作为对形成日本人的历史认识问题的内因研究，我们还有必要进一步挖掘其心理方面的原因。

## 第三节　日本人的历史认识问题的心理原因

目前，国内外学界从社会心理的角度探讨日本人历史认识问题的研究，据管见，尚无超越日本学者南博的业绩者。③ 中国学界仅见一篇相关论文，该论文认为一些日本人之所以总要利用各种机会来推翻侵略战争的历史铁案，就其心理意识而言，他们对过去的侵略战争首先考虑到的是面子问题，而非战争性质和由于战争所犯下的罪行问题。④ 对于如此沉重的历史认识问题，仅以一个面子问题来予以概括，似乎略显不足，笔

---

① 卞修跃：《〈新历史教科书〉与战后日本国家的历史认识》，《抗日战争研究》2001年第4期。
② 张海鹏：《试论当代中日关系中的历史认识问题》，《抗日战争研究》2004年第1期。
③ 参见南博《日本人的自我》，刘延州译，文汇出版社1989年版。
④ 李守福：《日本历史教科书问题社会心理探源》，《比较教育研究》2001年第7期。

第十五章　试析日本人的历史认识问题的心理文化根源　311

者以为，还应该考虑到日本人的如下三种心理特征对其历史认识造成的影响。

## 一　以退为进的"罪己"心理

"罪己"是笔者对日语"けじめ（kejime）"的意译词。从日本人使用"罪己"一词的具体语境来看，它往往要求作出"罪己"的行为主体，必须根据某种约定俗成的道义而自行作出不同程度的自责自罚。有的日本社会学家甚至称，拥有"罪己"意识，"是日本人的才智聪明之处，是作为成年人的条件"。①

日本人的罪己方式，因人因事、因时因地而多有不同，如果罪己的主体是个人时，主要有四种方式：一是对自己处以社会声誉上的责罚，如在新闻媒体上进行公开道歉等，这也是最为普通的一种罪己方式；二是对自己处以经济上的责罚，如自行削减工资、奖金待遇等；三是从社会地位层面对自己进行责罚，如主动辞去公职等；四是对自己处以身体上的责罚。采取这种罪己方式时，轻者，如把一头秀发剃光，或者是参拜庙堂百次，或者是徒步到八十八个宗教圣地参拜等；重者，则会以命谢罪，如自杀，这也是最为严厉的罪己方式。行为主体采取哪种"罪己"方式，主要视外部情境压力大小而定。②

其实，对日本人"罪己"的事例稍加分析就会发现，所谓的"罪己"，实际上是一种以退为进、最大限度维护自己利益的行为心理，虽然表面看来是一种基于伦理道德标准而主动进行的自罚，但实际上完全是迫于外部压力不得已而为之的行为。罪己者对自己的行为将会受到何种责罚心理是有估算的，先自行罪己，其目的往往不是出于真诚的忏悔之心，而是防御先行，自己先承认错误，请求宽恕，这样做即使不能回避他罚，也有助于减轻他罚的程度。自罚罪己最终目的是取代、回避他罚。

这种"罪己"心理在日本人历史认识上的典型表现，就是"一亿人

---

① ［日］穴田義孝編著：《日本人の社会心理　けじめ・分別の論理》，東京：人間の科学社1998年版，第7页。
② 具体事例参见张建立《从社会事件看"罪己"意识》，载《日本：2007》，世界知识出版社2008年版，第277—285页。

总忏悔"。1945年8月15日，日本宣布投降当天，建立了以皇族东久迩为首相的内阁。1945年8月25日，东久迩在会见记者时，提出了这一口号。这是一句模糊战争责任的口号。虽然东久迩内阁任期并不长，但统治集团这种思想对社会影响很大。日本著名的社会心理学家南博对此曾有过很精彩的评述："日本人的自嘲虽然表面上显示反省、自罚的心理在起作用，但实际是想通过自罚，减轻或逃避他人的惩罚，潜藏着自私心理。这种自嘲又和这样意义上的自责、忏悔联结在一起。即在他人追究责任之前，先责己。""这种抢先自责，比如在战败之后所谓的'一亿人总忏悔'中，有明显的表现。忏悔是先于他人追究责任之前，陈述自己的责任，坦白并忏悔自己的罪过。自责是通过坦白、忏悔，承认自己的责任，以图免去他罚。它的重点不在于查明责任，给予与罪过相应的处理。这种抢先自责和自嘲同样是为减轻、逃避他人的追究，作为自我防卫手段而使用的。战争失败后，在战争责任尚未受到严厉追究的情况下，以所谓'一亿人总忏悔'回避自己的责任，为此扭曲了至今日本人的价值体系，以至今天在日本连一个违反政治道德的政治家的责任，也不能彻底追究，这也是其中的一个原因。"[①]

## 二 既往不咎的"祓禊"心理

如果说"罪己"是一种依赖自力的自罚，"祓禊"则是一种依赖他力的超度和再生了。这两个词，已经成了日本政治家们的口头禅。

"祓禊"本是中国之古俗，祓禊之俗最迟在西周时就已形成。祓禊之俗一面体现了上古神秘的宗教遗风，一面也展现了后世消灾祈福的民族心理渊源。如前文第七章第三节的"三 祓禊观与侘"中所述，日语中的祓、禊与中文里的禊、祓的基本含义虽然相同，都有修洁净身、消灾祈福之意，但还是有一定的区别，特别是在日语中"祓禊"基本不是作为一个复合词来使用的，即便放在一起使用时，顺序还是颠倒的，是"禊祓"而非"祓禊"。举行这种活动的时间也与中国古时的祓禊风俗不同，而且，日语"禊祓"里，没有中国祓禊风俗中的择偶、求子之内容。不过，或者也可以这样来理解，即日语"禊祓"将中国祓禊风俗中的择偶、求子之内容予以抽象化了。之所以这样讲，是因为，在日本文化中，"祓

---

[①] [日]南博：《日本人的自我》，刘延州译，文汇出版社1989年版，第42—43页。

禊"观念，不仅已经成为日本神道祭礼的重要内容，而且也已成为各色日本人等净身洁心的重要仪式。由于受"祓禊"观念的影响，日本人不仅注重生活环境的清洁，也格外注重追求人格的清白。当自身有了错误的言行时，往往就会觉得自己的身心都被玷污了，需要通过某种仪式或类似仪式性的行为来除却污秽以获得新生，这种通过除罪拔厄重获新生的观念，与单纯的求子、祈求新的生命的观念虽然不尽一致，但在祈求新生这一层面还是有一定的共同之处的。从这层意义上讲，将日语"祓禊"理解成为是对中国祓禊风俗中的择偶、求子之内容的抽象化，也不是毫无道理。

"祓禊"观念与自省"罪己"观念，很早就已经成为日本人谋求身心新生的两个重要的精神理念。"罪己"是一相情愿的行为，是自以为是的行为，它并不能保证对事情有个客观的罪己；与这种自省了断的方式相对，"祓禊"则是一种来自于外部的责罚和磨砺。唯有在经历一个"祓禊"的仪式和历程磨砺后，即真正求得社会的谅解之后才可能有一个较为客观的罪己。例如，一个政治家，因某事引咎辞职作出了相应的"罪己"后，待经过一段时间再次当选复出时，便会称"祓禊结束了"，意即已经接受社会责罚并获得许可再度复出了。在这种情况下，即使尚有前嫌未释，也不会再有人来翻其旧账。如某些因政治丑闻辞职的议员，辞职前常会因此遭国会议员、媒体等诘难，但当其通过辞职再次当选后，就没有而且也不会再遇到类似的诘难。

如果结合日本人的"祓禊"心理与自省"罪己"心理，来看以20世纪80年代为界日本民众的历史认识发生的重大变化，似乎也就没有什么难以理解之处了。如所周知，在战后初期，多数日本人都能承认在侵略战争中，日军曾有过残酷行为，其负疚感还是很强的，但是随着战争责任在"一亿总忏悔"的口号下化整为零而不了了之。随着甲级战犯的释放和一些战时领导人一夜之间官复原职，一些侥幸逃过绞刑的战犯如重光葵、贺屋兴宣等成为日本战后的政界和商界要人，战后日本的第一、二、三届内阁首相，不是出身皇族就是出身旧官僚。1957年组阁的岸信介本人就是甲级战犯，其内阁中从大臣到长官，曾接受过"清洗"的人达半数，[①] 再加上亚洲各受害国对战争赔偿的放弃或追讨无力，及至今日，当年战犯的儿孙们都已经在日本首相的位置上潇洒地走一回了，所以按照日本人的被

---

① 游博：《中日关系历史认识问题中的美国因素》，《和平与发展》（季刊）2006年第4期。

禊心理，包括中曾根等日本原首相在内，很多日本人自然会认为"一亿总忏悔"的反省罪己已经得到了世间的原谅，过了"被禊"关，历史的包袱也可以卸下了。但是，当其得知自以为是的"罪己"，并没有得到亚洲受害国人民的谅解时，便恼羞成怒，依仗其经济强势和依仗美国的核保护，在历史认识上口无遮拦，肆无忌惮。正如有的学者所指出的那样，因经济成功而导致日本不断增强的自信和民族主义，因此，日本对于中国坚持提出过去的问题感到非常失望和恼怒，这一切使得日本很难向以前的受害者表示一种可以接受的道歉。①

总之，自20世纪80年代初期以来，日本的历史认识问题不断升级，上述日本人这种以退为进的"罪己"心理与既往不咎的"被禊"心理的影响，显然是值得重视的。此外，还有一个让很多日本人迟迟不愿就其当年的侵略罪行作出坦诚认罪的心理，就是下述的"唯强是从"的实用主义心理。

### 三　唯强是从的实用心理

在处理对外关系时，日本人倾向于将"实力"作为区分敌友和亲疏的标准。"在明治维新以前，中国对日本人来说，是一个值得尊敬、憧憬，甚至有时觉得可怕的对象。可到明治维新以后，中国对日本的这种优越地位，被西洋代替了。日本开始尊敬、憧憬和害怕起西洋来。"② 二战后，日本人崇尚实力的心理有增无减。对于其侵略战争的惨败，很多日本人亦认为日本是败在了军事力量强大的美国手里，"负于美国让人痛惜，但在那样的物质力量和科学力量面前，是无可奈何的，这成了共同的感觉"。③ 因此，虽然同样是战胜国，日本人对美国的崇拜与对中国和其他亚洲邻国的歧视，形成了鲜明的对照。他们坚信，打败日本的是先进、强大的美国，而不是贫穷、落后的中国和亚洲其他国家。"日本人始终不愿意向中国和亚洲其他国家就战争罪行进行反省和道歉，究其原因，也正是在于这种欺软怕硬的心理作祟。"④ 与其称之为欺软怕硬，莫如说这是一

---

① 杜浩：《冷战后中日安全关系》，世界知识出版社2004年版，第20页。
② ［日］竹内实：《日中关系研究》，程麻译，中国文联出版公司2004年版，第352页。
③ ［日］津田道夫：《南京大屠杀和日本人的精神构造》，程兆奇、刘燕译，新星出版社2005年版，第120页。
④ 李文：《日本国民心理嬗变的原理与趋向》，《日本学刊》2010年第3期。

种"混淆是非，相对善恶，唯强是从"的心理，它使日本人对在亚洲的侵略罪行即使曾心存负罪感也决不会持久。这种心理，与日本传统游戏——将棋的棋子再生规则是一脉相承的。

日本将棋与中国象棋，在终局定胜、负、和方面相似性很大，但在走棋过程中的棋子使用上却有着极大的区别。① 最大的区别之一，就是将棋奉行"持驹规则"。所谓"持驹规则"，如前文第九章所述，该棋子规则反映了日本人的一个重要的行为心理特征，即将善恶标准相对化且唯强者是从。就如同一个被吃掉的棋子可以轻易地被再度摆放到棋盘上攻击其原属团队一样，具体到现实生活中的日本人来说，正如本尼迪克特在《菊与刀》中所指出的那样，日本人从一种行为转向另一种截然相反的行为时绝不会感到心理苦痛，二战期间日本俘虏的巨变以及战后的日本公众对美国态度的180度大转变，就是这方面最好的例证。② 另外，即使是在今天，与日本人交往较多的人，只要稍加留心就会注意到，在现实生活中，日本人时时刻刻都在对自己进行着社会空间的定位，随着自己所属的社会空间的变化，其行为方式也在相应地发生着变化。

在日本人心目中，所谓的适用于所有社会空间的普遍的善恶标准是不存在的，任何善与恶都是相对的，所以日本人才需要时时勤"罪己"，所以日本社会学家才会断言，拥有"罪己"意识，"是日本人的才智聪明之处，是作为成年人的条件"；③ 所以日本人才需要处处勤"祓禊"，只要经过祓禊这一仪礼，唯强者是从的言行，也就不会令日本人产生什么道德上的愧疚感。对日本人而言，将棋规则与战争规则几乎是一致的，日本人之所以能够与美国一起"拥抱战败"④，且至今仍不能由衷地对侵略亚洲的历史问题作出反省，与这种国民心理的影响应该不无关系。

---

① 参见张建立《从游戏规则看日中两国国民性差异——以日本将棋与中国象棋为例》，《日本学刊》2009年第1期。
② ［美］ルース・ベネディクト：《菊と刀—日本文化の型—》，長谷川松治译，東京：社会思想社1992年版，第50—51页、199页。
③ ［日］穴田義孝编著：《日本人の社会心理 けじめ・分別の論理》，東京：人間の科学社1998年版，第7页。
④ ［美］约翰・W.道尔：《拥抱战败》，胡博译，生活・读书・新知三联书店2008年版。

## 第四节　审慎对待历史认识问题是化解
## 领土争端危机的政治基础

　　2010年，是日本与周边各国之间"领土问题"激化的一年。但是，正如日本著名的思想史研究学者桂岛宣弘曾郑重指出的那样，所谓的"领土问题"，并非争执到底是属于哪一方的"固有领土"的问题，而是如何看待近代日本的侵略战争、殖民地统治的这一历史认识问题。也就是说，日本与周边国家之间的"领土问题"，都是应该追溯到19世纪作为近代日本在亚洲的侵略战争所导致的问题群来理解，而且，更重要的是考问日本该如何正视这些问题的问题。近代帝国主义的侵略战争才是导致今天"领土问题"的根源。因此，如果不明确战争责任、侵略责任，并在此基础上进行历史叙述，就难以使这一问题得以真正的解决。①

　　2012年12月26日，日本自民党总裁安倍晋三经国会指名选举，正式成为日本第96任首相，并于当日正式组建新内阁。2012年12月31日，刚刚二次就任日本首相的安倍晋三在接受日本《产经新闻》的采访中透露，计划在官房长官菅义伟的主持下，通过听取专家意见等重新检证有关二战时期慰安妇问题的"河野谈话"②。2013年1月4日，日本副首相兼财相麻生太郎借访缅甸特地来到二战日军墓地公然拜祭。而2009年8月15日是日本宣布无条件投降64周年纪念日，日本政府当天在东京日本武道馆举行"全国战殁者追悼仪式"。时任日本首相的麻生太郎曾在仪式上说，日本不应将侵略战争悲惨教训遗忘。麻生说，三百余万日本人死于二战，同时日本也给许多国家特别是亚洲各国的人们造成了重大损害和痛苦。时间才过了两年多，同样一个麻生，对日本军国主义进行反省的问题展现了两种面孔，这说明日本政坛和日本社会已明显地向右转。

　　安倍新政权的右翼倾向不仅已经引起国际社会关注，而且已经引起东

---

　　① [日] 桂島宣弘:《〈領土問題〉を超える地平を求めて》,《日本思想史研究会報》"卷头言"2011年8月，No.28。

　　② 1993年8月4日，时任日本内阁官房长官的河野洋平代表日本政府发表有关慰安妇问题调查结果，承认日本军队在二战期间曾设置慰安所，强制征集慰安妇的历史事实，并对上述行为表示反省及诚挚道歉，史称"河野谈话"。

第十五章 试析日本人的历史认识问题的心理文化根源 317

北亚各国甚至美国的警惕，美国政府日前警告称，安倍应"慎重对待历史问题"。美国《纽约时报》还于当地时间2013年1月3日发表题为《试图重新否认历史》的社论，批评日本首相安倍晋三计划通过专家重新检证"河野谈话"的做法是个"严重的错误"。美媒体将安倍晋三定义为"右翼民族主义者"，并称安倍晋三"试图否认战争犯罪，减轻谢罪程度等行为，势必激怒韩国、中国、菲律宾等在战时因日本的野蛮行径蒙受苦痛的国家"，"安倍的冲动可能会威胁到地域间重要的合作态势，像这样的修正主义行为，对日本来说是可耻而又愚蠢的事"。

人类物种的社会心理和社会行为，依其发生的社会文化环境的差异，而呈现出特异性和多样性。因此，日本人的"罪己"和"被禊"心理和行为，作为日本人内群行为的潜规则，虽然在日本人之间是有效的，但是，当日本人欲将这套潜规则用于处理国际关系这一大的群际关系时，却因社会文化环境的差异而产生了很多问题。一个国家，可以理解成为一个大规模的人的群体，所谓国内行为即内群行为，国际行为亦即群际行为，由国内行为到国际行为之间的过渡，亦即由内群行为向群际行为的转化，[①] 这显然不是一个仅凭一相情愿就能解决的问题，从这个意义上讲，日本人在历史认识上出现问题也是极其自然的事情。历史问题，向来是日本与东亚诸邻包括与中国交往中始终绕不开的一个结，审慎对待历史认识问题是化解领土争端危机的政治基础。我们在此指出日本人历史认识问题形成原因中独特的心理要素，目的就是想探讨如何才能从根本上解决日本人的历史认识问题。

那么，究竟该如何做呢？简言之，我们不能再是仅仅停留在义正严词的口诛笔伐，我们要在思考和敦促日本政府、日本人应该如何做的同时，还应花更多的时间思考我们自己应该做什么，如何去做？

鉴于上述日本人的历史认识问题形成的内因和外因，特别是其根深蒂固的心理原因，很显然，解决日本的历史认识问题，寄希望于日本政治家等良心发现发挥表率作用不现实；[②] 一味地给日本政府、日本人定标准而

---

① 相关研究详见［澳］约翰·特纳《自我归类论》，杨宜音、王兵、林含章译，中国人民大学出版社2010年版。
② 张海鹏：《试论当代中日关系中的历史认识问题——兼评〈中日接近和"外交革命"〉发表引起的"外交新思考"问题》，《抗日战争研究》2004年第1期。

不去思考如何使其达到这些标准也略嫌空洞;① 在美国为了一己之私依旧在偏袒日本的现实国际环境中,意欲"用国际清算机制取代现行的双边解决机制"来谋求解决日本的历史认识问题的提案怕也是前途多难;② 主张"我国学术界同仁应在前人研究的基础上,更加深入地研究日本历史教科书问题,从学术的角度促成该问题的最终解决"③ 的想法可能也还是太过理想主义化了。因为,正如有些学者明确指出的那样,日本的历史认识问题直接存在于日本自身,"矛盾的主要方面在日本,并不是中国主观愿望能够解决的"。④

未来新的东亚国际秩序无论终将由谁来发挥实质性的主导作用,大概类似朝贡体系下的那种国际关系,不可能再次出现,东亚各国也将可能在极大程度上实现自立自主、和谐相处。自朝贡体系崩溃以来,虽然日本一直想主导东亚,但从历史上看,可以说,无论在任何时候,日本都没有能够成为东亚秩序的核心,今天,它更是心有余而力不足。我们认为,从日本人的行为心理来看,为了从根本上解决日本的历史认识问题,建设一个值得包括日本在内的世界各国敬畏的中国,为那些混淆是非的日本人创造一个彻底、坦诚反省罪己的外部情境;促动构筑遵循"自立与共生"原则的东亚共同体,帮助日本思考如何摆脱它不依靠美国依靠谁的困境,积极促动东亚人的社会认同情境的构建,将会是一种合情合理的选择。

---

① 吴广义:《解析日本的历史认识问题》,广东人民出版社2005年版,第355页。
② 姜永泉:《"历史认识问题":中日关系发展的症结》,《海南师范学院学报》(社会科学版)2004年第6期第17卷(总第74期)。
③ 张天明:《1980年以来日本历史教科书问题研究述评》,《抗日战争研究》2009年第4期。
④ 步平:《历史认识问题如何跨越国境?》,《中国社会科学院报》2009年1月13日第010版。

第十六章

# 日本天皇千年一系世袭至今的心理文化根源

在日本的历史发展过程中，国家元首的称谓，经历了从3世纪前后称"王"，4世纪以后称"大王"，7世纪初才正式称"天皇"这样一个变迁。① 与之相对，作为学术与政治概念的"天皇制"则出现的要比"天皇"的称号晚很多。一般认为，共产国际在1932年制定的《关于日本的形势和共产党的任务的纲领》中首先使用了"天皇制"一词。当然，作为政治制度的"天皇制"的建立，则应该是自日本大化改新以后就形成了，虽然不同时期具有不同的内涵。②

在二战以前，日本流行一种所谓的皇国史观，宣扬日本自神武天皇以来天皇治世一脉相承，即所谓万世一系从无间断。毋庸赘言，所谓的日本天皇乃"万世一系"之说无凭无据，但若称其"千世一系"倒还是基本符合史实的。因为若从其国家元首称"王"的3世纪前后算起，日本天皇世袭至今，已经有一千七百多年的历史了。其间，天皇虽然总是一个居于政治峰尖上的存在，但其真正执掌实权的时期非常短暂，除了律令国家体制存续的飞鸟、奈良、平安前期以及建武中兴时两年多的天皇亲政以外，更多的时候天皇仅是作为摄关政治、镰仓幕府、室町幕府、江户幕府等武家政权所挟制下的一个象征或者说是一个政治傀儡而存在的。在经过尊王攘夷倒幕的激烈抗争之后，1868年王政复古，使得失去政治实权很久的天皇终于又得以大权独揽，并且天皇亲政直至1945年日本战败。这段长达近八十年的天皇亲政，在日本天皇制的历史上可谓是一个非常特殊

---

① 王金林：《日本天皇制及其精神结构》，天津人民出版社2001年版，第2—7页。
② 解晓东：《日本天皇制研究》，博士学位论文，吉林大学，2009年6月，第28—29页。

的时期。总体来看，尽管日本的政局经常风云变幻，政权由摄政、关白、幕府将军、藩阀官僚几经易手，但天皇作为日本唯一合法的君主的地位始终没有改变。

另外，在日本的历史发展过程中，皇室成员围绕皇位的继承虽然也不乏同室操戈的血腥争斗，但天皇险遭血脉之外的力量灭绝之灾仅有两次：一次是武将织田信长（1534—1582年）主政时期，[①] 一次是第二次世界大战日本战败之时。[②] 在织田信长主政时，本来已经是天下一统在即，不料壮志未酬却遭到其亲信明智光秀的背叛偷袭而自绝于京都本能寺，天皇因而得以继续世代相承；在第二次世界大战日本战败之时，本来取消天皇制、问罪天皇的呼声也很高，但最终美国因顾虑天皇在日本人心目中至高无上的权威地位，而不得不听从心理学家和人类学家的建言，保留了天皇制，使天皇得以再度逃过一劫。于是，千百年来日本皇统连绵，虽然日本的社会性质经历了由贵族社会向封建社会、封建社会向资本主义社会的重大转折，可是任凭社会如何动荡和变化，却从未有过中国封建王朝频频发生的"易姓革命"，作为政治体制的天皇制一直延续了下来。时至今日，在早已进入了发达国家行列的日本，没有姓氏，没有身份证，也没有选举权和被选举权的日本天皇，仍然被作为日本国家的象征，被视为日本民族的精神支柱，成为所谓的日本"人种的纯粹性与文化的同质性的体现者"。[③]

天皇制是日本政治文化传统的核心要素之一，也是日本人文化优越感的重要思想根源。日本的天皇制在世界政治史上是独一无二的，它充分体

---

[①] ［日］本郷和人：《天皇はなぜ生き残ったか》，新潮社2009年版，第215页。

[②] ［日］南博：《日本人論》，岩波书店2006年版，第447页。

[③] 参见［美］道尔《拥抱战败：第二次世界大战后的日本》，胡博译，生活·读书·新知三联书店2006年版，第254页。另外，事实上，非但日本皇室的血统并不纯正，日本文化亦非同质。日本皇室和朝鲜的古代皇室有血缘关系是学术界众所周知的史实，但长期以来，普通日本国民对此几乎一无所知，一直以为日本皇室拥有纯正的血统。2001年12月23日是明仁天皇68岁生日，在当天的新闻发布会上，明仁天皇说："就我而言，我感觉自己与朝鲜半岛有某种亲切感。据日本编年史记载，（日本）桓武天皇的母亲是古代朝鲜百济王国一位国王的家族中人。""那些从古代朝鲜半岛迁移或受邀前往日本的人带来了文化和科技。通过日本人的热情和朝鲜人的友好态度，这些文化和科技得以传播到日本，实在是件幸事。"明仁天皇的声明打破了日本皇族血统纯正的神话，其历史意义，也许不亚于其父裕仁天皇1946年1月1日发表的天皇是人而非神的所谓"人间宣言"。

现了日本政治文化的民族性。解析天皇为何能够世袭至今的原因，对了解日本文化、日本的国民性，具有很强的现实意义与理论价值。对这个问题，已经有很多历史学家、人类学家和心理学家，进行了认真的研讨，也发表了很多相关研究论著。下面，笔者就此问题，边梳理诸位先贤之研究成果，边略陈浅见。

## 第一节 古代天皇一系世袭的原因

### 一 以土地为主体的经济基础是古代极权天皇一系世袭的重要保证

作为历史概念的"天皇制"，从时间上来看，可以分为古代、近代、战后三个阶段；从内涵上来看，可以分为：古代极权天皇制、古代象征天皇制、近代君主立宪集权天皇制、战后君主立宪象征天皇制四种内涵。[①]天皇之所以能够一系世袭千余年，首先是因为天皇曾集权力与权威于一身之故。马克思1859年在《〈政治经济学批判〉序言》中指出："人们在自己生活的社会生产中发生一定的、必然的、不以他们的意志为转移的关系，即同他们的物质生产力的一定发展阶段相适合的生产关系。这些生产关系的总和构成社会的经济结构，即有法律的和政治的上层建筑竖立其上并有一定的社会意识形式与之相适应的现实基础。物质生活的生产方式制约着整个社会生活、政治生活和精神生活的过程。不是人们的意识决定人们的存在，相反，是人们的社会存在决定人们的意识。"[②] 简言之，即经济基础决定上层建筑。在思考日本天皇世袭的原因时，依旧不能忽略马克思历史唯物主义的这个基本原理。特别是在探讨古代极权天皇和近代天皇一系世袭的原因时，尤其要关注经济基础的影响。大化改新时期，日本在经济上废除贵族私有的土地制度和部民制，将全部土地和部民收为国有，使之成为公地、公民，实行班田收授制，在租税方面实行租、庸、调、徭役制。班田收授制成为维持天皇大权和权威的经济基础。明治维新时，明

---

[①] 解晓东：《日本天皇制研究》，博士学位论文，吉林大学，2009年6月，第20—21页。

[②] 中共中央马克思恩格斯列宁斯大林著作编译局编：《马克思恩格斯选集》第2卷，人民出版社1995年版，第32页。

治政府通过地税改革,使封建领主土地制转化为地主土地制,地税维系着近代天皇制官僚体系,近代地主土地所有制成为近代天皇专权和权威的经济基础。一些日本左派学者早期的研究论著,基本上是遵循着这个基本原理来研究天皇与天皇制问题的,[1] 而且其研究成果对中国学界也产生了很大的影响。[2]

但是,恰如王金林先生研究指出的那样,如果仅仅用经济基础与上层建筑的关系这一理论,并不能对日本天皇世袭至今的过程中发生的许多史事完全解释清楚。例如,9 世纪中叶以后,国有土地所有制瓦解,私有庄园制兴盛,断绝了维系天皇制官僚体系的财源,天皇和皇室的经济地位下降;与之相反,封建领主的经济实力则日渐上升。天皇制经济基础的动摇和瓦解,导致了中央权力的消弱和分散,统治实权或旁落外戚,或旁落武士阶层,或完全受幕府和将军的制约,天皇几乎就是一个政治傀儡。按照常理,失去经济基础的古代天皇制,也会随之土崩瓦解,然而,它却继续存在了下来。在幕府统治下,天皇的权力虽然已经十分微弱,但是,幕府将军的任命,国家的重大事宜,均需通过天皇发布诏书、敕令来实现。又如第二次世界大战后,在美国占领当局的监督下,实行了农地改革,废除了近代地主制,作为近代天皇制经济基础的土地制度被彻底地废除了。天皇和皇室不但失去了固有的经济来源,而且现存的全部财产也被收为国有。按照《日本国宪法》规定:"皇室的一切费用,必须列入预算,经国会议决"。天皇和皇室成了名副其实从国库领取薪金的人。依照经济基础决定上层建筑的原理,至此天皇制也理应寿终正寝了,然而,它并未因此而退出历史舞台,却作为日本国的象征、国民统一的象征而留存至今。

因此,王金林先生指出,千余年来"一系"的天皇与天皇制,虽然在不同历史阶段有其不同的特征,但彼此之间却有着内在的同一性和连续性。维系其内在同一性和连续性的因素,不是物质的因素,而是精神的因素。王金林先生所指的精神因素"包括政治理念、思想意识、宗教信仰、传统习俗等方面"。[3] 王金林先生从精神因素方面探讨日本天皇和天皇制

---

[1] 如较具代表性的论著有 [日] 井上清:《天皇制》,东京大学出版会 1958 年版;中译本《天皇制》,辽宁大学哲学研究所译,商务印书馆 1975 年版。

[2] 解晓东:《近年来我国日本天皇制研究述评》,《渤海大学学报》(哲学社会科学版) 2008 年第 1 期;沈才彬:《论日本天皇的本质特征》,《日本学刊》1989 年第 5 期。

[3] 王金林:《日本天皇制及其精神结构》,天津人民出版社 2001 年版,第 8—9 页。

存续至今之原因的大作《日本天皇制及其精神结构》，于 2001 年 8 月由天津人民出版社出版，该著作被日本天皇制研究同人评价为"迄今为止国内学者研究日本天皇制最具代表性和最高水平的学术著作"。[①] 在该书中，王金林先生指出："古代天皇制是以儒家思想、佛教和神道为支柱的；而近代则是以国学（神道）、传统儒学和西方资本主义思想为支柱的。明治维新以后，西方思想的作用不可小视，但其地位始终未超越传统的国学和儒学，其在天皇制的精神结构中占主导地位则是在战后。"[②]

## 二 日本文化家元的地位乃古代象征天皇一系世袭的唯一依靠

其实，在中日学界，早在 20 世纪七八十年代，就已经有学者带着与王金林先生几乎一样的问题意识开始研究日本的天皇制了。如王家骅先生研究儒家思想与日本文化的关系时就曾指出，7 世纪以后，日本的封建统治者是在日本尚未形成自己的政治理论，而国内外形势又迫切需要进行社会改革的情况下，援用中国儒学为其提供政治理念，对儒学表示认同的。中国儒学的"天命"观和"王土王民"、"德治"、"仁政"思想等，在日本由奴隶制社会向封建制社会变革的历史进程中，对建立古代天皇制中央集权制度确曾发挥了有效的推动作用。[③] 再如日本学者朝尾直弘，也曾在 20 世纪 70 年代就探讨过百姓的王孙意识对天皇世袭的影响等。[④]

但是，在日本学界，从思想文化的视角，真正全面深入探讨天皇为何能世袭千余年之原因的研究，也是近些年才日渐增多，其中，著名的日本中世文化史学家胁田晴子与本乡和人的著作是较具代表性的研究成果。[⑤]

中日学者间在谈到天皇为何能世袭千余年的原因时，经常会提到的一个理由是，因为天皇具有至高无上的权威，所以天皇能够一系世袭至今。例如，在我国学界，有的学者还通过将日本的天皇与中国的皇帝进行比较，来探讨日本天皇一系世袭的原因，称"如果我们将天皇制与中国皇

---

① 解晓东：《日本天皇制研究》，博士学位论文，吉林大学，2009 年 6 月，第 5 页。
② 王金林：《日本天皇制及其精神结构》，天津人民出版社 2001 年版，第 10 页。
③ 王家骅：《儒家思想与日本文化》，浙江人民出版社 1990 年版，第 41 页。
④ ［日］如朝尾直弘：《幕藩制国家与天皇》，载《大系日本国家史 3 近世》，东京大学出版会 1975 年版。
⑤ ［日］胁田晴子：《天皇と中世文化》，吉川弘文馆 2003 年版；［日］本郷和人：《天皇はなぜ生き残ったか》，新潮社 2009 年版。

帝制度作一番比较，就会发现日本的天皇制是政权与神权相对分离的体制，与中国皇帝拥有无限权力、有限权威的情况相反，日本天皇的神权即宗教权威是绝对的、无限的，而其政权即世俗政治权力却是相对的、有限的，天皇长期地超脱、超越于世俗政治权力，虽君临而不统治。换言之，日本历史上，天皇主要是作为神性权威的象征而存在，并以他的绝对权威来保障政治权力的正统性、合法性。天皇的这种特殊地位，使之历经沧桑，随遇而安。因此，总起来看，天皇制的大部分历史，是天皇与政权分离，远离世人追逐争斗的权力中心，这是天皇能够一系世袭至今的第一个原因，也是最重要的原因。"[1] 这种日本天皇仅仅是"君临而不统治"就会具有权威，就能够保证世袭的观点还是值得商榷的。

与之相对，日本学界对日本天皇为何会拥有如此高的权威，分析研究的要更全面也更深入一些。如有的学者就主张，因为天皇得到了统一权力的保护，所以才拥有权威。天皇处于统一权力保护下维持其权威的时期，一个是在幕府统治时期，一个是下文我们要介绍的二战战败后至今这段时期。主张武家政权时代天皇的权威是幕府统一权力赋予的，[2] 这种讲法虽不够严谨，但也不能说算错，只是它并未能解释清楚统一的武家强权为何不干脆就废掉无力的天皇而将权力与权威集于其自身。脇田晴子与本乡和人的研究成果，可以说，主要就是为了回答这个问题的。

脇田晴子认为，向某种神秘性或者是宗教性去探寻天皇权威的根源是错误的，虽然天皇可能需要借助宗教的力量来维护其统治，但是，天皇本身并非具有宗教性的存在，也谈不上具有什么神性权威，相反天皇才是需要宗教救济、护持的对象。天皇的权威，源于天皇乃是"贵族文化之家元"的地位。自古以来，以天皇为中心的贵族文化一直占据绝对优势地位，到了室町幕府时期，各种民众文化与贵族文化在天皇的主导下进行了大的整合，因此，作为"贵族文化之家元"的天皇的权威，通过官位制等广泛渗透到了普通民众之中，大大提高了民众对天皇的景仰，加深了民

---

[1] 沈才彬：《论日本天皇的本质特征》，《日本学刊》1989 年第 5 期。
[2] ［日］水林彪：《幕藩体制における公儀と朝廷——統一権力形成期の天皇制復活の論理》（《日本の社会史第 3 卷 権威と支配》，岩波书店 1987 年版）；富田正弘：《室町殿と天皇》（《日本史研究》319 号，1988 年）；上横手雅敬：《鎌倉·室町幕府と朝廷》（《日本の社会史第 3 卷 権威と支配》，岩波书店 1987 年版）。

众对天皇的感情。①

本乡和人在其著述中,通过对史料的精细解读,简明扼要地再现了古代天皇的真实境况,并指出,天皇的权力被粗野的武家政权一点一点地剥离殆尽,有的天皇为了保住皇位甚至会像一个幕府家臣一般地对将军表忠心,谢"芳恩"。②尽管天皇软弱卑躬如此,但仍能使皇统连绵不断,使手握实权的粗野武士依旧不得不借重日本天皇的权威,其原因就在于天皇守住了其所拥有的"芯"——"信息和文化",天皇坚守住了"信息和文化"之王的位子。③换言之,粗野的武士尽管可以极尽权能羞辱、恐吓、乃至换掉坐在天皇位子上的人,但是,要废掉天皇这个"信息和文化"之王的位子还是有所顾忌的。

脇田晴子与本乡和人的观点,针对古代象征天皇一系世袭的原因而言是具有解释力的,那么,近代天皇能够一系世袭的原因又何在呢?若借用本乡和人的话说,其原因就在于权力与权威复归一身的天皇,通过制度设计等,在经济基础及思想教化等方面全方位地进一步强化了"信息和文化"之王的位子。

## 第二节 近代君主立宪集权天皇一系世袭的原因

### 一 巩固经济基础是维系天皇一系世袭的根本

为建立立宪天皇制,明治政府采取了一系列措施,其中最为重要的措施之一是,为保证天皇大权和权威,巩固皇室基础,在岩仓具视的建议下,政府竭力扩大皇室财产,以保证未来立宪天皇制的经济基础。根据《皇室财政沿革记》的记载,明治天皇从孝明天皇那里只继承了十万余日元的财产。④ 1875 年增加到 51 万余日元,到 1884 年增为 192 万 7600 余日元。1884 年 12 月,日本政府决定把政府持有的日本银行的股份 500 万日元、横滨正金银行的股份 100 万日元,编入皇室财产。1887 年,日本

---

① [日]脇田晴子:《天皇と中世文化》,吉川弘文馆 2003 年版,第 2—3 页。
② [日]本郷和人:《天皇はなぜ生き残ったか》,新潮社 2009 年版,第 155 页。
③ 同上书,第 204—205 页。
④ [日]冈田章雄等:《日本历史·明治的历史》(第 11 卷),读卖新闻社 1965 年版,第 63 页。转引自解晓东《日本天皇制研究》,博士学位论文,吉林大学,2009 年 6 月,第 54 页。

政府又把它在日本邮船公司的股份 260 万日元编入皇室财产。到 1887 年日本皇室财产激增到 788 万 5000 余日元。到 1889 年宪法公布时,已达到 1000 万日元。① 这样,天皇"又成了日本最大的地主和最大的财阀"②。

## 二 《大日本帝国宪法》赋予天皇极权法律依据

1889 年 2 月 11 日,明治天皇颁布了《大日本帝国宪法》。该宪法由天皇、臣民权利义务、帝国议会、国务大臣及枢密顾问、司法、会计、附则共七章 76 条构成,其核心内容就是规定了天皇的地位、性质及权利的"第一章天皇"。

《大日本帝国宪法》"第一章天皇"共由 17 条构成,其中第 1 条规定:"大日本帝国由万世一系的天皇予以统治",③ 开明宗义,宣称日本由天皇统治。而且,该宪法还规定:"天皇统帅陆海军"(第 11 条);"天皇在帝国议会的协助下行使立法权"(第 5 条);"天皇召集帝国会议,命令其开会闭会停会及众议院的解散"(第 7 条);在紧急必要之时天皇可以"发布敕令代替法律"(第 8 条)。如上所述,《大日本帝国宪法》不仅将政治、军事大权集于天皇一身,而且其权利也超越于立法权之上,所谓的议会几乎形同虚设。另外第 3 条还规定:"天皇神圣不可侵犯",这无疑又对天皇拥有的祭祀大权的宗教性权威赋予了法律依据。

如果说,通过《大日本帝国宪法》,树立了天皇的国家元首、家长和神统继承人的形象;那么通过《教育敕语》,天皇则成了亿万臣民的师表和维护皇国精神的守护神。④

## 三 《教育敕语》强化了天皇的精神权威

1890 年 10 月 30 日,明治天皇批准颁布了由井上毅和元田永孚起草的《教育敕语》。《教育敕语》是一篇阐述了当时的日本国的教育理念、

---

① [日]黑田久太:《天皇家的财产》,三一书房 1966 年版,第 97 页。转引自解晓东《日本天皇制研究》,博士学位论文,吉林大学,2009 年 6 月,第 54 页。

② 伊文成、马家骏:《明治维新史》,辽宁教育出版社 1987 年版,第 613 页。转引自解晓东《日本天皇制研究》,博士学位论文,吉林大学,2009 年 6 月,第 54 页。

③ 有关《大日本帝国宪法》的条文,皆引自小森义峰著《天皇と日本宪法》"附录"(皇学馆大学出版部 1991 年版)。

④ 王金林:《近代天皇制的理论结构》,《日本学刊》1995 年第 6 期。

教育精神的文章。文字非常简洁，其全文如下："朕惟我皇祖皇宗肇国宏远，树德深厚，我臣民克忠克孝，亿兆一心，世济厥美。此乃我国体之精华，而教育之渊源亦实在于此。尔臣民应孝父母、友兄弟、夫妇相和、朋友相信，恭俭持己、博爱及众，修学习业以启发智能，成就德器；进而扩大公益、开展世务，常重国宪、遵国法，一旦有缓急，则应义勇奉公，以辅佐天壤无穷之皇运。如是，不仅为朕之忠良臣民，亦足以显扬尔祖先之遗风焉。斯道实为我皇祖皇宗之遗训，子孙臣民俱应遵守，将此通于古今而不谬，施于内外而不悖者也。朕庶几与尔臣民共同拳拳服膺，咸一其德"[1]。

通读这尚不足四百字的《教育敕语》，即可发现其理论构成实际上是以儒学的忠孝、国学的神统思想为基础，并融合了"扩大公益、开展世务、常重国宪、遵国法"等西方伦理思想的结合物。它不仅将儒学的"忠孝"之道说成是"教育之渊源"，还将其提升为日本"国体之精华"，明确地予以政治化、正统化，其根本目的就在于培养遵守"古今而不谬、施于内外而不悖"的"皇祖皇宗之遗训"的"忠良臣民"，使其在平时服从天皇制的统治，而"一旦有缓急"则可为之效忠卖命。

《教育敕语》颁布后，明治政府将其向公私立学校、幼儿园、教育艺术团体、感化院、养育院等颁发[2]，并发布训令，让学校每逢举行仪式之际，要召集学生举行集体诵读《教育敕语》的"奉读式"。《教育敕语》不仅规定了学校的德育方针，而且将其作为全体日本国民的道德准则，其所提示的神话式的"国体的理念"是以天皇之名而使国家官僚统治绝对化的言论。正因为如此，《教育敕语》才必须被反复"奉读"。"奉读式"的场面庄严肃穆。有人回顾参加"奉读式"的气氛和心境时说："当开始读'朕惟我皇祖皇宗……'时，校长已经成为'现人神'的代行者而居于'神'的位置，我们则伏地化为'臣'。此时，国家、天皇这些非同寻常的字眼笼罩着我们。至少在我的童心中感到了这种非同寻常的气氛"[3]。于是，"在这种朗声'奉读'行为的现场，在学校仪式的进行中，通过《教育敕语》的朗声'奉读'这一行为媒介，'国体'这种仅仅是观念的

---

[1] ［日］小森义峰：《天皇と日本宪法》，皇学馆大学出版部1991年版，第306页。
[2] 详见《文部省例规总览》，东京玄文社1942年版，第11—12页。
[3] ［日］山住正己：《教育敕语》，朝日新闻社1980年版，第8页。

产物在对师生的身体性动员的形式中得到实体性显现。因此,'奉读'的现场只不过是一个确认的场所,一个反复确认皇国的意志是否传达到了每一个'臣民'的场所"。① 而且,学校"修身"课的内容就是举具体的例子来详细讲解《教育敕语》,并要求学生们都达到背诵的程度。就这样,政府通过天皇颁布《教育敕语》,并在学校内强制性向学生灌输,使日本人从幼年时起便开始接受忠君爱国思想的洗脑教育。

在二战以后,如小森义峰所指出的那样,在日本,积极评价或解说《教育敕语》的论著非常少,连小森本人的著作算在内主要的论著也不过八篇而已。② 在我国国内对《教育敕语》的评价,也净是一片批判之声。对尚不足四百字的《教育敕语》的功过是非,似乎还有待于学者们更加冷静全面而缜密的研究。《教育敕语》提倡的某些理念,如"孝父母、友兄弟、夫妇相和、朋友相信、恭俭持己、博爱及众,修学习业以启发智能,成就德器"等,如果单纯分析这些理念,的确是不可全用一个"封建道德"就可将其予以否定的,不但不能予以否定,甚至可以说时至今日仍是一种值得提倡的道德。但是,将其放在《教育敕语》的全文语境中来理解时,这些本具超越时代性的美德,全都是为了培养"一旦有缓急,则应义勇奉公,以辅佐天壤无穷之皇运"的忠良臣民而提倡的,因此仍称其为封建道德也就无可非议了。而且,"诸多历史事实表明,无论如何高迈的理想,一旦被纳入现实社会的权利网(即被政治权利意识形态化),都可能丧失其基本精神,变得面目全非,甚而成为残酷的事实",③ 日本近代天皇制政权,以"神国日本"的名义,打着"忠君爱国"的旗号,对内镇压思想言论自由和民主主义、社会主义运动,对外驱使盲从的日本民众侵略东亚各国,走上军国主义道路,在第二次世界大战中遭到毁灭性惨败,即是一个活生生的例证。这同时也证明了,《教育敕语》的颁布,的确对维护近代天皇一系世袭发挥了重大的作用。

此外,在天皇亲政时期,还再兴神祇官,强行神佛分离,确立国家神道,创立祭政合一体制,复活各种祭祀仪式,向民众渗透天皇思想,巩固了其祭政合于一身的"现人神"地位,强化了天皇一系世袭的权威。关

---

① [日] 小森阳一:《天皇制与现代日本社会》,《读书》2003年第12期。
② [日] 小森义峰:《天皇と日本宪法》,皇学馆大学出版部1991年版,第313页。
③ 王家骅:《儒家思想与日本的现代化》,浙江人民出版社1994年版,第214页。

于这方面的内容,村上良重在其著作中有过很详尽的论述,① 在此就不赘言了。

## 第三节 战后君主立宪象征天皇一系世袭的原因

1945年8月15日,日本接受《波茨坦公告》,宣布无条件投降,第二次世界大战结束。负有战争责任的裕仁天皇曾被列入战犯名单,国际舆论亦强烈要求废除天皇制、追究天皇的战争责任,就连在日本国内,"从战争末期到投降时,在政府或重臣之间也普遍认为天皇应负战争责任",② 天皇制因此又开始面临生死存亡的危机。但是,结果天皇制还是被保存了下来,裕仁天皇的战争责任也没有受到任何追究。1946年元旦,裕仁天皇在美国的授意下公布诏书否定自身的神格,1946年11月公布《日本国宪法》,规定天皇为"日本国民统合的象征",这使得明治政府以来一直集行政军事大权于一身并被视为"祭政合一"的"现人神"的天皇,被剥夺了所有实权,再一次失去了亲政近七十年的权力宝座。天皇虽已成为一个不具实权的象征,但却能依然无恙存续,究其原因如下。

### 一 日本统治集团的政治利益抉择使然

由于自明治政府以来对天皇制所采取的种种保护举措,在日本人的思想意识当中,天皇的宗教和精神权威已是根深蒂固,不可动摇。在日本的政治统治以及日本国民的政治社会化的过程中,天皇对国民的政治心理、政治行为的影响是不可替代的。因此,战后以来,日本统治集团在加强天皇地位和权威的活动始终没有停止过。

在战后日本政界人物中,吉田茂可以说是维护和发挥天皇传统权威的急先锋,是一个最顽固的保皇主义者。例如,1952年11月,在以国家规格为皇太子明仁亲王举办册立太子礼时,他不惜违反宪法自称"臣茂",

---

① [日]村上良重:《天皇と日本文化》,第七章"王政复古と皇室祭祀",讲谈社1986年版。

② [日]井上清:《天皇的战争责任》,吉林大学日本研究所译,商务印书馆1983年版,第198页。

结果招致了舆论的强烈谴责。但吉田茂却不屑一顾地辩解说：称"臣"有什么不好？我自己就是总理大臣。① 他曾在回忆录中直言不讳地说："我国自古以来君臣如一家，相辅相成，这就是日本的传统和历史"。②

战后制定的《日本国宪法》第1条规定："天皇为日本国的象征，是日本国民统合的象征，其地位由拥有主权的日本国民的总意决定"；第9条规定："日本国民诚实期盼以正义与秩序为基调的国际和平，永久放弃将国权发动的战争、武力威吓或行使武力作为解决国际纷争的手段"。③吉田茂曾企图将该宪法的第1条和第9条予以修改，将象征天皇变为国家元首，再度为天皇复权；将"放弃战争"变为"自主防卫"，实现重新武装。在当时，吉田茂的妄想无异于痴人说梦。但时至今日，随着日本国内右翼势力的增强，虽然宪法第1条和第9条尚未被修订，但是向伊拉克派兵等日本政府曲解宪法第9条的行动也逐渐无所顾忌，而且倡议修改宪法第9条的政客的呼声也日渐高涨。

## 二　战后美占领当局的私心纵容之结果

二战日本战败时，美国出于自己的战略利益考虑，决定利用天皇对日本实施间接统治，没有接纳广大国际舆论的意见废除天皇制，而是予以了温存，这为天皇制的存续提供了决定性的转机。美国作出如此决策，完全是心理学家和文化人类学家建言献策的结果。对于美国的具体决策过程，在美国人道尔的著作《拥抱战败：第二次世界大战后的日本》中有较为详尽的介绍。

例如，有人在阐述为何要保留天皇时就说："废黜或是绞死天皇，将会引发全体日本人极大的激烈反应。绞杀天皇对他们而言，就相当于对我们来说把耶稣钉死在十字架上。所有人将像蚂蚁一样奋战到死。军国主义分子的地位将被无限巩固。战争将会过度拖延。我们将不得不付出更为惨重的伤亡代价。"④

---

① ［日］井上清：《天皇制》，东京大学出版会1953年版，序言第1页。
② 郑毅：《铁腕首相吉田茂》，世界知识出版社2001年版，第31页。
③ ［日］小森义峰：《天皇と日本宪法》"附录"，皇学馆大学出版部1991年版，第422—423页。
④ ［美］约翰·W.道尔：《拥抱战败：第二次世界大战后的日本》，胡博译，生活·读书·新知三联书店2008年版，第258页。

麦克阿瑟将军评价日本天皇的作用时亦指出："天皇的力量胜过机械化部队20个师团"。[①] 因此，美国为了避免废黜天皇而带来的负面影响，决定剥夺其政治实权，而保留其象征地位，以便利用天皇至高无上的精神权威的影响，更好地实施美国的占领政策。出于这种目的，美国政府指示麦克阿瑟将军说："只要能促进满足美利坚合众国之目标，最高司令官将通过日本国政府的机构包括天皇在内的诸机关行使其权力"。[②] 麦克阿瑟对"大日本帝国"的天皇制"国体"的保存，使曾经位于美国外部的天皇的攻击性，"已经被收编进美国在亚洲的新殖民主义的势力扩张的策略中了"。[③]

在此，对于战时为美国的决策建言献策的专家学者中，不能不提到美国女人类学家本尼迪克特（Ruth Benedict）。如所周知，第二次世界大战后期，德日败局已定，美国亟须制定战后对德、日的政策。对德国，美国比较了解，政策也比较明确，即武装占领，直接管制。对日本，美国不太了解。当时有两大问题需要研究：第一，日本政府会不会投降？盟军是否要进攻日本本土而采用对付德国的办法？第二，假若日本投降，美国是否应当利用日本政府机构以至保存天皇？为了回答这两个问题，美国政府动员各方面的专家、学者研究日本，本尼迪克特的这本书就是受美国政府委托（1944年）研究的结果。她根据文化类型理论，运用文化人类学的方法，把战时在美国拘禁的日本人作为调查对象，同时大量参阅书刊和日本文学及电影，写成报告。1946年，本尼迪克特把这份报告整理成书出版，立刻在日本引起强烈反响。

在本尼迪克特的《菊与刀》中，对日本人如何崇拜其天皇有很多详尽的描述。例如，"在日本生活过的人都非常清楚，没有什么比用言辞侮辱天皇，或者攻击天皇，更会激怒日本人，并激起他们的斗志。""那些负隅顽抗到底的日军俘虏，把他们的极端军国主义归根于天皇，认为他们自己是在'遵奉圣意'，是为了让'陛下放心'、'为天皇而献身'、'天皇指引国民参加战争，服从是我的天职。'然而，反对这次战争及日本的未来侵略计划的人，也同样把他们的和平主义归之于天皇。对所有人来

---

[①] ［日］井上清：《天皇制》，东京大学出版会1953年版，序言第2页。
[②] ［美］鲁思·本尼迪克特：《菊と刀—日本文化の型》，长谷川松治译，社会思想社1967年版，第346页。
[③] ［日］小森阳一：《天皇制与现代日本社会》，《读书》2003年第12期。

说，天皇就是一切。厌战者称天皇为'爱好和平的陛下'，他们强调天皇'始终是一位自由主义者，是反对战争的'、'是被东条欺骗了'。'在满洲事变时，陛下表示反对军部'、'战争是在天皇不知道或没有许可的情况下发动的。天皇不喜欢战争，也不允许让国民卷入战争。天皇并不知道他的士兵受到怎样的虐待。'这些证词和德国战俘完全不同。德国战俘不管他们如何对希特勒手下的将军或最高司令部背叛希特勒的行为表示不满，他们仍然认为，战争和备战的责任必须由最高的战争赔偿者——希特勒来承担。但是，日本战俘则明确表示，对皇室的忠诚与对军国主义及侵略战争的政策是两回事。"①

"对他们来讲，天皇和日本是分不开的。'日本没有天皇就不是日本'、'日本的天皇是日本国民的象征，是国民宗教生活的中心，是超宗教的信仰对象。'即使日本战败，天皇也不能因战败而受谴责。'老百姓是不会认为天皇应对战争负责的。''如果战败，也应由内阁和军部领导来负责，天皇是没有责任的。''纵然日本战败，所有的日本人仍会继续尊崇天皇。'"②

"正如许多日本战俘所说，日本人'只要天皇有令，纵然只有一杆竹枪，也会毫不犹豫地投入战斗。同样，只要是天皇下令，也会立即停止战斗。''如果天皇下诏，日本在第二天就会放下武器。''连最强硬好战的满洲关东军也会放下武器。''只有天皇的圣旨，才能使日本国民承认战败，并情愿为重建家园而生存下去。'"③

正是因为有了上述对日本人心目中的天皇权威的认识，本尼迪克特在报告中推断出的结论是：日本政府会投降；美国不能直接统治日本；要保存并利用日本的原有行政机构。因为日本跟德国不同，不能用对付德国的办法对付日本。战争结束，美国的决策同这位文化人类学家的意见一致，事实发展同她的预料和建议一样。

无论是日本政府精英们的做法，还是《拥抱战败》中记录的心理学家对天皇的认识，以及《菊与刀》中记述的内容，都关注到了天皇具有

---

① [美]ルース・ベネディクト：《菊と刀—日本文化の型》，長谷川松治译，社会思想社1967年版，第39—40页。
② 同上书，第40—41页。
③ 同上书，第42页。

的至高无上的权威,但只有《菊与刀》尝试着解释了为何天皇具有那样至高无上的权威。

"将军并不是这一等级制拱桥中的拱心石,因为他是奉天皇之命来掌握政权的。天皇和他的宫廷世袭贵族(公卿)被迫隐居在京都,没有实际权力。天皇的财政来源甚至低于最小的大名,甚至宫廷的一切仪式也由幕府严格规定。尽管如此,即使有权有势的德川将军,也没有丝毫废除这种天皇和实际统治者并列的双重统治。双重统治在日本并不是什么新奇事,自从十二世纪以来,大元帅(将军)就以被剥夺了实权的天皇的名义统治这个国家。有一个时期,职权分化更为严重,徒有其名的天皇把实权托付给一位世袭的世俗首领,后者的权力又由其世袭政治顾问来行使。经常有这种权力的委托和再委托。"①

"按照日本人的定义,天皇,哪怕他在政治上无能,'几乎是军事首领的政治犯',也是填补了等级制中的'一个合适的位置'。在日本人看来,积极参与世俗事务,根本就不是天皇的分内之事。在征夷大将军统治的长达几个世纪的年代中,日本人始终如一地珍视天皇和他在京都的宫廷。只是从西方的观点看来,天皇的作用才是多余的。处处都习惯于严格的等级地位角色的日本人,却持有不同的看法。"②

应该说,上述本尼迪克特的描写、分析判断都是正确的,但是,如所周知,无论是等级制度,还是权威崇拜,皆非日本之专利,本尼迪克特并未能解释清楚为何日本人会那样倾心维护其等级制度,为何那样崇尚权威,并能将天皇奉为至高无上的权威。对这个问题的回答,恐怕目前就只能倚重心理文化学的理论方法了。

## 第四节 日本独特的社会心理和谐模式乃天皇一系世袭千余年的根本原因

心理文化学理论的两个关键词是"社会心理均衡"和"基本人际状

---

① [美]ルース・ベネディクト:《菊と刀—日本文化の型》,長谷川松治译,社会思想社1967年版,第80页。
② 同上书,第82页。

态"。"社会心理均衡"（Psychosocial Homeostasis，简称 PSH）是许氏在其学术巅峰时期提出的理解人的心理、行为与文化关系的理论模型。该理论把人的存在理解为一个由人与人、人与物、人与文化规范、内心世界与外部世界相互影响的"社会文化场"，这个"场"由内向外分为八个不同的层次，它包含心理学的概念以及许烺光在此基础上提出的社会心理方面的内容。

人的社会心理均衡（Psycho-social Homeostasis，简称PSH）图

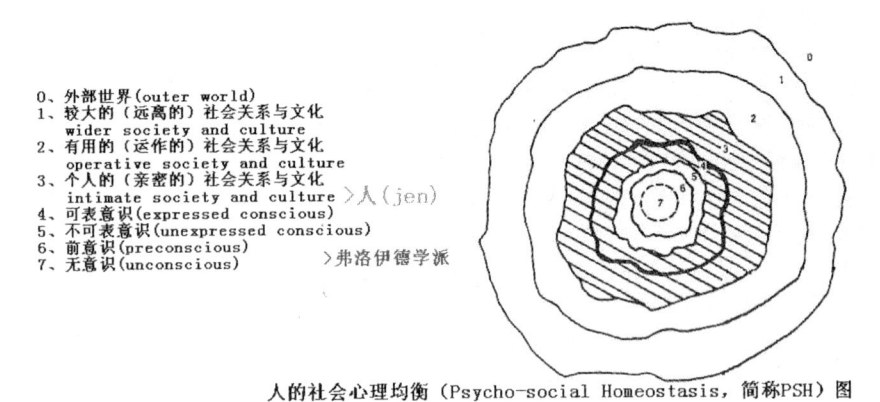

图 16—1　人的社会心理均衡（Psycho–social Homeostasis，简称 PSH）图①

将上述 PSH 理论第 0 层到第 7 层的内容简要予以概述，即第 7 层潜意识与第 6 层前意识是弗洛伊德的概念。第 5 层不可表意识，是不与他人进行交流的内容。第 4 层可表意识，是日常生活人进行社会交往沟通的主要内容。第 3 层亲密的社会关系与文化，是投入大量感情的人、事、物与文化规范等。第 2 层运作的社会关系与文化，是对于我们有用的人、事、物与社会习俗等。它与第 3 层的差别就是一个有投入大量感情，一个只是取决于用途。第 1 层远离的社会关系与文化，是既不投入感情也不使用的人、事、物等。第 0 层外部世界，指的是异文化，我们对它们不是不了解就是有误解。"基本人际状态"（human constant）是一个与"社会心理均衡"理论相联系的重要概念，一般是由 PSH 图示中第 3、第 4 层以及第 2 层与第 5 层的一部分组成，可以理解为"人的系统"，它是一个比"个体人"更大的概念，是一种"社会文化场"，所谓的人的"社会心理和谐"

---

① 该图表参照《许烺光著作集 8　家元：日本的真髓》第 124 页内容及尚会鹏、游国龙的译语制作而成。

过程就是在这个"场"内进行的。①

日本人的社会心理和谐模式，如图 16—2 所示，不仅第 3 层与第 2 层之间没有明显的界限，而且第 2 层与第 1 层间也没有严格的区分（图式中以虚线表示）。这表明日本人的感情配置也较容易投注到这一层。第 1 层包括国家事务以及国家层面的人（如天皇）和文化规范（如类似民族主义之类的意识形态）。对这一层的感情投注意味着个体较容易将国家以及民族层面的意识形态等作为某种绝对或神圣之物而对其献身。

另外，心理文化学的一个基本假定是"如果由于亲属体系的本质加上塑造他的理想生活方向的文化取向，个人无法在基本亲属集团中满足他的社会心理和谐的话，他必须为了这个目的参加或形成其他集团。他在这么做的时候，所寻找集团的模式，以及他在该集团中的行动模式，都深受他的初始亲属集团加诸给他的内容种类的支配。"②

许烺光先生根据其优势亲属关系假说以及次级集团理论得出日本的亲属关系的特点是，与中国人共有同样的父子优位的亲属体系，是单嗣继承（一子继承）和母子亚优位。这一亲属体系使得日本社会形成了独具特色的次级集团——家元。典型的日本家元在结构上有四个重要特征：家元的地位具有神秘性；家元是一个以家元为顶点、联结众多师傅与弟子的、类似军队组织的等级分明的庞大体系；家元有最高的权威；家元虽不是真正的家族制度，但它的构造以及运作原理却模拟了家族制度的许多特点。所以"虽然大部分日本人的个人都得远离他们的第一个亲属基地，但他们的文化使他们不必搬得离它太远就能获得永恒的亲密关系圈。而在一个庞大的阶等组织的任何两个层次的成员间的那种全包性的、交杂的互惠，具有将亲昵感延伸到最近的圈子之外的效果。在这些情况之下，个人之所以可以对他的层次 2 与层次 1（不过非层次 0）感兴趣乃至牵涉其中，并非因为他需要走那么远来维持他的社会心理和谐，而是因为他透过了人们与他直接的、亲昵的圈子的环节，来加入那些层次的人。在最高的层次，天皇成了包含全国的阶等组织之首。我们可以带着辩解地把日本的家元描述

---

① 尚会鹏、游国龙：《心理文化学——许烺光学说的研究与应用》，台北：南天书局 2010 年版，第 200 页。

② ［美］许烺光：《家元：日本的真髓》，于嘉云译，台北：南天书局 2010 年版，第 206—207 页。

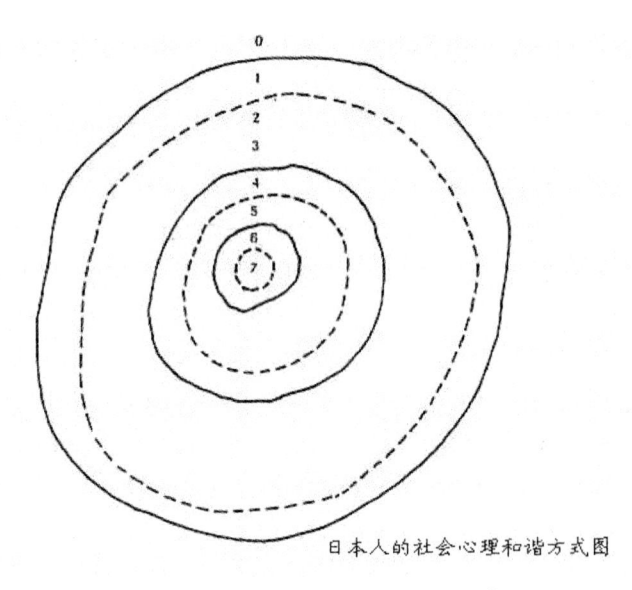

图 16—2　日本人的社会心理和谐方式图①

成类似中国的亲属组织，来包括与已逝祖先的环节。如将家元做最广义的诠释的话，日本天皇之于中国活的氏族元首如同天皇的祖先也是他的臣民的祖先一样。"②

"日本从中国接受了儒学与佛教，但透过日本的亲属结构来利用他们，并把它们按照日本的家元内容来转化。……日本人把祖灵与菩萨融合，并崇拜天皇家作为共同祖先。"③ "日本人无法依赖他的基本亲属集团来满足社会心理和谐的要求。反之，他得离开亲属集团而到我们称之为家元的虽更大但仍类似亲属的集团去取得。由于家元的境界并不受亲属限制，它比中国的族更具弹性，并有更大的空间做大幅扩展。在其最大的延伸中，天皇家好比包含全日本的巨型家元的本家。"④ 所以，"日本人的文

---

① [美] 许烺光：《家元：日本的真髓》，于嘉云译，台北：南天书局 2010 年版，第 138 页。
② 同上书，第 136 页。
③ 同上书，第 202 页。
④ 同上书，第 207—209 页。

化理想是对主人和天皇效忠，当有需要时，比人的和谐和其他一切都更重要。"① 在现实的日本社会中，我们也经常能够看到日本人不惜牺牲人与人关系的和谐，而为类似"天皇、主君"的某一优位者、某一权威人物或某一组织体等尽忠的社会现象，这也正是日本人带地位差的相互依赖模式的必然指向。

总之，如上所述，通过许烺光先生对日本人独特的社会心理和谐模式的解析，我们也就可以理解为何日本人那样崇尚权威，以及为何又总是将天皇视为至高无上的权威了。当然，日本天皇制在不同的发展阶段，具有不同的发展特征，天皇千余年的一系世袭，也会因时代不同而受到不同的因素左右。我们并不否认前文提到的影响天皇一系世袭的诸般原因，但我们认为最根本的原因，还是在于日本社会的隐性社会结构——家元式组织和种姓式的等级制度。

以上，就中日学界对日本天皇何以能够千余年一系世袭至今的原因，进行了扼要的梳理，最后，再谈一点研究启示和一点关于日本天皇及天皇制未来的展望。

一点启示是，至少在日本国民性研究这个领域，如想研究有所发现，就必须对西方的学术概念进行认真的反思，注重运用提升中国经验的学术方法来解决我们遇到的问题。另外，所谓的"封建残余"中，的确有很多世袭的东西，但是，不能反过来说"世袭"就一定是封建残余，就一定是消极的东西。

一点展望是，日本人独特的社会心理和谐模式，就犹如一种文化基因，不会轻易改变，所以天皇及天皇制短时期内仍将安然无恙。近几年，由于日本皇太子没有儿子的缘故，日本朝野关于未来皇室继承人的议论不绝于耳，有的甚至担心皇室就此衰败，甚至被废除等等。这些担心其实都是杞人忧天，日本皇统中女天皇并不是什么稀罕事情，在日本皇室一千多年历史产生的一百二十五代天皇中，就有十代八位女天皇，而且其中八代六位女天皇集中出现在七、八两个世纪。② 只要日本人独特的社会心理和谐模式安然无恙，天皇的性别并不会对天皇乃至天皇制的存续产生根本性

---

① ［美］许烺光：《家元：日本的真髓》，于嘉云译，台北：南天书局2010年版，第207页。

② 马红娟：《日本古代女天皇及其成因探析》，《日本问题研究》2000年第1期。

的影响。凭日本人的国民性，凭日本人的智慧，只要"家元"这种社会隐性结构不变，不愁找不到去坐那个"天皇"之位的男人或女人。但是，随着日本少子老龄化、个人化及由此带来的日本人亲属体系的变迁，将会对日本人的基本人际状态带来怎样的影响，倒是很值得关注。"就目前来看，日本社会出现个人化现象还只是一定范围内的变化，只是出现了一些倾向，还不足以改变日本人的基本人际状态。但由于基本人际状态类似生物基因，它的变化不是像人们穿西装、吃西餐那样是表面性的，而是带有本质性的变化，而且这个变化的利弊得失不那么容易判断。我们知道，人的生物基因的突变，既可能使人成为天才，也可能使人成为痴呆。从自杀和精神疾患者增多、少子化以及家庭、公司凝聚力下降等诸多问题来看，个人化使日本失去自身优点却不出现西方个人社会的优点亦非不可能。"①如果日本人的基本人际状态发生了变化，则天皇的世袭将有可能难以为继。

---

① 尚会鹏：《日本社会的"个人化"：心理文化视角的考察》，《日本学刊》2010年第2期。

# 结　语

## 第一节　本书的主要观点

在本书中，笔者以一个近似于"边际人"的身份，主要运用历史学、心理文化学和社会心理学的方法，通过对以茶道和将棋为例的日本传统艺道的内容特色的分析，探讨了日本人的文化理想、情感模式、交换模式等国民性的特点，并进而通过分析日本艺道所得出的关于日本国民性特点的理解和认识，对当代日本政治、外交、经济、社会、文化问题，进行了粗浅的解析。

首先，在导论部分，通过对自近代以来的日本国民性研究的回顾，特别是对近30年来的日本国民性研究现状的梳理发现，至今为止，研究日本国民性的论著大多偏重通过与西方人的比较，来凸显日本人的国民性。日本国民性研究，一直是世界各国的国民性研究者非常关注的课题。如今，学界发表的日本国民性研究论著，多达数千种。但是，一般人们心目中的日本国民形象，要么是来自日本人的自画像，要么是来自美国人的笔下，虽然各国的日本国民性研究书籍繁多，但缺乏中国的日本国民性研究成果佳作。在现有的对日本国民性研究成果进行综述的五部专著和两篇学术论文中，中国的日本国民性研究成果也没有得到多大关注。究其原因，恰如夏衍先生所曾指出的那样，一个重要的原因恐怕就是我们对日本国民性的研究"还不够深入"，大多还仅停留在对文化表象的描述上，对日本的文化现象，特别是对与东亚各国文化有着很大相似性的日本文化现象，我们还缺乏真正鞭辟入里的剖析，因此也就会觉得日本人的国民心理充满了矛盾，令人难以揣摩。而欲对日本国民性进行深入的研究，就必须"采取科学的态度进一步进行研究"，也就是说必须有个很好的视角和得当的方法。所以，在本书中，笔者尝试着运用心理文化学的研究方法，从游戏的视角，通过对以茶道和将棋为首的日本艺道的分析，探讨了日本国民性的特点，进而对现代日本社会的一些文化现象进行了解读。鉴于心理文化学的研究方法尚未被学界广为周知，所以在导论部分，笔者参照心理文化学创始人许烺光的原著以及尚会鹏先生、游国龙博士的研究论著，对该研究方法进行了扼要的介绍。

其次，在"上篇基础研究"部分，主要是通过对日本茶道和将棋的内容特色及其成因的分析，对日本人的文化理想、日本文化的重层性特点、日本人的情感模式、日本社会的流动模式进行了剖析。

在日本茶道圣典——元禄时代（1688—1704年）的茶书《南方录》中，立花实山阐述千利休所追求的日本茶道的理想形式时说："小草庵的茶之汤，首先要依佛法修行得道为根本。追求豪华房宅、美味食品，乃俗世之举。屋，能遮雨；食，能解饥，足矣，此乃佛之教诲，茶之汤之本意也。汲水、取柴、烧水、点茶、供佛、施人，亦自饮；立花，焚香，此等行为皆为践行佛祖之举止也。"①

这段话，一直是以家元为首的日本茶道教授者们，最喜欢用来教导弟子们的话。它在告诉人们，日本茶道的最大特色在于它是基于对人的欲望、对作为人的最低需求进行深刻反省的基础上构建起来的文化，日本茶道不仅恰到好处地满足了修习者的生物性需求，还得体地满足了修习者的社会性需求，并且亦最大限度地满足了修习者的情感需求。而且，这段文字，还向人们高度概括性地阐述了日本茶道所推崇的文化理想，即无论是对自然，还是对他人（社会），皆要奉行最低索取、最大施舍的原则，而对自身则要时刻予以最深刻地反省，自力更生，不奢求，不妄动。那么，最低索取，最大施舍，最深刻地反省，这些行为的依据又是什么呢？在引文中反复地提到"小草庵的茶之汤，首先要依佛法修行得道为根本"、"此乃佛之教诲"、"此等行为皆为践行佛祖之举止也"，其意在强调茶道修行者所需奉行的最低索取、最大施舍、最深刻反省的行为，皆是对物心两面之权威——佛祖的皈依，也就是说，日本茶道所要求的一切言动视听和种种苦修，都是谨遵佛祖教诲而行的，究竟做到何种程度才算合乎要求，其标准也完全来自佛的教诲。换言之，日本茶道的文化理想，追求的

---

① ［日］千宗室主编：《茶道古典全集》第4卷，淡交社1977年版，第3页。

就是一种对权威的人、事、物的认同和皈依，为了实现这种认同不惜进行任何痛苦的舍身忘我的修行，强调的是对权威者的忠贞不渝，对追求认同过程中种种苦楚的坚忍。

许烺光也曾指出："日本人的文化理想是对主人和天皇效忠，当有需要时，比人的和谐和其他一切都更重要。"① 对日本人而言，其心目中的权威，近者是以自己的主人为代表的优位者，远者则是以天皇为代表的云上人。在现实的日本社会中，我们也的确经常能够看到日本人不惜牺牲人与人关系的和谐，而为类似"天皇、主君"的某一优位者、某一权威人物或某一组织体等的尽忠的社会现象。虽然日本人并非人人修茶，但是，日本茶道所传承的文化理想，可谓是最具典型特征的。

在日本文化中，传统的、现代的、西方的、东方的、高尚的、低俗的种种要素混杂其中，乍看像一锅杂烩、一桌拼盘。对于日本文化这种重层性特点，在20世纪50年代，日本学者加藤周一以英法文化为参照物，曾提出了著名的日本文化乃"杂种文化"的观点。在中文里，如所周知，除了生物科技领域之外，"杂种"大多是被作为一个颇不雅驯的词来对待的，甚至常作为人们发泄心中对某人的恼怒之詈言来用，但是，加藤周一使用"杂种"一词却不含褒贬色彩。在加藤周一启示下，加藤秀俊对"杂种文化"进行了拓展和扬弃。他认为，称日本文化是东西混合物的定义不妥，外来文明并非作为"异国情趣"镶嵌在日本文化中，而是在日本文化的熔炉中脱胎换骨成为其中的一部分，比如来自西方的"天ぷら"、"すき焼き"，来自东方的汉字、茶道，原来的血统早已淡化甚至消失，因此提出日本文化属于"化合物"的观点。② 但是，事实上，从我们对日本茶道的成因分析亦可知，很多文化要素并非加藤秀俊想象的那样，原形尽失地化合在日本文化之中。此外，著名的日本思想史家丸山真男还曾提出过日本文化杂居说。③ 然而，无论是加藤周一的日本文化杂种说，还是丸山真男的日本文化杂居说以及梅棹忠夫的"黑洞"、"建筑物"的比喻，他们都存在着一个共同的缺陷是：既没有能够回答日本文化为何会呈现出"杂种"、"杂居"之形态，也没有能够回答日本文化为何会像

---

① ［美］许烺光：《家元：日本的真髓》，台北：南天书局2010年版，第207页。
② ［日］加藤秀俊：《"杂种文化"礼讃》，《エコノミスト》，1962年4月10日。
③ ［日］丸山真男：《日本の思想》，岩波书店1961年版。

"黑洞"那样广揽博收，更没有能够回答日本人是依据何种标准，如何创建了他们所比拟的日本文化。倒是通过上述对日本茶道的成因的分析，为我们进一步理解日本文化的重层性提供了很多启发。

日本茶道并非各种文化要素的简单的物理拼盘，也非彻底的化合物，而是一种介于其间若即若离的存在，因情境不同而不同。各种外来的文化要素，都在家元的指导理念下被有机地安置到了相应的位置，是在家元这一隐形的社会结构的取舍支撑下进行的时空重层。因此，很多取舍所依据的标准并非完全都是按照"有用性"——这一现实主义的功利标准。日本茶道的文化理想，追求的就是一种对权威的人、事、物的认同和皈依，为了实现这种认同不惜进行任何痛苦的舍身忘我的修行，强调的是对权威者的忠贞不渝，对追求认同过程中种种苦楚的坚忍。在日本特有的家元制度统率下的日本茶道，更可谓是日本社会文化的一个缩影。通过对日本茶道的分析，有助于我们更加深刻地理解所谓的日本文化独特性，并非体现在各个独立的文化要素上，而是体现于将诸多文化要素构成浑然一体的某一权威意旨的存在。而支撑着这一权威意旨的隐形社会结构的正是"缘人"——这一日本人独特的基本人际状态。独特的人际状态让日本人很容易按照其感情投注的方式将外部的文化要素添置到其内层。

有人说日本茶道是艺能，其实日本茶道近似于艺能但也不能说它就是艺能；有人说日本茶道是宗教，其实日本茶道近似于宗教但不能说它就是宗教。它融合佛教、儒教、阴阳道、神道思想之要义为一体，吸纳固本之食道、长智之书道、积勇之武道、增美之花道和清神之香道等诸多文化内容之精华，形成了颇具日本特色的综合性生活文化。"茶饭事"，乃极为世俗生活之事，茶之汤以吃茶为媒介，执着地、有时甚至是过度地追求"侘茶乐境"，结果使得本为世俗生活的"茶之汤"宗教化了。介于世俗生活与宗教之间的茶之汤，不仅可以避免诸多宗教清规戒律对人性的过度压抑，适度地满足日本人的生物性需求和一定的社会需求，而且同时还为日本人提供了一份克己省身、避免人性过度地放纵和堕落的文化工具，它在极力地克制人的无止境的欲望的同时，又最大限度地满足了人的生理、社会和情感的需求。

另外，象棋和将棋在棋子升级规则上的异同，也反映了中日两种文化中对待社会流动的两种截然不同的态度。在中国，讲求的是个人身份的恒定，注重的是代际间的社会流动，所谓"龙生龙，凤生凤，老鼠的儿子天生会盗洞"这一俗语，也恰好有趣地概括了中国社会代际流动比较高的状态。纵观中国社会的发展史，当代际流动过高，因而导致社会阶层间的生存环境、生活质量等的差距过大或忍无可忍时，忍辱负重的人们便会一声怒吼"王侯将相宁有种乎"而揭竿而起，于是很多良顺之民转眼间往往就会变为革命的斗士，结果就会引发很多结构性的社会流动，出现所谓翻天覆地的变化。

日本社会的组织构成方式与将棋的规则有着极其相似的特性，总体来讲日本社会也应该说是一个代际流动较高的社会，但在一定的阶层范围内，就如同将棋的"成金规则"那样，日本社会又格外注重代内流动，讲究个人价值的实现，使人们相信并愿意通过自身努力拼搏去改变个人的身份属性达到高位，从而极大程度地把矛盾化解在了相当于将棋"金将"这个阶段，实现着近乎完美的社会流动。比如，不管家庭背景如何，只要进了东京大学的门，大家即可彼此平起平坐等，这些可以说正是"成金规则"在现实生活中的体现。

最后，在"下篇实践应用"部分，根据日本人的社会心理均衡模式（PSH）特点解析了近代以来日本外交战略的历史演变及未来走向问题。从日本人的集团缔结原则特点探讨了"自立与共生"的东亚共同体构想实现的可能性问题，根据日本人的情感模式特点解析了3·11东日本大地震时日本人为何亲美疏华、为何淡定又恐慌的问题，根据日本人的交换模式特点分析了日本加入TPP的可能性问题，根据日本人的行为模式和思维模式特点探讨了日本人的历史认识问题，从日本社会的隐性结构等视角探讨了日本天皇世袭至今的心理文化根源问题等。纵观日本社会的发展历史，虽然武家当权者有过多次易主的搏杀，但号称"万世一系"的天皇制却仍被保存至今，发挥着不可忽视的作用。无论是在中国，还是在日本，希望改善个人境遇向上流动之心可以说是人皆有之，人之常情。不过，比较而言，中国人的向上流动诉求要比日本人更为极端，甚至真的会有人抱有"皇帝轮流坐，明年到我家"的痴心妄想。而在日本，昔日的武士们可能会有当大名、做将军的梦想，但很少有人会去妄想做天皇，这亦如同今天之日本，普通平民且不必说，即便是一个政治家，虽然他或她会抱有当首相的野心，但绝不可能去幻想做天皇。究其原因，不应仅局限于从经济理性等方面去求解，还应关注心理文化方面的原因。

总之，笔者努力尝试既能简明扼要地梳理日本国民性是什么，亦能深入细致地解析其为什么，并能研以致用，合理有据地解析当代日本的现实问题，前瞻其未来走势，做到基础研究与实践应用的统一。

## 第二节　本书的主要创新点

本书的创新点，概言之，有如下三点：

第一点，视角新。

目前的日本国民性研究，往往流于对表象文化的描述，鲜有透过对日本传统文化的深入分析来探讨日本国民性的论著，特别是选取游戏的视角，通过对日本艺道的分析来探讨日本国民性的研究，尚属一种新的尝试。

无论日本学界，还是国内学界的有限研究，几乎无一例外地均是将日本茶道仅作为一种吃茶方法来进行研究，所以研究的内容往往也只关注对日本茶道构成要素的细部考察，而这并非笔者研究日本茶道的目的所在。笔者研究日本茶道，目的是通过对受众广泛、影响深远的传统艺道的分析，来进一步深入研究包括人的情感模式、行为模式等文化心理在内的日本国民性。因此，笔者是将日本茶道作为一种典型的日本式交际文化来研究的。笔者基于大量丰富、翔实的文献，结合自身多年的日本茶道修行体验，剖析了日本人的文化理想、情感模式、交换模式等国民性特征及其对日本社会的影响，为日本人在重大历史关头所表现出来的行为模式提供了文化注解。

比较而言，中国茶道以及现代的茶艺，都格外注重吃茶在满足茶人的生物性需求和情感需求方面的作用，而对吃茶在满足人的社会交往上的作用则重视不足。"素瓷雪色缥沫香，何似诸仙琼蕊浆。一饮涤昏寐，情来朗爽满天地。再饮清我神，忽如飞雨洒轻尘。三饮便得道，何须苦心破烦恼。此物清高世莫知，世人饮酒多自欺。……孰知茶道全尔真，唯有丹丘得如此。"（皎然《饮茶歌诮崔石使君》）"丹丘羽人轻玉食，采茶饮之生羽翼。名藏仙府世空知，骨化云宫人不识。……赏君此茶祛我疾，使人胸中荡忧栗。"（皎然《饮茶歌送郑容》）"茶有九难：一曰造，二曰别，三曰器，四曰火，五曰水，六曰炙，七曰末，八曰煮，九曰饮。阴采夜焙非造也，嚼味嗅香非别也，膻鼎腥瓯非器也，膏薪庖炭非火也，飞湍壅潦非水也，外熟内生非炙也，碧粉缥尘非末也，操艰搅遽非煮也，夏兴冬废非饮也。夫珍鲜馥烈者，其碗数三；次之者，碗数五。"（陆羽《茶经》"六之饮"）从这些记述可以看出，中国茶道所追求的吃茶之精神理念，其实主要是类似于道教的得道成仙之类的东西，主要是在追求个人情感的满足，而对于吃茶在满足人的社会交往要求方面的作用重视不够。

与之相对，日本茶道则不然。如果只关注追求满足人的生物性需求的吃茶功能，而把日本茶道仅仅看作是一种吃茶方法的话，那么，可以说世界上再也没有比日本茶道这样烦琐、枯燥的吃茶法了。但是，只要注意观察、思考，我们就会注意到这样一个事实：日本茶道所追求的吃茶之功能，并不仅仅是为了满足人的生物性需求，相反它要求茶人们践行佛祖之举止，立花、焚香、汲水、取柴、烧水、点茶，供佛，施人，亦自饮，追求"屋，能遮雨；食，能解饥，足矣"的侘茶乐境，这可以说是在极力抑制人的生物性需求，但与此同时它又在极力谋求满足人的社会性交往的需求与人的情感需求。也就是说，当你发现"日本茶道是一种交际文化，是构筑与保持人和人之间的良好人际关系的手段"，[1]"日本茶道通过主客间敬奉和饮用一碗茶，来教给人们处理好最佳人际关系的诀窍；她是使人们知晓彼此融洽相处，互相敬奉，不断拓展今日之幸福的人生指南"[2]时，你又会恍然觉悟，日本茶道意欲通过饮一碗茶来向修习者们提供的人与人的交往方式，或可谓是人世间最美的、最为理想的交往方式。茶人们端坐于斗室道场之中，面对着散置在身前左右、大小远近、高低不同的茶道具，就宛若是面对着一个抽象的人类社会，不时地在深深的自省中，探究着因地制宜且适时地调整人与人、人与时空、人与物、物与物之间的关系的妙法，其探究的结论就是"宾主历然，宾主一如"，就是"彼此恰好情投意合即妙，但若故意为之则伪（互ノ心モチカナウガヨシ、シカレトモカナイタガルハアシヽ）"[3]，也就是说努力做好一个真实的你自己，"和、敬、清、寂"之佳境即刻会展现在你的眼前。而要做到这一点，茶人们就必须使自己言行举止做到没有一丝一毫的"無理、無駄、斑"。这

---

[1] ［日］千宗室：《茶の心》，淡交社2001年版，第3页。
[2] 同上书，第8页。
[3] ［日］千宗室主编：《茶道古典全集》第4卷，淡交社1977年版，第5页。

里所讲的日语的"無理",即勉强、不情愿;"無駄",即徒劳之事;"斑"即性情飘忽不定、患得患失忽喜忽忧之意。"カナイタガル"之中蕴含取媚之意,如果心存取媚于人之意,就必然会产生诸多勉强和徒劳,自己的心境也会患得患失忽喜忽忧飘摇不定,永难得到慰安。所以,唯有"去努力做好一个真实的你自己",方能获得一颗平常心,才会觉得日日是好日。

通过在基础研究篇中的分析可知,日本茶道所肯定的时间、空间、人物、器皿的价值,大多都是我们一般人所不愿意认可的负面价值。侘之营求拒绝了温馨的时间,拒绝了热闹的空间,拒绝了世俗的名利,拒绝了华丽的器物,拒绝了美艳的色彩,而正是通过这种主动的拒绝,通过对一般人认为是负面价值的肯定,实现了价值的转换,使茶人＝侘人们的人生观、世界观和价值观,在器物流转中发生了积极的转换,使侘之营求才变成了一种积极的解怨方式,于有意无意间化解了诸多的俗世愤怨。日本茶道的侘之营求,其实也正如舍勒所说,是通过对原有的正面价值的否定来实现其所认定的善和美的。纵观日本社会发展的历史,可以说是"改良"多于"革命",或者干脆说日本社会就没有发生过什么真正能够称得上是"革命"的历史事件,日本人在历史关头的行为模式,与以"侘茶"为首的日本文化传统对各阶层人等的潜移默化的影响大概不无关系吧。

第二点,方法新。

本书在研究方法上进行了新的尝试。此前的日本茶道研究,大多是采纳历史研究的方法,近些年来也有一些尝试采纳比较方法进行研究的成果问世。这两种研究方法所获得的研究成果在导论部分以及本论部分已经适时地予以介绍,此处只想强调指出的一点是,诸多先行研究的研究方法虽然是采纳了历史研究和比较研究的方法,但是,大多的研究成果都尚停留在对茶道文化要素的局部理解上,加之茶道文献资料绝大部分是用汉文或者日式汉文撰写的,没有汉文素养的日本学者使用这类文献会很困难,不懂日文的中国学者也同样难以驾驭这类文献,因此,有些时候先贤们也就难免会下一些盲人摸象式的断语,或者干脆想当然地作出错误的论断,如将"云脚茶"视为粗劣茶,将"云脚茶会"视为庶民的斗茶会,就是一个好例子。其实,"云脚茶"非但不是粗劣的茶,而且还有可能是上等好茶,而且"云脚茶会"的参加者,至少文献中记录的参加者没有一个是庶民身份的人。[①] 在本书中，笔者除了充分活用历史研究的方法外，又尝试基于心理文化学的理论与方法，对日本茶道的特色及其成因进行了全面的分析。

心理文化学（Psychological Anthropology）是人类学的一个分支，其前身是"文化与人格"学派，它是研究心理、行为与文化关系的学问。根据此方法，我们发现日本茶道是基于对人的欲望、对作为人的最低需求进行深刻反省的基础上构建起来的文化，它不仅恰到好处地满足了修习者的生物性需求，同时还得体地满足了修习者的社会性需求，并且亦最大限度地满足了修习者的情感需求，而正是日本茶道的这一最大特色，才使得其在波澜万丈的历史长河中绵延不息。使用心理文化学的方法研究日本茶道这一具体的文化内容，尚属新的尝试，通过这种研究方法得出的结论，与潜心修行的茶道宗匠们以身心实践得出的体悟有着惊人的一致性，这也充分说明了此方法的有效性。笔者期待这种尝试，能够为今后进一步从事日本国民性研究，提供了一个理论结合实践的新的研究案例。

第三点，观点新。

笔者通过查阅大量的日本艺道原始文献，从茶道术语的考证，到对日本茶道特色的分析，对日本茶道进行了全面、深入的分析研究，这在国内外学界均属首次。在日本学界，虽然关于日本茶道的研究如火如荼，研究业绩也可谓是早已达汗牛充栋之多，但我国学界对日本茶道的研究还仅停留在基础知识普及的层面，真正的研究论著非常少。[②] 对于日本将棋，日本国外自不必提，就连日本国内也多停留在将棋游戏方法的挖掘创新上，或者是对其发展史进行简要的梳理，尚未有透过其游戏规则，结合与中国象棋的比较，来分析日本国民性的论著。在分析日本文化的重层性特点以及日本天皇为何能够千世一系世袭至今的原因时，也都依据心理文化学的方法提出了新颖独到的见解。

---

① 张建立：《茶道と茶の湯》，淡交社2004年版，第175—181页。
② 目前，国内研究日本茶道的业绩，仅滕军的业绩较为突出。千宗室审订、滕军著《日本茶道文化概论》（东方出版社1992年版），这部著作大概是由国内学者撰写的首部关于日本茶道的著作，该书图文并茂，对日本茶道的内容进行了较为全面的介绍，其后相关的一些论文、著书，凡涉及日本茶道的内容几乎多参见此书的内容，因而《日本茶道文化概论》在普及正确的日本茶道基础知识方面功不可没。《中日茶文化交流史》（滕军著，人民出版社2004年版）这是一本真正意义上的研究专著，其内容还兼顾了日本的煎茶文化。

以日本茶道为代表的日本文化，并非各种文化要素的简单的物理拼盘，也非彻底的化合物，而是一种介于其间若即若离的存在，因情境不同而不同。各种外来的文化要素，都在家元的指导理念下被有机地安置到了相应的位置，是在家元这一隐形的社会结构的取舍支撑下进行的时空重层。

日本天皇制在不同的发展阶段，具有不同的发展特征，天皇千余年的一系世袭，也会因时代不同而受到不同的因素左右，我们并不否认前文提到的影响天皇一系世袭的诸般原因，但我们认为最根本的原因，还是在于日本社会的隐性社会结构——家元式组织和种姓式的等级制度。

总之，本研究成果，不仅在研究方法、学术见解上有创新，在文献资料的挖掘上也有了很大的突破，在一定程度上，为今后国内学界从事日本艺道文化研究和日本国民性研究略尽了绵薄之力。

## 第三节　今后的研究设想

从日本艺道的视角来剖析日本国民性，本书仅选取了日本茶道和将棋，这除了因这二者在日本艺道中较具代表性而外，还有一个重要的原因是笔者对日本艺道中的其他内容尚没有足够的体悟。今后，还应扩大加深对其他日本艺道文化的研究，以利于更加多角度多层面地剖析日本国民性。

仅就日本茶道本身而言，其对日本社会的影响，无论是从政治、经济方面，还是从社会组织等方面，都是非常深刻的。例如，井伊直弼就曾直言日本茶道"是武门之助道也"[①]，日本茶道不仅与昔日的武家政权有着极为密切的关系，而且与现代日本的政界也有着千丝万缕的联系。为天皇献茶、北野大茶汤、千利休的剖腹等与日本茶道有关的政治事件，无一不反映出日本茶道对日本政治或直接或间接的影响。另外，日本茶道对日本经济的影响也不容小视，随着日本茶道的兴盛，早已经形成了一条与日本茶道相关的产业链。茶业、茶道具、书画及装裱行业、茶炭、庭园师以及

---

① ［日］仓泽行洋、［日］井伊正弘校订解题：《一期一会（1）井伊直弼茶书》"入门记"，灯影舍1988年版，第19页。

"千家十职"① 这一固定的世袭家业的形成，无一不反映了这一情况。从文化与经济的关系来看，一个茶道具一旦获得茶道家元的认可，并被赋予了鉴定书的话，往往会在市场上被赋予超出其成本不知多少倍的价格，这种文化附加值的社会心理也有待进一步去究明。

日本茶道对日本社会组织的影响，一个最突出的例子就是家元制度的存在。在日本，家元制度是保障各类技能尤其是传统工艺技能代代世袭传承的重要制度，亦是日本社会组织的一个缩影。自明治维新以来，对家元制度的评价褒贬不一，直至20世纪70年代，家元制度大多是被作为典型的"封建遗制"而遭到批判的。西山松之助的《家元的研究》② 可以说是当时日本学者研究家元制度的成果集大成，其中不仅记述了日本的家元制度的发展历史，而且对家元制度统帅下的利益分配方式等等也都有很精辟的分析。但是，首次将家元制度放入比较文化的大视野中考察并认识其文化意义的则是美国华裔心理文化学家许烺光在1963年著的《宗族·种族·俱乐部》。许氏认为，每个社会中的集团都大体可分为两类，一类是以家庭为代表的"初始集团"；另一类是如军队、政党这样为了某种人为的目的而缔结的"二次集团"，而且任何社会都有许多二次集团，但其中一种必占主要地位。日本人的二次集团就是家元，中国人的二次集团是"宗族"，印度人的二次集团是"种姓"，美国人的二次集团是"俱乐部"。许氏还特意撰写了《日本的家元》一书，对日本家元的多重性格进行了独到的分析。西山松之助和许氏之后，对家元制度虽有些新评价，但大多尚停留在六七十年代的水平。如今，人们对家元制度的功过是非仍是众口异词，莫衷一是。但是，包括茶道在内的传统文化能有今天这样大的发展，在很大程度上是得益于家元制度的存在，这一点是无可非议的。正如西山松之助在其《家元的研究》中所分析的那样，家元制度可以说是日本社会的一个缩影。在家元制度的统率下，各行各业各色人等聚集到一起形成了一个强大的利益集团，它不但影响到日本的思想文化，更影响到

---

① 18世纪初，制作和经营三千家家元嗜好的茶道具，已经形成了一种固定的职业，并代代世袭至今。现代的千家十职如下：茶碗师—乐吉左卫门；釜师—大西清右卫门；涂师—中村宗哲；指物师—驹泽利斋；金物师—中川净益；袋师—土田友湖；表具师—奥村吉兵卫；一闲张细工师—飞来一闲；竹细工一柄杓师—黑田正玄；土风炉—烧陶师—西村（永乐）善五郎。相关研究可参见筒井紘一《千家十職の成立》，《太陽》Vol. 35。

② ［日］西山松之助：《家元の研究》，日本校仓书房1959年版。

日本的政治经济等各个方面。家元制度的确是日本历史上特殊时期的产物，但如今的家元制度已经发生了很大的变化，通过分析研究日本茶道的传承制度——家元制度，对认识日本社会的变化特征以及揭示隐藏在日本人的结社行为背后的规则都会很有帮助。

今后，除了需要加强对上述内容的研究外，还应该进一步拓展研究方法，例如充分利用考古资料以及绘画资料来研究日本茶道等。作为新的研究方向，以前也曾有人试图通过研究南北朝时的绘画作品《慕归绘》，来研究"会所"及该时期的饮茶情况，而今描绘寺院神社起源的画卷、挂轴、风俗画、屏风画等绘画资料也开始受到人们的关注。关于这方面的研究，有村井康彦发表的《从绘画看饮茶的风俗》（《淡交》1962年）、《图录茶道史》（淡交社1962年）和《图说茶道大系》（角川书店1963年）等。这些论著的出版，说明绘画作为关于中世饮茶的新资料已得到了认可。此外，相关的研究还有以"扫墨画"作为茶之汤资料进行的研究，如中村利则的《町家的茶室》（淡交社1981年）。其实，梅津次郎1958年就曾撰文《关于德川美术馆的"扫墨画"》（《大和文华》25号），介绍过"扫墨画"。由于对"扫墨画"等绘画资料的再评价，促成了《茶之汤绘画资料集成》（平凡社1992年）的出版。

最后一点，或许可谓是最重要的一点，日本国民性研究本来就是基础研究与实践应用相结合相辅相成的大工程，所以，研究日本国民性，要充分把握当下的国际形势变化，特别是后危机时代，可能会迎来新的一轮科技创新期。日新月异的科技进步将会给人类的生活带来天翻地覆的变化，这自然也会影响到国民性的变化，因此，研究日本国民性对此必须有清晰的认识和应对。总之，日本国民性研究，依旧是任重道远，笔者希望在诸先贤的引导及同道师友的帮助下，能够进一步完善这一研究。

任何一本书的写作，总包含着比文字所能表达的更丰富的内容。它不仅是笔者追求真理、实现自我生命价值的体验和经历，也包含着支持这种探索的人与人之间的相互理解和友谊。本书的研究成果虽然微不足道，但也是得益于诸多师友同道的指导、关怀和真诚帮助，才得以呈献给读者诸君笑览的。在此，对于诸多师友同道恕不一一具名致谢，但对诸位的恩情笔者将铭记心意。在本书付梓之际，谨向帮助笔者顺利完成此书的所有人表示诚挚的谢意，愿奉献给读者面前的这一研究成果能够起到抛砖引玉之效，启发人们从新的角度，运用新的方法，深入探讨日本国民性。

# 附录一

# 日文参考文献

## 一　基础史料集

1. 東京大学史料編纂所編：『大日本史料』、東京大学出版会。
2. 東京大学史料編纂所編：『大日本古文書』、東京大学出版会。
3. 東京大学史料編纂所編：『大日本古記録』、岩波書店。
4. 竹内理三編：『平安遺文』、東京堂出版、1981年。
5. 竹内理三編：『鎌倉遺文』全42卷、東京堂出。
6. 竹内理三編：『増補続史料大成』、臨川書店。
7. 千宗室、千宗守監修：『茶道全集』全15卷、創元社、1935年。
8. 千宗左、千宗室、千宗守監修：『新修茶道全集』全9卷、春秋社、1951年。
9. 金澤文庫編：『金澤文庫古文書』、1960年。
10. 千宗室監修：『茶道古典全集』全12卷、淡交社、1956年。
11. 玉村竹二編：『五山文学新集』、東京大学出版会、1969年。
12. 林屋辰三郎等編注：『日本の茶書2』、平凡社、1971年。
13. 林屋辰三郎等編注：『日本の茶書1』、平凡社、1972年。
14. 布目潮渢、中村喬編訳：『中国の茶書』、平凡社、1976年。
15. 布目潮渢編：『中国茶書全集』、日本汲古書院、1987年。
16. 倉澤行洋、井伊正弘校訂解題：『一期一会（1）井伊直弼茶書』、灯影舎、1988年。
17. 『禅宗日課圣典』、貝葉書院、1995年。
18. 小堀宗慶編：『小堀遠州茶会記集成』、主婦の友社、1996年。

## 二　著作

19. 村上専精：『日本佛教史綱』、金港堂、1899年。

20. 橋本博編：『茶道大鑑』、大治社、1933 年。
21. 西谷啓治：『根源的主体性の哲学』、弘文堂、1940 年。
22. 西谷啓治：『現代社会の諸問題と宗教』、法蔵館、1951 年。
23. 林屋辰三郎：『中世文化の基調』、東京大学出版会、1953 年。
24. 村上重良：『近代民衆宗教史の研究』、法蔵館、1958 年。
25. 桑田忠親：『山上宗二記の研究』、河原書店、1958 年。
26. 井上清：『天皇制』、東京大学出版会、1958 年。
27. 西山松之助：『家元の研究』、日本校倉書房、1959 年。
28. 丸山真男：『日本の思想』、岩波書店、1961 年。
29. 岡倉覚三：『茶の本』、岩波書店、1961 年。
30. 中村元：『東洋人の思惟方法 3　日本人の思惟方法』、春秋社、1962 年。
31. 家永三郎、赤松俊秀、圭室諦成主編：『日本佛教史』3 巻、法蔵館、1967 年。
32. 水尾比呂志：『わび』、淡交社、1971 年。
33. 唐木順三：『千利休』、筑摩書房、1973 年。
34. 仁戸田六三郎：『日本人の宗教意識の本質』、教文館、1973 年。
35. 『宇治市史 2　中世の歴史と景観』、宇治市役所、1974 年。
36. 川崎庸之、奈良本辰也編：『日本文化史（1）古代・中世』、有斐閣、1977 年。
37. 増川宏一：『ものと人間の文化史将棋』、法政大学出版局、1977 年。
38. 芳賀幸四郎：『わび茶の研究』、淡交社、1978 年。
39. 村上重良：『近代日本の宗教』、講談社、1980 年。
40. 山本亨介：『将棋文化史』、筑摩書房、1980 年。
41. 升田幸三：『名人に香車を引いた男』、朝日新聞社、1980 年。
42. 守屋毅編：『茶の文化その総合的研究』、淡交社、1981 年。
43. 原田伴彦：『茶道文化史』、思文閣出版、1981 年。
44. 倉林正次：『儀礼文化序説』、櫻楓社、1982 年。
45. 源了圓：『文化と人間形成』、第一法規出版、1982 年。
46. 柴垣和夫：『講和から高度成長へ』、小学館、1983 年。
47. 『茶道聚錦』全 13 巻、小学館、1983 年。

48. 千宗室：『「茶経」とわが国茶道の歴史的意義』、淡交社、1983年。

49. 金明培：『韓国の茶道文化』、ぺりかん社、1983年。

50. 玉城哲：『日本の社会システム―むらと水からの再構成』、農山漁村文化協会、1982年。

51. NHK放送世論調査所編：『日本人の宗教意識』、日本放送出版協会、1984年。

52. 青木保：『儀礼の象徴性』、岩波書店、1984年。

53. 福武直：『日本社会の構造』、東京大学出版会、1984年。

54. 李御寧：『「縮み」志向の日本人』、学生社、1984年。

55. 千宗室：『正午の茶事』、淡交社、1985年。

56. 籠谷真智子：『女性と茶の湯』、淡交社、1985年。

57. 米原正義：『戦国武将と茶の湯』、淡交社、1986年。

58. 村上良重：『天皇と日本文化』、講談社、1986年。

59. 久松真一：『わびの茶道』、灯影舎、1987年。

60. 裏千家今日庵文庫編：『茶道文化研究』、1988年。

61. 倉澤行洋、井伊正弘校訂解題：『一期一会（1）井伊直弼茶書』、灯影舎、1988年。

62. 小泉和子：『道具が語る生活史』、朝日選書、1989年。

63. 青木保：『「日本文化論」の変容―戦後日本の文化とアイデンティティー』、中央公論社、1990年。

64. 倉林正次：『饗宴の研究』（歳事・索引篇）、櫻楓社、1992年。

65. 上杉千郷：『茶道の中の神道』、鎮西大社諏訪神社、1992年。

66. 筒井紘一：『茶の湯事始』、講談社学術文庫、1992年。

67. ベネディクト：『菊と刀』、長谷川松治訳、社会思想社、1992年。

68. 濱口恵俊：『日本型モデルとは何か　国際化時代におけるメリットとデメリット』、新曜社、1993年。

69. 吉村亨：『宇治茶の文化史』、宇治市歴史資料館、1993年。

70. 丹生谷哲一：『日本中世の身分と社会』、塙書房、1993年。

71. 永島福太郎：『利休の茶湯大成』、淡交社、1993年。

72. 米原正義：『千利休――天下一名人』、淡交社、1993年。

73. 倉澤行洋：『増補芸道の哲学』、東方出版、1993 年。
74. 南博：『日本人論—明治から今日まで』、岩波書店、1994 年。
75. 羽賀祥二：『明治維新と宗教』、筑摩書房、1994 年。
76. 戸田勝久：『千利休の美学——黒は古きこころ』、平凡社、1994 年。
77. ロス・マオア、杉本良夫：『日本人論の方程式』、筑摩書房、1995 年。
78. 矢部良明：『千利休の創意　冷・凍・寂・枯からの飛躍』、角川書店、1995 年。
79. 渡辺誠一：『山上宗二記の世界』、河原書店、1996 年。
80. 武田大：『宗二伝説』、中央公論事業出版、1997 年。
81. 新田均：『近代政教関係の基礎的研究』、大明堂、1997 年。
82. 濱口恵俊：『日本研究原論：「関係体」としての日本人と日本社会』、有斐閣、1998 年。
83. 山折哲雄編：『日本人はキリスト教をどのように受容したか』、国際日本文化研究センター、1998 年。
84. 大内延介：『将棋の来た道』、小学館文庫、1998 年。
85. 穴田義孝編：『日本人の社会心理　けじめ・分別の論理』、人間の科学社、1998 年。
86. 渕之上康元、渕之上弘子：『日本茶全書生産から賞味まで』、農山漁村文化協会、1999 年。
87. 千宗室監修：『茶道学大系』全 11 巻、淡交社、1999 年。
88. 小田栄一等主編：『茶道具的世界』全 15 巻、淡交社、1999 年。
89. 山口輝臣：『明治国家と宗教』、東京大学出版会、1999 年。
90. 薗田稔：『神道——日本の民族宗教』、弘文堂、1999 年。
91. 佐々木容道：『訓注夢窓国師語録』、春秋社、2000 年。
92. 布目潮渢：『茶経詳解』、淡交社、2001 年。
93. 戸田勝久：『武野紹鴎研究』、中央公論美術出版社、2001 年。
94. 谷晃：『茶会記の研究』、淡交社、2001 年。
95. 千玄室：『茶の心』、淡交社、2001 年。
96. 倉澤行洋：『珠光』、淡交社、2002 年。
97. 筒井紘一：『懐石の研究』、淡交社、2002 年。

98. 読売新聞社世論調査部編：『日本の世論』、弘文堂、2002 年。
99. 船曳建夫：『「日本人論」再考』、NHK 出版版、2003 年。
100. 青木保：『多文化世界』、岩波新書、2003 年。
101. 矢部誠一郎：『細川三斎　茶の湯の世界』、淡交社 2003 年。
102. 筒井紘一：『茶書の研究』、淡交社、2003 年。
103. 脇田晴子：『天皇と中世文化』、吉川弘文館、2003 年。
104. 磯前順一：『近代日本の宗教言説とその系譜』、岩波書店、2003 年。
105. 池上良正編：『岩波講座　宗教　第 10 巻　宗教のゆくえ』、岩波書店、2004 年。
106. ［中国］張建立：『茶道と茶の湯』、淡交社、2004 年。
107. 早坂隆：『世界の日本人ジョーク集』、中央公論新社、2006 年。
108. 鈴木貞美、岩井茂樹編：『わび・さび・幽玄』、水声社、2006 年。
109. 高野陽太郎：『「集団主義」という錯覚—日本人論の思い違いとその由来』、新曜社、2008 年。
110. 本郷和人：『天皇はなぜ生き残ったか』、新潮社、2009 年。
111. 早坂隆：『続・世界の日本人ジョーク集』、中央公論新社、2009 年。
112. レベッカソルニット：『災害ユートピア—なぜそのとき特別な共同体が立ち上るのか』、高月園子訳、亜紀書房、2010 年。
113. 青木保：『「文化力」の時代—21 世紀のアジアと日本』、岩波書店、2011 年。

# 附录二

# 中文参考文献

## 一 著作

1. 戴季陶：《日本论》，上海民智书局 1928 年版。
2. 马克思、恩格斯：《德意志意识形态》，《马克思恩格斯全集》第 3 卷，人民出版社 1960 年版。
3. 《全唐诗》，中华书局 1960 年版。
4. 《二程集》，中华书局 1981 年版。
5. ［德］埃里希·弗罗姆：《逃避自由》，陈学明译，工人出版社 1987 年版。
6. 崔文印：《大金国志校证》（上、下），中华书局 1986 年版。
7. 《钦定四库全书·史部》第 593 册，上海古籍出版社 1987 年版。
8. 伊文成、马家骏：《明治维新史》，辽宁教育出版社 1987 年版。
9. 杨国枢：《中国人的心理》，台北：桂冠图书股份有限公司 1988 年版。
10. ［美］巴尔诺：《人格：文化的积淀》，周晓虹等译，辽宁人民出版社 1988 年版。
11. ［日］加藤周一：《日本文化的杂种性》，杨铁婴译，吉林人民出版社 1991 年版。
12. 李庆善主编：《中国人社会心理研究论集》，香港时代文化出版公司 1992 年版。
13. 李亦园：《文化与行为》，台湾商务印书馆 1992 年版。
14. 王玲：《中国茶文化》，中国书店 1992 年版。
15. 王家骅：《儒家思想与日本的现代化》，浙江人民出版社 1995 年版。
16. 杨曾文主编：《日本近现代佛教史》，浙江人民出版社 1996 年版。

17. 周晓红:《现代社会心理学——多维视野中的社会行为研究》,上海人民出版社 1997 版。

18. [美] 许烺光:《边缘人》,徐隆德译,台北:南天书局 1997 年版。

19. [美] 许烺光:《美国梦的挑战》,单德兴译,台北:南天书局 1997 年版。

20. [美] 许烺光:《驱逐捣蛋者:魔法．科学与文化》,王芃、徐隆德、余伯泉译,台北:南天书局 1997 年版。

21. [荷] 胡伊青加:《人:游戏者——对文化中游戏因素的研究》,成穷译,贵州人民出版社 1998 年版。

22. 尚会鹏:《中国人与日本人》,北京大学出版社 1998 年版。

23. 李兆忠:《暧昧的日本人》,广东人民出版社 1998 年版。

24. 丁文:《中国茶道》,陕西旅游出版社 1998 年版。

25. 刘小枫选编:《舍勒选集》下,上海三联书店 1999 年版。

26. 陈彬藩主编:《中国茶文化经典》,光明日报出版社 1999 年版。

27. 高增杰主编:《一笔难画日本人》,时事出版社 1999 年版。

28. [澳] 加文·麦考马克:《虚幻的乐园》,郭南燕译,上海人民出版社 1999 年版。

29. [美] 许烺光:《文化人类学新论》,张瑞德译,台北:南天书局 2000 年版。

30. [美] 许烺光:《家元:日本的真髓》,于嘉云译,台北:南天书局 2000 年版。

31. 林治:《中国茶道》,中华工商联合出版社 2000 年版。

32. 范增平:《中华茶艺学》,台海出版社 2000 年版。

33. [清] 黄遵宪:《人境庐诗草》,钱仲联注,中国青年出版社 2000 年版。

34. [德] 曼海姆:《意识形态与乌托邦》,黎鸣译,商务印书馆 2000 年版。

35. [美] 许烺光:《祖荫下:中国乡村的亲属·人格与社会流动》,王芃、徐隆德译,台北:南天书局 2001 年版。

36. 王金林:《日本天皇制及其精神结构》,天津人民出版社 2001 年版。

37. 郑毅:《铁腕首相吉田茂》,世界知识出版社 2001 年版。

38. [美] 玛莎·费丽莫:《国际社会中的国家利益》,袁正清译,浙江人民出版社 2001 年版。

39. [日] 梅棹忠夫:《何谓日本》,杨芳玲译,百花文艺出版社 2001 年版。

40. 刘力红:《思考中医》,广西师范大学出版社 2001 年版。

41. [美] 许烺光:《中国人与美国人》,徐隆德译,台北:南天书局 2002 年版。

42. [美] 许烺光:《宗族·种姓与社团》,黄光国译,台北:南天书局 2002 年版。

43. [美] 许烺光:《彻底个人主义的省思》,许木柱译,台北:南天书局 2002 年版。

44. 叶渭渠、唐月梅:《物哀与幽玄——日本人的美意识》,广西师范大学出版社 2002 年版。

45. 夏遇南:《日本人》,三秦出版社 2003 年版。

46. 梅国强主编:《伤寒论讲义》,人民卫生出版社 2003 年版。

47. 尚会鹏、徐晨阳:《中日文化冲突与理解的事例研究》,中国国际广播出版社 2004 年版。

48. 李不大主编:《象棋完全入门》,世界图书出版公司 2004 年版。

49. 陈文华:《长江流域茶文化》,湖北教育出版社 2004 年版。

50. 王洪图主编:《黄帝内经素问白话解》,人民卫生出版社 2004 年版。

51. [日] 子安宣邦:《东亚论日本现代思想批判》,赵京华译,吉林人民出版社 2004 年版。

52. [日] 中曾根康弘:《日本 21 世纪的国家战略》,联慧译,海南三环出版社 2004 年版。

53. [日] 竹内实:《日中关系研究》,程麻译,中国文联出版公司 2004 年版。

54. 杜浩:《冷战后中日安全关系》,世界知识出版社 2004 年版。

55. 秦亚青:《权力·制度·文化:国际关系理论与方法研究文集》,北京大学出版社 2005 年版。

56. [日] 津田道夫:《南京大屠杀和日本人的精神构造》,程兆奇、刘燕译，新星出版社 2005 年版。

57. 周作人：《周作人论日本》，陕西师范大学出版社 2005 年版。

58. 吴广义：《解析日本的历史认识问题》，广东人民出版社 2005 年版。

59. ［美］乔治·瑞泽尔：《当代社会学理论及其古典根源》，杨淑娇译，北京大学出版社 2005 年版。

60. 周兴旺：《日本人凭什么》，世界知识出版社 2006 年版。

61. 马驿等：《丑陋的日本人》，山东画报出版社 2006 年版。

62. 汪向荣：《古代中国人的日本观》，上海古籍出版社 2006 年版。

63. 张大柘：《宗教体制与日本的近现代化》，宗教文化出版社 2006 年版。

64. ［日］三浦展：《下流社会》，陆求实、戴铮译，文汇出版社 2007 年版。

65. ［美］约翰·W. 道尔：《拥抱战败》，胡博译，生活·读书·新知三联书店 2008 年版。

66. ［法］布罗代尔：《论历史》，刘北成、周立红译，北京大学出版社 2008 年版。

67. 刘禾：《跨语际实践：文学、民族文化与被译介的现代性（中国：1900～1937）》，生活·读书·新知三联书店 2008 年版。

68. 庞朴：《中国文化十一讲》，中华书局 2008 年版。

69. （清）黄宗羲著，沈芝盈点校：《明儒学案》（修订本）下，中华书局 2008 年版。

70. ［英］理查德·克里斯普、［英］里安农·特纳：《社会心理学精要》，赵德雷、高明华译，北京大学出版社 2008 年版。

71. 祝大鸣：《独特的日本人（岛国文化之解读）》，中国画报出版社 2009 年版。

72. 祝大鸣：《双面日本人》，世界知识出版社 2009 年版。

73. 萨苏：《与鬼为邻》，文汇出版社 2009 年版。

74. 解晓东：《日本天皇制研究》，博士学位论文，吉林大学，2009 年。

75. ［美］迈克尔·赫茨菲尔德：《人类学——文化和社会领域中的理论实践》（修订版），刘珩、石毅、李昌银译，华夏出版社 2009 年版。

76. 王锦思：《日本行中国更行》，青岛出版社 2010 年版。

77. 金一南：《苦难辉煌》，华艺出版社 2010 年版。

78. ［美］塞缪尔·亨廷顿：《谁是美国人？——美国国民特性面临的挑战》，程克维译，新华出版社 2010 年版。

79. 尚会鹏、游国龙：《心理文化学——许烺光学说的研究与应用》，南天书局 2010 年版。

80. 游国龙：《许烺光的"大规模文明"比较理论研究：内容、方法及其对国际政治研究的启示》，博士学位论文，北京大学，2011 年。

81. 杨劲松：《日本文化认同的建构历程——近现代日本人论研究》，中国建筑工业出版社 2011 年版。

82. 李薇主编：《日本发展报告（2011）》，社会科学文献出版社 2011 年版。

83. ［澳］约翰·特纳：《自我归类论》，杨宜音、王兵、林含章译，中国人民大学出版社 2011 年版。

84. ［澳］迈克尔·A. 豪格、［英］多米尼克·阿布拉姆斯：《社会认同过程》，高明华译，中国人民大学出版社 2011 年版。

85. ［美］肯尼斯·J. 格根：《语境中的社会建构》，郭慧玲、张颖、罗涛译，中国人民大学出版社 2011 年版。

86. ［比利时］威廉·杜瓦斯：《社会心理学的解释水平》，赵蜜、刘保中译，中国人民大学出版社 2011 年版。

87. ［美］赵志裕、［美］康莹仪：《文化社会心理学》，刘爽译，中国人民大学出版社 2011 年版。

88. ［美］吉姆·斯达纽斯、［美］费利西娅·普拉图：《社会支配论》，刘爽、罗涛译，中国人民大学出版社 2011 年版。

89. ［法］塞尔日·莫斯科维奇：《社会表征》，管健、高文珺、俞容龄译，中国人民大学出版社 2011 年版。

90. ［美］艾力克斯·英格尔斯：《国民性——心理—社会的视角》，王今一译，社会科学文献出版社 2012 年版。

91. 尚会鹏：《心理文化学要义——大规模文明社会比较研究的理论与方法》，北京大学出版社 2013 年版。

## 二 日本国民性研究论文

### (一) 题目中含有"日本"、"国民性"的文章

1. 许金声:《日本成功的国民性因素》,《经济社会体制比较》1986年第2期。

2. 赵为民:《日本人是怎样研究其国民性的》,《社会》1987年第6期。

3. 靳明全:《论鲁迅针对中国人弱点谈日本国民性问题》,《甘肃社会科学》1991年第5期。

4. 鲍绍霖、王宪明、高曼:《欧洲、日本、中国的国民性研究:西学东渐的三部曲》,《近代史研究》1992年第1期。

5. 李阁楠:《日本的"家"文化与国民性》,《东北师范大学学报》1993年第5期。

6. 鲍刚:《日本传统国民性的基本特征》,《日本学刊》1996年第5期。

7. 梁晓君:《日本国民性之政治地理学解读》,《国际论坛》2005年第6期。

8. 王向远:《日本对华侵略与所谓"支那国民性研究"》,《江海学刊》2006年第3期。

9. 周兴旺:《从国民性看战后日本的崛起》,《人民论坛》2006年第16期。

10. 张建立:《日本国民性研究的现状与课题》,《日本学刊》2006年第6期。

11. 容中逵:《论教育目的表述的国民性问题——战后中、韩、日、新四国教育目的之国民性比较分析》,《外国教育研究》2006年第12期。

12. 许宪国:《关于周作人对日本文化及日本国民性研究的思考》,《沈阳农业大学学报》(社会科学版)2007年第3期。

13. 李卓:《日本国民性的几点特征》,《日语学习与研究》2007年第5期。

14. 张伟东:《论日本的国民性对中日关系的影响》,《大连干部学刊》2008年第2期。

15. 姚尧:《隐藏在表象下的日本国民性解析》,《安徽文学》(下半

月）2008 年第 4 期。

16. 许德成：《日本的国民性及其对日本对华关系的影响研究》，硕士学位论文，苏州大学，2008 年。

17. 王秀毅：《日本神道与日本国民性》，《南方论刊》2008 年第 10 期。

18. 张建立：《从游戏规则看日中两国国民性差异——以日本将棋与中国象棋为例》，《日本学刊》2009 年第 1 期。

19. 张淑红：《论日本国民性中的集体意识及其影响》，硕士学位论文，曲阜师范大学，2009 年。

20. 张志琴：《日本人的国民性与樱花情结》，《读与写》（教育教学刊）2009 年第 6 期。

21. 唐莉雅：《论国民性对战后日本经济的影响》，《牡丹江大学学报》2010 年第 4 期。

22. 蔡荷：《日本国民性选论》，《湖南医科大学学报》（社会科学版）2010 年第 3 期。

23. 武青：《ことわざから見た日本人の国民性の特色》，硕士学位论文，河北大学，2010 年。

24. 石艳春：《日本国民性之探究——以"满洲移民"的宗教信仰为中心》，《人民论坛》2010 年第 17 期。

25. 于奎战：《从民族心理的角度考察日本的国民性——王朝佑的〈我之日本观〉对日本国民性的研究》，《苏州科技学院学报》（社会科学版）2010 年第 4 期。

26. 章新、何平、肖考、李小俞：《忍者精神对日本国民性的影响》，《广西职业技术学院学报》2010 年第 4 期。

27. 闫志章：《樱花和日本国民性》，《吉林化工学院学报》2010 年第 6 期。

28. 张建立：《中国的日本国民性研究现状与课题》，《日本学刊》2011 年第 1 期。

29. 林银花：《从日本庭园探析日本人崇尚自然的国民性》，《南京工业职业技术学院学报》2011 年第 1 期。

30. 刘玉拴：《日本国民性对中日关系的影响》，硕士学位论文，辽宁大学，2011 年。

31. 李雪艳：《关于日本人的国民性——从同事关系的视点来看》，《北方文学》（下半月）2011年第5期。

32. 萧晨乐：《日本国民性及其对日本职业体育发展影响的研究》，硕士学位论文，上海体育学院，2011年。

33. 胥思省：《浅议日本国民性的形成》，《长江大学学报》（社会科学版）2011年第8期。

34. 罗宵月：《从日语口语应用看日本人的国民性——以"暧昧"语言为例》，《北方文学》（下半月）2011年第11期。

35. 张建立：《TPP与日本国民性》，《中华读书报》2012年1月18日第13版。

36. 武晓静：《从国民性的集体意识看日本战后经济的崛起》，《东方企业文化》2012年第4期。

37. 韩芬：《侵华战争时期日本国民性的解析》，《南京大屠杀史研究》2012年第1期。

38. 张晴：《关于日本人国民性的形成》，硕士学位论文，鲁东大学，2012年。

39. 许宪国：《郁达夫对日本文化和日本国民性的认识》，《湖南工业大学学报》（社会科学版）2012年第4期。

（二）题目中含有"日本"、"国民性格"的文章

40. 臧恩钰、李春林：《鲁迅对日本国民性格的观照》，《辽宁教育学院学报》1995年第1期。

41. 李锋传：《从日语谚语看日本人的国民性格》，《日语学习与研究》2006年第2期。

42. 马慧婕：《从日本料理看日本人的国民性格》，《广西大学学报》（哲学社会科学版）2007年增刊第2期。

43. 沈婉蓉：《"耻"文化在日本——浅论日本国民性格之形成》，《边疆经济与文化》2009年第9期。

44. 唐莉雅：《从日语的特征看日本人的国民性格》，《牡丹江大学学报》2010年第5期。

45. 付黎旭、董卫：《日本国民性格的矛盾性及成因》，《人民论坛》2010年第32期。

46. 严婧琨：《日本国民性格矛盾性及成因》，《北方文学》（下半月）

2012 年第 2 期。

47. 王维兴：《日本国民性格与其竞技体育表现的相关研究》，《赤峰学院学报》（自然科学版）2012 年第 9 期。

**（三）题目中含有"日本"、"国民特性"的文章**

48. 张暄：《桃太郎的传人——日本国民特性探究》，《消费导刊》2006 年第 12 期。

**（四）题目中含有"日本"、"民族性"的文章**

49. 夏应元：《日本文化的时代性与民族性》，《日本问题》1988 年第 2 期。

50. 廖枫模：《古神道与日本民族性的关系》，《中山大学学报》（哲学社会科学版）1990 年第 3 期。

51. 贾蕙萱：《民族性与日本的经济、社会发展》，《日本学刊》1992 年第 6 期。

52. 尚会鹏：《一幅日本民族性的透视图——战后 50 年再读〈菊花与刀〉》，《日本问题研究》1995 年第 4 期。

53. 王育生：《古典性·现代性·民族性——看日本话剧〈厄勒克特拉〉》，《中国戏剧》1996 年第 12 期。

54. 徐民凯：《试论日本盆栽的民族性》，《中国花卉盆景》1997 年第 12 期。

55. 王慧：《日本农协制度成功的民族性因素及启示》，《农业经济问题》1998 年第 7 期。

56. 江华：《日本企业文化的民族性及其启示》，《华夏文化》1998 年第 3 期。

57. 何星亮：《保守性与进取性——日本民族性探索之一》，《世界民族》1999 年第 1 期。

58. 王文蓉：《论日本电影的民族性》，《电影评介》2001 年第 11 期。

59. 褚乐平：《近代日本的民族性与现代化的启动》，《丽水师范专科学校学报》2002 年第 1 期。

60. 魏学辉：《简论日本美术特色形成发展的民族性和地域性》，《东疆学刊》2002 年第 4 期。

61. 冯翔宇、张颖：《日本设计的民族性与时代感初探》，《美与时代》2003 年第 9 期。

62. 李萍：《论企业伦理的民族性与世界性——从日本企业伦理说起》，《玉溪师范学院学报》2004年第2期。

63. 李丽：《从日语的某些语言现象透视日本民族的民族性》，《贵州工业大学学报》（社会科学版）2004年第4期。

64. 拜云洁：《日本平面设计审美意味的民族性和现代性》，硕士学位论文，河南大学，2005年。

65. 郑富兴：《现代国家教育目的的世界性与民族性——浅析日本教育中"日本人"形象的变迁》，《外国教育研究》2006年第1期。

66. 陈勤建：《民俗解读——兼谈中日民俗视野中的民族性差异》，《湖北民族学院学报》（哲学社会科学版）2006年第2期。

67. 周建萍：《含蓄淡雅静谧幽玄——日本电影民族性美学解读》，《电影评介》2006年第16期。

68. 孙丹昱：《中日传统纹样民族性的比较研究》，硕士学位论文，吉林大学，2007年。

69. 王天：《文化传统、民族性与管理——也说日本的人性化令中国人反思》，《中国管理年鉴》2008年。

70. 傅紫琼：《神道教与日本民族性》，《河北理工大学学报》（社会科学版）2009年第1期。

71. 吴苏荣贵：《中国文化影响与日本艺术的民族性》，《前沿》2009年第3期。

72. 王豫秦：《从日本人的生活习惯透视日本民族性》，《新西部》（下半月）2009年第4期。

73. 杨淑媛：《民族性与明治维新后的日本教育》，硕士学位论文，华中师范大学，2009年。

74. 王豫秦：《关于日本经济高速发展背后民族性的思考》，《理论导刊》2009年第6期。

75. 孙颖：《日语谚语的民族性》，《外语学刊》2009年第4期。

76. 刘憎：《从日本美少女动画现象分析动画中的民族性问题》，《数位时尚》（新视觉艺术）2009年第6期。

77. 翟守占：《论日本武士电影的民族性》，《青年作家》（中外文艺版）2010年第8期。

78. 卢雅然：《从中国与日本平面设计谈民族性特征》，《大舞台》

2011 年第 3 期。

79. 孙星锤：《论日本鬼片的民族性》，硕士学位论文，华东师范大学，2011 年。

80. 单琳琳：《日本现代建筑创作的民族性研究》，《中国建筑装饰装修》2012 年第 2 期。

81. 孙辉：《日本动画的民族性及对中国动画设计借鉴的研究》，硕士学位论文，长春工业大学，2012 年。

82. 刘江永：《日本的民族性与对华态度初探》，《东北亚学刊》2012 年第 1 期。

83. 冯玮：《钓鱼岛争端看日本的民族性》，《中国报道》2012 年第 10 期。

**（五）题目中含有"日本"、"民族性格"的文章**

84. 向荣：《试论民族性格特征在战后日本经济增长中的作用——运用社会心理学方法的尝试》，《社会科学》1986 年第 7 期。

85. 吕超：《从始原文化看日本民族性格的形成》，《日本研究》1994 年第 2 期。

86. 李东军：《透过歌舞伎〈忠臣藏〉现象解读日本民族性格》，《日语学习与研究》2005 年第 1 期。

87. 刘容：《从色彩审美意识比较中日民族性格》，《大连民族学院学报》2005 年第 2 期。

88. 韩梅花：《从中日关系的发展看日本的民族性格》，《临沧教育学院学报》2005 年第 2 期。

89. 高红：《日美民族性格与动画表现语言研究》，硕士学位论文，武汉理工大学，2006 年。

90. 赵巍：《禅意识对日本民族性格之影响——以日本庭园为视角》，《探索与争鸣》2006 年第 5 期。

91. 熊金艺：《从民族性格解读日本浮世绘与中国桃花坞木版年画》，硕士学位论文，华中师范大学，2007 年。

92. 史伟：《浅议俄罗斯和日本民族性格之比较研究》，《科技信息》（学术研究）2007 年第 31 期。

93. 吕超：《试论日本民族性格形成的始原文化基因》，《辽东学院学报》（社会科学版）2008 年第 1 期。

94. 关晶：《从歌舞伎浅探日本民族性格》，《安徽文学》（下半月）2009 年第 3 期。

95. 张芳芳：《浅析日本人的民族性格》，《中国校外教育》（理论）2009 年第 3 期。

96. 牟成文：《神道情结与日本民族性格》，《世界民族》2009 年第 2 期。

97. 梁丽莉：《浅析日本的双重民族性格》，《湖北成人教育学院学报》2009 年第 3 期。

98. 梁丽莉：《浅析民族性格对日本外交两面性的影响》，《吉林省教育学院学报》2009 年第 6 期。

99. 谢冬慧：《从民族性格看日本的法制变革》，《法律科学》（西北政法大学学报）2011 年第 1 期。

100. 谢丽霞：《浅析日本民族性格——读〈菊与刀〉》，《辽宁行政学院学报》2011 年第 5 期。

101. 陈龙海：《川端康成创作的内在矛盾与日本民族性格的双重性》，《外国文学研究》2011 年第 3 期。

102. 刘德秦、曾九江：《从钓鱼岛撞船事件看日本民族性格》，《江西广播电视大学学报》2011 年第 3 期。

103. 王静、杨雪、刘文静、王凌：《管中窥豹：从日本动画浅谈日本文化与民族性格》，《海外英语》2012 年第 3 期。

104. 鲁瑶：《初探日本民族性格对其商务谈判的影响》，《中国商贸》2012 年第 9 期。

105. 孙旸：《樱花与金阁寺的理想——从〈多啦 A 梦〉看日本教育和民族性格的重塑》，《电影评介》2012 年第 24 期。

**（六）题目中含有"日本"、"民族特性"的文章**

106. 陈晖：《日本民族特性——小集团主义的根源—评介〈日本人〉》，《日本问题》1986 年第 1 期。

107. 谭冰：《从日本人的民族特性——"均一性"（没个性）看日本人的行为准则》，《电子科技大学学报》（社科版）2001 年第 2 期。

108. 李幼斌、黎齐英：《民族特性与德育——德国、日本德育共性研究》，《湖北民族学院学报》（哲学社会科学版）2002 年第 3 期。

109. 阿根：《解读日本民族特性的四个文本》，《全国新书目》2006

年第 8 期。

110. 周俊、胡桃子、佘红志：《从日本人的民族特性分析日商谈判的风格》，《今日湖北》（理论版）2007 年第 5 期。

111. 龚健：《日本民族特性对当代中日关系的影响探析》，硕士学位论文，吉林大学，2008 年。

112. 李宪广：《从民族特性分析日本动漫》，《科技信息》2009 年第 3 期。

113. 王向远：《日本文学民族特性论》，《烟台大学学报》（哲学社会科学版）2009 年第 2 期。

114. 殷润兰：《从自杀现象审视日本民族特性》，《重庆科技学院学报》（社会科学版）2010 年第 4 期。

115. 贾华：《浅谈对蒙古族学生日语教学的难点——兼论日本民族特性与日语含蓄表达方式》，《民族教育研究》2010 年第 3 期。

116. 张小波：《日本动画角色设计的民族特性剖析》，《科技信息》2011 年第 22 期。

### （七）题目中含有"日本"、"国民心理"的文章

117. 邹岩梅：《日本国民心理对中日关系影响的分析及对策》，《烟台大学学报》（哲学社会科学版）2005 年第 1 期。

118. 李文：《日本国民心理嬗变的原理与趋向》，《日本学刊》2010 年第 3 期。

### （八）题目中含有"日本"、"民族心理"的文章

119. 王秀文：《日本人称谓的选择与民族心理》，《外国问题研究》1993 年第 4 期。

120. 渠长根、陈树涵：《从教科书事件看日本蔑视中国的民族心理传统》，《安徽农业大学学报》（社会科学版）2001 年第 4 期。

121. 游国斌：《试论抗日战争对民族心态的影响》，《漳州师范学院学报》（哲学社会科学版）2006 年第 4 期。

122. 雷晓敏：《〈那以后〉的情节矛盾及日本明治末的民族心理》，《中山大学学报论丛》2007 年第 12 期。

123. 刘利华：《日本民族心理影响因素探究》，《理论月刊》2008 年第 1 期。

124. 刘利华：《日本历史认知的民族心理探析》，《云南社会科学》

2008 年第 2 期。

125. 曾鹏：《中华民族心理在抗日救亡运动中的嬗变》，硕士学位论文，华中师范大学，2008 年。

126. 刘利华：《日本民族心理视角下的对华关系研究》，博士学位论文，暨南大学，2008 年。

127. 刘利华：《二元性民族心理特征对日本社会的影响》，《韶关学院学报》2008 年第 7 期。

128. 康志刚：《岛民焦虑及其文化征候——日本影视中的民族心理分析》，《世界文学评论》2009 年第 1 期。

129. 欧阳正德：《岛民焦虑及其文化征候——浅析日本影视中的民族心理》，《知识经济》2009 年第 13 期。

130. 于奎战：《从民族心理的角度考察日本的国民性——王朝佑的〈我之日本观〉对日本国民性的研究》，《苏州科技学院学报》（社会科学版）2010 年第 4 期。

131. 刘余馥：《从民族心理素质看日本的社会发展》，《中国中日关系史研究》2011 年第 4 期。

（九）题目中含有"日本型"的文章

132. ［日］富森虔儿、王玮：《日本型经营的特点、基础和利弊》，《经济社会体制比较》1986 年第 2 期。

133. 王新奎：《小岛清教授国际贸易投资理论研究——日本型直接投资与美国型直接投资》，《亚太经济》1987 年第 4 期。

134. 王忻：《"日本型经营"浅探》，《兰州商学院学报》1990 年第 3 期。

135. 孙宏岭：《关于日本型食生活的调查与研究》，《郑州粮食学院学报》1992 年第 2 期。

136. 何畏：《试论日本型市场经济的构造与成长》，《上海师范大学学报》（哲学社会科学版）1993 年第 4 期。

137. 李辉煌：《日本型市场模式对我国的启示》，《现代日本经济》1993 年第 5 期。

138. ［日］保坂直达、夏东：《日本式的资本主义和日本型的企业经营》，《特区与港澳经济》1994 年第 2 期。

139. 程遥：《简论日本型综合农业协同组合》，《龙江社会科学》

1994 年第 5 期。

140. 江瑞平：《政府主导，还是法人垄断——日本型市场经济的本质特征辩析》，《日本学刊》1995 年第 1 期。

141. 军月：《转变时期的日本型经济管理（一）》，《首都经济》1995 年第 5 期。

142. 军月：《转变时期的日本型经济管理（二）》，《首都经济》1995 年第 6 期。

143. 程惠芳、潘信路：《欧美型与日本型中小企业政策比较》，《中国乡镇企业》1995 年第 7 期。

144. 胡方：《论战后日本型企业体制》，《日本学刊》1996 年第 5 期。

145. 李晓：《"住专"处理与日本型市场经济的制度变革》，《世界经济》1997 年第 4 期。

146. 钟启泉：《日本型劳动市场的变化与企业内教育训练的终身化》，《外国教育资料》1997 年第 5 期。

147. ［日］池内秀己：《日本型企业人事制度》，《现代日本经济》1997 年第 2 期。

148. 井志忠：《浅谈日本型市场经济模式》，《现代日本经济》1997 年第 4 期。

149. 蒋宏印：《关于日本型市场经济体制成因的多维思考》，《河北师院学报》（社会科学版）1997 年第 1 期。

150. ［日］小苅米清弘、黄龙翔：《日本型产业政策的特征及其对中国的借鉴作用》，《国际商务研究》1998 年第 1 期。

151. 张捷：《日本型市场经济体制的特征、原理和结构》，《世界经济》1998 年第 11 期。

152. ［日］西村明、陈胜群：《日本型管理会计的构造与特质》，《上海会计》1998 年第 11 期。

153. 朱其鳌：《日本型企业体制的功罪——市场、企业、制度的新局面》，《四川轻化工学院学报》1998 年第 1 期。

154. 曹亚克：《试论日本型经营管理特性的变化及其影响》，《天津纺织工学院学报》1998 年第 6 期。

155. 黄泽民：《日本型金融体系的贡献与弊端——新日本金融体系正在形成》，《华东师范大学学报》（哲学社会科学版）1999 年第 6 期。

156. 孙世春：《日本型企业体系的再思考》，《现代日本经济》1999年第2期。

157. 文明：《日本型政府企业关系模式对中国经济转型的启示》，《社会科学研究》1999年第4期。

158. 孙丽：《日本型公司治理结构的再评价——以双向式控制为中心》，《日本研究》2001年第2期。

159. 张杰军：《战后日本经济兴衰的制度分析——评〈现代日本型市场经济体制政策及其经济〉》，《日本问题研究》2001年第4期。

160. 李毅：《产业结构调整与日本型新经济的探索》，《世界经济与政治》2002年第3期。

161. 张蕴如：《日本型市场经济的特征及对中国的借鉴》，《现代管理科学》2002年第4期。

162. 宋磊：《论日本型产业政策的本质与制度基础——租的分配成本及其运用效率》，《现代日本经济》2002年第4期。

163. 李毅、王守科：《大企业的变革与日本型新经济的探索》，《世界经济与政治》2002年第11期。

164. 张勇：《"日本型"外交决策的类型特征》，硕士学位论文，中国社会科学院研究生院，2003年。

165. 余昺鹏：《战后日本经济体制的全面研究——评〈现代日本型市场经济体制及其经济政策〉》，《现代日本经济》2003年第2期。

166. 董力为：《IT业发展对传统日本型经济的冲击》，《经济与管理研究》2003年第2期。

167. 韩丽珠、刘元春：《论日本型市场经济体制》，《吉林师范大学学报》（人文社会科学版）2004年第2期。

168. 万涛、薛顺利：《基于和谐管理理论的日本型经营体系再探讨》，《现代日本经济》2005年第2期。

169. 王志惠：《制约中的特质与魅力——谈日本型染艺术的创作》，《装饰》2006年第2期。

170. 谷庆涛：《日本型"华夷思想与华夷秩序体系"》，硕士学位论文，东北师范大学，2006年。

171. 杨斌、王世权：《日本型公司治理形成源流及创新发展的理论解析》，《经济理论与经济管理》2007年第9期。

172. 陈秀武：《论日本型华夷秩序的"虚像"》，《东北师范大学学报》（哲学社会科学版）2008 年第 1 期。

173. 平力群：《"日本型风险投资模式"的合理性分析》，《现代日本经济》2008 年第 3 期。

174. 陈劲、张学文：《日本型产学官合作创新研究——历史、模式、战略与制度的多元化视角》，《科学学研究》2008 年第 4 期。

175. 曹春燕、李中华：《协同组合——日本型合作社的语源溯源与发展类型分析》，《青岛农业大学学报》（社会科学版）2008 年第 3 期。

176. 王茜：《日本型对外直接投资双赢实证》，《企业导报》2009 年第 11 期。

177. 宋磊：《日本型企业治理机制的演变》，《董事会》2010 年第 1 期。

178. 范业红：《孰为"中国"——略论日本近世的"日本型华夷思想"》，《佳木斯大学社会科学学报》2011 年第 6 期。

179. 韩华、张梦：《浅析"欧美型 CI"和"日本型 CI"》，《美与时代（中）》2012 年第 9 期。

180. 王来特：《朝贡贸易体系的脱出与日本型区域秩序的构建——江户前期日本的对外交涉政策与贸易调控》，《日本学刊》2012 年第 6 期。

（十）题目中含有"日本式"的文章

181. 鱼金涛：《山城章和他的〈日本式经营论〉》，《外国经济参考资料》1982 年第 6 期。

182. 卢群：《新书〈战后日本式企业经营〉简介》，《外国经济与管理》1984 年第 4 期。

183. ［日］吉原英树、郑海东：《积累型经营——海外日本企业的日本式经营》，《外国经济与管理》1984 年第 12 期。

184. 任文侠：《论日本式的经营管理》，《现代日本经济》1985 年第 1 期。

185. 应世昌、朱洪仁：《一个日本式小型企业的管理模式——中日合资南通力王公司的管理体制》，《外国经济与管理》1985 年第 4 期。

186. 杨思：《苏联也倾心于日本式的经营管理》，《现代日本经济》1985 年第 3 期。

187. 丁珊、包承柯：《日本式的社会主义》，《社会主义研究》1985

年第 5 期。

188. 诸井虔、罗庆和：《九十年代的"新日本式经营"》，《外国经济与管理》1985 年第 11 期。

189. 周芳龄、高宇：《面向 21 世纪的日本式经营》，《经济问题》1986 年第 1 期。

190. 姜跃春、杨永平：《面向 21 世纪创建"新的日本式经营"方式》，《管理世界》1986 年第 1 期。

191. 吕哲权：《"日本式经营"在中国的实践》，《经济与管理研究》1986 年第 1 期。

192. 张卫东：《略论新的"日本式经营"》，《现代日本经济》1986 年第 1 期。

193. 沈育禹：《从日常生活看日本式管理》，《价值工程》1986 年第 2 期。

194. 陈重：《日本式经营的新探讨——参加中日经营管理东京讨论会观感》，《现代日本经济》1986 年第 2 期。

195. 谢宪文：《也谈新日本式经营》，《现代日本经济》1986 年第 4 期。

196. 郭士征：《"创新意识"在日本式经营中的作用》，《经营与管理》1986 年第 9 期。

197. 王伟军：《面向未来的日本式企业经营》，《经营与管理》1986 年第 11 期。

198. 高砥：《新的日本式经营刍议》，《天津商学院学报》1986 年第 4 期。

199. 李威：《从日常生活看日本式管理》，《经营与管理》1987 年第 1 期。

200. 吕哲权：《关于日本式经营模式的实质和理论意义的探讨》，《现代日本经济》1987 年第 1 期。

201. 彭世元：《对日本式管理结构的剖析》，《管理世界》1987 年第 2 期。

202. ［日］岸田民树、张淑梅：《日本式经营的特殊性和普遍性》，《现代日本经济》1987 年第 3 期。

203. 凌颂纯：《"日本式经营"的改革趋势》，《现代日本经济》1987

年第 4 期。

204. 张景柏：《谈谈现代日本企业经营管理中的人——"日本式经营"一个侧面的社会学剖析》，《现代日本经济》1987 年第 6 期。

205. 吕哲权：《论日本式经营模式的基本内容》，《现代日本经济》1988 年第 1 期。

206. ［日］宫本治男：《变化着的日本式经营》，《经济工作通讯》1988 年第 11 期。

207. 郑欣力：《从"日本式经营"看日本人的"家族意识"》，《社会学研究》1988 年第 6 期。

208. ［日］吉原因树、童斌：《日本式的经营特征》，《国外社会科学》1989 年第 8 期。

209. 周石平：《论日本式战略经营》，《现代日本经济》1989 年第 4 期。

210. 白成琦：《论日本式企业管理的"吸收性"特色及其启示》，《日本问题》1990 年第 1 期。

211. ［日］伊贺隆、童斌：《什么是日本式市场？》，《国外社会科学》1991 年第 2 期。

212. 郑海航：《一个日本式管理的典型——对日本思丹雷电气公司的考察》，《外国经济与管理》1991 年第 3 期。

213. 侯庆轩：《"日本式经营论"评析》，《现代日本经济》1991 年第 3 期。

214. ［日］原野人、林茂森：《日本式的社会主义与社会党》，《当代世界社会主义问题》1991 年第 4 期。

215. 俞作元：《日本式管理在中国合资企业中的运用》，《企业管理》1992 年第 2 期。

216. 胡海峰：《日本经济高速增长的秘密——浅谈日本式经营方式》，《科学管理研究》1992 年第 3 期。

217. ［日］馆龙一郎、鲁永学：《调整期的经济体制转换：从日本式向英美式》，《经济社会体制比较》1992 年第 4 期。

218. 辛华：《日本式企业目标成本管理制度》，《中国科技信息》1993 年第 4 期。

219. 吴蔚：《战后日本式资本主义的七种精神》，《现代日本经济》

1993 年第 2 期。

220. 韩勤：《面临严峻挑战的日本式市场经济模式》，《江淮论坛》1993 年第 5 期。

221. ［日］岸田民树、何成业：《日本式经营与环境适应》，《社会科学家》1993 年第 6 期。

222. 李晓玲：《日本式的经营》，《中国软科学》1994 年第 1 期。

223. 徐向东：《日本式经营的本质特征》，《现代日本经济》1994 年第 1 期。

224. 韩朝华：《日本式企业管理模式的文化渊源——读〈日本式经营：神话与现实〉》，《管理现代化》1994 年第 2 期。

225. 欧阳菲：《日本式经营是如何形成的》，《经济学动态》1994 年第 5 期。

226. 黄晓勇：《对外经济摩擦与日本式交易惯例》，《日本学刊》1994 年第 3 期。

227. 王学武：《日本式企业管理的三点释疑及启示》，《日本学刊》1994 年第 3 期。

228. 春雷：《日本式经营管理对中国企业经济师的启示》，《经济师》1994 年第 5 期。

229. 林日华：《日本式经营要缔 23 点》，《现代日本经济》1994 年第 3 期。

230. 李天铎：《日本式的管理》，《管理科学文摘》1994 年第 6 期。

231. 傅舟：《日本式企业管理模式面临变革》，《党政干部学刊》1994 年第 7 期。

232. 张可喜：《日本式经营的三大特征》，《生产力之声》1994 年第 11 期。

233. ［日］明后藤、黄娟：《日本式的公司集团：历史的回顾》，《经济资料译丛》1994 年第 4 期。

234. 张可喜：《关于日本式经营的再思考》，《日本学刊》1995 年第 1 期。

235. 唐亮：《日本式的党政关系探究》，《战略与管理》1995 年第 1 期。

236. 陈建：《索尼·日本式经营》，《福建税务》1995 年第 2 期。

237. 石见元子、苏薇：《日本式的合作管理》，《企业研究》1995年第5期。

238. 武惠菊：《从跨国公司的角度来看日本式企业经营管理在海外的延伸和调整》，《东北亚论坛》1995年第2期。

239. 郑海航：《日本式企业经营与日本企业哲学》（上），《中外企业文化》1996年第2期。

240. 郑海航：《日本式企业经营与日本企业哲学》（中），《中外企业文化》1996年第3期。

241. 郑海航：《日本式企业经营与日本企业哲学》（下），《中外企业文化》1996年第4期。

242. 周见：《日本企业家与日本式经营》，《当代亚太》1996年第3期。

243. 刘昌黎：《日本式经济体制的转折和金融》，《财经问题研究》1996年第7期。

244. 祝平：《日本式市场经济体制的启示》，《中外管理》1996年第7期。

245. 刘力臻：《日本式市场经济体制的模式界定与中国市场经济体制运行的模式选择》，《世界经济与政治》1996年第12期。

246. 刘力臻：《日本式市场经济体制模式界定的不同见解》，《经济研究参考》1997年第15期。

247. 三户公：《现代股份公司制度——兼论日本式股份公司的特性》，《现代日本经济》1997年第1期。

248. 周见：《明治时期企业家的形成与日本式经营》，《经济科学》1997年第1期。

249. 张伟龄：《浅析日本式企业经营》，《发展论坛》1997年第2期。

250. 江瑞平：《步入疲劳状态的日本式经济体制——日本经济长期停滞的体制原因》，《日本学刊》1997年第2期。

251. 新民：《"日本式经营"变化了》，《中国质量万里行》1997年第7期。

252. 陶涛：《人口老龄化与日本式福利社会》，《市场与人口分析》1997年第6期。

253. 张锐智：《日本传统文化与日本经济现代化——关于日本式市场

经济特色的若干思考》,《日本研究》1997年第4期。

254. ［日］安井恒则:《日本式经营的国际化——现状与课题》,《内蒙古工业大学学报》(社会科学版)1998年第1期。

255. 周见:《明治时期日本企业家的价值观——经营理念与日本式经营》,《中国社会科学院研究生院学报》1998年第3期。

256. ［日］武雄成濑、赖晓文:《在准备中的新的日本式的就业制度》,《经济资料译丛》1998年第2期。

257. 刘明:《日本"明治维新"新论——附论日本式资本主义道路的发展特色》,《大同高等专科学校学报》1998年第2期。

258. 范征:《日本式企业管理的中国文化渊源》,《商业文化》1998年第4期。

259. 刘友金:《论日本集团主义的特点及其启示——日本式经营的奥秘再探》,《科学技术与辩证法》1998年第4期。

260. 周白茹:《儒家文化的管理模式——日本式经营》,《市场经济导报》1998年第8期。

261. ［日］安井恒则:《日本式经营的国际化——可能性与局限性》,《科学管理研究》1998年第5期。

262. 江瑞平:《变革中的日本式经济体制》,《日本学刊》1998年第6期。

263. 刘友金:《日本企业的集团主义与日本式经营》,《中外企业文化》1998年第12期。

264. ［日］原口俊道:《中国日资企业和日本式经营》,《华东师范大学学报》(哲学社会科学版)1998年第6期。

265. 肖敏驹:《日本式企业监察制度研究》,《现代日本经济》1999年第4期。

266. 邹向阳:《日本式经营中个人、企业、国家关系及其面临的挑战》,《现代日本经济》1999年第5期。

267. 吴昊、廉晓梅:《处于变革中的日本式企业经营》,《现代日本经济》1999年第5期。

268. 刘玲:《刍议日本式企业经营新动向》,《现代日本经济》1999年第6期。

269. 斯琴毕力格:《日本式企业管理及其启示》,《北方经济》1999

年第 12 期。

270. 江瑞平：《日本的反垄断政策与垄断法人化——关于日本式经济体制形成背景的一种探讨》，《日本学刊》2000 年第 1 期。

271. 贺迎：《关于在华日资企业"日本式经营"的文化分析》，硕士学位论文，中国社会科学院研究生院，2000 年。

272. 江瑞平：《日本式企业体制：构造与变革》，《日本研究》2000 年第 2 期。

273. 刘均胜：《知识经济与日本式经营》，《日本研究》2000 年第 2 期。

274. 胡方：《日本式经营的特征及其对我国的启示》，《日本研究》2001 年第 1 期。

275. 戴晓芙：《日本式金融体系之特征与大企业的资金循环》，《现代日本经济》2001 年第 2 期。

276. 方了：《论日本式经营的存续及演变》，《现代日本经济》2001 年第 2 期。

277. 周芳玲：《日本式经营体制的源泉．发展和变迁》，《经济问题》2001 年第 8 期。

278. 徐家驹：《日本式腐败的表现形式与深层原因试析——以 KSD 事件为线索》，《东北亚论坛》2002 年第 1 期。

279. 刘之琪：《浅析日本式企业管理的伦理缺失》，《玉溪师范学院学报》2002 年第 6 期。

280. 曹天禄：《论"日本式的社会主义"》，《华中师范大学学报》（人文社会科学版）2003 年第 1 期。

281. 殷立春：《日本式经营：不断调整渐进变革》，《现代日本经济》2003 年第 2 期。

282. 曹天禄：《日本共产党的"日本式社会主义"研究》，博士学位论文，华中师范大学，2003 年。

283. 荣轶：《浅析日本式的企业统治》，《经济师》2003 年第 6 期。

284. 邵红：《日本式金融大改革及对中国金融业改革的启示》，《内蒙古社会科学》（汉文版）2003 年第 4 期。

285. 朱艳圣：《不寻常的民主——自民党单一政党统治与日本式民主》，《当代世界与社会主义》2003 年第 5 期。

286. 白雪洁：《日本式产业组织的特征及其发展趋势》，《产业经济评论》2003 年第 2 期。

287. 曹天禄：《日本共产党的"日本式社会主义"理论模式论》，《科学社会主义》2003 年第 6 期。

288. 顾雯：《谈谈日本式中国茶文化与中国茶学》，《农业考古》2003 年第 4 期。

289. 杨斌：《日本式经营"不合理的合理性"及其问题探讨》，《外国经济与管理》2004 年第 1 期。

290. 曹天禄：《新时期日本共产党对"日本式社会主义"道路的新探索》，《华中师范大学学报》（人文社会科学版）2004 年第 1 期。

291. 王丽：《日本式企业经营机制与不良资产》，《现代日本经济》2004 年第 2 期。

292. 张丽娟：《论"日本式经营"的兴衰》，硕士学位论文，东北师范大学，2004 年。

293. 宋桂才：《论日本式经营及其未来走向》，硕士学位论文，吉林大学，2004 年。

294. 杨斌：《基于内部人力资源效能最大化的日本式经营》，《南开管理评论》2004 年第 3 期。

295. ［日］岩崎信彦、张建立：《日本式"羞耻"结构的发展方向》，《"世界中的日本文化研究"国际学术研讨会论文集》2004 年 10 月 1 日。

296. 张毅：《论日本式公司治理的变革》，硕士学位论文，东北财经大学，2004 年。

297. 李咏涛、李东明：《论日本式主银行体制》，《理论界》2005 年第 2 期。

298. 刘昌黎：《论日本式经济体制》，《日本研究》2005 年第 1 期。

299. 王丽：《日本式企业文化的宗教色彩》，《现代情报》2005 年第 3 期。

300. 焦必方、盛晓慧：《依法行政的日本式循环型社会及启示》，《世界经济情况》2005 年第 12 期。

301. 车维汉：《日本式公司治理结构的形成、机能及其演化》，《现代日本经济》2005 年第 4 期。

302. 王海威：《御灵：日本式的恐怖——作为日本恐怖片的解读线索》，《当代电影》2005年第5期。

303. 赵加积：《警惕日本式失落》，《21世纪经济报道》2005年10月31日，第31版。

304. ［日］矢野真和、徐国兴：《日本式雇佣制度和大学生就业》，《教育与经济》2005年第4期。

305. 赵璐：《日本式经营衰落还是复兴？》，《中外管理》2006年第1期。

306. 杨名、姜照华：《日本式经济增长轨迹成因分析与展望》，《经济与管理研究》2006年第3期。

307. 赵美玲：《二宫尊德思想与日本式经营——以松下和丰田为例谈二宫尊德思想的影响》，《贵州民族学院学报》（哲学社会科学版）2006年第2期。

308. 郭宇宽：《日本式的反省》，《南风窗》2006年第11期。

309. 刘建华：《日本式经营的形成与发展》，《沈阳师范大学学报》（社会科学版）2006年第4期。

310. 万涛、赵源：《日本式经营体系的和谐观》，《商业研究》2006年第15期。

311. 王延春、章敬平：《日本式泡沫：中国的实情与假象》，《经济观察报》2006年9月18日，第19版"日本泡沫之鉴"。

312. 吴志新：《21世纪日本式终身雇佣制存在问题的分析研究》，《法制与社会》2006年第18期。

313. 刘远：《中国拖鞋的日本式成功》，《中国现代企业报》2006年11月17日，A03版。

314. 杨柳、梁海松：《从西铁城最好销售员到中国公司董事长——日本式的关系学》，《英才》2006年第12期。

315. 谷重庆：《日本式的现代化》，《21世纪经济报道》2007年4月9日，第32版。

316. 文婧：《日本式集团主义与日本企业在中国的本土化》，《日本学刊》2007年第3期。

317. 任云：《日本式企业制度的变革及启示》，《日本学论坛》2007年第2期。

318. 泊功：《日本式的东方学话语——近代日本汉学与中国游记》，博士学位论文，东北师范大学，2007年。

319. 刘冠华：《日本式文化的传承法——"秘伝"和"家元"》，《日语知识》2007年第6期。

320. 郭星伟：《简论西方式管理与日本式管理的演变》，《陕西理工学院学报》（社会科学版）2007年第4期。

321. 张凤岐：《阐释日本式管理之道》，《电脑商报》2007年12月10日，第41版。

322. 杨壮：《美国式管理+日本式生产——启示三星转型》，《中外管理》2007年第12期。

323. 张彦丽：《迈向"日本式人工国家"——中曾根康弘国家战略思想评析》，《国际论坛》2008年第1期。

324. 卢志民：《试论中国企业人力资源管理模式的"美国式"与"日本式"选择》，《福建论坛》（社科教育版）2008年第2期。

325. 成经纬：《海外并购警惕"日本式陷阱"》，《中国投资》2008年第4期。

326. 魏一华、孔令林：《"走出去"如何避免日本式失败》，《企业改革与管理》2008年第4期。

327. 张文捷：《日本语言的魅力体现——典型的日本式指示代词》，《科技信息》（科学教研）2008年第13期。

328. 李泓臻：《守望一方虚无美的净土——透过〈雪国〉看川端康成的日本式虚无》，《牡丹江教育学院学报》2008年第3期。

329. 赵夫增、孙磊、郭海涛、何予平：《美国经济会不会陷入日本式后泡沫困境？》，《国际金融研究》2008年第7期。

330. 史军：《远藤周作对基督教的日本式解读——以〈海与毒药〉和〈沉默〉为例》，《解放军外国语学院学报》2008年第4期。

331. 陈宇峰：《日本式公司治理的崛起与衰亡》，《董事会》2008年第8期。

332. 范作申：《日本式经营管理模式的融合与创新——以湖南涉日企业为案例》，《日本学刊》2008年第5期。

333. 吴瑶、毛蕴诗：《日本式生产系统特点与电装公司案例研究》，《现代管理科学》2008年第10期。

334. 祝大鸣：《日本式教养的"潜规则"》，《领导文萃》2009 年第 3 期。

335. 商珺、喻颂华：《日本式人事管理给我们的启示》，《商场现代化》2009 年第 7 期。

336. 刘绮霞：《论金融危机下传统日本式经营的回归》，《社会科学辑刊》2009 年第 4 期。

337. 孙立谋：《中国发现的日本式铜镜初探》，《收藏界》2009 年第 8 期。

338. 乔林生：《破解日本式民主密码》，《中国报道》2009 年第 8 期。

339. 岳占仁：《日本式管理的新动向》，《IT 经理世界》2009 年第 18 期。

340. 廉德瑰：《"伙伴"意识与日本式民主主义》，《日本问题研究》2009 年第 3 期。

341. 孙志毅：《日本式铁路经营与城市开发研究》，《亚太经济》2010 年第 2 期。

342. 刘晨光、廉洁、李文娟、殷勇：《日本式单元化生产——生产方式在日本的最新发展形态》，《管理评论》2010 年第 5 期。

343. 吴晓鹏：《"日本式通缩"渐显　美联储启动"定量宽松"第二季》，《21 世纪经济报道》2010 年 8 月 12 日，第 4 版"全球市场"。

344. 沈晨光：《论等级制度对日本式管理模式的影响》，《商业时代》2010 年第 24 期。

345. 程凯：《"美国式"还是"日本式"重估？》，《股市动态分析》2010 年第 46 期。

346. 行之：《日本零距离（十三）日本式精明》，《现代班组》2010 年第 12 期。

347. 梁文婕：《〈图书馆战争〉——日本式"图书馆自由"精神的体现》，《图书馆界》2011 年第 1 期。

348. 炎龙：《日本式的劳模》，《中国工会财会》2011 年第 9 期。

349. ［日］饭田和人、刘立善：《日本式雇用体制的变化与焦点问题》，《日本研究》2011 年第 3 期。

350. 苏剑：《论日本式公司治理的是与非》，《沈阳大学学报》2011 年第 6 期。

351. 郑悦：《日本式管理的生命力》，《IT经理世界》2012年第4期。

352. 潘墨涛：《日本式管理遭遇瓶颈》，《中国社会科学报》2012年4月13日，A06版。

353. 邱静：《"日本式保守主义"辨析——自民党2010年纲领及其保守倾向》，《日本学刊》2012年第6期。

（十一）题目中含有"日本模式"的文章

354. 张可喜：《"日本模式"的九个特点》，《河南财经学院学报》1985年第3期。

355. 李春林：《从日本模式谈比较文学立体论》，《现代日本经济》1987年第2期。

356. 卢景霆：《美国要不要采用日本模式来提高国际竞争能力》，《国际科技交流》1988年第9期。

357. 宁向东：《日本模式——现代市场经济体制的启示》，《国际经济合作》1993年第4期。

358. ［日］长谷川启之、刘甦朝：《中国的经济发展和"日本模式"——社会类型理论的研究》，《国际政治研究》1993年第2期。

359. ［日］小野五郎、谷雨：《用日本模式开发西太平洋》，《世界经济译丛》1993年第5期。

360. 韩树英：《日本模式中的国家、市场和企业——［美］查·约翰逊著〈通产省和日本奇迹〉评介》，《改革与理论》1994年第2期。

361. 罗卫东、许彬：《市场经济的日本模式》，《学习与思考》1994年第6期。

362. 叶泽芳：《论我国企业管理应该学习和借鉴日本模式》，《长沙水电师范学院学报》（社会科学学报）1994年第2期。

363. 曲翰章：《重新认识"日本模式"》，《国外社会科学》1994年第7期。

364. 华民：《日本模式的市场经济体制》，《探索与争鸣》1994年第7期。

365. 陈欣荣、蔡希贤、庞述佑：《技术创新的"日本模式"》，《软科学》1995年第1期。

366. 陈占华、额尔敦扎布：《借鉴日本模式构建我国市场经济框架》，《前沿》1995年第3期。

367. 彭刚：《从传统陶瓷到现代陶瓷——日本模式》，《佛山陶瓷》1995 年第 4 期。

368. 田志龙：《日本模式的市场研究方法——监控销售渠道、收集软硬数据》，《中国科技信息》1996 年第 1 期。

369. 武心波：《"日本模式"面临新挑战——浅议日本金融危机不断加深的内在原因》，《国际展望》1998 年第 1 期。

370. 江瑞平：《法人垄断资本主义——关于日本模式的一种解析》，《中国社会科学》1998 年第 5 期。

371. 王新生：《"日本模式"的终结》，《日本学刊》1998 年第 6 期。

372. 江瑞平：《经济奇迹、金融危机与日本模式》，《国外社会科学情况》1998 年第 6 期。

373. 乔清举：《质辩"日本模式"——我们如何避免危机"克隆"？》，《福建改革》1999 年第 4 期。

374. 陈玲、［美］乔治·K.奥纳塔斯基：《日本模式的人力资源管理是否正在走向终结》，《中国人力资源开发》1999 年第 8 期。

375. 孔凡静：《"日本模式"的终结与"东亚模式"的危机》，《宏观经济研究》1999 年第 10 期。

376. 王忻：《日本模式与日本经济复苏》，《兰州商学院学报》2000 年第 1 期。

377. 周为民：《"日本模式"略论》，《中共中央党校学报》2000 年第 2 期。

378. 孔凡静、张义素：《论"日本模式"的基本特征及其终结》，《日本学刊》2000 年第 5 期。

379. 萧兮：《日本模式还管用吗？》，《国际经贸消息》2000 年 10 月 31 日，第 1 版。

380. 邱翔鸥：《以应用为导向——从日本模式看中国 IPv6 发展之路》，《中国电信业》2002 年第 5 期。

381. 杨卓冀：《从政治体制透视"日本模式"——简评〈政治体制与经济现代化〉》，《日本学刊》2002 年第 3 期。

382. 刘景章：《农业现代化的"日本模式"与中国的农业发展》，《经济纵横》2002 年第 9 期。

383. 张存义、王海平、郭继明：《日本模式的红富士生产技术》，《山西农业》2003年第1期。

384. 杜小军：《日本模式对我国产业政策运营的启示》，《生产力研究》2003年第6期。

385. 高如峰：《农村义务教育财政体制比较：美国模式与日本模式》，《教育研究》2003年第5期。

386. 巴曙松：《警惕银行危机的日本模式》，《西部论丛》2003年第8期。

387. ［日］金子元久、徐国兴：《教育发展的日本模式：形成过程和融解趋势》，《教育与经济》2003年第3期。

388. 仲光友、覃翠英：《世界军事大国的日本模式》，《日本学论坛》2003年第4期。

389. 孔凡静：《日本模式、东亚模式和中国的现代化道路》，《宏观经济研究》2003年第12期。

390. 李沙：《企业艺术投资中的日本模式》，《艺术市场》2004年第6期。

391. 李萌、江心学：《"日本模式"不适用于伊拉克重建》，《山东师范大学学报》（人文社会科学版）2004年第6期。

392. 陈言：《索尼换帅："日本模式"最隆重的葬礼》，《经济》2005年第4期。

393. ［日］天野郁夫、陈武元：《高等教育制度论：日本模式的摸索》，《大学教育科学》2005年第4期。

394. 谢汪送、陈圣飞：《指导性经济计划：日本模式与启示》，《经济理论与经济管理》2005年第11期。

395. 高柏：《新发展主义与古典发展主义——中国模式与日本模式的比较分析》，《社会学研究》2006年第1期。

396. 麻彦春、刘艺欣、郑克国：《吉林省中小企业发展中的金融支持问题研究——结合日本模式的实证分析》，《现代日本经济》2006年第2期。

397. 陆素菊：《日本模式职业教育双元制的试行及其意义之解读》，《职教通讯》2006年第3期。

398. 王新生：《"日本模式"的成功与衰败》，《中国改革》2006年第9期。

399. 魏晓蓉：《日本模式对我国"十一五"产业结构调整的启示》，《商业时代》2006 年第 25 期。

400. 肖爱民：《论日本模式——当代资本主义经济发展模式的新变化新特点》，《湖南行政学院学报》2006 年第 5 期。

401. 秦松、杨苗苗：《基于日本模式的武汉市中小企业融资问题研究》，《法制与社会》2006 年第 18 期。

402. 张卉茗：《基于"日本模式"比较基础上的中国技术创新模式及体系研究》，硕士学位论文，西南交通大学，2007 年。

403. 黄玲雨：《日本模式？德国模式？中国资产重估泡沫化路径之争》，《21 世纪经济报道》2007 年 10 月 31 日，第 12 版。

404. 王铁山：《PFI 项目融资：英国和日本模式的比较研究》，《国际经济合作》2008 年第 1 期。

405. 郑童中、胡佩佩、宋天敏：《经济主体相互作用机制与经济改革——日本模式对我国经济改革的启示》，《商场现代化》2008 年第 12 期。

406. 袁永娜：《日本模式能够解决中美贸易失衡问题么？》，《对外经贸实务》2008 年第 5 期。

407. 郭林将、沈海风：《商业方法专利的合理控制——日本模式及其借鉴》，《重庆科技学院学报》（社会科学版）2008 年第 7 期。

408. 林秀丽：《我国省域合作的六大经济圈构想——基于美日模式比较》，《华东经济管理》2008 年第 8 期。

409. 孔凡静：《"日本模式"的核心与政府干预》，《日本学刊》2009 年第 2 期。

410. 周杰：《混合制德国模式与日本模式之"非比例性"比较》，《国际论坛》2009 年第 4 期。

411. 吴志新：《关于我国农村金融发展问题的分析及日本模式的借鉴》，《江西金融职工大学学报》2009 年第 5 期。

412. 刘瑞：《开发型国家：日本模式与中国模式之比较》，《学习与探索》2010 年第 2 期。

413. 王春华：《借鉴日本模式治理中国的用工荒》，《人才开发》2010 年第 4 期。

414. 刘凤义：《新自由主义与日本模式的危机》，《政治经济学评论》

2010 年第 2 期。

415. 孙存之:《日本模式——美国"日本学"第三世代的反抗》,《中国图书评论》2010 年第 11 期。

416. 王淳:《产业发展的财税支持体系:基于美欧与日本模式分析与启示》,《经济问题》2011 年第 2 期。

417. 刘凤义:《新自由主义、金融危机与资本主义模式的调整——美国模式、日本模式和瑞典模式的比较》,《经济学家》2011 年第 4 期。

418. 张文:《东电背后的日本模式》,《现代国企研究》2011 年第 6 期。

419. 汪亮:《农产品流通的日本模式》,《上海国资》2011 年第 7 期。

420. 陆道坤:《清末民初中国高等师范教育体制的"日本模式"》,《大学教育科学》2012 年第 5 期。

(十二) 题目中含有"日本"、"行为模式"的文章

421. 于慧:《日本人的职业的行为模式和思维模式的解析》,硕士学位论文,对外经济贸易大学,2005 年。

422. 赵秀敏:《游客行为模式与城市滨水环境设计——以日本佐贺市松原川及佐嘉神社地区为例》,《城市问题》2006 年第 2 期。

423. 胡晓虹:《来华日本游客旅游消费决策行为模式研究》,硕士学位论文,陕西师范大学,2006 年。

424. 甘洪倩:《民族文化所影响的国际贸易中的日本商人行为模式》,《新西部》(下半月) 2007 年第 8 期。

425. 黄蓝:《论职场日本人的行为模式及其成因》,硕士学位论文,广东外语外贸大学,2009 年。

426. 姚嫒、马耀峰、王静:《西安入境游客旅游决策行为模式研究——以日韩客源市场为例》,《宝鸡文理学院学报》(自然科学版) 2009 年第 4 期。

427. 高璐琳、莫德昊:《当代日本基层官僚的行为模式探微》,《北京航空航天大学学报》(社会科学版) 2010 年第 4 期。

(十三) 题目中含有"日本"、"思维模式"的文章

428. 郑军男、齐玉祥:《德日犯罪论体系思维模式探究》,《当代法学》2004 年第 2 期。

429. 于慧:《日本人的职业的行为模式和思维模式的解析》,硕士学

位论文，对外经济贸易大学，2005 年。

**（十四）题目中含有"日本"、"感情模式"的文章**

430. 尚会鹏：《论日本人感情模式的文化特征》，《日本学刊》2008 年第 1 期。

431. 张建立：《日本人与中国人的感情模式特征简论——以"侘茶乐境"与"孔颜乐处"为中心》，《日本学刊》2009 年第 6 期。

**（十五）题目中含有"日本"、"集团主义"的文章**

432. 李萍：《论当代日本企业集团主义精神》，《道德与文明》1991 年第 6 期。

433. 苑淑娅：《日本集团主义的渊源与特质》，《中国青年研究》1995 年第 4 期。

434. 赵宪生：《从集团主义到个人主义——日本青年文化发展的历史与现状》，《青年研究》1997 年第 8 期。

435. 刘友金：《论日本集团主义的特点及其启示——日本式经营的奥秘再探》，《科学技术与辩证法》1998 年第 4 期。

436. 刘友金：《日本企业的集团主义与日本式经营》，《中外企业文化》1998 年第 12 期。

437. 杜德栎、冯晓江：《论日本的集团主义教育》，《外国中小学教育》2001 年第 6 期。

438. 李萍：《论日本的企业集团主义》，《中国人民大学学报》2002 年第 6 期。

439. 王盈：《从高中看当代日本的"集团主义"》，硕士学位论文，上海外国语大学，2006 年。

440. 文婧：《日本式集团主义与日本企业在中国的本土化》，《日本学刊》2007 年第 3 期。

441. 窦林娟：《日本企业的"集团主义"经营管理思想及对我国企业的启示》，《黑龙江科技信息》2008 年第 13 期。

442. 周丽玫：《日本企业的"集团主义"浅析——纵向社会的"家"》，《辽宁行政学院学报》2008 年第 10 期。

443. 韩长竹：《日本人的集团主义观念初探及对我国大学生集体主义教育的启示》，硕士学位论文，大连医科大学，2010 年。

444. 孙海红：《论日本集团主义教育》，《剑南文学》（经典教苑）

2011 年第 5 期。

445．宋威：《浅析日本集团主义的形成》，《科技信息》2011 年第 22 期。

446．靳成：《集团主义与日本对外战略的演变》，《安徽职业技术学院学报》2011 年第 4 期。

447．尹小平、徐兴：《集团主义文化与日本金字塔式垄断体制的沿革》，《东北师大学报》（哲学社会科学版）2012 年第 2 期。

**（十六）题目中含有"日本"、"意识"的文章**

448．［日］本田正义、赵晓刚：《日本对外国法的继承和日本人共同的法律意识》，《国外法学》1984 年第 3 期。

449．［日］高木宏夫、若虚：《日本人思想方法和生活意识的变化》，《现代外国哲学社会科学文摘》1984 年第 11 期。

450．钱学明：《从〈日本沉没〉看日本人的"危机意识"》，《国际问题资料》1986 年第 15 期。

451．［日］河野徹：《日本人的宗教意识》（通信），《哲学研究》1986 年第 5 期。

452．周颂伦：《简论近代日本人"脱亚"意识的形成》，《外国问题研究》1987 年第 2 期。

453．［日］柳田圣山、魏大海：《禅与日本人的审美意识》，《哲学译丛》1988 年第 5 期。

454．［日］丸山真男、中江：《日本人的政治意识》，《现代外国哲学社会科学文摘》1988 年第 7 期。

455．曾希圣、舒风、谭果林、李广陵：《集团意识·能力开发·生涯教育·公平审理——日本科技人员管理工作中的几点措施》，《中国人才》1988 年第 7 期。

456．郑欣力：《从"日本式经营"看日本人的"家族意识"》，《社会学研究》1988 年第 6 期。

457．张备：《论日本集团意识的社会历史根源》，《外国问题研究》1989 年第 3 期。

458．乃禾：《日本人的标志意识与群体归属心理》，《外国问题研究》1991 年第 4 期。

459．王确：《主情的审美世界——谈日本人的美意识》，《外国问题研究》1992 年第 4 期。

460. 平献明：《日本人的外向意识》，《日本研究》1992 年第 2 期。

461. 刘焜辉：《日本人的文化意识与行动》，《深圳大学学报》（人文社会科学版）1993 年第 1 期。

462. 龙吟：《从日本人的国货意识说起》，《学习月刊》1994 年第 9 期。

463. 柳叶：《有感于日本人的集团意识》，《理论界》1994 年第 9 期。

464. 吴耀东：《现代建筑 + 日本人的美意识——安藤忠雄的启示》，《华中建筑》1994 年第 4 期。

465. 克非：《日本人的危机意识与两次"百年韬晦"》，《当代亚太》1995 年第 1 期。

466. 崔世广：《日本人的社会秩序意识与政治行为方式》，《日本学刊》1995 年第 2 期。

467. 王守华：《"新新宗教"与现代日本人的宗教意识》，《当代亚太》1995 年第 2 期。

468. 良言：《学学日本人的纳税意识》，《四川财政》1995 年第 4 期。

469. ［日］山折哲雄、杨兆凯：《日本人的宗教意识》，《呼兰师专学报》1995 年第 4 期。

470. 尚会鹏：《日本人的"集团意识"——"日本人意识"漫谈之一》，《当代亚太》1996 年第 3 期。

471. 尚会鹏：《日本人的等级意识——"日本人意识"漫谈之二》，《当代亚太》1996 年第 4 期。

472. ［日］神谷祐司、任丽青：《日本人的商业情报意识》，《社会》1996 年第 9 期。

473. 于群：《战后初期美国对日本人的意识形态改造》，《外国问题研究》1996 年第 3 期。

474. 孙光礼：《从日本人的自然观看其性格、美意识及思维方式》，《中国民航学院学报》1996 年第 5 期。

475. 尚会鹏：《日本人的"岛国意识"》，《当代亚太》1996 年第 6 期。

476. 袁琳：《日本人的生态意识》，《生命与灾祸》1997 年第 1 期。

477. 尚会鹏：《日本人的"恩义意识"》，《当代亚太》1997 年第

1 期。

478. 杨其嘉:《日本人的林业意识》,《绿化与生活》1997 年第 3 期。

479. 宁墨:《日本人的智胜之道——情报意识》,《山东对外经贸》1997 年第 9 期。

480. [日] 岸英司:《论日本人的生死观从日本人的宗教意识谈起》,《铁道师院学报》1997 年第 6 期。

481. 孙玉林:《日本人的语言行为与审美意识》,《日语学习与研究》1997 年第 4 期。

482. 欧阳伶俐:《日本人的语言行为和审美意识》,《衡阳师专学报》(社会科学版) 1998 年第 2 期。

483. 姚莉萍:《日本人的敬语意识和敬语的变迁》,《日语学习与研究》1998 年第 2 期。

484. 董璠舆:《现代日本人的法律意识》,《外国问题研究》1998 年第 4 期。

485. 尤海燕:《古代日本人生死观的转换及"飞花落叶"美意识的形成》,《外国文学研究》1999 年第 3 期。

486. 罗振宇:《日本人的环境意识》,《世界文化》1999 年第 2 期。

487. [日] 佐藤晃、李东彤:《从现代的图形艺术看日本人的审美意识》,《设计艺术》2000 年第 2 期。

488. 王铭珍:《日本人的消防意识》,《浙江消防》2000 年第 9 期。

489. 李谊:《从日本庭园看日本人的审美意识》,《湖南财经高等专科学校学报》2001 年第 1 期。

490. 杜玲莉:《从日语谈日本人的"拿来"意识》,《乐山师范学院学报》2001 年第 3 期。

491. 王静:《花における日本人の美意识》,《北京第二外国语学院学报》2001 年第 4 期。

492. 肖传国:《日本人的内外意识与日语表达》,《日语学习与研究》2001 年第 3 期。

493. 肖霞:《儒家"家"文化的遗传与变异——日本社会文化中的"家户"观念与集团意识》,《理论学刊》2002 年第 3 期。

494. 张丹宇:《日语的敬语表现与日本人的敬语意识》,《云南师范大学学报》(哲学社会科学版) 2002 年第 5 期。

495. 荣桂艳：《浅谈日本人的集团意识》，《内蒙古师范大学学报》（哲学社会科学版）2002 年增刊第 2 期。

496. 王培军：《日本人的防火意识值得借鉴》，《消防月刊》2003 年第 4 期。

497. 李小白：《近世日本人的国际存在意识》，《日本研究》2003 年第 2 期。

498. 范作申：《日本人的"工作意识"管窥——以在华企业日籍员工为案例》，《日本学刊》2003 年第 5 期。

499. ［日］下山晴彦、［日］森田慎一郎、禾丰：《日本人的工作意识》，《国外社会科学》2003 年第 6 期。

500. 李萍：《他律、自律与"诚"——从日本人的道德意识说起》，《学海》2004 年第 1 期。

501. 张长安：《日本人的医疗伦理意识》，《中国医学伦理学》2004 年第 1 期。

502. 江新兴：《从"成人式"看日本人的传统成人意识》，《日语学习与研究》2004 年第 2 期。

503. 涂荣娟：《论日本人的集团意识与日本社会现代化》，《西华师范大学学报》（哲学社会科学版）2004 年第 4 期。

504. 路邈：《弥漫着忧郁和悲哀的文学——论日本人的一种美意识》，《日语学习与研究》2004 年增刊第 1 期。

505. 赵淑玲：《日本人的内外意识与集团意识》，《日语学习与研究》2004 年第 4 期。

506. 何德功：《日本个人主义 VS 集团意识》，《瞭望新闻周刊》2005 年第 12 期。

507. 庞博：《日本人的节约意识》，《重庆与世界》2005 年第 6 期。

508. 赵静：《论日本人集团意识的成因》，《理论学习》2005 年第 6 期。

509. 张文宏：《日本文学与日本人的缩小意识》，《红河学院学报》2005 年第 4 期。

510. 吴立新：《日本人的语言意识与表达方式》，《外语研究》2005 年第 5 期。

511. 陈櫓、李妍：《论日本狭隘的集团意识对侵略战争及战后反省的影响》,《南京理工大学学报》(社会科学版) 2005 年第 5 期。

512. 刘学:《日本人宗教意识的研究》,《黑龙江教育学院学报》2005 年第 5 期。

513. [日] 半田晴久:《进口的中国美术品与日本人的审美意识》,《装饰》2006 年第 3 期。

514. 马可为:《日本人的环保意识及其它》,《团结》2006 年第 2 期。

515. 张海川:《浅谈日本人的语言行为及其审美意识》,《贵州民族学院学报》(哲学社会科学版) 2006 年第 2 期。

516. 赵静:《论日本人的集团意识及其对我国道德建设的启示》,硕士学位论文,山东师范大学,2006 年。

517. 李玉麟:《从日本的文学作品看日本人的审美意识——以芭蕉的美学理念为中心》,《北京第二外国语学院学报》2006 年第 4 期。

518. 王英:《稻作文化与集团意识》,硕士学位论文,东北师范大学,2006 年。

519. 刘莉:《日本人的"间意识"》,《辽宁教育行政学院学报》2006 年第 5 期。

520. 蔡凤鸣:《日本人的自然观和环境意识》,《生命世界》2006 年第 6 期。

521. 杨红、王景杰:《论日本人"以小为美"的审美意识与文化特性》,《重庆大学学报》(社会科学版) 2006 年第 5 期。

522. 石萍:《日本人的"不完全"嗜好——从日本人的美意识来看》,《辽宁行政学院学报》2006 年第 12 期。

523. 李御宁、张乃丽:《日本人的缩小意识(之一)——扇子与套盒》,《同舟共进》2007 年第 1 期。

524. 李御宁、张乃丽:《日本人的缩小意识(之二)——女孩人偶与盒饭文化》,《同舟共进》2007 年第 2 期。

525. 罗国忠、先世和:《日本人的耻感意识及其根源》,《四川外语学院学报》2007 年第 2 期。

526. 杨言省、王荣、李星:《浅谈和服形色变迁与日本人的审美意识》,《消费导刊》2007 年第 3 期。

527. 李御宁、张乃丽:《日本人的缩小意识(之三)——假面表情与徽章文化》,《同舟共进》2007 年第 4 期。

528. 朱宪文：《日本人的色彩意识的实证研究》，硕士学位论文，湘潭大学，2007年。

529. 张文捷：《从敬语表达看日本人的敬语意识》，硕士学位论文，山东师范大学，2007年。

530. 李庆安：《日本人"间"意识的文化释义》，《通化师范学院学报》2007年第5期。

531. 路邈：《从〈海と毒薬〉看日本人忏悔意识之缺乏》，《日语学习与研究》2007年第3期。

532. 张玲：《从日本人的自然观来考察日本人的美意识》，硕士学位论文，上海外国语大学，2007年。

533. 李钟善、孙丽华：《日本人的集团意识与过劳死现象》，《长春师范学院学报》2007年第9期。

534. 魏林：《日本人的心理恩惠意识与日语授受动词的实际使用》，《郑州轻工业学院学报》（社会科学版）2007年第5期。

535. 于春英：《从"大"字看日本人的民族意识》，《科技信息》（科学教研）2007年第35期。

536. 窦林娟：《日本人的集团意识》，《消费导刊》2008年第5期。

537. 王君：《日本人的罪意识之管窥——以远藤周作的〈海与毒药〉为例》，《浙江万里学院学报》2008年第3期。

538. 林晶：《论日本人的敬语误用与敬语意识》，《东南传播》2008年第5期。

539. 秦音：《暧昧的日本人——日本人的语言表现和审美意识》，《成功》（教育）2008年第6期。

540. 隽雪艳：《日本人的美意识与无常思想》，《日本学刊》2008年第4期。

541. 韩雅楠：《日本人的心理意识及成因分析》，《菏泽学院学报》2008年第4期。

542. 刘利华：《析评日本集团意识的内涵及影响》，《社会科学论坛》（学术研究卷）2008年第7期。

543. 王俊英：《试论日本人的等级序列意识》，《职业时空》2008年第7期。

544. 蔡玲玲：《论集团意识对日本经济崛起的影响》，《浙江纺织服装职业技术学院学报》2008 年第 3 期。

545. 王睿来：《日语的授受表达方式和日本人的恩惠意识》，《科教文汇》（上旬刊）2008 年第 10 期。

546. 周冲：《浅谈日本人的敬业意识》，《南方论刊》2008 年第 10 期。

547. 梁红梅：《日语人称代词与日本人的自我意识探析》，《浙江理工大学学报》2008 年第 6 期。

548. 饶玲玲：《中国人与日本人内外意识的差别——从对自己人和外人的态度分析》，《今日南国》（理论创新版）2009 年第 3 期。

549. 刘向群：《日本人的防灾意识》，《经济》2009 年第 4 期。

550. 何昕：《日本人的色彩意识与自然观》，硕士学位论文，东北师范大学，2009 年。

551. 张英：《从民宿看日本人的文化意识》，《中国社会科学院报》2009 年 5 月 26 日，A03 版。

552. 赵春辉：《由日语中的敬语接头词"お"."ご"看日本人的敬语意识》，《现代交际》2009 年第 5 期。

553. 马永侠：《从女性职业变化看日本人社会意识的变迁》，《科教文汇》（下旬刊）2009 年第 6 期。

554. 陈献婉：《附和和赞赏——日本人对人意识的表现》，《知识经济》2009 年第 10 期。

555. 李娜：《日本人的美意识——物哀》，《知识经济》2009 年第 11 期。

556. 王英斌：《日本人具有环保意识者逾 8 成》，《世界文化》2009 年第 9 期。

557. 洪兴文、徐莉：《试论日本人集团意识对我国集体主义教育的启示》，《科技信息》2010 年第 1 期。

558. 胡文娟：《透过影视作品看日本人的忧患意识》，《科教文汇》（上旬刊）2010 年第 1 期。

559. 李曼：《从稻作文化看日本人的集团意识》，《辽宁教育行政学院学报》2010 年第 1 期。

560. 张亚敏：《授受表现与日本人的思维意识》，《科技信息》2010 年第 5 期。

561. 芦立军：《从寒暄语看日本人的"和"意识》，《科技信息》2010年第6期。

562. 吴立新：《论日本人"待客"的语言意识——关于高级日语教学思路的探讨》，《日语学习与研究》2010年第1期。

563. 许建良：《日本人的恩伦理意识初探》，《桂海论丛》2010年第3期。

564. 李宁宁：《从暧昧表达看日本人的"和"意识》，硕士学位论文，山东师范大学，2010年。

565. 孟尽美：《论日本软权力中的国民意识因素》，硕士学位论文，青岛大学，2010年。

566. 王琪延、王俊：《公众环境意识中日比较研究——基于中国北京和日本东京的抽样调查数据》，《北京社会科学》2010年第3期。

567. 马文静：《从"言葉遣い"考察日本人的"和意识"》，《中国校外教育》2010年第14期。

568. 刘明明：《看日本的岛国意识——从〈阿凡达〉·〈风之谷〉说起》，《大舞台》2010年第7期。

569. 苗得厚：《论日本人掩盖历史犯罪的意识——从〈砂器〉谈起》，《安徽文学》（下半月）2010年第7期。

570. 周颂伦：《近代日本的"满蒙危机"意识——由所谓近代国家体系论楔入》，［辑刊］《南开日本研究》2010年7月31日。

571. 郭力：《浅谈授受表达与日本人的恩惠意识》，《长春教育学院学报》2010年第4期。

572. 郭颖：《生存环境对日本邦乐审美意识的影响》，《沧州师范专科学校学报》2010年第3期。

573. 彭铁蓉：《从翻译的角度试析日语的语言特征及日本的和意识》，《云梦学刊》2010年第5期。

574. 张梅：《解读日本人笑的自我意识及文化根源》，《长春工业大学学报》（社会科学版）2010年第5期。

575. 李若愚：《"日本"国名由来与民族意识觉醒》，《日本研究》2010年第3期。

576. 樊丽丽：《从赠答习俗看日本人的"和"意识》，《泰安教育学院学报岱宗学刊》2010年第3期。

577. 胡鸣：《日本国民公共意识培养的文化途径》，《贵州师范大学学报》（社会科学版）2010年第5期。

578. 贾志明：《略论日本民族的危机意识》，《沈阳大学学报》2010年第5期。

579. 王兰：《由日语中的敬语接头词「お」.「ご」看日本人的敬语意识》，《商业文化》（学术版）2010年第10期。

580. 张文燕：《日语中的授受动词和日本人的恩惠意识》，《科技资讯》2010年第31期。

581. 甄璐璐：《从日本人传统的"家"观念看集团意识》，《科教文汇》（上旬刊）2010年第11期。

582. 陈瑶华：《"间意识"与日本人的人际关系》，《福建省外国语文学会2010年年会论文集》2010年12月1日。

583. 李宇：《日本NHK"受众意识"的启示》，《声屏世界》2010年第12期。

584. 吕晓萌：《日本传统造物意识与西方现代世界的邂逅》，《美术大观》2010年第12期。

585. 金桂玲：《浅谈日本古代女性的自我意识——读〈蜻蛉日记〉》，《黑龙江科技信息》2010年第35期。

586. 方爱萍：《论日本的山茶花文化及审美意识》，《四川理工学院学报》（社会科学版）2010年第6期。

587. 汪南：《从〈小仓百人一首〉中的咏"月"和歌看日本人的美意识》，《南昌教育学院学报》2010年第6期。

588. 李宇：《日本NHK和韩国KBS"受众意识"的启示》，《传媒观察》2011年第1期。

589. 辛绍军、刘思宇：《日本共产党在日本意识形态中的影响和作用》，《吉林师范大学学报》（人文社会科学版）2011年第1期。

590. 陈其末：《日本法人相互持股制度的经济意识形态分析》，《财会通讯》2011年第3期。

591. 孙茜：《日本传统民族意识的形成和发展——以神代文字为中心的考察》，《才智》2011年第4期。

592. 何东、庄燕菲：《"邻人诉讼"事件与日本人法意识研究流变》，《浙江社会科学》2011年第2期。

593. 柳珂、王晓赛：《从花道来看佛教对日本人审美意识的影响》，《商业文化》（下半月）2011年第2期。

594. 万芳：《日本古典和歌中"雪月花"的美意识研究——以〈小仓百人一首〉为例》，《时代文学》（下半月）2011年第3期。

595. 任芳：《从庭园看日本人的缩小意识》，硕士学位论文，四川外语学院，2011年。

596. 白玉兰：《现代中国人和日本人的时间意识差异》，硕士学位论文，华中师范大学，2011年。

597. 崔婷婷：《日本人的距离意识》，硕士学位论文，辽宁大学，2011年。

598. 汤红霞：《谈日本人"集体主义"中的"自我意识"》，《才智》2011年第12期。

599. 李欣、赵俊槐：《浅谈隐藏在集团意识下的日本人的现实主义思想》，《新西部》（下旬理论版）2011年第5期。

600. 曾令明：《浅谈集团意识对日本企业文化的影响》，《商场现代化》2011年第16期。

601. 马丽杰、李西振：《日本的集体意识及其对我国集体主义教育的启示》，《武汉工程职业技术学院学报》2011年第2期。

602. 刘文鹏：《试论日本企业的终身雇佣制——与日本文化中的"内外有别"意识的关系的视角》，《出国与就业》（就业版）2011年第12期。

603. 王众一：《日本灾难片折射生存忧患意识》，《对外传播》2011年第7期。

604. 张梅：《日本人谦和语言文化背后的客我意识及本质》，《咸宁学院学报》2011年第7期。

605. 卿晓岚：《浅析日本动画场景中的美意识》，《大众文艺》2011年第13期。

606. 吴炫：《日本家饰的色调及其生命意识》，《浙江工商大学学报》2011年第4期。

607. 石艳春、田香花、许丹青：《谈谈日本人的洁净意识》，《剑南文学》（经典教苑）2011年第7期。

608. 郑毅：《美国对日本战争反省意识的矫正》，《日本研究》2011

年第 3 期。

609. 蔡春华：《优美、幽玄美、闲寂美与古寂美——日本古代的四种审美意识》，《福建师范大学学报》（哲学社会科学版）2011 年第 5 期。

610. 李涯：《〈悬崖上的金鱼姬〉与日本文化中的危机意识》，《艺海》2011 年第 10 期。

611. 甄璐璐：《关于日本人的集团意识研究》，硕士学位论文，天津理工大学，2011 年。

612. 刘丹青：《日本人的美意识》，《陶瓷科学与艺术》2011 年第 12 期。

613. 佘海蓉：《日本企业文化中的精神意识研究》，《商业文化》（下半月）2011 年第 12 期。

614. 王玉莹：《从授受动词看日本人的恩惠意识》，《科技创新导报》2012 年第 1 期。

615. 唐永亮：《日本国民意识调查的历史、现状与意义》，《日本学刊》2012 年第 1 期。

616. 潘亚萍：《从日本花文化透视日本民族的审美意识》，《湖北师范学院学报》（哲学社会科学版）2012 年第 1 期。

617. 于涵：《论日本的集团意识》，《学理论》2012 年第 5 期。

618. 武晓静：《从国民性的集体意识看日本战后经济的崛起》，《东方企业文化》2012 年第 4 期。

619. 孙士超：《日本古典"咏萤歌"与和歌文学的美意识》，《牡丹江师范学院学报》（哲学社会科学版）2012 年第 1 期。

620. 魏晓阳：《制度突破与文化变迁——从"和平宪法"的制定看日本宪法意识的觉醒》，《贵州社会科学》2012 年第 3 期。

621. 翟新：《战后日本对外方针构建的意识原点——外务省战时外交反省报告评析》，《日本学刊》2012 年第 2 期。

622. 代冰清：《从暧昧用语看日本人的"和"意识》，《哈尔滨职业技术学院学报》2012 年第 2 期。

623. 武晓静：《从国民性的集体意识看日本战后经济的崛起》，《东方企业文化》2012 年第 6 期。

624. 李芳：《看〈古事记〉解析日本伦理意识》，《时代文学》（下半月）2012 年第 3 期。

625. 李莉：《关于日本凹型文化的研究——从对人意识上看"和"与忍耐的利弊》，《剑南文学》（经典教苑）2012 年第 3 期。

626. 李淑尧：《从〈春琴抄〉看日本审美意识》，《赤峰学院学报》（汉文哲学社会科学版）2012 年第 3 期。

627. 石德容：《论家徽与日本人的集团意识之间的关系》，《剑南文学》（经典教苑）2012 年第 4 期。

628. 陈越铭：《日本集团意识对日本社会经济发展的影响》，《企业导报》2012 年第 11 期。

629. 魏晓阳：《日本劳动权意识的百年变迁》，《东方法学》2012 年第 3 期。

630. 李妮娜：《日本审美意识中的禅意识分析》，《北方文学》（下半月）2012 年第 6 期。

631. 何春兰：《论日本能乐中的幽玄美意识》，《湖北广播电视大学学报》2012 年第 7 期。

632. 陈国秀：《日本集团意识培养模式对我国大学生集体主义教育的启示》，《中国电力教育》2012 年第 19 期。

633. 王萍：《日本"灾难影片"的"灾难意识"》，《艺术百家》2012 年第 4 期。

634. 彭仁煌：《日本集团意识形成的原因及特点》，《内蒙古电大学刊》2012 年第 4 期。

635. 魏晓阳：《明治宪法对近代日本法律意识的突破及其局限》，《华东政法大学学报》2012 年第 4 期。

636. ［日］近藤大介：《如何应对日本的"偏狭的领土意识"？》，《经济观察报》2012 年 7 月 23 日，第 50 版。

637. 应俊：《日本人的危机意识及启示》，《产业与科技论坛》2012 年第 15 期。

638. 王莉：《从日语的"授受动词"看日本人的等级意识》，《时代文学》（下半月）2012 年第 8 期。

639. 张洁：《论日本中世的美意识——有心》，《安徽文学》（下半月）2012 年第 9 期。

640. 孙上林：《从〈古事记〉神话看日本民族的"耻意识"》，《名作欣赏》2012 年第 29 期。

641. 王京钰、吴敏：《浅析日常生活与日本人的低碳环保意识》，《辽宁工业大学学报》（社会科学版）2012 年第 5 期。

642. 刘婧蔚：《从"拒绝"表达方式看日本的文化意识》，《佳木斯教育学院学报》2012 年第 11 期。

643. 潘晓华：《略论日本植物美学的审美意识》，《安徽文学》（下半月）2012 年第 11 期。

644. 项梅：《日本人交际中的"内外意识"》，《湖北函授大学学报》2012 年第 11 期。

645. 柴婧：《白的精神——浅谈日本审美意识中的"白"》，《艺术科技》2012 年第 6 期。

646. 黄建华：《从"はい"的用法看日本人的"不安感"与"和"意识》，《兰州教育学院学报》2012 年第 9 期。

647. 沈倩、董杰：《句末否定表肯定的日语表达与日本人的"和"意识》，《吉林省教育学院院报》2013 年第 1 期。

648. 刘向威、赵靓：《"岛国意识"对日本当代政治的影响分析》，《理论观察》2013 年第 1 期。